돌파국가

사회적 수확체증시대의 한국 디자인

김 영 삼

도서출판 대영문화사

▌서문 ▌

돌파국가를 집필하면서 내 스스로 “크게 보자, 멀리 보자, 깊게 보자”를 다짐해왔다. 왜냐하면 기존의 민주, 자유, 정의, 복지 등의 산업사회에 길들어진 용어가 지구(환경, 식량, 식수, 에너지), 생존가능성(지속가능성의 새로운 해석), 열린사회(개방성), 투명성, 삶의 본질(종교) 등의 용어로 점차 대체되고, 변화하고 있는 것을 느끼면서 한국사회뿐만 아니라 세계가 지금과는 다른 뭔가 새로운 질서가 형성되고 있다는 것을, 그리고 그러한 변화가 윤곽을 잡을 수는 없지만 우리 주변에서 이미 일어나고 있다는 것을 사람들이 어렴풋이 느끼고 있는 것이 아닌가라는 나름대로의 식견 때문이었다.

학생신분이 아닌 교수신분으로 대한민국의 수도에서 생활하게 된 시기가 2012년 총선과 대선이 이루어지는 해였다. 보수와 진보영역에서 각자 정권을 잡기 위한 노력의 하나로 한국사회의 방향에 대한 다양한 형태의 정치-경제-사회 담론이 세미나 형식, 토론, 혹은 관련 연구소들을 통해서 이루어졌으며, 이는 정보정책과 도시정책만 연구해 온 필자에게 매우 신선한 충격으로 다가왔다. 국제도시 서울에 걸맞게 해외 유명학자나 전문가들을 초청한 프로그램들도 많았고, 서울대학교 행정대학원은 매주 월, 화 다양한 주제의 세미나를 열었었는데, 이 또한 한국문제와 새로운 연구트렌드를 파악하는데 큰 도움이 되었다. 수많은 사람들이 모여 있으니 자신들의 능력을 사고파는 다양한 형태의 지식시장이 형성되는 것을 보고 평소 확신했던 도시의 다양성과 창조성을 직접 체험할 수 있었다. 이 모든 움직임을 한 권의 책으로 담을 수는 없지만 한번 시도하기로 했다.

필자가 살아온 시기가 한국사회의 격동기 그 자체였을 뿐만 아니라 20세기 후반이라는 세기말과 겹쳐있기 때문에 이를 객관적으로 살펴본다는 자체가 하나의 큰 의미를 부여하기 때문이다. 1953년 6월 25일생이니 한국전쟁이 거의 끝날 무렵 태어났으며, 1960년 4·19혁명을 어린 나이로 이웃에서 벌어지는 무질서를 통해서 보았으며, 실비집이란 이름의 값싼 음식집을 통해서, '반공·방첩·재건합시다'를 통해서 5·16혁명 이후를 보게 되었으며, 대학입시 때 유신헌법을 공부했다. 대학 1학년 때 청계천에서 《역사란 무엇인가》라는 문고판을 사서 읽었다. 군 생활을 동해안에서 마치고, 결혼하고, 대학원에서 공부를 하는 동안 사회문제는 점차 나에게서 멀어져 갔다. 이 책에 크게 다루고 있는 1997년 IMF 외환위기 때는 대학교수로 학생들을 가르쳤지만 이 사태가 얼마나 치명적인 것이었는지는 나와는 거리가 먼 것으로 여겼다. 1980년 광주민주화운동과 1987년 민주화운동은 학생과 시민들의 희생 위에서 가능했지만, 크게 문제의식을 가지고 본 것은 아니었다.

이렇게 기술하고 보니 필자의 삶 자체가 한국사회의 격동기였으며, 세계 역시 자본주의의 막바지에 이르는 숨 가쁜 여정을 달리고 있었음을 알 수 있다. 격동기는 변화의 조짐이며, 시대를 통괄하는 흐름이 있다는 것을 나이 들면서 점차 확신하고 있다.

2008년에 드러난 미국식 승자독식의 경제는 금융세계화나 첨단기술의 필연성이 아니라 정치적인 선택의 결과였다는 주장[1]은 매우 의미심장한 것이다. 한국의 경우, 노무현 정부 때 가장 친기업적인 정책이나 법령이 제정되었다는 것도 새롭게 살펴 볼 일이다.

프랑스 전 대통령 니콜라스 사르코지(Nicolas Sarkozy)는 조지프 스티글리츠 등이 작성한 보고서 "GDP는 틀렸다"의 서문에서 "금융, 경제, 환경, 사회 재앙은 모두 인재(人災)이기 때문에 이를 막기 위해서는 사회조직의 운영원칙과 공

1 제이콥 해커·폴 피어슨 지음, 조자현 옮김, 부자들은 왜 우리를 힘들게 하는가?(21세기북스, 2012), p. 471.

공정책을 변화시켜야 한다. 변화를 위해서는 사고방식이나 생각의 틀, 가치관 등에 변화가 있어야 한다. 가치변화를 위해서는 행동의 결과를 표현하는 방식(예를 들면, 각종 통계지표 등)에 대변혁을 이루어야 한다"[2]고 주장했다. 그러나 사르코지는 대통령으로 재선되지 못했다.

IMF 이후 진보적인 노무현 정부시절에 신자유주의적 신공공관리론이 한국행정에 대대적으로 도입되었을 뿐만 아니라 나름대로 규범적인 규제관리기본법의 제정과 함께 입법화는 시키지 못했지만 사회갈등관리법을 도입하려고 했음에 대해 매우 혼란스럽게 바라보았고, 소통의 부재라고 엄청난 비난을 받은 이명박 정부 하에서 정치권의 만장일치로 협동조합기본법이 통과되는 한국 상황을 바라보면, 시대변화는 바로 걷지 못하고 비틀거리지만 갈 곳은 간다는 확신 하에서 나름대로 세상의 변화를 정리해보고 싶었다.

1987년 민주주의 체제는 군사정부에서 문민정부로 전환하게 만드는 결정적 계기를 만들었지만 새로운 정치 · 경제 · 사회질서를 만들기 위한 광범위한 합의를 담기보다는 정치체제, 특히 대통령의 강력한 권력에 대한 견제에 급급하다 보니 5년 단임 정부체제를 만드는 데 그쳤다. 이 체제는 정권교체를 통한 민주주의의 발전이라는 목적을 위해 노력할 수도 있지만 5년 단임이 가져올 수 있는 장기적인 국가비전 설정의 미비, 정책의 단절성, 관료권력의 통제 불가능성 등의 문제점을 해결할 수 있는 방안을 만들지 못했다.

1997년 IMF 외환위기는 1980년대부터 한국경제가 국가독점체제에서 벗어나 신자유주의로 나아가야 한다는 일부 공무원과 학자들의 주장과 정책을 체계적으로 검토하고 검증하고 새로운 대안을 찾기 위한 사회적 합의 노력의 부재가 만들어낸 비극이다. IMF에서 빌린 돈을 갚았다고 해서 IMF 체제가 끝난 것은 아니다. 아주 짧은 기간 동안에 일어난 국가경제의 위기와 이를 극복하는 과정에서 나타난 국민들과 기업들의 정신적, 물질적 피해는 상상을 할 수가 없다. 그렇지만 아무도 책임을 지지 않은 채 그 후유증은 2013년에도 여전히 진행 중

2 조지프 스티글리츠 · 아마르티아 센 · 장 폴 피투시 지음, 박형준 옮김, GDP는 틀렸다(동녘, 2011), p. 5.

이다.

한국에서 자본주의가 본격적으로 논의된 것은 IMF 체제 이후다. 국가주도 경제체제에서 대기업중심 경제체제로 전환한 시기가 IMF 체제 이행기이기 때문이다.

1997년의 IMF 외환위기, 2008년 세계금융위기를 통해서 자본주의는 그 자신의 탐욕으로 인해 자신의 모든 물적, 정신적 기반을 붕괴시켜 결국에는 파멸로 이끌 것이라는 슘페터의 예언이 실현될 수 있다는 불안감을 안겨주었다. 기업은 수확체감법칙을 전제로 하기 때문에 끊임없이 비용이 투여되며, 따라서 비용절감을 위한 모든 방법을 동원한다. 고용 없는 성장이란 용어는 수확체감 하에서 기업이 성장하는 방법을 말한다. 그 결과 자신의 생산품을 소비하는 자신의 노동자를 축출하고 결국에는 소비자 없는 생산체제라는 극단적인 경우로 나아간다.

기존의 체제를 근본적으로 변화시키려고 할 경우, 나타나는 질서와 혼돈 사이의 롤러코스터에서 정부가 끊임없이 방황하게 되면, 경제는 양극화와 저성장 상황으로 서서히 빠져들게 된다.

한국의 경우, 국가개발체제를 이끈 박정희 정부의 종언과 함께 시작된 전두환 정부의 대외개방정책(수출드라이브정책과는 성격이 다름)은 물가안정 속의 경제성장을 이루었지만 전반적인 체제전환을 이루기 위한 사회개혁과는 거리가 엄청 멀었다.

이후 노태우, 김영삼, 김대중, 노무현, 이명박 정부를 거치면서 5년 단임제 정부 운영방식의 정립이 제대로 마련되지 않은 채 각종 핵심 정책들의 비연속성은 정부정책의 입안과 집행에 큰 혼란을 가져왔으며, 여전히 과거 제왕적 대통령제 정부운영방식의 틀 속에 존재하는 공무원집단, 이미 국가의 통제에서 벗어난 대기업집단, 그리고 과거 보스중심 정치에서 벗어났지만 스스로의 가치 정체성을 갖지 못하고 있는 정치집단에 의해 운영되는 국가는 IMF 외환위기와 IMF 체제를 겪는 큰 혼란 속에서도 국가가 나아가야 할 새로운 방향을 정립하지 못한 채 표류해왔으며, 그 결과 경제양극화, 가계부채, 실업률과 고령화, 인구감소, 사회부조리라는 매우 심각한 경제사회문제에 직면하게 된 것이다. 2012년 대선에서 경제민주화, 복지, 그리고 일자리 창출 문제가 전면에 나선 것도 여전히 강력한 영향력을 발휘하는 정부-대기업-정치중심의 국가운영방식에서 벗어나 보다 광범위한 참여와 자율을 바탕으로 한 사회・경제질서의 제도화를 요구한 것이라 볼 수 있다.

이 책은 이러한 역사적 고민을 바탕으로 자유, 민주, 그리고 자율적 경제체제의 구축이 한국에서 어떻게 하면 가능할 것인가에 대한 한 행정학자의 성찰의 결과다.

돌파국가란 위기를 단번에 뛰어넘는 슈퍼맨 같은 국가를 의미하지 않는다. 우리 사회에서 나타나고 있는 사회운영 비용을 줄이면서, 동시에 사회적 편익을 높이는 방법들에 많은 주의를 기울여 이러한 방법의 도입가능성과 확대를 정책적으로 지원하고 이의 성과를 많은 사람들이 스스로 보게 하여 기존의 사고와 행태를 버리고 새로운 질서형성에 동참하도록 만드는 것이 돌파국가다.

지금까지 대부분의 국가들은 부분적인 개선을 위한 미시정책들에 주의를 기울여 왔다. 그러나 이러한 미시정책들이 제대로 작동하지 않는 것은 국가체제를 이루는 수없이 많은 정책과 제도들 간의 불협화음 때문이다. 일례로 1970년대의 산아제한 정책과 관련된 업무가 완전히 사라진 것은 2013년 초다. 2000년대 가장 핵심적인 사회정책의 하나가 출산장려정책이었다. 이처럼 우리 사회에는 많은 시대착오적인, 저항하는, 아무런 실효성이 없는 장치들이 남아 있으며, 이를 전담하기 위해 수많은 공무원과 예산이 투입되고 있다.

우선 이를 제거하는 작업이 선행되어야 하며, 국가체제를 이루는 요소인 장치들 간의 상호관련성을 파악할 수 있는 작업이 이루어지면서 국가정책의 실효성을 전체적으로 파악할 수 있도록 만들어나가고, 이러한 노력들이 효과가 있다고 여겨져야만 국민과 기업은 자발적으로 움직이게 된다. 즉, 국가라는 거대한 바퀴가 제대로 움직일 뿐만 아니라 가속도를 내게 되는 것이다. 이러한 견인역할을 하는 것이 대통령의 리더십이다.

과거 전선을 통해 흐르는 전기를 활용하는 다양한 기기, 도구들에 의해서 근대산업체제가 구축되었듯이, 이제는 무선통신기반을 통해서 기존의 모든 기기와 장비, 콘텐츠와 아이디어들이 결합되고 있다. 새로운 산업혁명, 사회혁명이 시작된 것이다. 이 혁명의 원천은 수확체증법칙에 의해서 나타나고 있다. 오랫동안 경제학의 핵심과제인 '성장은 어떻게 해서 일어나는가'에 대한 연구업적을 통해 2012년 노벨경제학상을 수상한 폴 로머(Paul Romer)는 과거와 같은 자본, 노동, 토지가 아니라 인간의 아이디어가 성장의 핵심이라고 주장했다. 수확체감의 시대에서 수확체증의 시대전환을 의미하는 선언인 것이다. 문제는 기업에서 일어나는 수확체증은 순기능도 있지만 승자독식에 의한 독점체제라는 부작용을 낳고 있다는 것이다. 이에 대한 해결책은 경제학에서는 나오고 있지 않지만 이미 컴퓨팅분야에서는 해커윤리라는 새로운 노동윤리, 돈의 윤리, 그리고 새로운 사회윤리를 만들어내고 이를 실현하고 있었다. 오픈소스 소프트웨어 운동과 크리에티브 커먼스를 중심으로 일어나고 있는 개방과 공유, 참여와 협업, 그리고 창조성을 바탕으로 한 웹 2.0 정신에서 새로운 사회질서를 위한 가치체계가 형성되고 있는 것이다. 이러한 움직임은 비단 소프트웨어에만 국한되는 것이 아니라 제품생산에도 적용되고 있는데, 오픈소스 하드웨어로 발전하면서 기존 산업사회의 수확체감법칙을 과감히 부수어 나가고 있다.

이러한 열린사회의 움직임을 총체적으로 표현한 용어가 사회적 수확체증법칙이다. 이미 1970년대에 에른스트 슈마허(E. F. Schumacher)가 《작은 것이 아름답다》에서 주장한 생산과 소비패턴의 변화가 이제 나타나고 있는 것이다. 세상은 부와 물질에서 인간중심의 사회로 변화하고 있다. 이러한 시대적 움직임을 한국사회에 뿌리내리는 가장 확실한 방법이 사회적 수확체증법칙에 바탕하여 한국을 디자인하자는 것이다. 이것이 돌파국가의 핵심내용이다.

이 책은 21세기 한국사회의 정치-행정-사회제도를 디자인하기 위한 것이다. 행정학연구에서 좀 더 범위를 넓혀 정치와 행정, 그리고 경제와 사회에 관한 한국모델의 형성과 제도화에 관한 연구다. 연구의 시발은 IMF 외환위기 10년 후인 2007년에 행정에 관한 당시 필자의 생각에서 출발한다. 필자는 이 생각이 '철학의 빈곤'을 갖고 있다고 반성을 한 후, 다시 1997년 외환위기의 원인과 처리과정, 그리고 결과를 검토하고, 이후 한국정부가 겪는 문제점들을 분석하였다.

여전히 한국사회를 괴롭히고 있는 IMF 후유증을 해결하고, 새로운 사회경제 체제를 구축하기 위한 한국모델은 어떠해야 하는가에 관한 논리를 만들기 위해, 21세기 한국에 새로운 영향을 미칠 수 있는 세계적인 트렌드를 살펴보고, 성장의 중심축을 대기업 중심에서 벗어나 우리사회가 만들어내고 있는 작지만 혁신적 노력의 근간을 이루는 '사회적 수확체증' 현상에 많은 관심을 두었다.

오늘날 실타래같이 얽힌 국가사회문제도 내면을 살펴보면 일정한 패턴의 중복성에 의해 나타난 것이라고 볼 수 있다. 따라서 과거의 지식을 통해 반복되고, 증폭되는 현상을 살펴보고, 이것이 오늘날 어떤 모습으로 나타나는가를 파악하고, 아울러 새로운 패턴이 변두리에 있지만 스스로 나타내는 모습을 발견함으로써 돌파전략을 마련할 수 있는 것이다. 국민의 주의와 관심을 혼돈에 묶어 둘 것이 아니라 새로운 긍정적 일탈자들의 성공사례를 통해서 이들의 자기조직화에 힘을 보태주고, 서로 공명하면서 자생력을 갖도록 만드는 돌파전략이 매우 절실한 시점이다.

Contents

01 Chapter 어느 대통령후보에게 보낸 편지

02 Chapter 축적된 기억을 통해서 본 IMF 외환위기

03 Chapter IMF 외환위기 이후 새로운 사회변화

04 Chapter 돌파국가를 위한 논리

05 Chapter 돌파국가를 위한 디자인

Chapter 01

어느 대통령후보에게 보낸 편지

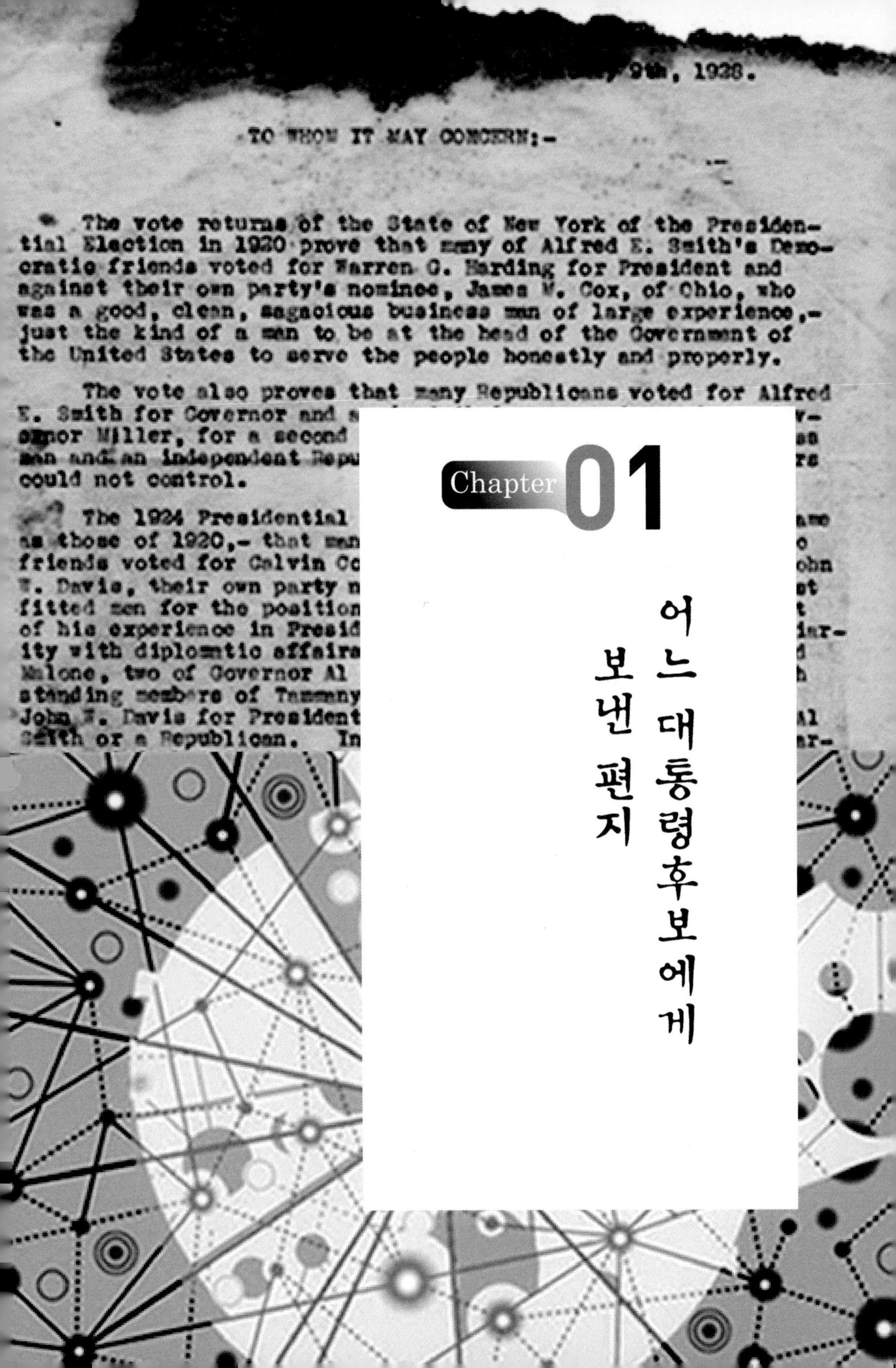
9th, 1928.

TO WHOM IT MAY CONCERN:-

The vote returns of the State of New York of the Presidential Election in 1920 prove that many of Alfred E. Smith's Democratic friends voted for Warren G. Harding for President and against their own party's nominee, James M. Cox, of Ohio, who was a good, clean, sagacious business man of large experience,- just the kind of a man to be at the head of the Government of the United States to serve the people honestly and properly.

The vote also proves that many Republicans voted for Alfred E. Smith for Governor and

1 5년 단임 정부의 비극

문민정부라는 이름으로 시작된 김영삼 정부가 과거 개발국가체제를 변화시키려는 노력을 기울인 것은 당연하다. 열린국가체제로 나아가려는 움직임은 OECD 가입과 함께 세계화를 위한 금융체제의 개편 노력으로 이루어졌으나 한국은행법 개정 등 금융개혁의 무산으로 좌절되었다. 신자유주의를 위한 고용유연화정책은 법 개정 절차를 무시함으로써 법은 통과되었으나 노동계의 엄청난 반발로 임기 중 실시하지 못하는 우를 범했다. 박정희 정부부터 시작되어온 5개년개발계획인 제7차계획(1992~1996년)을 폐기하고, 신경제5개년계획(1993~1997년)을 새로이 만드는 등의 과거 국가체제를 벗어나려는 노력을 했지만 결과는 새로운 비전을 가진 국가체제의 정립이 아니라 IMF 관리체제였다.

김영삼 대통령 신경제5개년계획 특별담화문(1993.7.2)[1]

대통령후보시절부터 저는 우리경제를 살리는 일이 새 대통령이 해야 할 최우선과제라 믿고 준비를 해왔습니다. 오늘 발표하는 「신경제5개년계획」은 저의 임기 중에 실천될 경제정책의 청사진입니다. 정부는 그동안 「신경제100일계획」을 집행했습니다. 경제에 새로운 활력을 불어넣기 위한 단기처방이었습니다.

먼저 금리를 낮추고 재정지출을 앞당겼습니다. 정부예산을 아껴서 중소기업 구조개선 사업에 쓰도록 했습니다. 경제활동에 걸림돌이 되면 규제를 대폭 완화했습니다. 기본생활필수품의 가격관리가 강화되었습니다. 청와대부터 근검절약을 솔선수범하도록 했습니다. 공무원의 봉급을 동결했습니다. 노총과 경총이 처음으로 임금인상률에 합의했습니다.

우리국민의 헌신적인 동참으로 그 성과가 나타나고 있습니다. 경제가 조금씩 움직이기 시작했습니다. 수출이 활력을 되찾고 있습니다. 중소기업의 투자가 활기를 겪기 시작했습니다. 자율과 창의에 바탕한 기업경영분위기가 조성되고 있습니다. 100일 동안의 「신경제」 경험에서 우리는 값진 교훈을 얻었습니다. 희망과 신념을 가지고 노력한다면 어떠한 어려움도 이겨낼 수 있다는 자신감이 그것입니다.

「신경제5개년계획」은 우리경제의 선진국진입을 목표로 하고 있습니다. 새로운 문명권의

---

1 http://100.daum.net/yearbook/view.do?id=8410

중심에서 경제대국으로 당당하게 자리 잡은 「신한국」을 지향하고 있습니다. 다가오는 통일에 대비하여 튼튼한 경제적 기반을 마련하고자 하였습니다. 이제까지 경제성장의 주도원리는 통제와 보호였습니다. 그러나 참여와 창의가 앞으로 문민시대의 한국경제를 움직이는 원리가 될 것입니다. 자유롭고 공정한 경쟁이 경제의 효율을 극대화할 것입니다. 기업가의 창조적 기업의욕이 경제도약의 원동력이 될 것입니다.

「신경제5개년계획」은 경제정의가 실현되도록 역점을 두었습니다. 소득이 많은 곳에 더 많은 세금이 부과될 것입니다. 거듭 말씀드립니다. 금융실명제는 반드시 실시될 것입니다. 참여와 창의를 고취하고 경제정의를 증진하기 위해 우리는 효율과 공정이 함께 보장되도록 경제제도를 개혁할 것입니다. 재정, 금융, 그리고 경제행정전반에 걸쳐 폭넓은 개혁이 이루어지도록 할 것입니다. 「신경제5개년계획」은 성장잠재력을 극대화하면서 안정을 추구하고 있습니다. 국제경쟁력강화에 총력을 기울이겠습니다. 삶의 질을 향상시키는 일에도 소홀하지 않도록 하였습니다. 주택, 교통, 환경, 의료 등 모든 면에서 우리국민이 보다 풍요한 삶을 누릴 수 있도록 하였습니다.

저는 경제부처가 일치단결하여 5개년계획을 추진하도록 할 것입니다 한 달에 한 번 씩 대통령이 경제장관회의에 참석하여 5개년계획의 추진을 점검할 것입니다. 또한 민간전문가들이 참여하는 「신경제추진위원회」를 구성하여 민간의 폭넓은 의견을 듣도록 하겠습니다. 튼튼한 경제를 만들기 위해서는 부정부패가 없어져야 합니다. 정치가 깨끗하고 공직사회가 투명해야 합니다. 우리의 경제체질을 건강하게 바꾸어야만 선진국과 경쟁할 수 있습니다.

이런 믿음에서 저는 취임 후 변화와 개혁을 추진해 왔습니다. 깨끗한 공직사회를 만들기 위해 대통령이 먼저 재산을 공개했습니다. 뒤따라 고위공직자들이 재산을 공개하면서 우리 사회를 바꾸는 명예혁명이 이루어지고 있습니다. 저는 어떠한 명목의 정치자금도 받지 않을 것임을 선언하고 이를 실천에 옮기고 있습니다. 해묵은 정경유착의 고리를 끊은 것입니다. 저는 임기가 끝날 때까지 개혁을 일관되게 추진해 나갈 것입니다.

정치개혁, 그리고 경제제도개혁 못지않게 중요한 것은 우리 모두의 의식개혁입니다. 나만 잘 살면 된다는 이기주의를 버려야 합니다. 더불어 함께 잘 사는 공동체의식을 키워 나가야 합니다. 근로자와 경영자는 같은 배를 탄 공동운명체입니다. 지금 이 순간에도 우리사회에는 갖가지 배타적 집단이기주의가 분출되고 있습니다. 폭력으로 집단이기주의를 관철하려 하거나 국민에게 고통을 주는 집단행동은 결코 용납하지 않을 것입니다.

우리경제가 처한 여건은 대단히 어렵습니다. 세계는 지금 치열한 「경제전쟁」을 치르고 있습니다. 선진국과 우리 사이의 거리는 줄어들지 않은 채 후발개도국들은 우리를 바짝 추격해 오고 있습니다. 앞으로 2~3년은 우리의 장래를 결정하는 매우 중요한 고비가 될 것입니다. 국제화시대의 선두주자가 될 수 있도록 경쟁력을 키워야 합니다. 과학기술을 개발하고 정보화시대에 대처할 수 있는 능력을 키워야 합니다. 그렇지 못할 때 우리는 낙오될 것입니다. 우리경제의 여러 주체들에게 간곡히 당부드립니다. 공직자는 투명하고 신속한 봉사로 깨끗한 정부를 만들어 주십시오. 기업인은 세계의 일류기업을 만들겠다는 개척정신을 가져주십시오. 근로자 여러분은 자기분야에서 세계제일이 되겠다는 장인정신을 키워 주시기를 당부드립니다. 농어민 여러분은 우리농업의 경쟁력을 높이는데 창의력과 자조정신을 발휘해 주시기 바랍니다. 가계를 맡은 주부 여러분은 더 아끼고 더 저축해 주십시오. 저는 국정을 책임진 대통령으로서 혼신의 힘을 다해 앞장서 뛰겠습니다. 우리 모두 더 넓은 세계, 더 밝은 미래를 향하여 다시 한 번 땀을 흘립시다. 다가오는 21세기, 세계 속에 우뚝 설 위대한 한민족시대를 향하여 다함께 달려갑시다. 「신경제5개년계획」을 반드시 성공시켜 「신한국창조」의 기틀을 다집시다.

김영삼 전대통령의 신경제5개년계획 특별담화문 내용을 살펴보면 '신한국창조'를 위한 강한 의지가 담겨있음을 볼 수 있다. 문제의식도 명확하고 해법도 바람직한데 그런데 왜 실패했을까? 문제는 대통령 임기는 5년 단임인데, 이를 고려하지 않은 채, 마치 모든 일을 내가 다 할 수 있다는 과욕과 환상에 잠겨있었기 때문이다. 5년 단임이지만 대통령당선자들의 머릿속에는 마치 임기가 박정희 전대통령 재임기간인 18년으로 각인되어 있는 것이다. 이는 자문을 하는 정책전문가들이나 자문교수들도 비슷한 우를 계속 범하고 있다는 것이다. 따라서 5년이라는 제한된 기간을 무시하고 모든 것을 새로이 진행하려는 의욕을 중시하게 되고, 법령에 의해 이전의 정책들이 계속 진행됨에도 불구하고 마치 모든 것을 새로이 하는 것처럼 착각을 하고 새로운 것에 에너지를 소진함에 따라 기존의 문제들은 해결되지 않은 채 새로운 정책과 결합되거나 경합을 함으로써 계속 혼선을 가져오게 되는 것이다. 따라서 5년 단임의 새로운 대통령이 등장할 때마다 국가방향에 긍정적인 변화를 가져오기보다는 상황을 더욱더 악화시켜온 것이다.

2 어느 대통령후보에게 보낸 편지

이 글은 필자가 2002년 16대 대통령선거가 점차 달아오르는 시점에 쓴 글이다. 당시 야당 대통령후보에 대한 평판이 좋지 않았기 때문에 이런 상황이 지속되면 당선이 힘들다는 판단에서 어느 분에게 보낸 편지의 내용이다.[2] 40대 후반(당시 막 생일이 지나 50세가 되었다)의 열정을 갖고 한국사회를 위해 나름대로 국가사회관을 바탕으로 작성한 이 글에 녹아 있는 나의 행정철학은 당시에는 적실성이 있는 논리라고 여겼었다.

왜 이 글을 소개하느냐 하면 나름대로의 이유가 있기 때문이다. 2002년은 한국 근대사의 가장 치욕적인 사건인 IMF 외환위기 5년 후다. 구제금융 신청(1997년 12월 3일)에서 IMF 체제 종료(2000년 12월 3일)[3]까지 겨우 3년에 불과한 기간 동안 존재했던 IMF 체제는 한국사회를 근본적으로 전환시켰으며, 그 부작용이 여전히 진행 중이라는 생각을 전혀 하지 못한 상태에서 규범적 논의만 주장했기 때문이다. 오히려 5년 단임 임기를 전제로 장기적인 국가방향 설정과 단기적인 처방을 중심으로 치열하게 논리구성을 하는 것이 더 필요했었다는 것이 외환위기 15년이 지난 시점에서 《돌파국가》라는 책을 쓰고 있는 내 나름대로의 반성이다.

1) 국민들은 대통령으로부터 무엇을 기대하고 있는가: 대통령의 국정철학

대통령후보가 시민에게 가까이 다가서는 모습을 통해서 "우리 곁에 있을 수 있는 대통령"이 될 것이라는 이미지를 심어준 것은 매우 중요하다고 생각합니다. 이는 대통령이 되신 후에도 결코 버려서는 안 되는 부분입니다. 이제 국민들은 한 걸음 더 나아가 대통령후보가 갖고 있는 가치관이 우리 사회의 문제점을 해결할 비전과 실천방안이 될 수 있느냐고 묻고 있습니다.

---

2 그 편지가 어떤 경로를 통해서 당시 야당 대통령후보에게 전달되었는지는 알 수 없지만 그 후보가 편지내용에 감명을 받았다는 후문을 들었다. 그래서 제1장 제목을 '어느 대통령후보에게 보낸 편지'라고 정했다. 2002년 8월 27일 작성한 편지내용을 책 구성에 맞도록 정리했으며, 특정인의 이름을 삭제하고 문맥에 어색하지 않게 첨삭을 했다.

3 IMF로부터 빌린 돈을 모두 갚은 것은 2001년 8월 23일이다.

국민들이 대통령후보로부터 기대하는 것은 법과 원칙을 중시하는 대통령의 통치철학으로 자리 잡을 것이라는 믿음을 갖게 해달라는 것입니다. 이러한 확고한 철학을 바탕으로 우리 사회의 최대 병폐인 부정부패를 불식시키고 사회정의가 나라 전반에 확산되어 개개인이 잘사는 사회가 이루어지리라는 희망을 갖도록 해야 합니다.

우리 사회의 각 영역에 법의 이름으로 탈법과 몰상식이 자행되고 있기 때문에 국민 마음속에 법과 원칙의 준수가 과연 나에게 이로운가에 대해서 많은 의문을 갖고 있습니다. 지금까지 국민들은 역대 정부를 통해 수없이 많은 실행 불가능한 정치공약에 속았다는 사실에 분노하고, 국가정책이 제대로 효과를 내지 못하고 있다는 사실에 좌절하고, 국가운영에 대해서 책임을 지지 않는 대통령들의 비겁함에 큰 부끄러움을 느끼고 있습니다.

지도자의 말과 정부정책을 국민이 믿지 않는 사회, 이미 세계화된 사회임에도 불구하고 여전히 학연 · 지연 · 혈연만 찾는 사회, 정부가 개입하여 단기적인 경제성장만을 추구하는 근시안적인 사회에서 국민들은 더 이상 살고자 하지 않습니다. "뭔가 새로운 것이 없는가?"라는 국민들의 답답함을 풀어줄 수 있는 방법은 대통령후보가 "집권 5년 동안 흐트러짐 없이 정의로운 법과 원칙에 의한 국가운영을 지켜나가겠다는 믿음"으로 바꾸어주는 것입니다. "가장 새로운 것이야말로 가장 기본적인 것"이라는 확신을 국민들이 갖도록 만들어야 합니다.

정의로운 법과 건전한 상식에 근거한 원칙이 국정운영의 기본바탕임을 명확히 국민들에게 제시되어야 합니다. 그렇게 하지 못한다면 과거의 정권과 마찬가지로 하나의 정치적 슬로건으로 변질되어 집권 후에 지지율이 곧 떨어지는 결과를 낳게 합니다. 이러한 국민 불신은 무조건적인 기득권 거부세력이 활동할 수 있는 영역을 넓혀주어 사회혼란을 야기시키거나 아니면 기득권층이 권력, 부 및 명예를 동시에 가지려는 탐욕적인 사회로 타락하게 만듭니다.

현재처럼 이들 두 세력이 판을 치는 상황을 더 이상 국민들이 용납하지 못하도록 만드는 대통령후보의 가치관에 대해서 국민들이 전적으로 이해할 때 가능하다고 봅니다. 가진 자를 위한 정의로움이 아니라 적게 가진 사람들, 사회생활에서 소외된 사람들을 위한 정의로운 법, 그리고 건전한 상식을 가진 사람들과 기업들이 납득하는 원칙을 바탕으로 국가를 운영하겠다는 확고한 의지가 있음을 이제 보여줄 때가 온 것 같습니다.

2) 대통령후보는 국가운영에 있어서 무엇을 중시해야 하는가: 국정운영 원칙

(1) 인재등용을 위한 일관된 인사정책의 마련

대통령후보는 대통령이 되신 후에 총리와 장·차관 임명에 혼신을 다하셔야 합니다. 대통령의 가치관과 통치철학을 철저히 이해하고, 신봉하며 각종 정책에 전문성과 민주성을 가미해 실천할 수 있는 국무총리와 장·차관을 기용해야 합니다. 그리고 이들의 정책결과에 대해서 참을성 있게 기다려야 합니다. 마치 링컨 대통령이 계속해서 남부군에 패한 로버트 리(Robert Lee) 장군을 끝까지 믿었듯이 말입니다.

역대 대통령들은 인재등용에 있어서 전문성을 갖추면서, 대통령과 뜻을 같이 하는 사람이면 지연·혈연·학연에 관계없이 활용하기보다는, 지역안배 혹은 특정지역의 배제 등을 통해서 대통령 스스로 편가르기를 주도해왔기 때문에 지역감정을 극복하는데 실패했습니다. 아울러 대통령에 대한 신뢰도 그와 함께 무너졌습니다.

국무총리 인준을 위한 인사청문회를 통해서 국민들은 두 가지를 생각하고 있습니다. 과연 대통령은 정말로 인재를 구하기 위해 모든 노력을 다하고 있는가? 대통령의 뜻을 제대로 이해하고 이를 실현할 능력을 갖추었는가? 아울러 대통령은 장관과의 관계를 실정의 방패막이로 활용해서는 안 됩니다. 대통령의 통치철학을 바탕으로 함께 국가를 꾸려나가는 동반자로 인식할 때 중앙부처의 기강은 확실하게 잡히며 흐린 물은 서서히 맑은 물로 바뀌어 갈 것입니다.

대통령의 통치철학은 국정을 수행하는 수많은 고급공무원들을 통해서 실천되어지기 때문에 올바르고 능력 있는 사람이면 대통령후보를 반대한 사람일지라도 열린 마음으로 포용해야 합니다. 국가운영은 대통령 혼자서 행하는 것이 아니라 정부와 사회와 국민이 서로 이해하고 단합된 마음을 통해서만 가능합니다.

(2) 민족의 정통성 회복과 국민의 내재적 에너지 결집

YS정권 시절 '역사바로세우기' 운동을 펼쳤지만, 결국은 친일논쟁으로 사회분열만 일으킨 채 결실을 거두지 못했습니다. 아울러 항일운동의 주체를 북한에 두는 진보세력이 사회적으로 확산되고 있음에도 불구하고 이에 대처하는 방안을 아직 제시하지 못하고 있습니다.

국론분열만 일으키는 소모적인 논쟁이나 무비판적 북한추종을 극복하기 위해서는 항일운동사를 국가사업으로 정하고 체계적으로 정리하는 일이 무엇보다 시급합니다. 항일운동은 우리 민족전체의 숭고한 노력임에도 불구하고 김일성과 김정일에게 공이 돌아가는 것을 방치하는 것은 나라와 민족을 지키려고 노력했던 수많은 사람들의 희생을 모욕하는 것입니다.

항일운동사를 정립함으로써 민족과 국가를 위해 모든 것을 바친 사람들과 그들의 후손에게 영광을 돌려주고, 일제 하 수많은 고초를 겪은 사람들과 눈에 보이지 않은 채 항일운동을 지원한 사람들의 공을 치하하는 노력을 대통령후보는 모든 국민들과 함께해야 합니다. 진정한 한민족 통일정책은 여기서부터 시작해야 합니다.

대통령후보는 월드컵의 영광을 깊이 생각하셔야 합니다. 히딩크 감독은 한국선수들의 장점과 약점을 정확히 알고 이를 효과적으로 활용한 뛰어난 사람임에는 틀림없습니다. 그렇다고 히딩크 감독만이 월드컵의 영광을 독차지하도록 한다는 것은 이 역시 우리 민족의 저력과 자존심을 저버리는 것입니다.

월드컵에서 열심히 싸운 선수들을 어릴 때부터 키워온 축구를 사랑하는 그러나 알려지지 않은 코치나 선생님들의 지도가 있었고, 우리 선수들을 온몸으로 지지한 전 국민의 붉은 악마들이 있었기 때문에 월드컵 승리가 있었습니다. 이들에게 진정한 박수를 보내는 것은 국가지도자의 역할입니다. 확고한 가치관을 바탕으로 대통령후보는 민족의 정통성 회복과 민족의 내재적 에너지를 결집하고 분출시키는 노력을 과감하게 행해야 합니다.

(3) 자율과 참여의 중시

국가의 규모가 점차 커지고 있기 때문에 국가업무가 매우 복잡해지고 있으며,

따라서 결과를 예측하기가 점차 어려워지고 있습니다. 모든 일을 대통령 혼자서 처리할 수 없듯이 국가업무 역시 중앙부처만으로 해결하기에는 점차 한계에 이르고 있습니다. 우리나라는 이미 10년이 넘는 지방자치 경험을 갖고 있습니다. 중앙집권적 논리에서 벗어나 지방의 자율성을 중시하는 방향으로 국가운영방식을 변화시켜야 합니다.

아울러 시민사회가 할 일과 국민 개개인이 할 수 있는 일에 대해서 국가는 간섭보다는 지원을 해주어야 합니다. 건전한 사회단체가 자립하기 위해서는 건전한 시민정신이 바탕이 되어야 합니다. 이는 과거 우리의 전통인 상부상조의 정신을 현재에 맞도록 활성화시키는 것이며, 사회의 각종 부정부패를 없애기 위해서는 건전한 시민과 사회단체의 지지가 무엇보다 필요합니다.

시민의 참여는 국정운영의 정당성을 보장합니다. 그렇기 때문에 시민참여를 위한 적극적인 정보의 공개와 국가운영의 투명성이 선행되어야 합니다. 각종 규제완화와 법 개정을 위한 노력은 대통령과 공무원의 몫이 아니라 건전한 상식을 지닌 국민과 기업과 함께 상호신뢰와 협력에 의해서 이루어져야 합니다. 함께 더불어 살아가는 건전한 시민사회의 형성은 대통령후보의 가장 중요한 과업의 하나이며, 국내외 동포들을 하나로 묶어 세계 발전에 기여할 수 있는 계기를 마련하는 것입니다.

(4) 부정부패의 방지

우리나라의 속담인 "윗물이 맑아야 아랫물이 맑다"는 국가지도자의 가장 주요한 덕목을 보여주는 것입니다. 정권이 바뀔 때마다 공무원 사정, 공직자 윤리 강조 등이 약방의 감초처럼 등장하지만 결코 실효를 거둔 적이 없습니다. 윗물이 흐리면 아랫물은 결코 맑아지지 않습니다. 우리 사회의 부정부패를 공무원에게만 책임 전가하는 것은 용기 없는 대통령의 책임 회피와 변명에 불과합니다.

지난 역대정부의 개혁정책들이 제대로 성과를 거두지 못한 것은 대통령의 통치철학의 빈곤 때문입니다. 철학의 빈곤은 인재의 편파적 등용으로 이어지며 개혁은 일관성을 상실한 채 진행되어 공무원과 국민들에게 피로감만 가져다주게 됩니다. 행정개혁의 방향은 정부부처의 통폐합보다는 기능 간 상호협력 체제를 만드는 것이 중요합니다. 정부부처 간 협력 체제를 마련하는 것은 대통령의 역할입니다. 현재 부처 간 감시와 비협조 풍토는 대통령의 뜻을 제대로 수행하려고 하기보다는 오로지 대통령에게 사랑을 받으려는 본연에 어긋난 장관들의 행동에서 유래합니다.

정부부처의 기능들은 시대의 변화에 따라서 역할이 확장되기도 하고 다른 부처의 업무와 중복되기도 하지만 오직 대통령에게만 잘 보이기 위해서 부처 기능을 무조건 확장시키고자 하는 것입니다. 이러한 부작용 때문에 정권이 바뀔 때마다 정부부처 통폐합의 논리로 나타나게 되며, 중앙부처의 공무원은 5년 내내 행정개혁의 이름 하에 시달리게 됩니다. 그러나 5년 후에 살펴보면 변화된 것은 하나도 없습니다.

이처럼 역대 정부의 실패를 반복해서는 안 되며, 유사 및 연관 업무들을 수행하는 중앙부처들을 상호협력시켜 각 부처의 성과들을 서로 높이는데 노력을 기울이도록 하는 것입니다. 이러한 성과 역시 장관들이 대통령의 통치철학을 이해할 때만 가능합니다.

공무원들이 직분을 제대로 행하는 가를 살피는 감사원, 검찰 및 경찰의 노력들이 상호견제와 균형을 이루도록 해야 합니다. 대통령의 통치철학을 총리 및 장・차관이 이해하고, 사정기관들이 이를 위해 노력한다면 공무원들은 자신의 이익보다는 법과 원칙을 바탕으로 자신의 전문성을 국민의 이익을 위해서 발휘하는 진정한 국민의 공복으로 서서히 탈바꿈하게 될 것입니다. 이미 엄청나게 흐려진 물을 당장에 맑게 할 수는 없지만 적어도 5년 간의 흔들림 없는 지도력 하에서는 상당히 맑아지게 되며, 흐린 물에 노는 물고기들은 서서히 그 자취를 감추게 될 것입니다.

3) 국민은 새로운 대통령으로부터 무엇을 기대하고 있는가: 국정수행의 성과

(1) 국민 세금의 가치 제고

국가의 지속적인 경제성장, 개개인의 소질과 능력에 따른 소득의 형평성, 사회질서와 가치의 정립이라는 세 마리 토끼를 동시에 잡을 수 있다는 기대감을 국민들에 심어주어야 합니다. 이 세 마리 토끼는 국가예산이 수반되는 각종 정책을 통해서 잡을 수 있습니다. 현재 국가예산의 우선순위를 살펴보면 사회간접자본 및 주거기반 확충, 수출경쟁력 강화 및 중소·벤처기업의 지원, 농어촌 투자, 정보통신 시설확대 및 정보통신기술을 잘 활용하는 정부의 구현, 연구개발(R&D)에 대한 투자, 창의적 인재 양성을 위한 교육투자의 확대, 문화·관광 진흥, 복지 및 국민의료 지원 확대, 맑고 깨끗한 환경의 보전, 안전하고 건강한 국민생활 보장, 지역균형발전과 지역경제 활성화 등입니다.

그러나 예산을 통해서 달성하려고 하는 국가목적이 명확하지 않으면 예산은 단순히 수치상의 성과만 보인 채 사라집니다. 2002년 재정규모는 2001년보다 5.9조 원 증가한 112조 원 수준입니다. 국가예산의 가장 큰 문제는 돈에 대한 주인의식을 공무원이 갖고 있지 않기 때문에 국민이 내는 돈의 가치를 증대시켜야 한다는 의무감이 전혀 없다는 것입니다.

대통령은 국민이 내는 세금의 가치를 높이기 위해 공무원들이 최선을 다하도록 독려하셔야 합니다. 이러한 정책들이 목표를 달성할 수 있도록 더욱 노력해야 하겠지만 좀 더 큰 시야에서 국가 예산을 활용하는 틀을 마련하는 일이 매우 필요합니다.

(2) 국민행복지수 고양

대통령의 통치철학을 바탕으로 국민 개개인이 행복을 느끼도록 하기 위해 중앙부처들이 노력들을 하도록 만들어야 합니다. 지금까지 공무원들은 단순히 대선공약이라는 것에 매달려서 일을 해오고 있습니다. 이는 목적을 상실한 채 일을 하는 것과 같습니다. 중앙부처는 헌법과 각종 관련 법령에 의해 매년 무엇을 해야 할 것인지가 명확히 정해져 있습니다. 대선공약이란 법령에 없는 새로운 일을 하는 것이 아니라 헌법과 법령에 명시된 업무를 더욱더 공개하고, 참여를 유도하고, 협력을 얻어 행정집행의 성과를 얻도록 하는 것이다.

대통령의 일관된 통치철학이 정부기관 전반에 확산되도록 해야 합니다. 이는 국민, 기업 및 국제사회가 우리 정부의 운영에 대해 예측이 가능하도록 투명성과 신뢰성을 높여줍니다. 정부활동에 대한 신뢰감은 국민 개개인과 기업의 창의적인 활동을 증대시키게 되며, 사회의 결속력 강화와 건전한 사회규범이 뿌리내리게 됩니다.

안정되고 건전한 사회는 국내외 기업들의 활동을 유인하게 되며 이것은 우리나라의 국제 경쟁력을 향상시킵니다. 경제적인 안정은 우리 국민들로 하여금 상부상조의 아름다운 전통을 되살리며 사회활동에서 소외된 어려운 사람들을 껴안을 수 있는 따뜻한 애정을 갖게 할 것입니다. 이처럼 지속적인 경제발전과 함께 사회전체의 형평성을 이루고 행복체감지수를 높여서 진정으로 자랑스러운 국가를 만들 수 있는 정책들을 갖고 있음을 대통령후보는 보여주어야 합니다.

(3) 경제성장에 앞선 사회정의

사회적 해악을 끼치는 부분에 대해서는 과감히 정리하고, 역대 정부정책 중 내용은 올바르지만 제대로 방향을 잡지 못한 채 표류하는 부분에 대해서 바른 길로 나아가도록 이끌어야 하며, 우리 국민들과 기업인 및 공무원들의 노력에 의해서 새롭게 싹이 트고 있는 사회경제부분에 대해서는 과감한 육성정책을 펼쳐야 합니다.

국민 개개인의 풍요로움을 위해 국가경쟁력을 통한 경제의 지속적인 발전은 가장 기본적인 요구입니다. 그러나 경제성장은 단순히 공장의 신설과 가동, 공항, 항구 및 철도와 같은 사회간접자본의 확충만으로 충분한 것이 아닙니다. 개인의 능력과 지식의 지속적인 축적과 확장, 그리고 사회적 결속과 활력을 바탕으로 경제성장을 위해 지속적인 에너지를 공급해주는 것이 필요합니다.

아울러 경제발전을 저해하는 지하경제를 막기 위한 공정하고 투명한 조세제도, 국민의 생명과 안전을 위한 치안확보, 확고한 국방유지, 각종 재난에 대해 신속히 대응하는 재해대응, 의료체제 및 연금제도의 확립, 안정된 가족제도의 유지 등과 같은 우리 사회의 안전에 관련된 영역의 재정비를 위한 노력에 많은 시간과 관심을 쏟아야 합니다.

지속적인 경제성장을 위한 효율적인 예산배분과 성과향상은 국가경쟁력을 높이기 위해 무엇보다 필요합니다. 직장의 창출은 서울보다는 지방기업인의 노력에 의존하기 때문에 중앙부처-광역자치단체-기초자치단체가 합심하여 기업인이 의욕적으로 활동하도록 적극 지원하는 지역기업육성정책에도 중점을 두어야 합니다.

새로운 정부는 시민과 국가, 시민과 사회 및 시민과 시민 간의 사회적 결속의 중요성, 주택・의료・교육・치안・환경 등 사회안전 장치에 대한 개인 간, 지역 간 형평성 등을 정책의 우선순위에서 뒤처지게 할 가능성이 매우 높습니다.

좁은 의미의 경제이데올로기 싸움에서 넘어선 사회적 통합과 경제발전개념을 바탕으로 한 국민행복추구를 국가발전전략으로 특히 강조해야 합니다. 일제침략, 6・25전쟁, 군사독재, 지역감정, 이념갈등, 경제위기를 통한 양극화현상 등으로 인한 전통의 단절, 사회갈등의 증폭은 묻어둔 채 역대 정부는 오로지 물질적인 경제성장만 중시해왔습니다. 그러나 실질적인 빈부격차는 더욱 확대시킨 결과를 가져왔습니다. 이러한 현상은 IMF 이후 더욱 증대되어왔습니다.

정부가 개인과 사회의 건전한 발전을 바탕으로 국가경제를 성장시킨다는 새로운 사회경제정책을 실시하지 않는 한, 국민과 사회는 어떠한 미래 비전이나 정책에 대해서도 신뢰를 하지 않고 협력도 하지 않을 것입니다. 왜냐하면 경제성장은 개개인을 위한 것보다는 특정계층을 위한 것이고, 국가전체의 총생산력은 증대하지만 빈곤의 격차는 더욱더 증대하리라고 국민들은 경험적으로 믿고 있기 때문입니다.

흔히 언급되는 유럽의 중소강국들(노르웨이, 덴마크, 핀란드, 스웨덴, 네덜란드 등)은 다른 유럽국가들(프랑스, 독일, 이탈리아)이나 미국에 비해서 사회구성원과 조직 간에 신뢰가 높은 나라들입니다. 그렇게 평가할 수 있는 주요 이유는 이들 나라의 정치, 경제, 사회, 문화풍토가 신뢰를 존중하고 이를 바탕으로 한 사회질서가 개인발전 및 국가번영에 크게 이바지하고 있다는 연구결과들이 계속해서 나오기 때문입니다.

근래에 세계적인 큰 흐름은 경제만을 위한 정책보다는 사회적 도덕과 가치를 존중하면서 경제를 발전시키는 전략이 더욱 효과적이라는 인식이 선진국중심으로 확산되고 있다는 것입니다. 환경문제에 대한 관심은 이러한 점에서 본다면 자연과 인간의 가치를 동시에 존중하는 것이 궁극적으로 경제적 풍요를 가져온다는 것입니다.

따라서 건실하고 일관된 경제정책과 함께 사회적으로 각종 가치 있는 분야에 대한 관심의 집중이야말로 경제의 기본을 튼튼히 하기 위해 필요하다는 것을 알아야 합니다. OECD나 세계은행 등에서도 좁은 의미의 경제를 위한 경제성장 정책보다는 "개개인의 역량이 창조적으로 발휘되는 건전한 사회가 경제성장에 크게 기여한다"는 인식을 보여주고 있는 것도 이러한 맥락 때문입니다.

현재 우리 사회에서 나타나고 있는 각종 사회적인 문제에 대해 적극적으로 대응해야 하는 것은 대통령에 당선되기 위해서 반드시 필요한 영역이기 때문이기도 하지만 우리나라의 경제가 지속적으로 발전하기 위해서는 반드시 해결되어야 할 부분이기 때문입니다.

실직자 구제, 청년실업 해소, 여성지위 향상, 인재양성, 가족제도의 보호 등은 우리 사회가 아끼고 키워야 할 귀중한 자산입니다. 이들을 위하는 정책은 법과 원칙을 통한 바른 사회에서 스스로의 운명을 개척하도록 만듭니다.

지금까지 스스로 중산층이라 자신해온 40~50대의 자존심은 구조조정과 명예퇴직이란 이름 하에서 깡그리 무너뜨려졌습니다. 현재의 평균수명이 80세를 넘는 상황 하에서 조기실직자의 수가 증대한다는 것은 국가의 건전한 안전판을 필요로 하는 맥락에서 볼 때 매우 우려할 상황입니다. 각종 취로사업에 투입하여 임시방편으로 실업률을 낮추려는 과거 정부의 노력은 50대 후반을 무능력자로 만들 위험이 있습니다. 이들의 능력에 맞는 재취업을 위한 노력이 국가 전반적으로 이루어져야 하며, 이를 위해서는 지역경제 활성화에 중점을 두는 것이 바람직합니다. 특히 기업 및 자영업을 위한 신용대부 및 각종 규제철폐를 통한 지역직장 창출에 많은 노력을 기울여야 합니다.

태국의 국왕은 수십 년 간 태국을 통치해오고 있지만 국민들로부터 추앙을 받는 이유는 항시 가난한 국민들의 위해서 고민하고 현장을 방문하고 이들에게 실질적인 도움이 되는 정책을 개발하고 실행해왔기 때문입니다.

(4) 교육과 사회적 약자보호

21세기는 창의력을 바탕으로 모든 부분들이 상호결합하여 가치를 창조해내는 시대입니다. 예를 들어, 과거에는 기계와 화학은 거의 관련성이 없는 부분입니다. 그러나 전자현미경으로만 볼 수 있는 크기의 기계가 필요한 첨단산업이 늘어나고 있으며, 이들 기계부품을 제작하기 위해서는 화학기술이 불가분하기 때문에 과거에는 없었던 기계화학분야가 각광을 받고 있습니다. 이처럼 첨단분야에서 젊은이들이 창의력을 실현시키기 위해서는 최고급 전문교육이 가능한 형태로 대학교육제도와 기능기술교육제도가 바뀌어야 합니다.

우리 대학생들이 경쟁력을 갖고 세계무대에서 활동하기 위한 차세대교육방법을 과감히 도입하여 질적으로 우수한 인력확보에 많은 노력을 기울여야 합니다. 더 이상 과거와 같이 대기업에 입사하는 것을 성공의 척도로 삼는 시대는 지나가고 있습니다. 따라서 대학생들이 직장을 갖는 방법은 고도의 전문성을 대학교육에서 배워야 하는 것이며, 특히 국내외적으로 발생하는 신종고급직종에 적합한 교육을 받을 수 있도록 우리나라 대학교육제도를 과감하게 전면 개편해야 합니다. 이것이야말로 청년실업을 해소할 수 있으며, 아울러 국가경쟁력의 기본이 되는 우수 인력확보의 지름길입니다.

현재 많은 여성인력이 사회에 진출하고, 이들 고용을 위한 법제도가 마련되어 있습니다. 그러나 두 가지 측면에서 매우 우려하지 않을 수 없는 것은 윤락 및 윤락을 방조하는 서비스업에 종사하는 젊은 여성이 너무 많다는 것입니다. 특히 젊은 여성은 차세대 한국사회를 짊어질 어린이를 생산한다는 점에서 매우 우려하지 않을 수 없으며, 특히 현재처럼 여성들이 육아를 꺼려하는 상태에서는 더욱 그렇습니다. 청소년 윤락방지를 위한 가장 과감한 정책이 마련되어야 하며, 젊은 여성들의 윤락행위를 조장하는 사회분위기 정화를 위한 노력도 아울러 필요합니다.

우리나라가 선진국형을 닮아가면서 가족생활에 드는 비용이 점차 증대하고 있습니다. 따라서 젊은이들은 맞벌이 부부가 되지 않고서는 생활비용을 충당하기 어렵습니다. 취직이 되지 않으면 결혼이 거의 어렵기 때문에 여성의 사회진출 욕구는 그 어느 때보다 높습니다. 여성들이 사회진출을 할 수 있도록 각종 육아보호제도, 노인보호정책 등 여성사회진출 지원정책을 중시해야 합니다.

개인의 성장과 삶의 질을 지원하는 것은 가족, 교육, 성차별, 기업채용과 밀접한 관련이 있습니다. 건전한 가족제도는 비록 전근대적인 형태이지만 효를 통한 도덕성의 함양과 가족이 스스로를 지키는 사회보장의 측면을 동시에 지니고 있었습니다. 따라서 이혼의 급증에 따른 결손가정은 개인의 성장에 치명적인 결함을 주기 때문에 건전한 가족제도의 확립을 위한 노력이 필요합니다.

이러한 노력을 통해 사회의 건강이 회복되면 각종 사회적 범죄와 사고 등이 현저히 줄어들게 되어 우리나라가 국제적으로 활동할 수 있는 분야에 대해 개인과 사회집단의 활동을 지원할 수 있는 경제적, 정신적 여유를 갖게 될 것입니다. 이것은 우리나라가 21세기 국제사회에서 강한 발언권을 갖도록 만들어 줄 것입니다. 세계화의 물결에 우리가 소극적으로 대응하기보다는 우리나라의 역량을 바탕으로 적극적으로 대응할 때 국제협상능력의 증대와 함께 외국동포들에 대한 새로운 관심과 지원을 할 수 있는 여유를 갖게 될 것입니다.

4) 확립된 리더십만이 국민을 행복하게 만든다

자연 상태에서 가장 안전한 모습이 그물망과 같은 형태입니다. 국가에서 행하는 각종 정책은 개별 부처에서 수행하지만 대부분이 서로 연결되어 있습니다. 각종 정책들이 서로 협력하여 '국민 개개인이 행복할 수 있도록' 만드는 경제발전과 사회발전을 위해 개인-사회-정부의 역할이 마치 그물망처럼 서로 협력하고 의존하는 국가제도를 마련하는데 노력을 하셔야 합니다. 국가재정을 통해 지속적으로 발전할 수 있는 경제적 가치와 사회적 가치들을 만들어낼 수 있도록 공무원들의 자긍심을 불러일으켜야 합니다. 기업인들과 국민 개개인이 자기 스스로의 노력으로써 자기 운명을 개척해나갈 수 있는 희망을 갖게 해야 합니다.

다양한 사회정책의 집행은 오랜 기간 동안 우리 사회에 팽배한 경제적인 측면의 국가경쟁력 중시 관행이나 정책방향을 변경시키는 것이기 때문에 많은 영역에서 저항을 받게 될 것입니다. 기존의 관습(기득권)과의 괴롭고, 지루한 싸움을 각오해야 합니다. 당장 성과가 나타나지 않기 때문에 집권 후 국민들은 실망을 노골적으로 나타낼 것이지만 이를 온 몸으로 설득하실 준비가 이미 되어 있어야 합니다.

집권 5년 간의 노력은 대통령후보가 지닌 가치관과 리더십을 바탕으로 국가사회역량을 엄청나게 축적시켜 미래 한국사회의 발전에 커다란 기여를 했다는 평가에 더욱 중점을 두시길 바랍니다. 21세기가 진전되면서 우리나라는 새로운 변화를 요구하는 국민들의 열망에 부응하는 지도자를 바라고 있습니다. 군사독재자도 아니며, 정치 9단이라는 오직 정치적 술수에만 능한 사람이 아닌 진정한 시민사회를 꾸려나갈 지도자를 요구하고 있습니다.

지도자는 우리 사회의 엄청난 혼탁한 물을 맑게 하기 위해 확고한 가치관을 바탕으로 솔선수범을 행하고, 국가의 정통성 확립과 민족의 에너지를 결집시킬 수 있으며, 국가예산을 통해 우리 사회가 건강하게 발전할 수 있는 유용한 자원들을 생산・축적시킬 장기전략과 구체적인 목표를 갖고 있으며, 이를 실행할 정부부처를 관리할 능력이 있다고 믿고 있습니다.

편지를 쓴지 10년이 지난 2013년 지금 읽어보아도 지나치게 낙관적인 내용임은 부인할 수 없다. 물론 누구든 대통령이 되려고 하면 한 번 정도는 생각했음직한 내용임에는 틀림없다. 문제는 우연한 기회에 본 김영삼 전대통령의 신경제 5개년계획 특별담화문(1993년) 내용과 당시 야당 대통령후보에게 전달된 필자의 편지내용(2002년)이 크게 다르지 않는 것을 발견하고 충격을 받았다는 것이다. 즉, 10년 간의 시차가 있음에도 불구하고, 특히 IMF 외환위기를 통해 국가경제와 사회질서가 매우 부정적으로 변화하고 있지만, 한국사회를 바라보는 필자의 인식이 지나치게 낙관적이고 현실적으로 괴리감을 갖고 있다는 것이다.

행정학이란 학문 틀 속에서 행정현상을 바라보고 혹은 정책대상으로서의 사회를 바라보는 시각만으로는 국가체제 속에서 작동하는 정치-경제-행정-사회의 역동적 변화를 제대로 파악하기는 어렵다. 그렇지만 그동안 행정을 연구하고, 대학교수생활을 통해 학생들을 가르친 내용에 근본적인 문제가 있다고는 보지 않는다. 다만 부분적으로 현상을 파악하고 문제해결을 제시하기보다는 총체적으로 현상을 파악하고, 기존의 축적된 문제들을 풀 수 있는 해법을 제대로 마련하지 못했다는 부끄러움은 있다. 본질적인 문제를 둔 채 해법만 제시하는 것은 미봉책에 불과하다. 누구나 인식은 하면서도 건드리기 싫어하는 부분에 대해서 직접적으로 도전을 하고, '문제의 출발점은 여기다'라고 말 할 수 있는 용기가 필요하다.

1987년 하반기부터 한국경제의 위기와 이를 야기한 정치, 사회적 문제에 대해 매우 많은 학자, 공무원, 그리고 언론기자들이 언급을 했었다. 아울러 IMF 관리체제 하에서 형성된 자본주의질서와 전통적인 한국사회질서와 문화의 붕괴에 대해서도 많은 사람들이 우려를 했었다. 그러나 IMF 외환위기는 결코 끝나지 않았으며, IMF로 야기된 정말로 많은 문제들이 여전히 과거체제와 결합하거나 혹은 스스로 변종이 되어 나타나면서 한국사회를 괴롭히고 있다고 본다. 이 점에서 IMF 외환위기는 미래 한국사회를 위한 연구와 정책의 시발점이라고 확신한다. 왜냐하면 IMF 외환위기는 국가개발체제에서 벗어나 새로운 국가사회질서를 성립하기 위한 사회적 합의를 이루어내지 못한 결과물이기 때문이다. 21세기에 들어와서도 한국사회는 여전히 국가방향을 정립하지 못한 채 표류하고 있다.

Chapter 02

축적된 기억을 통해서 본 IMF 외환위기

그림 2-1 이미지로 본 IMF 외환위기 일지

자료: 구글의 IMF 외환위기 관련 이미지에서 인용.

그림 2-2 IMF 대기성차관협약을 위한 의향서

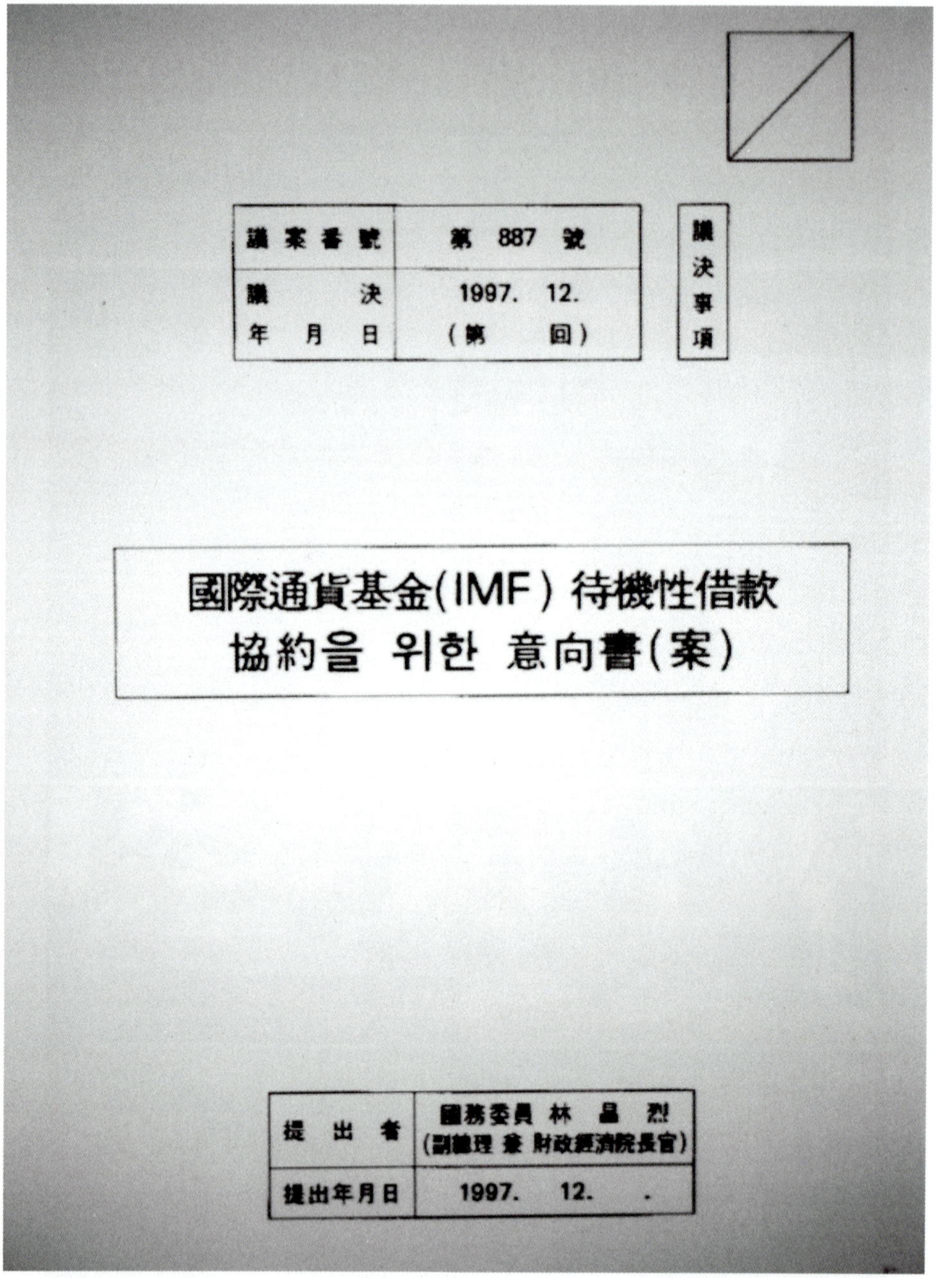

議案番號	第 887 號
議決年月日	1997. 12. (第 回)

議決事項

國際通貨基金(IMF) 待機性借款協約을 위한 意向書(案)

提出者	國務委員 林 昌 烈 (副總理 兼 財政經濟院長官)
提出年月日	1997. 12. .

자료: http://theme.archives.go.kr/next/unKorea/archivesDetail.do?flag=2&evntId=0034654137& page=3

1 IMF 외환위기 원인

대한민국 역사에서 IMF 구제금융 신청은 매우 중요한 사건이다. 국가위기를 사전에 대비할 수 있는 능력이 없었음을 보여주는 사건이며, 국가가 존재할 근거가 무엇인가에 대한 근본적인 질문을 제기한 사건이기 때문에 중요하다는 것이다. 앞으로 언제든지 닥칠 수 있는 다양한 형태의 국가위기들을 염두에 두고, 유연하면서도 효율적인 국가운영시스템을 만들기 위해서는 무엇보다 우리의 과거에 축적된 기억들을 철저히 점검하는 작업은 매우 중요하다.

이 책 제1장에서 제기한 '국가운영론'은 이러한 고민을 체계화한 것이라기보다는 행정학자로서 한국정치-행정-경제-사회-문화의 이정표를 나름대로 제시한 것이다. 이러한 비전과 전략은 달성되기는커녕 2012년 상황은 더욱 악화만 되었다. 국민들의 생활은 양극화되어 중하계층의 불만은 넘치고, 투자부족으로 잠재성장률은 계속해서 하락하고 있으며, 각종 사회제도에 대한 불신은 증대되면서 새로운 정치제도의 생성을 강하게 요구하고 있는 것이다.

이러한 정치 · 사회현상은 대한민국이 IMF에서 무엇을 배웠으며, 어떻게 행동해야 하는가에 대한 반성이 치열하지 못했기 때문에 나타난 결과라는 인식에서 출발하여 제2장을 축적된 기억의 분석에서 출발하려고 한다. 다양한 지식인과 학자, 그리고 언론과 연구소에서 IMF 경제위기의 원인과 결과에 대해서 분석했었다. 그리고 IMF 외환위기 이후 5년, 10년, 15년 등 5년을 주기로 사회변화상도 언론이나 단행본을 통해 소개되고 있다. 헌법과 정치영역에서는 연구시발점을 IMF 외환위기보다는 1987년 민주화운동을 통한 개헌 이후의 정치체제 문제점에서 출발하고 있다. IMF 외환위기 분석에서 박정희 정부시절의 국가개발체제는 다루고 있지만 이후 한국이 나아가야할 새로운 방향은 다루고 있지 않다. 물론 행정쇄신, 행정개혁, 행정혁신이라는 이름으로 새로운 정부가 들어 설 때마다 행정의 변화에 대한 논의를 하지만 큰 결과를 얻지 못했다. 김영삼 정부 이후 행정쇄신, 행정혁신, 행정개혁의 이름으로 행정구조와 관행을 개선하려는 시도로 인해 상당부분 선진화 혹은 국제표준을 외형상 따르고 있지만, 법과 제도, 그리고 관행이 결합하여 움직이고 있는 행정권력은 정치, 경제와 항상 밀접하게 작동한다. 따라서 기회만 생기면 조직이익을 챙기려는 속성에 의해 나중에 자세히 살펴보면 원래 의도한 개혁목표에서 상당히 떠내려가 있음을 발견한다.

2012년 대선에서 "안철수의 처방은 패자를 만들어내는 불공평한 사회구조, 승리 이데올로기와 같은 지배 관념과 문화를 개혁함으로써 패자에게 재도전의 기회를 주어야 한다는 것이다. 이에 반해, 박근혜의 처방은 패자 개개인으로 하여금 재기회를 갖도록 해서 패자 개개인의 잠재력을 키우고 성공하도록 하겠다는 것으로 사회전체 차원에서의 정책적, 사회적 처방은 전혀 강조되고 있지 않다"[1]라는 지적이 있다.

왜 이런 지적들이 나오는가? 한국은 IMF를 극복한 것이 아니라 진행 중이며, 이로 인해 사회의 양극화현상이 점차 드러나고 있기 때문이다. 왜 사람들이 공정과 성장을 경제민주화나 복지보다 중시하는가? 핵심은 내가 사회에서 활동할 수 있는 기회를 달라는 것이다. IMF처럼 맹목적 구조조정을 통해 직장에서 거리로 내쫓는 사회가 아니라, IMF 때 다하지 못한 기업개혁, 금융개혁, 공공개혁, 그리고 노동개혁을 통해 공정하고 신뢰할 수 있는 룰을 다시 만들라는 것이다. 이 룰은 약자에게 기회를 주고, 국내에서 안전판 노력을 하도록 하고, 한국사회 특유의 역동성을 바탕으로 제대로 된 기업가를 만들 수 있는 환경을 뿌리내릴 수 있는 것이어야 한다. 증오와 상처가 확대되는 사회가 아니라 신뢰와 포용으로 과거의 상처를 치유하고 새롭게 활력이 넘치는 사회를 국민들은 원하는 것이다.

제1장에서 제시한 국정에 대한 규범적 방향은 실현되지 않고, 시간이 지나면서, 국가 상황은 외형적으로는 나아졌지만 실질적으로는 더욱 악화되었다. 가장 핵심적 근거로 제시하고 싶은 것이, 2012년 대선에서 보수와 진보정당 모두 '경제민주화와 복지'를 내세웠지만 국민들의 생각은 다르다는 것이다. [그림 2-3]에서 보는 것처럼 2012년 제18대 대선의 시대정신으로 한국사회의 허리를 담당하는 40대는 경제민주화나 복지 혹은 국민통합이 아니라 '공정사회'를 전면에 내세우고 있다.[2]

---

1 경향신문, 안철수, 박근혜, 그리고 패자부활전, 2012.9.13.

시대정신은 기본전제인 것이다. IMF 외환위기의 결과로 나타난 경제민주화와 복지를 실천하기 위해 사회 자체가 정화되어야 하며, 성장의 방향을 제대로 잡아내자는 것이다. 즉, 누구를 위한 성장이냐에 대해서 명확한 답을 요구하고 있는 것이다. 그 방법으로 경제민주화가 필요하며, 부작용을 줄이기 위해서 복지가 필요하다는 것이다.[3]

2012년 국민은 정부는 나누는 것이 중요한 것이 아니라 나눌 수 있는 파이를 크게 만들어야 하지만, 이에 앞서 함께 파이를 만드는 과정이 정의로워야 함을 요구하는 것이다. 수혜를 받는 것보다는 나의 능력을 통해서 이루어지는 성장이 더욱 중요하다는 것이다. 현재의 국내외 경제상황으로 볼 때, 복지는 결코 오래 갈 수 없는 정책이라는 것을 국민들은 내심 알고 있다는 것이다.

공정사회는 정의로운 사회를 말하며, 상당수 국민들이 한국사회는 부조리하며, 부정부패가 만연해 있고, 열린사회가 아닌 닫힌사회이며, 유연하지 못하고

그림 2-3 18대 대선의 시대정신

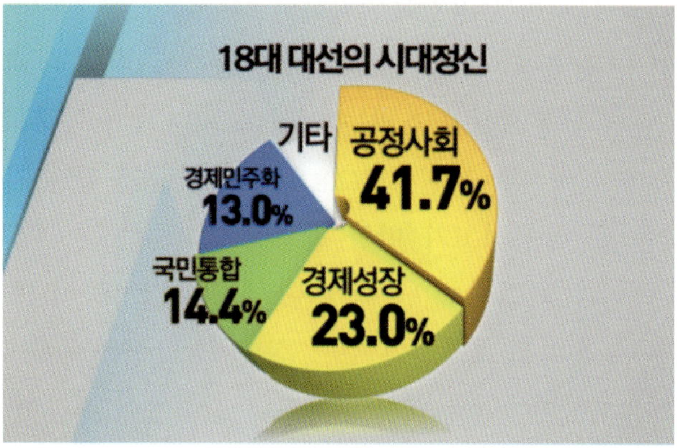

자료: http://news.ichannela.com/tv/goodmorning/3/all/20120822/48789156/1

---

2 굿모닝 채널 A, 2012.08.22. http://news.ichannela.com/tv/goodmorning/3/all/20120822/48789156/1

3 이와는 조금 다른 결과의 조사도 있다. 정당학회 1000명을 대상으로 '대선을 앞둔 한국사회의 당면 시대정신'을 묻는 질문에 응답자의 21.2%가 '경제성장'을 꼽았다. 이어 공정사회(17.8%), 경제민주화(12.4%), 복지국가 구축(9.8%), 법치주의 확립(8.8%) 순이었다. '시대정신 두 가지를 꼽아 보라'는 중복응답 질문에서도 경제성장(36.1%)은 공정사회(29.9%), 경제민주화(24%), 복지국가 구축(23.7%)을 앞질렀다. http://mapp.donga.com/2012president/survey/3/7000000000042/20120825/48864692/2

경직된 사회이며, 사회공헌보다는 개인주의가 팽배한 사회라고 진단하고 있는 것이다.

왜 우리가 알고 있는 규범적 사회모습이 한국사회에서 현실로 나타나지 못하고 있는 것일까? 원론적 측면에서의 사회적 합의가 각론, 즉 사회 각 영역별, 영역 내의 하위 영역별로 내려가면서 합의내용이 왜곡되고 있다는 것이다. 그리고 왜곡되는 현상을 교정할 장치가 제대로 작동하지 않다는 것이다. 이는 한국만의 현상이 아니라 제도를 갖고 사용을 운영하려는 거의 모든 나라에 그대로 적용된다([그림 2-4] 참조).

예를 들면, 1988년 IMF 체제 하에서 금융부문의 법률 및 제도개혁이 이루어져, 재정경제원은 재정경제부로 축소 개편되었다. 재정, 금융 등 모든 정책수단이 집중됨으로써 정부 내 견제와 균형이 미흡했다는 인식과 반성에 따라 이루어진 조직개편이었지만, 시간이 지나면서 금융시스템 관련 공공기관인 재경부, 금감위, 금감원, 한국은행 등의 기능은 자연스럽게 재정경제부(현 기획재정부)를 중심으로 수직적으로 통합되어가고 있다고 김홍범은 그의 논문에서 주장하고 있다.[4] 특히 감독기능을 갖는 금융감독위원회의 사무국이 재경부의 입김에서 실질적으로 벗어나기 어렵게 되어가면서 한국의 금융감독 기능은 재경부의 정책에 따라 움직이게 되어 금융개혁의 효과는 시간이 지나면서 약화되었다. 그 결과 카드대란(2002년)과 저축은행 부실사태(2011~2012년) 등과 같은 감독부실과 도덕적 해이에 바탕을 둔 금융사고가 항상 발생할 수 있음을 의미해주고 있다.

사회가 지닌 특성과 개인이 지닌 특성은 서로를 강화하며 개인들로 하여금 "오만과 탐욕, 명예, 손쉬운 해결책의 추구, 불안, 강박행동 등을 더욱 쉽게 저지르게 만든다."[5] 이 부분이야말로 왜 사회제도나 장치들이 시간이 지날수록 제대로 작동하지 않는지에 대한 적절한 설명이 된다. 기억의 축적은 지혜를 낳기도 하지만 사회악을 더욱더 확산시키는 이중적 역할을 행할 수 있음에 주의를 기울여야 한다. '축적-추락' 혹은 '축적-돌파'의 길을 놓고 이제 한국사회는 선택을

4 김홍범, "금융규제감독의 경과와 개선과제", 한국금융학회 정기학술대회 정책심포지엄 발표논문 (2007.6.8.), pp. 1-25. http://www.kmfa.or.kr/paper/annual/2007/7.pdf.

5 윌리엄 헬름라이히 지음, 남인복 옮김, 내가 왜 그랬을까(말 · 글 빛냄, 2011), p. 57.

그림 2-4 금융감독 부실화 메커니즘

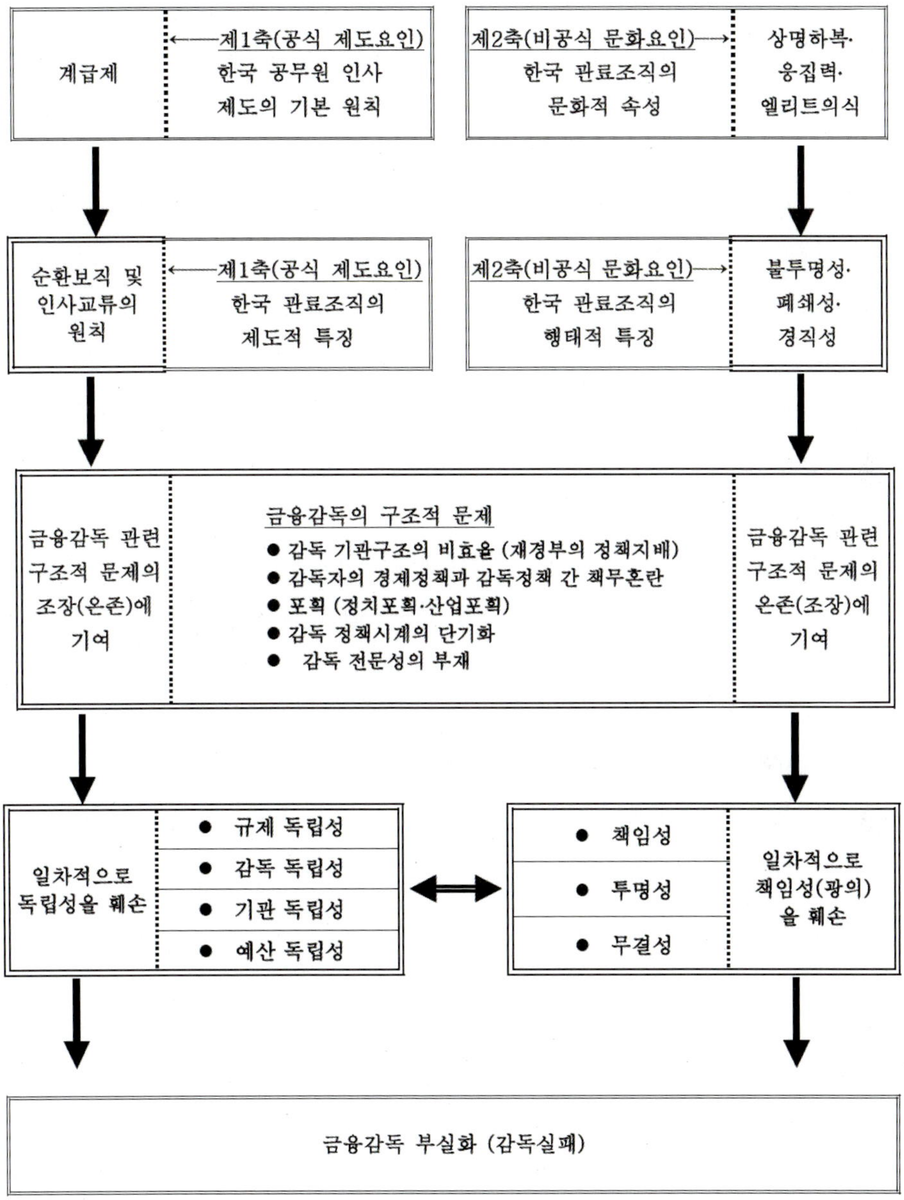

자료: 김홍범, 전게논문, p. 20에서 수정 인용.

해야 할 때가 온 것이다.

한순간에 수백만 명의 실업자를 양산시킨 IMF 외환위기의 원인, 처리과정에서의 문제점, 그리고 단기간에 끝난 IMF 외환위기가 한국사회에서 완전히 정리되었다기보다는 제2, 제3의 IMF 외환위기와 비슷한 상황이 반복되고 있음을 보면서 정말로 한국사회는 IMF 외환위기를 끝냈는가? 무엇인가 잘못된 처리를 한 것은 아닌가?라는 의문을 제기하는 것은 당연하다. 역사에서 교훈을 얻어야 하지만, 그 누구도 과거의 지식을 끄집어내지 못하고 있다. 축적된 지식을 제대로 분석할 수 있어야 돌파가 가능하다. [그림 2-5]에서 알 수 있는 것처럼 한국사회의 모든 기준은 IMF 이전과 이후다. IMF 외환위기의 원인과 대응방식, 그리고 결과 평가에 대해서는 결코 끝나서는 안 되는 논쟁이어야 하며, 미래를 지향할 때마다 항상 곱씹어보아야 할 주요한 사료인 것이다.

한국은 지속적으로 체제전환과 제도화과정을 겪어왔다. 한국사회 연구의 대부분은 ① 제3공화국의 국가주도 성장체제에서 출발한다. ② 1980년 제5공화국의 급격한 시장경제체제로 전환과 함께, ③ 노태우, 김영삼 정부의 체제전환과정의 미성숙(체제전환을 위한 다양한 정부의 노력과 함께 과거 체제의 고비용, 저효율 운영방식은 지속)으로, ④ 김대중 정부의 미완의 외환위기 관리체제에서, ⑤ 노무현, 이명박 정부의 신자유주의 구조조정체제의 제도화로 현재의 국가운영체제를 역사적으로 평가할 수 있다.

2012년 제18대 대통령선거에서 가장 큰 이슈로 정치쇄신과 함께, 경제민주화와 복지가 회자된 가장 큰 이유는 국가체제 전환이 제대로 이루어지지 않았기 때문이다.

신장섭, 장하준은《주식회사 한국의 구조조정 무엇이 문제인가》에서 1997년 한국의 외환위기에 대한 기존의 언론, 학계, 정치 및 정부의 통념들에 대해 강력한 의문을 던진다. 그 통념이란 다음과 같다. 부패한 정부, 재벌의 과당경쟁과 중복투자, 그리고 이들과 결탁해 '도덕적 해이'에 빠진 금융권의 특혜대출이란 악순환이 낳은 구조적 재난이라는 것이다. 하나 더, 한국경제를 세계경제의 '글로벌 스탠더드'에 맞춰 제때에 선진화하지 않아서 발생한 '내재된 실패'라는 분석시각[6]에 대해서 1997년 위기는 한국경제의 구조적 위기가 아니라 오히려 국

그림 2-5 IMF 외환위기 전후의 한국사회상

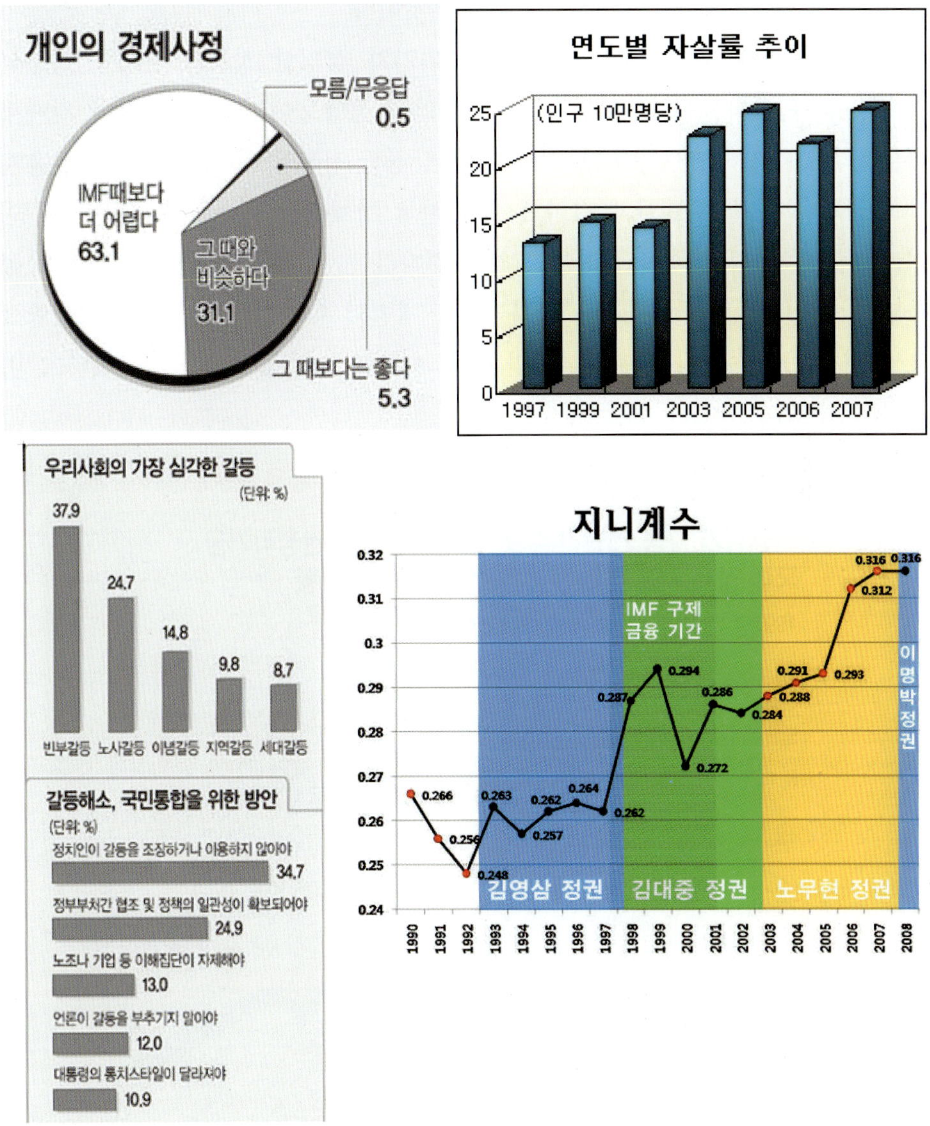

자료: http://news.donga.com/Poll_List/3/70000000000042/20030812/7973016/1
자료: http://blog.daum.net/skyjo340/5377480
자료: http://blog.daum.net/spogood/748

6 박제훈, “경제위기의 역사적 교훈-한국경제에의 시사”, 경제논집, 제37권 2·3호에서 잘 분석하고 있다. http://s-space.snu.ac.kr/bitstream/10371/61519/1/37-23-16.pdf.

가-은행-재벌 연계의 발전주의 전략을 포기하고 '영미식 주주자본주의'로 체질을 바꾸려 했기 때문에 발생한 것이라는 것이다.

이러한 통념에 대해 당시 한국경제의 위기가 김영삼 정부와 김대중 정부의 경제 관료와 학자들이 군부통치와 발전주의를 샴쌍둥이로 잘못 판단한 것에서 비롯된다고 주장하면서, 1997년의 위기는 김영삼 정부가 산업정책 포기, 금융시장의 급격한 개방, 재벌규제 강화 등으로 한국 경제성장의 동력이었던 발전주의 전략을 포기하고 시장만능주의에 심취한 결과라는 것이다. 또 김대중 정부의 공공부문, 재벌, 금융 구조조정은 국가-은행-재벌의 유기적 연결고리를 절단함으로써 재벌기업의 투자 위축과 400만 명에 이르는 신용불량자만 양산했다고 비

표 2-1 IMF 외환위기 이후 15년의 명암

외환위기 발생 15년간 주요 국내 경제 지표 추이

1997년		2012년
1만1505	1인당 GDP(달러)	2만2489 (2011년)
5.8	GDP성장률(%)	2.4
6.1	잠재성장률(%)	3.7(잠정)
12.3	시장금리(3년 국고채 기준 %)	3.2
204억	외환보유고 (달러)	3235억
943조 7000억	금융권 총자산 (원)	3232조 3000억
0.254	지니계수	0.313
8.7	상대적빈곤율(%)	15.0

국민소득은 명목.
지니계수=0에서 1 사이의 값을 가짐. 1에 가까우면 소득 불균형이 크다는 의미.
상대적빈곤율=소득이 전체 중간소득의 50%에 못 미치는 빈곤인구의 비중.
자료: 한국은행, 통계청, 금융감독원, 국회예산정책처

부실채권정리기금 운용 현황

10월 말 기준.

인수	총 39조2000억 원 투입 부실채권 111조6000억 원 인수
정리 (매각 등)	46조7000억 원 회수 부실채권 93조2000억 원 정리
잔류	부실채권 18조4000억 원

자료: 한국자산관리공사

자료: 동아일보, IMF 구제금융 신청 오늘로 꼭 15년… 3대 아이콘으로 본 한국경제, 2012.11.21. http://news.ichannela.com/list/3/all/20121121/50992897/3

판했다.[7]

이처럼 IMF 외환위기에 따른 IMF식 국가경제사회 구조조정의 성과에 대해 상반된 견해가 여전히 존재하며, 한국사회의 변화담론이 IMF 외환위기가 발생한 지 15년이 되는 이 시점에서도 여전히 진행 중이라는 것이다.

1) 기아부도사태를 통해서 본 과도기 국가체제의 혼란

우선 IMF 외환위기의 주요 요인으로 대부분의 학자나 공무원들이 지적하고 있는 것이 기아자동차 부도위기다. 왜 기아자동차가 문제라고 여겼는가에 대한 해답은 기아자동차 문제가 당시 한국사회의 총체적 부실을 가장 대표적으로 보여주기 때문이라는 것이다.

다음 자료들을 살펴보면, 1987년 민주화 이후 한국사회는 여전히 포용체제를 갖추지 못한 채 굴러가고 있음을 보여주고 있다. 기업가정신의 부재, 정부의 기업과 금융지배, 정치와 기업, 그리고 정부의 유착, 기업과 금융의 유착, 노동계의 역할과잉(특히 기아의 국민차개념을 바탕으로 한 강성노조는 향후 노동귀족이라는 특정 계급으로 발전하게 됨), 선거의 폐해 등 민주주의 제도와 민주적 경제제도가 여전히 자리 잡지 못함을 보여주고 있다.

- **강경식재경원 부총리의 입장**: "기아 살리기와 김선홍 살리기는 구분해야 한다." "대주주가 있는 회사의 경우 부도유예협약 적용을 받기 위해 주식포기각서를 내는 것처럼 기아에 대해 경영진 사표와 노조의 인원감축 동의서를 요구하는 것은 당연하다. 기아사태에 대한 정부의 입장에는 변화가 없다."
- **기아의 입장**: "정부가 김회장의 사표제출을 고집하는 것은 김회장을 즉각 퇴진시킨 뒤 기아의 자력회생을 무산시켜 제3자에 인수시키려는 것이다." "정부나 채권단이 김회장의 사표제출에 그토록 집착하는 데는 분명 이유가 있다. 사표수리는 이사회나 주총에서 처리할 사안이기 때문에 김회장의 사표제출이 바로 퇴진으로 이어지는 것은 아니라는 것이 정부나 채권단의 설명이지만, 즉각 사퇴시킬 것도 아니면서 사표를 고집하는 것은 이해할 수 없다"(삼성이 3월 초부터 기아자동차를 인수 추진해 왔다는 사실이 삼성그룹 비서실 내부 보고서에 의해 확인).
- **집권여당의 대통령 후보인 이회창 대표**: 1997년 8월 14일 소하리 공장을 방문, 김선홍 회

7 신장섭 · 장하준 지음, 장진호 옮김, 주식회사 한국의 구조조정 무엇이 문제인가(창비, 2004).

장 등 기아 임직원들에게 "기아사태는 제3자가 해결할 문제가 아니다"며 기아의 제3자인수에 반대한다는 입장을 밝혔다. 그는 또 "기아 스스로 기업회생을 위한 확고한 의지와 능력을 발휘한다면 당과 정부는 기아회생을 위해 최선을 다할 것"(1만7천여 기아 협력업체들과 연관해 최소 1백만 표에 달하는 '기아표 잡기')이다.

- **김인호 청와대 경제수석**: "기아문제는 기아와 채권은행단 간에 협의해 해결해야 한다. 경제논리로 풀어야 할 문제를 정치논리로 접근하는 것은 해결에 도움이 되지 않는다."
- **김선홍 회장**: 8월 9일 서울 시내 모처에서 임창열 장관, 서상목 신한국당 의원 등과 극비리에 만나 기아사태 해결방안을 협의. 이 자리에 기아출신의 이신행 의원도 동석. 신한국당 관계자는 "4자회동에서 기아사태를 해결하기 위해서는 정부와 기아가 한걸음씩 양보해야 하며 그 연장선에서 김회장의 조건부 사표제출에 공감대가 형성된 것으로 안다."
- **정부 관계자들**: 사석에서 김회장 퇴진이 기아살리기의 전제가 돼야 한다는 점을 숨기지 않는다. 정부는 김회장 사표제출이 불가피하다는 이유로 부도유예협약을 적용받은 다른 그룹들과의 형평성을 내세우고 있다. 그러나 내부적으로는 김회장이 자구노력을 내세워 시간을 끌다가 결국 물러나지 않으려 한다는 의심과 함께 기아노조와 김회장이 사실상 한 배를 타고 있어 김회장이 물러나지 않는 한 기아정상화의 큰 걸림돌로 꼽고 있는 노조문제가 해결될 수 없다는 판단을 하고 있다.
- **재정경제원**: 8월 16일 제일은행에 대해 한은 특융을 포함한 지원조건으로 '좀 더 강도 높은 자구노력'을 요구하고 나온 것도 '제일은행 지원 → 기아 지원'이라는 등식을 깨려는 의도로 분석된다.
- **정부의 한 관계자**: "향후 기아사태의 향방은 지금껏 강경식 부총리 방식의 해법에 무게를 실어 준 김영삼 대통령과 이회창 대표와의 담판에 달려있다."

자료: http://legacy.h21.hani.co.kr/hankr21/K_978S0172/978S0172_018.html

- **기아노조의 성격**: 1970년대 말 누적된 적자와 경영난에 직면했던 기아차는 1981년 자동차공업합리화조치(2·28조치)로 승용차 생산을 중단하고 오너였던 김상문 회장의 지분을 쌍용그룹으로 넘기기로 했다. 하지만 종업원들이 반발했고 결국 김회장은 지분에 대한 권리를 당시 김선홍 사장에게 넘겼다. 이후 경영권 우호세력 확보 차원에서 김사장은 지분을 우리사주조합 등 종업원에게 넘겼다. 이때부터 기아차는 주인 없는 전문경영인체제로 바뀌면서 종업원의 대부분을 차지하는 노조가 회사경영의 주도권을 잡기 시작했다.
- **경영진과 노조의 은밀한 결탁**: 1997년 회사부도를 맞아 채권단의 경영진 퇴진 요구로 끝을 보는 듯했다. 부실 누적으로 채권단이 기아차 처리를 위해 1차 채권금융기관 대표자회의를 개최했다. 이 자리에서 이관우 당시 한일은행장은 "노조가 강성이라는데 인력감원 시 노조원의 3분의 2 찬성을 얻을 수 있겠느냐", "경영권을 내놓으라"며 김선홍 회장을 다그쳤다. 당시 나응찬 신한은행장, 장철훈 조흥은행장도 기아차의 정상화를 위해 노조의 협조와 김회장의 경영권 포기를 강하게 요구했다. 하지만 이 같은 발언 사실이 알

려지자 노조원들은 그 다음날 김회장 퇴진과 노조문제를 제기한 은행장들의 집 대문에 붉은색 스프레이로 협박성 글을 쓰고 항의 시위를 해 은행장들을 질리게 만들었다.

자료: http://kia-hs.nodong.org/bbs/view.php?id=bbs_free&page=13&sn1=&divpage=1&sn= off&ss=on&sc=on&select_arrange=hit&desc=desc&no=631

- **대마불사의 논리**: 재계 8위인 기아그룹이 부도날 경우 12조의 빚에 2만 개가 넘는 계열 하청기업 등의 도산에 따른 충격을 가늠했을 때 '기아의 부도는 안 된다'는 원칙은 이미 정부나 은행권에서 일찌감치 정해져 있었다. 이에 대한 조치로 재경원은 종금사들에 자금회수를 자제하도록 통보하고 자금회수가 잠시 뜸해지자 기아는 자구노력을 통해, 주거래은행인 제일은행은 협조 융자를 각각 추진 그럭저럭 위기를 넘기는 것처럼 보이기도 했으나 협조융자에 대한 다른 은행들의 반응이 신통치 않았고 종금사들의 자금회수도 6월 말 이후 재개되었다. 기아 지원의 부담을 혼자 떠안아온 제일은행은 기아와 함께 쓰러지는 상황마저 걱정해야 하게 됐다. 이 판국에서 제일은행으로서는 '같이 죽는 길목'에서 '서로 사는 길'로 부도유예협약을 택했다고 볼 수 있다.
- **합리적이지 못한 협상**: 부도유예협약 대상기업 선정 이후 기아그룹은 그룹 내에 혁신기획단을 발족, 계열사 통폐합 자동차 산업을 중심으로 한 경영정상화와 인원감축 등의 자구책을 내놓게 되나 채권단측이 기아의 자구책을 구체성이 없고 미온적이라는 이유로 받아들이지 않고 경영권 포기각서와 인원감축과 급여삭감에 대한 노조동의서 제출 요구에 기아의 거부로 기아사태는 경제논리는 뒷전으로 한 감정대립으로 치닫게 된다.
- **정부역할에 대한 의구심**: 정부는 해당기업과 관련 금융기관이 알아서 할 문제라며 방관하고 있는 상황에서 5천여 개의 기아 협력업체가 어음할인을 받지 못해 도산 위기에 처하게 된다. 이때 일부에서는 제3자 인수에 대한 의혹과 함께 정부에서 정리해고의 선례를 만들기 위해서 정부와 채권단과 일부재계에서 의도적으로 이러한 사태를 만들고 있는 것은 아니냐는 진로나 대농 때와는 다르게 해도 너무한다는 반응을 보이기도 했다.

자료: http://cc.kangwon.ac.kr/~kimoon/pr/pr-982/project/a/kia2.htm

이러한 제도불안은 심각한 사회문제를 동시에 발생시킨다. 1980년대 후반부터 한국사회는 그야말로 소용돌이 사회였다. 사회민주화와 국제화에 대한 국내외 요구가 거침없이 한국사회를 흔들고 있었으며, 이에 대한 대응노력이 산발적으로, 개별적으로 있었지만 국가방향에 대한 큰 그림은 그려내지 못했다.

이것은 지금 살펴보면 당시 민주화의 큰 성과라고 볼 수 있지만, 국민들의 요구를 수용하고, 국가를 새로운 방향으로 이끌 수 있는 정치-경제-사회체제를 만들지 못한 1987년 민주화체제의 한계라고 말할 수 있다.

1997년 당시 국내 상황을 노동계의 입장에서 살펴보면 2012년 현재 한국사회에서 일어나고 있는 일들이 이미 일어났음을 잘 보여주고 있다.[8]

'국민승리21'(가칭) 건설과 국민후보추진을 위한 선언자대회 선언문

"1987년 6월, 우리 국민은 그 유례를 찾을 수 없는 전국적 항쟁으로 군부독재를 종식시키고, 참다운 민주사회를 향한 새 장을 열어 놓았다. 그러나 10년의 세월이 흐른 오늘날 민족이 처한 현실과 국가 운영에서 국민이 차지하는 지위를 살펴볼 때, 우리는 깊은 회의와 우려를 토로하지 않을 수 없다.

지역 할거주의와 금권정치, 붕당정치가 여전히 위세를 떨치며 국민을 정치의 객체로 전락시킴에 따라, 정치 무관심과 냉소주의가 사회에 만연하고 있다. 나아가 정치권 전반의 개혁 거부, 여야 구별 없는 보수 회귀 움직임이 국민 항쟁의 소중한 성과를 무위로 돌릴 지경에 이르고 있다. 세계화와 국가경쟁력 강화라는 허울 좋은 국가정책이 경제사회적 부정의와 불평등을 더욱 심화시켜 서민들은 만성적 생활고로 고통받고 있으며, 마땅히 보장되어야 하는 국민의 인간적 삶은 너무도 요원하기만 하다. 배금주의가 전 사회를 지배하는 가운데 대형사건 사고와 패륜적 범죄가 난무하여, 국민들은 하루하루 무사 귀가를 기원하며 살고 있다."

기아사태에 대한 [전국현장조직대표자회의] 성명서

"기아그룹이 부도유예 대상업체로 선정된 후 이에 대한 사회적 파장이 날로 더해가고 있다. 채권금융단은 이런 기아그룹 노동자들의 소박한 마음에 아랑곳하지 않고 오히려 자구책을 강구하라면서 마치 현 사태의 책임이 기아그룹의 노동조합들과 노동자들에 있는 것인 것처럼 강도 높은 감원과 임금삭감, 단체협약의 개악을 끊임없이 요구하고 있다. 이에 우리는 과연 현 기아사태가 어디에 기인한 것인가?라는 근본적인 물음을 던지지 않을 수 없다. 첫째, 현 기아사태는 자동차산업의 공급과잉에 기인한 과당경쟁과 경기불황 등 산업구조적인 측면에서 기인한다. 둘째, 차입위주의 경영과 무리한 설비투자 속에서 재무구조가 급격히 악화된 것에서 기인한다. 셋째, 이미 공급과잉인 자동차산업에 삼성에 대한 자동차산업

8 주어진 자료의 내용이나 성격을 주관적이 아닌 객관적으로 보아야 하는 것이 학자의 태도다. 당시 노동계의 자료를 통해서 잘 살펴보아야 할 것은 노동자들의 시각에서 본 정치와 행정, 그리고 경제의 관계다. 특히 그들의 해석이 아닌 주어진 사실관계들을 포착하는 데 있어서 주류 학자들이 놓치는 부분이 많을 수 있기 때문이다. 이 자료는 다음을 참고할 것. http://kilsp.jinbo.net/publish/97/9709-13.htm

신규진입 허용은 그 시기를 더욱 앞당긴 측면이 있고, 이를 두고 현 기아사태에 음모설의 근원이 되고 있으며, 사실상 정부정책의 명백한 실패에 기인한다. 대부분의 언론과 전문가들이 기아사태의 원인을 이렇게 판단하고 있음에도 불구하고 정부와 채권단은 뜬금없이 민주노조 죽이기 책동의 일환으로 경제위기-노동자책임론을 들고 나오면서 기아부도사태를 십분 활용하고 있다. 이에 우리는 현 기아사태를 계기로 정부와 자본이 노동자에 대한 대공세를 가하고 있음에 경계하지 않을 수 없다.

1997년 6월 31일 재경원은 ① 기업 인수합병(M&A) 시 정리해고 허용, ② 근로자파견제 도입, ③ 성과급 등 임금체계의 유연성 재고, ④ 법정퇴직금제도 폐지 등을 내용으로 하는 '노동시장 유연성 제고방안'을 내놓고 있다. 한편 이에 화답하듯 전경련에서는 정리해고제를 즉각 도입하는 특별법을 도입하자고 주장하고 있다. 정부와 자본의 이 같은 주장은 현 기아사태 이후에도 계속될 대기업의 부도사태를 빌미로 향후에 다가올 산업구조 조정 시에 민주노총으로 대표되는 민주노조운동을 무력화하고 노동자의 희생을 담보로 자본의 위기를 극복하겠다는 고도의 책략이라고 밖에 볼 수 없다."

퇴직금 전액변제 쟁취와 정리해고제 도입철회 및 경제민주화를 위한 전국총파업 결의 조합원총회 개최 제안문

"우리의 경제가 안고 있는 재벌중심 구조의 문제점은 이제 더 이상 방치해서는 안될 상태에 이르렀으며, 소유의 분산, 소유와 경영의 분리, 경영의 투명성을 보장할 수 있는 지배구조의 변화가 무엇보다도 필요하다. 현재 정부가 이야기하고 있는 소위 산업구조조정은 경제민주화와 고용안정을 전제로 이루어져야 한다.

그러나 최근 정부와 자본이 주장하거나 추진하는 구조조정과정에서의 고용조정은 노동자의 일방적인 희생을 담보로 자본의 이익만을 보장하겠다는 것으로 결코 좌시할 수 없다.

또한 정부는 재계의 요구를 수용, 구조조정법을 제정하면서 정리해고제를 조기 도입하겠다는 방침을 노골적으로 밝힌 바 있다. 이러한 법 제정은 지난 노동법 날치기 이후 노동계와 전 국민의 저항에 부딪쳐 무산된 정리해고를 현재의 경제위기를 빌미로 다시 들이대겠다는 것이다.

포철이 삼미특수강을 인수하면서 소위 '자산인수' 방식을 빙자하며 고용승계를 거부하고 재입사 형식으로 위장 정리해고를 단행하는 비열한 행태를 보이고 있고 최근 기아그룹에 대해 부도유예조치를 취하면서 일관되게 인원 감축동의서를 제출하라고 하거나, 현 단체협약이 경영권을 침해하고 있다고 주장하면서 단체협약 자체를 개정할 것을 요구하고 있는 것이 바로 그 증거다. 특히 '기아문제'는 제일은행에 대한 자금지원의 전제조건으로 강요되고 있으며, 아예 부도유예협약에 명문화해 놓고 있다. 이는 채권단의 협약이 노동조합법이나 근로기준법보다도 더 우위에 서 있는 법 파괴 현상이 분명하다.

뿐만 아니라 기업의 부도 시 퇴직금 우선변제 조항이 헌법에 합치되지 않는다는 헌재의 판결은 퇴직금이 후불적 임금의 성격을 갖는다는 기본조차도 무시한 채 자본의 금융 부담만을 내세워 노동자의 생활을 근본적으로 부정하는 자본편향적 판결이라 아니할 수 없다."

2) 신문기사를 통해서 본 IMF 외환위기 원인과 협상과정[9]

대한민국 건국 이래 최대 위기인 IMF 외환위기는 모든 언론, 연구기관, 정부부처 및 학계의 논문이나 보고서 혹은 보도 제목에서처럼 정부의 환율관리 실패에서 촉발되었고, 이를 IMF 구제금융을 통해서 해결하려고 했다는 점이다.

수출중심국가에서 '환율의 의미'가 최대의 정책대상임에도 불구하고, 왜 정부는 환율관리에 실패했을까? IMF 위기체제 하에서 정부는 어떤 역할을 했는가? 과거의 실패에서 정부가 배운 것은 무엇인가? 과거의 기억이 제대로 축적되고 이를 바탕으로 돌파할 수 있는 계기를 가지게 되었는가?

이 의문에 대한 해답을 살펴보기 위해 과거의 흔적을 더듬어 보려는 것이다.

한 국가의 경제발전과 안정화 정도는 경제정책, 조세, 재정, 그리고 금융부분에 의해서 이루어진다. 특히 핵심은 국가가 이 모든 부분을 주도해나갈 수 있는가이다. 만약 그렇지 못하다면 어떤 경제부문과 협력을 해야 하는가다.

당시 한국경제는 과잉투자로 이어진 단기외자 투입과 원리금 상환부담, 차입금융 행태로 인한 금융기관의 부실위험, 노사갈등 야기와 종합금융사를 통한 돈의 비생산적 흐름 혹은 과열된 왜곡투자 등으로 원리금상환 능력이 대기업과 중견기업들은 상대적으로 취약한 편이었다. 결국 흑자부도 혹은 건전부도 상황에 몰리면서 돈이 제대로 돌지 못하고, 국고는 바닥나고, 환율은 급등하고, 외채에 대한 이자는 높아가고, 물가상승과 실업자 증가 등 거시경제 환경은 급격히 악화되었다. 게다가 외환 및 금융당국의 정책대응이 대통령선거를 앞둔 정치권의 갈등으로 인해 한국은행법 등 금융 관련 법들의 통과 지연으로 한국경제에 대한 믿음을 주지 못하자 한꺼번에 무너진 상황이었다.

1997년 무소속 대통령후보 이인제의 주장은 당시의 상황을 제대로 보았다고

9 IMF 당시 관련 자료는 엄청나게 많다. 개인기록, 자서전, 논문 등 많은 자료들이 있지만, 신문기사를 중심으로 정리하고자 한다. 비록 단편적인 사실을 언론은 보도하지만 이들 팩트(fact)들을 모으면 전체 그림을 충분히 그릴 수 있기 때문이다.

여겨진다. "최근의 기업부도는 종합금융사를 중심으로 한 제2금융권의 무차별적인 자금회수에 따른 것"이기 때문에, 금융기관의 여신회수 중단과 금융기관의 부족 자금에 대한 한국은행 특융 지원을 촉구했다. 특히 "종합금융회사를 비롯한 전 금융기관은 모든 여신의 상환기간을 향후 1년 간 연장할 수 있도록 조치를 취해야한다"고 주장했다. 또한 "우리 경제의 고질인 고비용 저효율 문제를 개선하고 중복 과잉투자를 조정하기 위해 구조조정 외에는 방법이 없다"면서 ① 구조조정 특별법 제정, ② 정부 내 구조조정 위원회 설치 등을 요구하면서, "환율폭등과 주가폭락이 일시적 현상으로 표출될 것을 기대했으나 오히려 심각한 위기상황으로 치닫고 있다"면서 "정부는 비상한 조치를 취해야 한다"고 말했다.[10]

이처럼 단기적 상황은 급박하게 돌아가고 있으나, 오히려 정부는 좀 더 장기적 맥락에서 경제상황을 검토하고 있었다. 비록 전두환 정부 때부터 신금융자유주의 정책이 도입되었지만 개발행정, 관치행정에 익숙해져있는 한국행정문화가 쉽사리 변하지 못하고 있었기 때문이다. 이런 불일치 상황은 자본자유화를 강하게 요구하는 국제금융질서 속에서 어떤 방향으로 한국경제질서를 형성해나가는 것이 바람직한지에 대해 심각한 고민을 하기에는 걸림돌이 되었다. 왜냐하면 김영삼 대통령은 정권 초기에 '신경제5개년계획'을 통해 경제개혁을 시도했지만 독자적 노력보다는 과거 정부의 협력 하에서 정권을 획득했기 때문에 공무원사회를 변화시킬 힘이 없었으며, 성공한 대통령으로 보이고자 하는 조급함에서 경제부총리를 재임 중 7번이나 경질하는 우를 범한 것이다. 위기징후를 포착하게 되면, 정부는 실패하지 않기 위해서 어떤 대응을 해야 하는가는 매우 중요한 과제인데, 이 점에서 IMF 외환위기는 많은 시사점을 주고 있다.

국가가 금융을 관리할 수 있었던 폐쇄적 경제체제에서 벗어나 개방체제로 나아가려는 노력의 일부가 경제부처와 대기업을 중심으로 이루어진 것은 결코 바람직하지 않았다. 전두환-노태우-김영삼 정부는 개방체제로 나아가기 위한 국가 틀을 재정비하는데 모든 노력을 쏟아야 할 시기의 정부였음에도 불구하고, 일부 경제관료와 대기업의 개방정책논리에 따라 간 것은 큰 실수였다. 대외경제

10 http://news.naver.com/main/read.nhn?mode=LSD&mid=sec&sid1=100&oid=001&aid=0004255390

여건으로 수출조건이 좋아지면 적극적 개방정책을, 반대의 경우는 정부의 적극적인 방어정책을 반복하는 사이에 전반적인 경제여건의 튼실화보다는 새로운 형태의 정부와 기업의 유착관계를 형성해나간 것이다. 그 결과가 IMF로 나타난 것이다. [그림 2-6]처럼 개방체제 하에서의 환율정책이 새롭게 정립되지 못한 상황에서 대기업의 문제를 국가가 해결해야 한다는 폐쇄적 경제체제의 논리가 작동하면서 나타나는 혼란이 결국 IMF 외환위기로 귀결된 것이다. 아무도 해결할 수 없었다는 것은 그 누구도 문제해결능력이 없었다는 말이다.

그림 2-6 대외경제여건 변화와 정부정책개입의 부조화

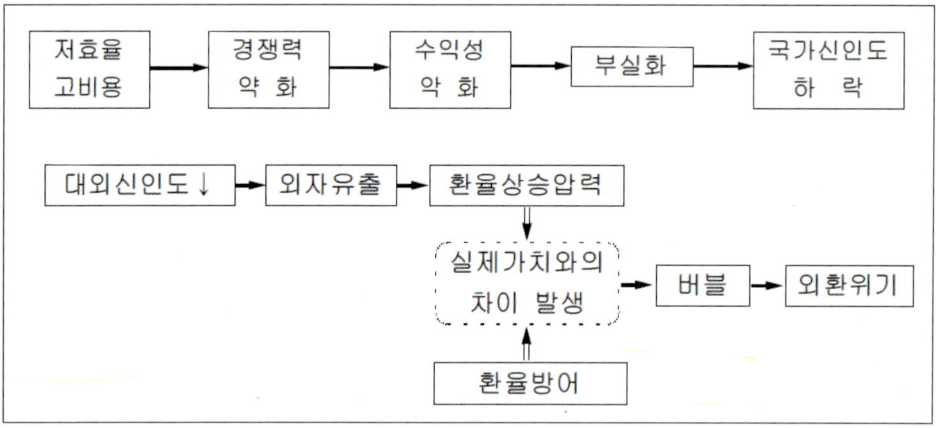

자료: 삼성경제연구소, 외환위기 전후 금융지표 변동의 허와 실(1999.8), p. 3.

[그림 2-6]에서는 외자유출이 변수로 작동하고 있지만 실제 내용은 수출중심 정책을 유지하기 위한 환율정책의 경직성 때문이다. 원화가치가 높으면 국제경쟁력을 갖기 어려워 수출의존도가 높은 우리경제에 좋지 않은 영향을 미치게 되고, 이는 곧 경상수지 적자로 이어져 외환보유고가 줄어드는 현상이 나타나며, 과당경쟁으로 인해 투입된 자본재수입에 따른 금융비용을 대기업이 감당하기 어렵기 때문에 고환율을 유지할 수 밖에 없으며, 결국 환율방어에 모든 노력을 쏟다보니 IMF 외환위기까지 초래한 것이다. 이러한 현상은 미국, 일본, 유럽을 중심으로 한 무제한 화폐발행이라는 양적완화를 통해 환율을 조작하려는 정

책과 대동소이한 것이다. 마치 국가경제를 몇 개의 경제부처와 대기업의 전유물로 생각하는 오류에서 발생하는 것이다.

환율에 대한 정책오류는 IMF 외환위기가 지나간 1998년 이후 800~900원이던 환율이 1300~1600원이 되자 기업의 채산성이 높아져, 4년 연속 적자를 내던 경상수지가 1998년 403억 달러의 대규모 흑자를 낸 것을 봐도 알 수 있다. 삼성전자는 IMF 외환위기 직후인 1999년 당기순이익이 전년도에 비해 무려 9배나 증가했다.[11]

환율문제와 함께 고금리도 항상 문제되어 왔는데 그 원인 중의 하나는 부실기업과 부실채권이 많았기 때문이다. 대기업 혹은 특종 업체의 신용부실 상태가 끝없이 지속되기 때문에 그 연명에 필요한 자금수요가 막대했다. 그것은 결국 건전 기업에 갈 자금의 몫을 잠식할 뿐 아니라 금리수준을 구조적으로 높게 만들었다. 금융기관의 방만 경영과 부실채권 손실은 궁극적으로 대출금리에 전가되지 않을 수 없었던 것이다.

재정경제원이 당시 재정 및 금융의 직접 감독기관이었으나, 감독기관이 항상 정치적 영향 하에 있었으니 엄정한 감독을 하려고 해도 할 수도 없었다. 경제여건이 조금이라도 악화되면 재계의 거센 반발이 있는 동시에 경제 사정이나 정치적 분위기가 달라지면 정부는 기본 정책의 당위성을 잃어버리거나 포기하는 경향이 있기 때문에 일관된 정책유지를 위해서는 정치권의 노력이 필요하지만, 한국정치는 이 수준에 와있지 않은 것이다. 1997년 한국은행법 개정을 포함한 13개 금융개혁 법안들이 결국 무산된 것도 이를 증명하는 것이다.[12]

1997년 1월부터 11월 21일 IMF 구제금융을 신청하기 전까지 한국정부는 IMF

---

11 http://www.am7.co.kr/bbs/board.php?bo_table=news&wr_id=162792

12 한국은행법 제1조(목적) ① 이 법은 한국은행을 설립하고 효율적인 통화신용정책의 수립과 집행을 통하여 물가안정을 도모함으로써 국민경제의 건전한 발전에 이바지함을 목적으로 한다. ② 한국은행은 통화신용정책을 수행함에 있어 금융안정에 유의하여야 한다.
제83조(환율정책 등에 대한 협의): 한국은행은 정부의 환율정책, 외국환은행의 외화 여·수신업무 및 외국환 매입·매도초과액의 한도설정에 관한 정책에 대하여 협의하는 기능을 수행한다.
이 조항은 IMF 이행체제로 가기 위해 1997년 12월 31일 통과된 개정 한국은행법의 내용이다. 한국은행과 재정경제원, 그리고 법제처 간의 권한다툼과 법리논쟁에 의해서 통과가 지연되고 결과적으로 국제신인도를 하락시켰지만 개정된 한국은행법은 은행의 정부로부터의 독립성과 통화신용정책의 책임성 강화로 권력관계가 정립되었다.

와 선진국, 그리고 외국투자자들에게 한국경제상황에 대한 정보를 적극적으로 개방하고, 개방초기에 겪을 수 있는 정책오류나 집행상의 문제들에 대해서 적극적인 조언을 구하는 자세가 필요했다. 그러나 한국정부는 금융정보의 체계적 수집체계가 미비했었기 때문에 관련 정보가 부족했으며, 동시에 가지고 있는 정보마저 상당수는 왜곡시켜 매순간 고비만 벗어나려 했다. 이것이 국가신뢰도를 떨어뜨려 대기업들이 갚지 못하고 있는 수입대금과 차입금 및 이자를 충당하기 위한 단기외환부족액을 정부가 보증을 하고 빌리려고 해도 빌릴 수 없는 극한 상황까지 몰고 간 것이다.

한국의 외환정책이 불안하다는 인식은 이미 선진국에서, 특히 IMF에서 널리 확산되었다고 본다. 그래서 국제통화기금(IMF) 대표단이 한국경제의 실상을 파악하기 위해 1997년 1월 29일 한국을 방문했다. 이들은 29일부터 31일까지 재정경제원과 한국은행 관계자들을 방문하고, 한국의 1997년 경제운용계획과 통화운용방향 등 거시경제운용방향에 대해 협의할 예정이라고 정부는 발표했다. 주의 깊게 볼 것은 "재경원 관계자는 이번 IMF 대표단 방문은 연례적인 것이며 1996년 12월 한국을 방문할 예정이었으나, IMF의 조직개편 등으로 늦어졌다고 밝혔다"는 부분이다.[13]

IMF 대표단은 재정경제원과 한국은행과 거시경제에 대한 협의 후 "IMF 대표단은 1996년 한국의 국제수지 예상 적자규모가 2백30억 달러로 위험수준인 GDP(국내총생산)대비 5% 수준에 근접하고 있으나, 한국의 경제규모에 비추어 볼 때 우려할 만한 정도는 아니라고 평가하면서도 적자 축소노력이 필요하다고 지적하고 있다는 것이다.[14]

흥미로운 사실은 IMF는 4월 23일 1997년 상반기 세계경제보고서에서 개도국 가운데 경제발전이 월등한 한국을 포함, 이스라엘, 싱가포르, 홍콩, 대만 등 5개국을 선진 경제권에 새로 포함시켰다는 점이다. 경제성장률, 실업률, 소비자물

---

13 http://news.naver.com/main/read.nhn?mode=LSD&mid=sec&sid1=101&oid=001&aid=0004165548

14 http://news.naver.com/main/read.nhn?mode=LSD&mid=sec&sid1=101&oid=001&aid=0004160321
IMF는 1997년 한국의 거시경제정책 방향에 대한 평가보고서에서 경상수지 적자를 줄이는 것이 한국경제의 당면과제이지만, 한국정부가 설비투자에 대한 지원을 확대하고 통화공급을 확대하는 등의 경기부양책을 쓸 경우 물가에 부담을 주고, 경상수지 적자가 확대되는 부작용이 우려되므로 신중해야 함을 지적하고 있다. 연합뉴스, IMF, 한국 경기부양책 부작용 경고, 1997.02.26.

가 상승률, 세계시장 점유율에서 상당히 안정적이기 때문에 선진경제권 국가 21개국에 포함시킨 것이다.[15]

동시에 IMF는 이 보고서에서 인플레가 세계적으로 진정상태를 유지하고 있으며 금리는 전체적으로 안정되어 있고 통화는 일반적으로 적절한 수준을 유지하고 있다고 분석했으나 유럽에서는 높은 실업률이 문제가 되고 있다고 밝혔다.[16]

세계무역과 금융자유화에 큰 관심을 갖고 있었던 미셸 캉드쉬(Michel Camdessus) IMF 총재는 이날 세계경제동향에 관한 기자회견을 통해 한국과 일본, 태국, 브라질 등이 수년 전 멕시코 사태와 비슷한 국제금융위기를 초래할 가능성이 있느냐는 질문을 받고 "우리는 한국이 최근 겪고 있는 여러 가지 긴장에 대처하고 있는 방식에 만족한다"면서 "IMF는 한국이 지속적인 경제성장을 이뤄나갈 것으로 확신한다"고 강조했다. 그는 "한국정부는 현재의 경상수지적자 규모가 과도한 것으로 보고 있으며, IMF도 다소 많다고 여기고 있다"면서 "그러나 한국이 취하고 있는 조치들은 곧 경상수지 적자규모를 보다 합리적인 수준으로 끌어내리게 될 것"이라고 전망했다.[17]

9월 중순까지만 해도 IMF는 한보 등 대기업 부도사태에도 불구하고 한국경제에 대해 낙관적이었다. 그러나 중요한 기점은 제52차 국제통화기금(IMF). 세계은행(World Bank) 연차총회에서 강경식 부총리 겸 재정경제원장관, 이경식 한국은행 총재, 김영태 산업은행총재, 시중은행장 등 한국대표단은 총회장에서 면담과 리셉션 등을 통해 각국 금융계 인사들과 금융협력방안을 협의하고 있는데, 이들의 주요 관심사항은 기아그룹의 처리 향방과 한국경제에 미치는 영향분석이었으나, 강부총리 등 관계자들은 기아그룹의 화의신청을 기아그룹의 발표가 있었던 9월 22일 오전에야 알았으며 사전에 이를 감지하지 못했다는 것이다. 기아그룹이 화의를 신청함에 따라 홍콩의 국제통화기금-세계은행(IMF-World Bank) 연차총회에 참석하고 있는 한국대표들은 기아사태의 해결방안을 묻는 외국 금융

15 연합뉴스, IMF, 한국 등 5개국 선진경제권에 새로 추가, 1997.04.24.

16 http://news.naver.com/main/read.nhn?mode=LSD&mid=sec&sid1=104&oid=001&aid= 0004267208

17 캉드쉬 총재는 1997년 4월 24일 개발도상국과 선진국들에 수지 불균형 문제를 해소하고, 경제성장을 증진시키기 위해 현재 진행되고 있는 세계경제화과정의 기회를 잘 이용해야 하며, 자본자유화 촉진권한을 IMF에게 줘야 함을 주장하는 신자유주의자였다. 연합뉴스, IMF 총재, 국제무역, 금융확대 계획, 1997.04.25.

계인사들의 질문에 제대로 대답하지 못했기 때문에[18] 한국의 금융위기를 간접적이나마 직감했을 것이라는 것이다.

경제협력개발기구(OECD)와 국제통화기금(IMF) 등 국제기구들의 한국경제에 대한 종합적인 평가작업이 10월에 집중적으로 이루어졌으나, 재경원 관계자는 EDRC(OECD 산하 경제동향평가위원회)가 주요 회원국에 대해서는 매년 한 차례씩, 나머지 회원국에 대해선 2년에 한 번씩 경제상황에 대한 평가작업을 벌이고 있다고 설명하고, 이어 우리나라가 최근 대기업 부도사태와 대외신인도 하락 등으로 어려움을 겪고 있는 상황이나 전반적인 거시지표는 개선되고 있어 이들 양대 기관의 평가작업 결과를 크게 우려하지는 않는다고 말했다.[19]

10월 6일부터 10일 동안 우리정부와 경제협의를 가진 국제통화기금(IMF) 아시아·태평양국 찰스 아담스(Charles Addams) 국장보는 1997년 10월 15일 기자회견을 갖고 "한국경제의 기초가 건실하고 금융개혁을 계획대로 추진하고 있어 미래가 매우 밝다"고 말했다.[20]

다음은 일문일답 내용

- 최근 한국의 정치풍토가 경제의 발목을 잡는다는 우려의 목소리가 높다.
  - 다른 나라에서도 경제가 정치의 영향을 받는다. 한국이 12월 대통령선거를 앞둔 상황에서도 거시경제정책과 구조조정을 꾸준히 추진하고 있는 것에 감명을 받았다.
- 재벌들이 부도위기에 처했을 때 정부가 나서 부도를 막고 사회적 비용을 줄여야하는가, 아니면 개입을 자제하고 금융시장 안정에 주력해야 하는가.
  - 경제성장률이 떨어지고 경기불황으로 부도발생 위험이 생기더라도 정부는 기본적으로 개입하는 것이 아니라 금융시장 불안정을 막는데 주력해야 한다. 만약 정부가 개별기업 부도를 계속 막아준다면 끝이 없을 것이다. 기업이 올바른 결정을 하면 이익을 얻고 잘못된 결정을 내렸을 경우에는 파산하는 것이 바람직하다.
- 12월 대통령선거 결과가 IMF의 매우 낙관적인 거시경제전망에 영향을 주지는 않는가.
  - 정치가 경제에 영향을 미치는 것은 분명하나 거시경제전망에 영향을 주지는 않을 것

---

18 http://news.naver.com/main/read.nhn?mode=LSD&mid=sec&sid1=101&oid=001&aid=0004179256

19 http://news.naver.com/main/read.nhn?mode=LSD&mid=sec&sid1=101&oid=001&aid=0004204730
그러나 평가조사단은 한국의 현안인 ① 금융서비스, ② 인플레, ③ 환율, ④ 기업지배구조 등을 집중 조사했다.

20 연합뉴스, 찰스 아담스, IMF 국장보 일문일답, 1997.10.15.

이다. 한국경제는 규모가 커서 정치가 미치는 영향력이 작다. 한국은 국민적 합의 속에서 현재 진행 중인 금융개혁과 구조조정을 선거와 관계없이 추진해야 한다.

• 기아를 포함한 대기업 연쇄부도를 어떻게 보는가.
  – 이는 경기불황 때의 구조조정 과정에서 발생하는 것으로 이번 한국의 거시경제 전망 때 고려대상에 포함됐다.
• 대기업부도가 금융기관의 총체적 부실로 이어질 수 있는데 잘못된 결정을 내렸다고 해서 파산을 시켜야 하는가.
  – 한국은 대규모 부도에도 불구하고 상반기에 6%의 경제성장을 이루었다. 한국경제는 기본적으로 규모가 크고 건실해 부도충격을 흡수할 능력이 있다. 한국정부는 잘못된 결정을 내린 회사는 책임을 져야 한다는 것과 금융건전성을 유지해야 하는 것 사이에서 균형을 지켜야 한다. 지금까지는 잘하고 있다고 본다.
• 한국경제의 어려운 점은 무엇이라고 보는가.
  – 일부 기업의 부도는 구조조정 과정에서 필연적으로 나타나는 것이다. 문제는 시장경제로 넘어가는 과정에서 하부구조를 견실하게 하는 것이다. 또한 앞으로 경제성장도 정부주도에서 시장주도로 바뀌어야한다. 한국은 내년에 물가는 4~4.5%, 경제성장률은 6~6.5%를 기록할 것으로 보인다. 과거처럼 연 8~9%의 성장에서 약간 낮아진 것은 국민소득증가에 따른 것으로 우려할 바가 아니다.
• 한국의 기업과 금융기관이 해외금융시장에서 자금조달하기가 어렵다.
  – 국제시장에서 돈을 빌리는 것은 기본적으로 그 나라의 거시경제여건을 감안한 투자수익률이 기준이 된다. 한국은 경기저점을 이미 통과해 상승세로 돌아설 것이며 금융개혁을 계획대로 추진하고 있어 해외자본조달에 문제가 없을 것으로 본다.
• 홍콩 금융기관들은 한국경제를 비관적으로 보고 자금을 잘 빌려주지 않는데 IMF에서는 너무 낙관적인 전망을 하는 것이 아닌가.
  – 최근 동남아 통화위기로 자금시장이 혼란을 겪고 있다. 홍콩 금융기관이 한국을 다른 나라들과 구분하지 않아 그런 것 같다. 한국의 금융개혁이 올바른 방향으로 가고 있고 거시경제지표가 호전된다는 점을 인식한다면 국제금융시장에서 한국경제의 불확실성은 제거될 것으로 본다.

아담스 국장보는 "국회에 상정된 금융개혁관련 입법은 한국의 금융 분야를 세계수준으로 끌어올리는데 매우 중요하다"며 "좀 더 효율적이고 튼튼한 금융질서를 구축하는 것이 21세기를 맞아 한국경제가 성장을 지속하는데 꼭 필요하다"고 강조했다.

그는 금융개혁은 한국이 장래 시급하게 추진해야 할 과제이며 IMF는 이를 적극 지지한다고 말하고, 시장주도 경제로의 전환, 규제완화, 산업구조조정, 토지용도제한 철폐, 기업지배구조 개선 등을 추진하고 있는 한국정부의 정책을 지지한다고 말했다.

국제관계에서 책임 있는 자리가 아닌 이상 모든 발언은 외교적 수사라고 보는 것이 정확하다. 그 당시만 해도 금융정책에 있어서는 선진국이나 국제기구가 훨씬 앞선다는 생각들이 한국사회에 널리 받아들여지고 있었다. 그렇기 때문에 외국관계자들의 말을 액면 그대로 받아들이는 것은 매우 위험하다.

국제통화기금(IMF)은 정부의 금융시장 안정대책 중 부실채권정리기금 조성을 위해 한국은행이 성업공사가 발행하는 채권을 인수하도록 한 것은 잘못이라고 지적했다. 금융기관의 부실채권 정리를 위한 지원이 결국 국민 부담으로 돌아갈 것이기 때문에 재정에서 지원하는 것이 마땅하며 한은이 지원하는 것은 옳지 않다는 것이다. 이에 대해 정부는 IMF의 지적은 우리 정부의 정책에서 재정과 금융의 역할을 보다 명확히 구분해야 한다는 권고로 받아들이고 있다고 말하고 그러나 IMF의 권고 때문에 기존의 방침을 수정할 계획은 없다고 덧붙였다. 재경원은 금융시장 안정을 위해 3조5천억 원 규모의 부실채권정리기금을 조성, 5년간 한시적으로 운용하기로 하고 이 가운데 2조 원을 성업공사가 발행하는 채권을 한국은행이 인수하는 형태로 조정되었다.[21]

인도네시아와 말레이시아는 헤지펀드의 환투기에 대응하기 위한 방안을 요청받은 IMF는 1997년 12월 중에 세계통화거래 규제에 관한 보고서를 제출할 것으로 11월 2일 전해졌다.

말레이시아는 동남아 통화를 황폐화시키고 많은 아시아 국가들의 경제를 혼란 속에 몰아넣고 있는 투기를 억제하기 위해 10월 IMF에 그 같은 규정 마련을 요청했었다. 이 같은 요청 후 태국 바트화와 말레이시아 링기트화, 필리핀의 페소화, 인도네시아의 루피아화의 급락이 촉발됐다. 이들 통화는 달러에 대해 30% 이상 하락했으며 아직도 하락세가 이어지고 있다.

〈베르나마 통신〉에 따르면 아놔르 이브라힘 말레이시아 재무장관은 "현재 헤지펀드의 이전을 관리하는 절차나 규정을 마련하고 있는 IMF가 그 진전 상황을 오는 12월 1일 쿠알라룸푸르 회의에서 우리에게 통보해줄 것"이라고 말했다.[22]

21 http://news.naver.com/main/read.nhn?mode=LSD&mid=sec&sid1=101&oid=001&aid=0004195582 연합뉴스, IMF, 한은 부실채권정리기금 지원은 잘못, 1997.10.16.

22 연합뉴스, IMF, 통화거래규정 내달 발표, 1997.11.02.

이 기사를 통해서 보면 환투기에 대한 억제정책을 피하기 위해 외국투자자들이 급히 돈을 회수하고 있음을 알 수 있으며, 이것이 아시아 경제위기의 핵심요인이라고 볼 수 있다. 아울러 한국경제위기에 관한 기사들이 점차 구체화되고 있다.

캉드쉬 IMF 총재는 11월 6일 "한국의 금융위기는 동남아 국가들의 경우와는 다르며 따라서 금융공황과 같은 사태는 발생하지 않을 것"이라고 말했다.

캉드쉬 총재는 "한국이 유사한 금융위기를 맞을 경우 IMF는 다른 나라에 대해 취한 마찬가지 조치를 마련할 준비를 갖추고 있다"면서 그러나 "현재로서 그 같은 사태는 없는 것으로 본다"고 덧붙였다. 이 날짜 〈인터내셔널 헤럴드 트리뷴(IHT)〉 지는 1면 머리기사에서 한국 내 금융관계자들을 인용, 한국이 태국을 능가하는 금융위기를 맞을까 우려하고 있다고 보도했다.[23]

반면에 한국은 현재 금융위기와 환율파동을 겪고 있으나 IMF로부터 긴급자금을 인출해 사용할 계획이 전혀 없는 것 같다고 11월 6일 IMF의 한 소식통이 밝혔다. 이 소식통은 특히 최근 들어 미 달러화에 대한 원화의 환율이 급등하고 있으나 태국 등 동남아 국가들과 경제기반이 다르고 경제성장의 외채의존도가 낮은데다 최근 수출이 회복세를 보이고 있기 때문에 IMF 긴급자금을 써야 할 상태까지는 가지 않을 것으로 본다고 말했다. 그러나 원화가 태환성이 없기 때문에 동남아에서와 같이 국제 환투기가 벌어질 경우 이를 완전히 극복하기는 쉽지 않을 것이라는 전망도 일부에서 나오고 있다.[24]

퀀텀펀드와 다른 미국계 펀드의 투자자들은 우리나라의 단기외채 상환규모가 1998년 6월까지 월 60~70억 달러에 달하는 것으로 추산하고 더욱이 연말에는 상환기일이 돌아오는 물량이 많을 것으로 예상하고 있다고 금융계 관계자들은 말했다. 외국인 투자자들은 우리 정부에서 어떤 대책을 내놓아도 금융위기 극복에 도움이 될 것으로 보지 않고 이제는 IMF 등 국제적으로 권위 있는 기관과의

---

23 http://news.naver.com/main/read.nhn?mode=LSD&mid=sec&sid1=104&oid=001&aid=0004258942 연합뉴스, IMF 총재, "한국은 동남아와 달라", 1997.11.06.

24 http://news.naver.com/main/read.nhn?mode=LSD&mid=sec&sid1=104&oid=001&aid=0004254768 연합뉴스, 한국, IMF 긴급자금 사용안해, 1997.11.07. 그러나 이미 IMF 등 외국은 한국의 금융위기를 이미 예측한 것으로 보아진다.

협력을 통해 사태를 해결하는 것만이 국제금융시장에서 한국으로의 자금유입을 재개시킬 수 있는 길이라고 보고 있다는 것이다.

또 외신보도에 따르면 국제금융시장에서 막강한 영향력을 행사하고 있는 전 미국대통령 자문관 프레드 버그스텐(Fred Bergsten)도 한국이 대통령선거 이후 IMF에 도움을 요청할 것이라고 말했다. 비그스텐은 한국의 경우 인도네시아가 IMF로부터 받기로 되어 있는 4백억 달러보다 더 큰 규모의 구제금융을 필요로 할 가능성이 높다고 말한 것으로 전해졌다.

그러나 국내 금융계 관계자들은 인도네시아의 경우 구제금융 발표와 동시에 외국인 투자가들의 돈이 들어가기 시작했던 것을 볼 때 우리나라의 경우도 IMF에 구제금융을 요청했다는 사실만으로 해외차입이 재개될 것이기 때문에 구제금융의 규모는 문제가 되지 않는다고 말했다. 이들은 외환당국이 한때 IMF 구제금융 요청을 검토했으나, 정부 고위층의 완강한 반대로 성사되지 않은 것으로 알고 있다고 말했다.[25]

재경원 관계자는 "IMF의 구제금융은 그냥 받는 게 아니며 지원대상국과 협의하에 강도 높은 지원 조건 이행을 요구하는 게 일반적"이라며 "태국과 인도네시아의 경우에서처럼 IMF는 구제금융을 제공하면서 사실상 경제전반에 걸친 결정권을 요구하기까지 하고 있다"고 말했다. 이를테면 우리나라의 채권단이 대기업에 부도유예협약을 적용하고 자금을 지원할 경우 경영권 포기각서와 자구노력 이행계획서의 제출을 의무화하고 있는 것과 유사하다고 할 수 있다.

IMF는 구제금융 지원대상국이 요구조건을 제때 이행하지 못하는 경우 곧바로 자금지원을 중단한다는 원칙을 세워두고 있다. IMF는 최근 금융위기를 겪은 태국 및 인도네시아에 각각 1백67억 달러와 1백80억 달러의 구제금융을 제공하기로 결정하면서 5개 부분에 걸쳐 다양하고도 심도 있는 지원조건을 제시했다.

IMF는 구제금융 지원대상국이 지원조건을 제대로 이행하는 지의 여부를 수시로 확인하면서 단계적으로 구제금융을 제공하는 등 사실상 경제전반에 걸쳐 깊

25 http://news.naver.com/main/read.nhn?mode=LSD&mid=sec&sid1=101&oid=001&aid=0004258679 김영삼 정부 5년 동안에 경제 부총리가 일곱 번이나 바뀌었기 때문에 경제정책에 일관성이 매우 약화되었다고 볼 수 있다.

숙이 개입하고 있는 것으로 파악되었다. IMF는 태국과 인도네시아에 대해 공통적으로 ① 경제성장률, 물가, 국제수지 적자 목표 부과 등 거시경제 목표, ② 외환보유고 규모 설정, 환율안정 등 대외부문, ③ 부실금융회사 영업정지와 폐쇄, ④ 금융감독 강화, ⑤ 세율인상 등 세입증대 등을 요구했다.

태국에 대해서는 42개 금융회사의 영업정지를 요구했으며, 자기자본비율을 강화하고 부실채권을 공개하도록 촉구하는 한편 빈곤계층에 대한 배려 등을 요구하는 등 사실상 내정간섭차원에서 지원조건 이행을 요구했다.[26]

정부는 국내 금융시장 불안과 맞물려 외화자금난이 심화되면서 IMF의 구제금융을 받아야 한다는 주장이 국내외에서 제기되고 있는 데 대해 이는 고려대상이 될 수 없다는 입장을 분명히 했다. 재정경제원 고위 관계자는 15일 기아 등 대그룹의 잇단 도산으로 국내 금융시장이 극도로 불안한 상태이며, 이에 따라 금융기관의 외화차입난이 심화되고 있는 것은 사실이지만, 금융개혁 관련 법안이 통과될 게 확실시되고 있는데다 조만간 금융시장 안정대책이 발표되면 현재의 금융위기를 무난히 넘길 수 있을 것이라고 밝혔다.[27]

프랑스의 경제전문지 〈레 제코(Les Echos)〉는 17일 한국의 금융상황이 갈수록 전 세계 통화당국을 불안케 하고 있다고 지적하면서 이에 따라 IMF 주도 하에 4백억~6백억 달러를 한국 측에 지원하는 방안이 검토 중에 있다고 전했다.

이 신문은 IMF 캉드쉬 총재가 '수일 전부터' 한국 측에 지원의사를 전달했으나 한국 측은 공식적으로는 이 같은 지원제의를 거절하고 있다면서 그러나 "언제까지 이를 거절할 것인지"에 대해 의문을 제기했다. 〈레 제코〉는 한국의 은행들이 부실채권에 허덕이고 있으며 국제시장에서의 자금조달이 갈수록 어려워지고 있다고 덧붙였다.

재경원의 한 관계자는 IMF 구제금융 요청은 금융개혁법안의 통과여부에 따라 불가피한 선택이 될 수도 있다고 말했다. 이 관계자는 법안통과로 대외신인도가 회복된다면 IMF 구제금융은 생각할 필요조차 없지만 법안이 통과되지 못할 경

26 http://news.naver.com/main/read.nhn?mode=LSD&mid=sec&sid1=101&oid=001&aid=0004253120
27 http://news.naver.com/main/read.nhn?mode=LSD&mid=sec&sid1=101&oid=001&aid=0004257359 연합뉴스, 재경원, "IMF 구제금융 고려안해", 1997.11.15.

우에는 "졸도한 사람이 본인의 의사와 관계없이 병원으로 실려 가듯이 우리도 자연스럽게 IMF로 가게 될 것"이라고 말했다.[28]

이처럼 1997년 외환위기가 점차 심각해짐에도 불구하고 김영삼 전대통령의 경제에 대한 언급은 없다. 정권 말기이기도 하지만 대통령의 경제식견이 낮기 때문에 청와대나 정부가 대통령에게 정확한 보고를 하지 않은 것으로 여겨진다.

김영삼 전대통령이 외환위기의 심각성을 처음 보고받은 것은 1997년 11월 7일을 전후한 시점이었던 것으로 알려졌다. 이날부터 2주 후인 11월 21일 정부는 IMF 자금지원을 신청했다. 김전대통령에게 사태의 심각성을 보고한 사람은 현재 세무대학장으로 있던 당시의 윤진식 청와대 조세금융담당비서관이었다고 청와대 관계자들이 전했다.

이들의 설명에 따르면, 윤비서관은 공식 라인을 통해 외환상황의 심각성을 몇 차례 보고했는데도 불구하고 금융개혁법안 통과에만 관심을 쏟고 있던 강경식 경제부총리, 김인호 경제수석팀이 적절한 대응을 하지 않자 김용태 비서실장과 김광일 정치특보, 문종수 민정수석 등에게 외환상황의 급박성을 강조했다는 것이다.

김대통령은 이 같은 말을 전해 듣고 윤비서관을 본관 집무실로 두 차례나 직접 불러 독대를 하면서 당시 외환상황을 보고받았다. 이 자리에서 윤비서관은 외환위기가 가까이 와 있고 잘못 대응할 경우 지급불능(모라토리엄) 상황에 빠질 우려가 있다고 지적하고 즉각 IMF 자금지원을 신청해야 한다고 건의했다는 것이다. 청와대의 한 고위관계자는 김대통령이 윤비서관의 보고를 받고 여러 금융전문가들의 추가적인 자문을 구한 뒤 IMF 자금지원을 신청하도록 강부총리팀에 지시했다고 전했다.

이러한 청와대 및 정부 고위관계자들의 증언은 그 진위여부를 떠나 청와대와 경제부처의 정책결정 책임자들 간에 원활한 의사소통이 제대로 이뤄지지 못했다는 점을 반증하는 셈이다. 10월 중순 홍콩증시가 폭락하는 사태가 발생하고 기아사태가 악순환을 거듭하고 있음에도 불구하고, 정부는 외환보유고에 대한 점검조차 하지 않고 일손을 놓고 있었다는 것이다.

김대통령 역시 1997년 11월 7일 김인호 전수석으로부터 외환위기에 관한 공식보고를 받기 이전에 '금융전문가'에게 자문을 받았음에도 불구하고 특단의 조치를 취하지 못하고 결심을 미룬 점이 확인됐다. 김대통령이 경제팀 교체와 IMF 지원방침을 발표한 이후에도 경제위기의 실체를 제대로 파악하지 못했던 것이 아니냐는 의구심도 미국 언론 등에서 제기되었다.

미국의 시사주간 〈타임〉은 12일자 최신호에서 클린턴 미대통령은 1997년 11월 27일 한국 외환위기의 심각성을 깨닫고 김대통령에게 전화를 걸어 "한국이 외국 투자자들을 유치

[28] http://news.naver.com/main/read.nhn?mode=LSD&mid=sec&sid1=101&oid=001&aid=0004258173

하기 위해서는 근본적인 수술이 필요하다"고 말했다고 보도했다.

당시 청와대 고위관계자는 김대통령이 밴쿠버 아·태경제협력체(APEC) 정상회의를 다녀온 직후 "김대통령이 클린턴 대통령의 전화를 받고 외환위기의 심각성을 깨닫게 됐다"고 실토한바 있다.

자료: 연합뉴스, 관련자들이 밝힌 'IMF 자금지원 결정 전말', 1998.01.07.

김인호 청와대경제수석은 11월 18일 오후 기자간담회에서 IMF 지원결정 여부에 대해 "지금 무엇이 최선인가를 놓고 고민 중이며 중요한 결정이니까 정부를 믿고 지켜봐 달라"며 "현재 정부는 여러 가지 방안을 종합 검토 중이며 최선의 대안을 찾을 것"이라고 강조했다.

김수석은 "우리가 우리 경제상황을 정확하게 인식하고 이를 고치려는 노력을 제도화하고, 그 토대 위에서 구체적 액션을 취할 때 우리나라에 대한 국제신인도가 회복될 수 있다"며 "그것만으로도 국제신인도가 회복된다면 굳이 도움을 받을 필요가 없다"고 덧붙였다. 그는 이어 "IMF는 지금까지 한국경제를 상당히 신뢰하고 있으며 아직 구체적으로 지원의사를 전해온 적은 공식이든, 비공식이든 없다"며 "19일 발표할 것은 국내 대책으로 IMF 지원에 대한 정부입장은 전혀 포함되어 있지 않다"고 말했다.

김수석은 "19일 대책을 발표하고 그 이후 상황을 지켜봐야 선택방향이 나올 것"이라며 "발표될 대책이 외국에서 볼 때 신뢰할 만하다고 판단하느냐 여부가 관건"이라고 말했다. 김수석은 금융개혁법안에 대한 대통령의 '긴급명령' 발동 가능성에 대해 "(관련 법안이 국회에 계류 중인 상황에서) 그런 것을 언급할 계제가 아니다"라고 대답했다.

1997년 11월 18일 금융개혁법안의 좌초 이후 국내 금융지표들이 악화일로를 치달으면서 금융권은 물론 정부 일각에서도 한국이 IMF에 구제금융을 신청하는 것이 불가피할 것이라는 견해가 대두되고 있다.[29]

이미 몇 주 전부터 국내 금융기관은 산업, 수출입은행 등 국책은행이건 민간

29 http://news.naver.com/main/read.nhn?mode=LSD&mid=sec&sid1=101&oid=001&aid=0004256636

은행이건 간에 해외차입이 사실상 봉쇄된 상황이라는 게 구제금융 불가피성의 근거다. 게다가 일말의 기대를 걸었던 금융개혁법안 마저 통째로 무산됨에 따라 악화일로를 걸어온 한국의 대외신인도를 반전시키기는 사실상 불가능해졌다는 견해가 금융권에서 점차 우세해지고 있다.[30]

〈월스트리트저널 아시아〉도 18일자에서 한국의 상황이 투자를 재개하기에는 아직 위험하다는 내용의 기사를 싣고 있는 등 외국의 언론들이 한결같이 한국의 금융위기를 증폭시키는 방향으로 지면을 제작하고 있다. 이미 프랑스의 한 경제 잡지는 한국정부가 은밀하게 IMF에 구제금융의 가능성을 타진했다는 기사마저 게재, 한국의 구제금융설을 기정사실화하고 있다.

그러나 정부는 공식적으로 구제금융설을 완강히 부인하고 있다. IMF에 구제금융을 신청할 만큼 한국의 외화부족이 심각하지 않다는 것이다. 당장 외환보유고가 3백억 달러에 달하고 국내금융기관에 예탁해둔 규모만도 3백억 달러에 이르는 등 6백억 달러의 가동여유분을 보유하고 있는 터에 무엇 때문에 국가부도나 다름없는 구제 금융을 선택하겠냐는 게 정부의 공식입장이었다. 그러나 정부 일각에서 구제금융의 가능성에 대해서 조심스럽게 수긍하는 견해도 나오고 있었다. 한국은행을 통해서 외화차입에 나서는 등 비상 시의 외화확보책이 없는 것은 아니지만 말처럼 그리 쉽지 않고 IMF의 구제금융을 받는 것이 훨씬 수월하다는 지적이었다.

다음은 정부가 IMF 구제금융 요청을 결정하기까지의 며칠 간의 과정이다.[31]

- **금융개혁법안 국회심의**=정부는 S&P사, 무디스사 등 국제신용평가기관들의 잇단 국가신용등급 하향조정으로 국내 금융기관들의 해외차입이 사실상 중단돼 환율이 급등하는 상황에서 금융개혁법안의 국회통과만이 대외신인도를 제고할 수 있다고 주장
- **금융개혁법안 국회통과 무산**=국회가 기존 금융감독기관 노조 등의 반발을 의식, 금융

30 한국은행도 종합금융회사는 물론 시중은행들까지 외화자금난을 버틸 수 있는 한계에 도달했다고 보고, IMF 구제금융요청이 한국은행의 직접 차입보다 효과가 있다고 보았는데, 태국이나 인도네시아의 경우 IMF 구제금융을 받은 즉시 외국인 투자자들이 되돌아왔다는 것을 강조했다. 연합뉴스, IMF 구제금융 전문가의견, 한은입장, 1997.11.18.

31 http://news.naver.com/main/read.nhn?mode=LSD&mid=sec&sid1=101&oid=001&aid=0004264390 연합뉴스, IMF 구제금융 신청하기까지, 1997.11.21.

개혁법안의 통과에 여야 모두 소극적인 태도를 보이면서 정기국회 마지막 날인 18일까지도 법안통과가 무산되자 금융시장 안정대책을 19일 발표하겠다고 약속

- **한국은행 등 IMF 구제금융 건의** = 한국은행은 정부정책의 신뢰도가 떨어져 추가대책들은 효과가 없을 것이라며 외환위기의 극복을 위해서는 IMF 구제금융 요청만이 유일한 대안이라는 내용의 건의를 이경식 총재를 통해 강경식 전부총리에게 했으나 강부총리는 이를 완강히 거부. 시중은행의 국제금융부장들도 박영철 금융연구원장과의 간담회에서 IMF 구제금융 신청만이 유일한 해결책이라는 의견을 제시
- **심야대책회의** = 강전부총리는 재경원 금융실 간부들과 심야에 만나 19일 발표할 대책을 숙의했으며, 이 회의에서도 금융실 간부들이 제의한 외화차입대책들을 거부하고 금융산업의 구조조정 방안만을 고수
- **개각** = 강부총리는 19일 오전 그날 오후에 발표할 대책을 김영삼 대통령에게 보고했으나 김대통령은 곧이어 개각을 단행, 강부총리를 경질하고 후임에 임창열 부총리를 임명
- **대책발표** = 정부는 대책발표 일정을 개각으로 연기하려 했으나 임부총리는 발표를 강행. 그러나 이 대책에서도 IMF 구제금융 요청 내용은 빠졌다. 임부총리는 미국과 일본 등으로부터 자금지원을 받을 수 있다면 구태여 IMF 구제금융을 받을 필요는 없다고 발언
- **미 · 일에 지원요청** = 정부는 현지 관계자들을 통해 미국과 일본에 자금지원을 요청했으나 부정적인 반응. 미국은 한국에 대한 지원은 IMF를 통해서 이뤄져야 한다는 입장을 표명했고 일본도 소극적인 반응을 보였다. 그러나 재경원은 외화표시국채를 발행해 이들 국가가 인수하는 방법을 제시하는 등 이들로부터의 별도 지원을 계속 추진
- **스탠리 피셔 IMF 수석부총재 방한** = 피셔 부총재가 20일 내한. 박영철 금융연구원장이 먼저 접촉해 구제금융과 관련한 협의를 벌인데 이어 이날 저녁 임부총리도 피셔 부총재를 만나 같은 내용을 협의, IMF로부터 구제금융 제공의사를 전달받았다. 이날 접촉에서 임부총리와 피셔 부총재는 IMF의 한국에 대한 구제금융 제공 원칙에 합의
- **박원장, 임창열 부총리 피셔 재차 면담** = 박원장은 21일 오전 피셔를 다시 면담해 정부의 공식 신청의사를 전달. 이어 낮 12시 임부총리가 힐튼 호텔로 피셔 부총재를 방문해 정부의 구제금융 요청의사를 공식 표명
- **임부총리 구제금융 신청의사 표명** = 임부총리는 21일 오후 3시 재경원 기자실에 들러 IMF 구제금융 신청여부를 2~3일 내에 결정하겠다고 발표
- **청와대 만찬** = 21일 저녁 김대통령과 대선후보들의 청와대 만찬 직전인 오후 6시 30분께 재경원은 임부총리가 이날 밤 10시 정부 제1종합청사에서 긴급기자회견을 갖는다고 발표
- **공식발표** = 21일 만찬에서 임부총리는 김대통령과 대선후보들에게 IMF 구제금융 요청 방침을 보고하고 이를 추인받은 후 기자회견을 통해 공식 발표

다음 자료는 김인호 전경제수석이 1997년 10월 23일 홍콩증시 폭락으로 촉발된 금융외환위기가 한국경제를 강타하던 시점 당시 재경원, 한국은행 및 경제비서실을 중심으로 정부의 위기대응 과정을 정리한 자료다.[32] 위 자료와 같이 검토해보면 실제 청와대와 재경원, 그리고 한국은행의 노력과는 어느 정도 차이가 있음을 볼 수 있다. 이는 실제 회의내용을 공무원들이 기자들에게 다르게 흘렸을 가능성이 있기 때문이다.

(1) 강경식 전부총리와 김인호 전경제수석은 갑자기 경질된 것이 아니고, 이미 사의를 표명했으나 김영삼 대통령은 사태수습 후 경질할 생각이었다.
(2) 정부가 IMF 구제금융을 생각한 것은 11월 8일부터 강경식 부총리가 생각을 하고 있었다. 그리고 대통령에게 보고함.
(3) 11월 9일부터 본격적으로 IMF 구제금융을 검토하고, 10월 10일 IMF 총재 캉드쉬를 만날 계획을 세움. 그러나 대통령은 여전히 IMF 구제금융에 대해서 명확한 인식이 없었던 것 같다.

"홍재형 전부총리가 전화를 걸어 외환위기의 심각성 강조하고 IMF 협조융자의 필요성 건의" 해온 바 여하히 추진 중인가?라는 대통령 전화에 대해 "이미 충분히 검토 중이고 11월 10일 부총리 보고 시에도 그 문제에 대한 보고가 이미 있었음을 상기시켜 드림. 또한 매우 중요한 문제이고 모든 관련 사항을 사전점검해야 하고 경제적으로 뿐만 아니라 정치적으로도 중요한 문제이므로 부총리가 조만간 최종결정 건의 시까지 기다리는 것이 좋겠다는 의견" 보고함.

(4) 11/12(수) 부총리 ↔ 경제수석 협의에서 대통령의 의중이 IMF에 가야 된다는 쪽으로 많이 기울어져 있었는데, 이 과정에서 경제팀 이외에도 많은 사람들의 견해를 들은 것 같음.
(5) 11/13(목) 금융외환시장안정을 위한 관계기관회의에서 부총리, 경제수석, 한은총재는 IMF의 협조융자 신청키로 최종합의하고, 14일 금융외환위기 및 IMF 대책보고에서 부총리, 한은총재(비서실장, 경제수석 배석)는 IMF의 협조융자에 대한 최종건의 및 협의 시작방침임을 금융개혁안 등의 국회통과 후 발표하기로 하고, IMF 지원신청에 따르는 정치적 부담에 대해서 재차보고('문민경제의 IMF 구제금융으로의 마감'이라는 평가가 불가피하게 나올 것임)하였지만 그럼에도 대통령의 결심은 확고했다.
(6) 11/16(일) 시간: 18:30 장소: 인터컨티넨탈 호텔 별실에서 IMF와 비공식 최고위 사전회담에 부총리, 이총재, 엄차보, 김우석 국장, 진영욱 과장, IMF측: 캉드쉬 총재, 나이스 국

32 http://ihkim.org/sub_market/01_a.php?tcode=31000000

장, 총재보좌관이 참석했다. 협의내용 및 결과는 한국은 15일 대책회의 결과에 따라 작성된 설명자료에 의거 설명 및 협조요청을 했으며, IMF측은 대체로 긍정적, 호의적 반응이었으며, 필요한 실무협의 개시 용의와 함께, 한국의 추진정책에 대한 IMF의 지원의사표명 등을 했으나, 전제조건으로 추진과정에서 대선당선자의 차관협약 조건에 대한 지지가 중요하며, 금융개혁법안의 통과가 필수적임을 강조했다.

(7) 대통령은 강경식 부총리를 경질하고, 임창열 장관을 후임으로 11월 17일 결정했다. 11시경 임창열 장관의 문의와 관심표명에 따라 그때까지 있은 IMF와의 진행사항 및 전일 있은 캉드쉬 총재 일행과의 고위협의 결과를 알려주고 보안유지 당부했다(※ 임장관은 10:00부터 있은 대통령의 APEC 정상회의 준비 사항보고회를 마친 후 대통령과 독대를 가졌으며 그 직후 경제수석 방문 IMF 문제에 대한 관심 표명).

(8) 11/18(화) 금융개혁법안 국회통과 무산의 의미와 대통령의 적극적 역할 부족에 대한 유감을 표명하고, 경제수석은 재차 사의 표명

(9) 11/18(화) 금융외환종합정책의 최종 마무리를 위한 협의에서 환율변동폭(15%) 등과 함께 IMF와의 공식협의 시작도 동시 발표키로 했다.

(10) 11/19(수) 08:15 금융시장안정 및 금융산업 구조조정을 위한 종합대책 보고에서 IMF와의 공식협의 추진계획도 동시 발표키로 했지만, 임창열 신임부총리는 IMF 구제금융 협의를 발표문에서 빠뜨렸다. 강경식 부총리와 김인호 경제수석은 이날 9시에 경질되었다.

김인호 전수석은 금융개혁법안의 보류와 함께, 11월 16일 IMF 총재 캉드쉬와 이미 합의한 내용이 발표되지 않음으로써 한국정부의 정책에 대한 신뢰를 잃게 되었고, 이는 IMF 특히 미국의 '워싱턴 컨센서스(미국중심의 세계금융자유화조치)'의 트랩을 밟게 되었다고 회고하면서, 특히 금융개혁법안 국회통과 무산에 대해서 정치권에 대한 섭섭함을 토로했다.

> "우리는 금융개혁법안 통과에 희망을 걸고 있었습니다. 이전에 여야가 모두 합의한 사안이었기 때문입니다. 여당(당시 신한국당)은 물론 야당(국민회의)도 수긍했던 법안이었습니다. 그런데 그맨 못 하겠다는 거예요. 금융노조가 들고일어나니까, 표 잃을까봐 못 하겠다는 겁니다. 야당이 '너희들끼리 통과시켜라'는 식이었다면 여당은 '왜 우리만 나서서 노조의 욕을 혼자 먹나. 야당이 안 하면 우리도 안 한다'는 식이었어요."[33]

33 http://ihkim.org/sub_search/view.php?no=94&&tcode_name=&textfield=&keyfield=qgisjcur&tcode=

임창열은 재정경제원 출신이 아닌 통상산업부 출신이다. 대통령이 경제부총리로 강경식 후임에 임창열을 임명한 이유는 개방에 대해서 신중을 기하는 스타일이라고 보았을 것이다.

임창열 신임 부총리 겸 재정경제원장관은 통상산업부 기자실에서 가진 취임 기자회견에서 "강경식 전부총리가 짜놓은 안을 토대로 금융시장안정대책을 마련하겠다"면서 "구체적인 내용은 재경원에 부임한 뒤 자세히 검토하겠다"고 밝혔다. 임부총리는 IMF의 구제금융 신청여부에 대한 질문에 "IMF는 회원국들의 외환부족 등 금융위기 극복을 지원하기 위해 창설된 기관"이라고 전제, "필요하다면 IMF의 지원을 요청하는 방안을 검토할 수 있을 것"이라고 말했다. 임부총리는 그러나 "지금 한국경제는 IMF의 도움이 없어도 국제금융기관이 지원해주기만 하면 충분히 해결이 가능하다"는 입장을 밝혔다.

임부총리는 "올해 연말 상환기한이 도래하는 외채를 무조건 다 갚는다고 말하는 것은 비현실적"이라면서 "한국이 그동안 해외부채에 대해 꼬박꼬박 이자를 갚아온 모범적인 국가인데다 현실적으로 한국을 포함한 아시아권을 제외하면 마땅한 투자처도 없으므로 국제금융계가 도와줄 것으로 생각한다"고 말했다. 금융개혁 방안에 대해서는 "법 개정 문제는 앞으로 다시 논의하겠으며 법을 고치지 않고서도 시행이 가능한 개혁 작업은 추진하겠다"고 밝혔다.

"1999년 11월 19일 오전 김용태 청와대 비서실장으로부터 경질 사실을 통보받고 후임자를 물었으나 모른다고 해 재경원으로 돌아와 이임식을 갖고 떠났다"고 말해 임전부총리에게 직접 IMF행을 알리지 않았다는 사실을 확인했다. 그러나 그는 "임전부총리는 부임 당일날 기자회견을 통해 IMF의 도움 없이도 어려움을 헤쳐 나갈 수 있다고 발언함으로써 대외신인도의 하락을 가속화시켰다"고 주장했다. 그는 "IMF와의 협의 개시 발표 시기는 캉드쉬 IMF 총재가 전적으로 우리 측 판단에 위임했던 사안"이라면서 "IMF는 임부총리의 발언을 IMF와의 협의 개시를 번복한 것으로 받아들였다"고 말했다. 강전부총리는 "임전부총리가 당시 IMF행을 좀 더 생각해 보겠다는 정도로 말했다면 문제가 안 됐을 것"이라고 덧붙였다.[34]

&pcode=&pcode2=&sort=&searchPage=

이 부분은 미국 등 외국과 기업들이 한국정부의 역량을 파악한 아주 중요한 사건이다. 한국을 마구잡이로 처리하자는 인식이 형성된 것이다. 국가핵심자리를 교체할 시기도 모르는 정부, 고위공무원 간 업무교체 시 인수인계도 제대로 되지 않는 나라, 협상보다는 일방적 통보가 훨씬 거래하기 쉬운 나라로 인식된 것이다. 이후 미국이나 IMF는 미국언론을 통해 IMF 구제금융요청 수순 밟기를 진행했다.

금융위기 해소를 위해 노력하고 있는 한국정부는 IMF의 지원 대신에 미국으로부터 자금지원을 모색하고 있다고 미국 〈월스트리트저널〉이 20일 보도했다. 이 신문은 이날 서울발 기사에서 임창열 신임 부총리 겸 재정경제원장관은 19일 금융시장 안정대책 성명을 통해 "한국의 경제위기가 미국과 일본, 그리고 다른 국가에까지 확산될 가능성이 있다"고 전제, "따라서 한국을 도와주는 것이 그들 국가의 이익이 될 것임을 강조했다"고 말했다. 그는 "필요하다면 IMF에 대한 자금지원 요청을 고려할 수 있지만 IMF의 자금지원을 필요로 하지 않고 있다"고 말했다고 〈월스트리트저널〉은 덧붙였다.

이 신문은 IMF가 한국에 구제금융을 지원할 경우 이는 올해 인도네시아 등에 지원한 것과 유사한 형태의 지원, 즉 IMF와 국제금융기구가 주도적인 역할을 하고 필요시 미국과 일본이 차관제공을 약속하는 형식을 취하게 될 것이라고 전망했다.

클린턴 미행정부는 한국의 금융상황에 대한 우려를 전달하기 위해 티모시 게이스너(Timothy Geithner) 재무차관보와 에드윈 트루먼(Edwin Truman) 연방준비제도이사회(FRB) 국제금융담당을 한국에 파견했다고 이 신문은 전했다. 로버트 루빈(Robert Rubin) 미재무장관은 미관리들이 "한국의 사태를 예의주시"하고 있으며 지난 수주 간에 걸쳐 한국관계자들과 긴밀한 접촉을 해오고 있다고 밝힌 바 있다.[35]

〈뉴욕타임스〉는 20일 '아시아 바이러스의 확산'이라는 사설에서 한국이(구제금융 요청을) 너무 지체하거나 경제가 침몰할 경우 그 영향이 다른 나라에까지

---

34 동아일보, 강전부총리 "임창열씨 IMF행 몰랐을 리 없다", 1999.01.26.

35 http://news.naver.com/main/read.nhn?mode=LSD&mid=sec&sid1=104&oid=001&aid=0004253046

파급될 것이라고 우려했다. 사설은 또 최근까지 태국, 홍콩 등 다른 아시아 국가들의 금융혼란은 외부지역에 큰 위협이 되지 않았으나 세계 경제 11위권인 한국의 위기는 이미 일본과 다른 나라에까지 그 영향이 파급되고 있다고 지적했다. 멕시코와는 달리 아시아의 위기는 무모한 통화정책이라기보다 민간부문에 문제가 있음을 반영하고 있으며 따라서 재정지출 감소나 긴축통화정책만으로는 효과를 거둘 수 없다고 사설은 진단했다.

이 신문은 특히 한국기업들은 주식 매각보다는 오히려 은행대출을 받아 자금을 조성해 왔고 이들 기업에 대한 은행의 대출 결정도 엄격한 기업평가에 근거하기보다 정부 압력이나 개인적 관계에 바탕한 경우가 많았다고 말했다.

따라서 한국의 은행들은 그 결과 기업에 빌려 준 악성채권의 부담으로 휘청거리게 되었으며 예금자들과 외국투자자들은 자신들의 예금 혹은 투자금액을 회수하게 되었다고 설명하면서, 클린턴 미행정부가 IMF 구제금융을 거부하고 있는 한국으로 하여금 태국과 인도네시아처럼 IMF 자금을 지원받도록 함으로써 문제를 해결하겠다는 것은 적절한 조처라고 평가했다.[36]

〈뉴욕타임스〉는 20일자 기사에서 로버트 미재무장관이 19일 한국이 현재의 위기를 해소하기 위해 "금융체제를 강화할 수 있는 강력하고 효과적인 행동"을 신속히 취해 줄 것을 촉구했다고 말했다. 미행정부는 이같은 신속한 조치의 필요성을 강조하기 위해 티모시 게이스너 재무차관보(국제담당)와 에드윈 트루먼 연방준비제도이사회(FRB) 국제금융 책임자 등 2명을 한국에 급파했다고 〈타임스〉는 덧붙였다.

이 신문은 특히 IMF의 (한국)구제금융지원은 한국에게 금융 데이터 공개와 외국인 투자규제 철폐 등 보다 획기적인 변화에 동의할 것을 요구할 것임이 분명하다고 지적했다.

한국은 해외에서 대출받은 수십억 달러의 상환약속 이행과 원화의 투매를 중단시키기 위해 구제금융의 필요성이 제기되어 현재 금융지원과 관련, 미국과 유럽, 일본관리들 간의 비공식 협의를 서두르고 있다고 이 신문은 설명했다.[37]

---

36 http://news.naver.com/main/read.nhn?mode=LSD&mid=sec&sid1=104&oid=001&aid=0004255400
37 http://news.naver.com/main/read.nhn?mode=LSD&mid=sec&sid1=104&oid=001&aid=0004261577

〈월스트리트저널〉이나 〈뉴욕타임스〉뿐만 아니라 외국 언론사들도 IMF 구제금융을 신청할 것을 강요하고 있다.

① 우리나라가 IMF에 구제금융을 요청할 경우 필요한 금액은 최대 1천억 달러에 달할 것으로 예상되며 요청이 지연되면 그 규모는 더욱 확대될 것이라는 주장이 일본에서 제기되었다.

② 이와 함께 한국은행의 외국은행 지점과의 환매조건부 스와프한도 확대 및 미국, 일본 등에 대한 지원요청 등 정부의 외화조달을 위한 정부의 단기대책들이 관련 국가 및 금융기관들의 반응이 부정적이라는 외신보도가 잇따르고 있다.

③ 21일 금융계에 따르면 일본의 연구기관인 JRI의 아시아연구센터 관계자는 〈로이터통신〉과의 인터뷰에서 1년 이내에 만기가 도래하는 한국의 단기채무는 7백억 달러 규모로 알려져 있고 외환보유액은 점차 감소하고 있다며 이같이 주장했다.

④ 금융계 관계자들은 미국과 일본 등의 국제금융 관계자들이 이들 국가들이 한국의 지원요청을 받아들이기 어렵다는 입장을 보이고 있다며, 특히 〈워싱턴포스트〉는 지난 20일자에서 한국정부가 IMF 구제금융 신청을 피하기 위해 미국의 금융지원을 요청했으나 미국 측이 이를 강하게 거부했다고 보도했다고 전했다. 이 신문은 로렌스 서머스(Lawrance Summers) 미재무부 차관이 금융위기에 처한 국가에 대한 지원은 IMF를 통해서만 이뤄져야 한다고 말한 것으로 보도했다.

⑤ 뉴욕의 시티뱅크 관계자는 일본의 경우도 현재 증시가 위축되어 있고 은행권의 부실여신도 문제인데다 이를 해결하기 위한 방안으로 정부의 공공기금 활용방안이 거론되고 있어 한국에 대한 대규모 지원이 어려울 것이라고 〈로이터통신〉이 보도했다.

⑥ 금융계 관계자들은 일부 외국은행 서울지점 관계자들은 스와프한도 확대를 고려하기 어려우며 마진도 작아 유인책이 되지 못한다고 말했으며, 다른 외국계 은행 관계자들도 불과 수주 전에 본점으로부터 한국 내 대출을 감축하라는 지시를 받은 상황이라며 소극적인 태도를 보이고 있다고 전했다.[38]

---

38 http://news.naver.com/main/read.nhn?mode=LSD&mid=sec&sid1=101&oid=001&aid=0004259062

왜 이들이 앞장서서 한국의 IMF 구제금융을 신청하도록 강요하고 있는가?

김영삼 대통령은 매우 위급한 시기에 그것도 정권 말기에 경제부총리를 경질시켰다. 업무 인수인계도 없었다. 무능해서 그런가 아니면, 국가운영체제의 미성숙 탓인가?

"11월 16일 나온 합의안과 이후 IMF 구조조정안과 다른 점은 초고금리, 긴축재정 등 거시정책에 대한 개입이 나올 건덕지가 없었다는 겁니다. 나중에 IMF가 초고금리와 재정긴축을 요구한 것은 한국의 신인도가 급격히 떨어졌기 때문이라고 봅니다. 더욱이 임창열 당시 부총리는 정통 재무관료로서 국제적으로는 내셔널리스트로서 개혁이나 개방과는 거리가 먼 사람으로 알려진 사람인데, 이 사람이 한국 경제정책의 책임자가 되었다는 것이 국제사회에 어떤 의미로 받아들여졌겠어요. 또 입각하자마자 "IMF 안가고 해결하겠다"고 했다가 21일에 결국 구제금융을 신청했잖아요. 이것은 다만 19일 발표가 21일로 이틀 미뤄진 것이 아니라 16일 완전히 합의된 협약체계가 완전히 무너진 엄청난 사태였어요."[39]

임부총리는 21일 오후 기자회견에서 현재 추진 중인 금융시장안정대책과 외화차입 등의 결과를 지켜본 뒤 IMF에 구조조정 자금을 요청할 것인지를 최종 결정하겠다는 답변을 했다고 말했다. 임부총리는 현재 우리나라의 경상수지가 지난 해에 비해 현저하게 개선되고 있는 등 경제체질이 비교적 안정적인 상태를 보이고 있어 당장 IMF측의 도움이 필요하지 않은 것으로 판단되지만 일시적인 외화 유동성 위기를 겪고 있는 만큼 IMF에 지원을 요청할 수도 있다고 덧붙였다. 임부총리는 외국환평형기금을 재원으로 한 외화표시 국채발행과 한국은행을 통한 외화차입 등 다양한 외화 유동성 확보대책을 적극 추진하고 있다고 말했다. 이와 함께 IMF는 구조조정 자금을 지원하면서 외화만 지원하는 게 아니라 강도 높은 자구계획을 수립하도록 요구한다면서 이 때문에 IMF 지원요청 여부는 보다 신중하게 대응해야 하며 현재로서는 이를 결정하지 않았다고 설명했다.

임부총리는 환율이 이날 안정적인 수준을 유지하고 있는 등 정부의 환율 변동

39 월간 말, IMF 격동의 1997년, IMF 사태의 주범은 누구인가 "금융개혁법안 국회 보류가 환란 촉발했다", 2002.03.01. http://ihkim.org/sub_search/view.php?no=94&&tcode_name=&textfield=&keyfield=qgisjcur&tcode=&pcode=&pcode2=&sort=&searchPage=

폭 확대에 따른 효과가 나타나는 등 금융시장안정대책이 긍정적인 반응을 보이고 있으며 이를 IMF도 인정하고 있다고 말했다. 임부총리는 국채발행과 금융시장안정대책 발표로 대외신뢰도가 향상될 것으로 보이며 이에 따라 단기 외화차입에 대한 만기연장도 이루어질 것으로 기대하고 있다고 설명했다.[40]

그러나 정부는 21일 저녁 IMF(국제통화기금) 구제금융을 정식 요청했다. 정부관계자는 방한 중인 스탠리 피셔 IMF 수석부총재를 통해 이 같은 정부입장을 오늘 오전 11시께 IMF측에 정식 통보했다고 밝혔다. 이 관계자는 IMF측에 요청한 구제금융 규모는 미국, 일본 등의 협조융자를 포함, 5백억 달러 규모라고 전했다.

〈워싱턴포스트〉는 22일 외환금융 위기를 극복하기 위해 외자조달이 필요한데도 한국정부는 IMF에 종속되는 것을 극히 꺼려 왔다고 말했다. 또 한국정부가 이 같은 태도를 보인 것은 IMF가 일반적으로 강력한 긴축을 채무국에 요구하고 있기 때문이며, 경제주권을 희생시키기 않으려던 한국의 방침은 결국 미국과 일본의 직접 지원을 받기 위한 마지막 노력이 좌절됨에 따라 무산되고 말았다.[41]

28일 미국 경제계 소식통들은 한보와 기아사태 이후 급속히 악화된 한국의 경제위기가 은행과 종금 등 금융업체 자금을 지나치게 많이 차입, 외형중심의 경영을 해온 재벌들의 경영실패에 기인했다는 것이 대부분 미국 경제 전문가들의 견해라고 밝혔다. 이에 따라 IMF가 한국과 구제금융 이행조건 협상에서 재벌과 금융구조에 대한 대수술이 동시에 이루어져야 한다는 조건을 최우선으로 제시할 전망이라고 말했다. 또 미국과 EU가 한국의 자동차분야 생산시설 확충계획에 대해 크게 우려하고 있다는 점에서 대부분 수출시장을 겨냥한 자동차 부문의 투자 축소조정과 기아사태 근본적 해결, 투자규모에 비해 경제적 효과가 의문시되는 경부고속철 사업 등에 대한 투자우선순위 재조정 문제 등이 제기될 것 같다고 내다봤다.

한편 미국 언론들은 한국의 경제위기와 관련, 과거에는 재벌이 경제발전의 견인차 역할을 해왔으나 이제 외환금융 위기의 주요 원인으로 작용했다고 분석하고 있다.[42]

---

40 http://news.naver.com/main/read.nhn?mode=LSD&mid=sec&sid1=101&oid=001&aid=0004262673

41 http://news.naver.com/main/read.nhn?mode=LSD&mid=sec&sid1=104&oid=001&aid=0004261481

한국정부는 내년 경제성장률, 종금사 처리 등 국제통화기금(IMF) 실무협의단과 최종합의되지 않은 쟁점사항을 IMF의 요구대로 대폭 수용하는 방안을 적극 검토하고 있는 것으로 알려졌다. 이는 캉드쉬 IMF 총재의 입장이 완고해 우리정부와의 조율작업이 교착상태에 빠져들면서 자칫 대외채무지급 불이행 사태가 우려되기 때문이다.[43]

IMF의 긴급자금지원을 둘러싼 정부와 IMF와의 실무협상이 협상 8일 만인 12월 1일 오전 1시께 완전 타결되었다. 임창열 부총리 겸 재정경제원장관과 휴버트 나이스(Hubert Nuys) IMF 협의단장은 30일 밤늦게 협의단의 숙소인 서울 힐튼 호텔에서 막바지 쟁점으로 떠오른 성장률 축소와 금융기관 구조조정 문제 등을 놓고 최종협상을 벌여 합의문에 가서명했다.

임부총리는 협상을 끝낸 뒤 "IMF와의 합의문에 최종합의했으며 1일 국무회의를 거쳐 IMF와의 합의문 형태로 발표하겠다"며 "이번 주 중반에 열리는 IMF 이사회에서 승인되면 곧바로 자금지원이 이뤄질 것"이라고 밝혔다.[44]

재정경제원 관계자는 2일 "IMF와의 협상은 지난 주말께 대체적인 합의를 이루었으나 30일 이후부터 IMF가 갑자기 받아들이기 까다로운 조건을 제시해 타결이 지연되었다"며 "미국 측이 개입하고 있다는 인상을 지울 수 없다"고 말했다. 데이비드 립튼(David Lipton) 국제담당 국장을 팀장으로 하는 미재무부 관계자들은 지난 주말께 방한, IMF와의 협상에 개입해 재벌들의 상호지급보증 해소와 자본시장 및 금융시장 조기개방을 강력하게 요구하고 있는 것으로 알려졌다.

이들은 협상장소인 힐튼 호텔과 숙소인 하얏트 호텔을 오가며 IMF와의 긴밀한 협의를 통해 추가요구 조건을 내세웠으며, 임창열 부총리 겸 재경원장관은 3일 오전 방한하는 캉드쉬 IMF 총재와의 담판을 통해 수용 여부를 결정할 것으로 전해졌다. 미국 측이 이처럼 협상에 적극 개입하고 있는 것은 자동차, 반도체, 조선 등 대규모 투자로 공급과잉이 이뤄지고 있는 산업분야에서 자국의 입장을 반영하기 위한 것으로 풀이된다.

---

42 문화일보, IMF, 재벌-금융-투자순위 대수술 요구할 듯, 1997.11.29.

43 http://news.naver.com/main/read.nhn?mode=LSD&mid=sec&sid1=101&oid=001&aid=0004207148

44 http://news.naver.com/main/read.nhn?mode=LSD&mid=sec&sid1=101&oid=001&aid=0004213592

한편 일본 대장성 관계자들도 최근 극비리에 우리나라를 방문, 자금지원 조건으로 수입선다변화 정책을 폐지할 것을 요구했으며 정부는 이를 수용한 것으로 알려졌다.[45]

2일 재정경제원에 따르면 정부는 금융개혁법안이 이번 정기국회에서 무산됨에 따라 금융개혁법안의 연내처리를 동의하기 힘들다고 버텼으나 IMF측의 요구가 거세 이를 받아들인 것으로 알려졌다. 이에 따라 국회는 대통령선거에도 불구, 금융개혁법안을 연내처리하는 것이 불가피하게 되었다. 한편 정부는 금융개혁법안의 연내처리를 위해 국회의 각 정당을 상대로 연내 금융개혁법안이 통과되도록 설득하는 등 입법 재추진에 나설 방침이다.[46]

1997년 12월 3일 한국정부는 캉드쉬 IMF 총재와 협의한 후, IMF 스탠바이 협정자금을 비롯해, IMF 긴급 고리자금인 SRF 자금, IBRD와 ADB 등 개발금융기관 지원자금, G7 등 선진국들의 후원자금 등을 포함해 총 575억 달러에 달하는 대규모 자금공급 계획을 확정했다.

IMF는 1997년 12월 4일 한국의 경제위기 극복을 지원하기 위해 3년 간에 걸쳐 2백10억 달러를 지원한다는 대한 금융지원 패키지 합의안을 공식 승인했다. 따라서 이날 1차분 55억 달러를 지원했다.

IMF 구제금융지원 차관협정을 심의하기 위해 열렸던 12월 4일 임시국무회의에서 국무위원들은 30여 분 동안 임부총리로부터 정부와 IMF 간의 협상내용과 과정을 보고받고 문서명칭을 협약에서 합의로 바꾸기로 결정했다.[47]

---

45 http://news.naver.com/main/read.nhn?mode=LSD&mid=sec&sid1=101&oid=001&aid=0004217449 IMF(국제통화기금)의 구제금융은 구제금융 참여기관이나 국가, 긴급성의 정도에 따라 '스탠드바이(대기성) 협정'과 '긴급차입제도' 등 2가지로 분류되며 외환위기를 겪는 국가의 환율안정과 국제수지 적자 보전을 위해 지원된다. 스탠드바이 협정을 통한 자금지원에는 IMF가 단독으로 참여하는 데 반해 긴급차입제도(Emergency Financing Mechanism)를 근거로 한 구제금융에는 IMF 이외에 미국, 일본 등 선진 주요 국가들이 참여하게 되는 만큼 요구조건이 까다롭다. 스탠드바이 협정 단계 때와는 달리 IMF는 단계별로 부실금융기관 정리, 국제수지 및 외환관리 목표, 외환보유고 수준 등 경제전반에 걸쳐 폭넓게 구체적인 지원조건 이행을 한 덩어리로 묶어 요구하기 때문에 '레스큐 패키지(Rescue Package)'라고 일컫는다. 스탠드바이 협정 때와는 달리 긴급성을 요구하는 자금지원 방식으로 현재 우리나라에 대해 거론되고 있는 구제금융은 이를 일컫는다. 그런데 IMF 협약제목을 보면 분명 대기성 협정인데 왜 긴급차입제도에서 요구하는 강도 높은 경제개입요구를 정부가 수용했는지 매우 의문스럽다.

46 http://news.naver.com/main/read.nhn?mode=LSD&mid=sec&sid1=101&oid=001&aid=0004206932 금융개혁법안은 1997년 12월 31일 처리되었다.

캉드쉬 IMF 총재 발표문 전문(1997.12.03)

"한국 당국과 국제통화기금(IMF) 실무협상단이 오늘 서울에서 한국의 현 금융위기에 단호히 대처하기 위한 강력한 경제 프로그램에 관한 협상을 마쳤음을 발표하게 되어 기쁩니다.

이 프로그램에는 긴축재정, 통화정책과 포괄적인 금융개혁, 무역과 자본이동 자유화 확대뿐아니라 한국기업들의 구조조정 문제도 포함되어 있습니다.

저는 총 2백10억 달러 규모의 3년 만기 스탠드바이 크레딧을 제공, 이 프로그램을 지원해줄 것을 IMF 상임이사회에 요청할 것이며 IMF 긴급자금지원제도에 따라 이번 주 중 한국 측의 자금지원신청을 검토해주도록 상임이사회에 제출할 것입니다.

세계은행 총재는 이번 한국의 특정 구조개혁 프로그램을 지원하기 위해 세계은행 정책에 연계해 최고 1백억 달러를 제공할 준비가 되어 있음을 시사했으며, 아시아개발은행(ADB) 총재도 ADB 정책의 틀 안에서 한국의 정책 및 제도개혁을 지원하기 위해 최고 40억 달러를 제공할 준비가 되어 있다는 뜻을 내비쳤습니다.

동시에 나는 IMF 및 다른 국제금융기구의 지원 외에 추가자금을 지원받아야 할 예기치 않은 상황이 발생할 경우 한국이 IMF 지원조건을 준수하는 한 호주와 캐나다, 프랑스, 독일, 일본, 영국, 미국을 비롯한 여러 나라가 한국의 IMF 프로그램을 돕기 위해 추가 자금제공을 기꺼이 고려하게 될 것으로 기대합니다. 이러한 제2방어선의 자금지원 규모는 2백억 달러를 넘을 것으로 예상됩니다.

한국경제사의 어려운 한 시기를 극복하고 한국경제가 세계화된 환경에 성공적으로 적응하며 한국경제가 빠르면서도 한층 지속적인 성장가도로 복귀할 수 있으려면 한국 경제프로그램의 완전한 이행이 긴요할 것입니다. 나는 이 프로그램이 역내에 필요한 안정과 성장의 회복에도 기여케 될 것으로 확신합니다."

47 http://blog.daum.net/ohjkwon/1093377

그림 2-7 국무회의 통과문건

국무회의의안처리전

의안번호	제 887 호	담당	사무관	과장	결재
제출기관	재정경제원				
의안종별	일반 안건				
의안명	국제통화기금(IMF)대기성차관협약을위한의향서안				
비밀등급		지시사항			
접수	1997년 12월 4일 시 분				
배부	년 월 일				

의안심의				
구분	제( )회	심의일자	결과	비고
차관회의				
국무회의	53	12. 4	可	

기타

※ 공포안. S법률안. X대통령령안. +일반안건. #보고안

1. 議決主文

○ 國際通貨基金(IMF)의 待機性 借款資金 支援을 위한 政策協議 결과를 別紙와 같이 審議·議決함

2. 提案理由

○ IMF 資金을 支援받음으로써 현재의 短期 外貨流動性 부족 문제를 解決함과 아울러, 經濟의 조속한 安定成長基調 回復을 위하여 巨視經濟指標의 修正, 財政·通貨 政策, 金融部門 構造調整, 貿易·資本自由化 등에 대하여 IMF측과 協議한 主要 經濟政策方向을 別紙와 같이 推進코자 함

3. 主要骨子

○ IMF로부터 國際金融市場에서의 信賴를 확보할 수 있는 충분하고 적절한 規模의 자금을 지원받음

○ IMF의 주선으로 國際復興開發銀行(IBRD), 아시아 開發銀行(ADB)과 美國·日本 등 주요 交易國家로부터 資金支援을 받음

○ 巨視經濟展望, 財政·通貨政策, 金融構造調整, 貿易·資本市場 開放, 企業支配構造, 不實企業 整理, 勞動市場 柔軟性 提高 등에 관한 主要政策方向에 대하여 別紙와 같이 IMF와 合意함

4. 主要 討議課題

자료: http://theme.archives.go.kr/next/pages/viewer/archiveViewer.jsp?archiveEventId=0034654137&singleData=Y

남덕우 전총리는 '위기의 한국경제: 그 원인과 대책'[48]에서, 직접적인 원인은 해외에서 과다하게 차입한 단기 투기자본을 장기 시설투자와 증권투자에 투입한 결과 유동성 부족 때문이지만, 그렇게 된 이면에는 이 나라 경제의 구조적 결함이 내재하고 있었다고 주장했다. 즉, 정부와 국민이 민주화의 진통 속에서 개방화, 정보화의 세계적 추세에 대응하는 산업 및 금융의 구조조정을 게을리하여 국제수지 악화를 예방하지 못했고, 그러던 중 동남아 국가들의 외환위기를 계기로 하여 우리경제의 취약점이 표면화되고 국제금융사회에서 신뢰를 잃게 되어 외환위기를 피할 수 없게 되었다는 것이다.

이러한 주장은 김영삼 정부 당시 김인호 경제수석[49] 역시, IMF 경제위기는 외환위기뿐만 아니라 재벌체제, 정경유착, 국가 주도적 산업화 등으로 특징 지워지는 '박정희 모델'이라는 한국형 발전모형의 한계가 드러난 것으로 분석하고 있다. 또 김영삼 정부의 책임은 단순히 지난해의 외환관리 실패만이 아니라 이 같은 낡은 발전모형의 개혁실패와 경제협력개발기구(OECD) 조기 가입 등 세계화라는 잘못된 정책 아래 실력 이상으로 우리경제를 개방한 데 있다고 진단하고 있다.

강경식 전총리는 〈부산일보〉와의 인터뷰에서 "내가 가장 역점을 두고 한 것은 우리 스스로 구조조정을 함으로써 IMF에 가는 일이 없도록 하자는 것이었다. 그런 노력의 일환이 금융개혁의 강력한 추진이었고 투명성 제고를 위한 제도보완, 열린 시장경제로 가기 위한 국가과제의 정리였다. 그러나 그런 일들을 추진하기에 역부족이었음을 솔직히 시인하지 않을 수 없고 또 정치권의 지원을 얻어내는 등 공감대를 이루는데도 실패했다. 이런 상황에 놓이게 된 것을 매우 안타깝게 생각하고 또 스스로의 역량 부족을 부끄럽게 생각한다"고 했다.[50]

---

48 삼성경제연구소, IMF 사태의 원인과 교훈(1998.7)에 수록된 논문. http://www.dwnam.pe.kr/mum1_10.html

49 문화일보, 김인호, '換亂'진상 밝히려면, 1998.05.07.

50 http://news20.busan.com/controller/newsController.jsp?newsId=19980323000635 정부는 IMF 자금지원요청 발표를 며칠 앞두고 금융개혁입법의 국회통과를 위한 막바지 노력을 기울였다. 강부총리는 1997년 11월 17일 한국은행노조원 데모대를 뚫고 국민회의 당사를 방문, 국회처리 협조를 마지막으로 요청했다. 그러나 성과는 없었다. 재경위는 하루종일 공전했고 결국 18일 재경위 전체회의는 금융개혁입법처리에 실패했다. 강경식 부총리와 김인호 경제수석은 동시에 사의를 표명했다. IMF 외환위기는 결국 정부와 정치권의 무지와 불신이 낳은 비극인 셈이다.

그러나 정부 고위공무원들의 이러한 주장은 정부의 오만과 능력부족이 IMF 외환위기의 주요 원인이라는 것을 스스로 말해주는 것이다.

"1997년 발생한 대기업의 부도사태가 금융부실로 이어지면서 국제적 신용평가기관이 신용등급을 하향조정할 수 있음을 기회 있을 때마다 경고했는데도 정부는 이를 묵살한 채 위기수습을 수수방관한 것도 부인할 수 없는 사실이다. 한국정부가 금융산업 구조조정계획을 6개월만 앞당겼어도 금융위기를 모면했으리라는 프레드 버그스텐(Fred Bergsten) 국제경제연구소장의 지적은 우리정부의 정책 실기에 대한 매서운 질타에 다름 아니다."[51]

2 김대중 정부의 IMF 체제 이행과정

〈파이낸셜 타임스〉는 김대중 정부와 IMF에 대해서 다음과 같은 조언을 했다. 지금 생각하면 매우 사려깊은 충고였지만, IMF와 김대중 정부는 각자 다른 생각과 다른 길을 걸어갔다.

파이낸셜 타임스가 본 "한국에 필요한 변화"

IMF 체제를 제대로 활용하려면 신속하고 근원적인 조정에 나설 정치적 용기가 뒷받침되어야 하며, 한국의 경제난 극복을 위해 ① 금융제도와 기업 자본 구조의 전면 쇄신, ② 노동법 개편, ③ 정부의 업계 후견인 역할 종식, ④ 대기업의 힘을 제한하고 효율적 공정 경쟁 정책이 필요하며, 정부가 노동계의 저항을 의식하고 관료들도 경제를 조종하는 기득권에 집착해 개혁이 미지근하게 될 경우 한국은 장기적이고 심각한 불황에 빠지게 될 것으로 전망했다.

한국은 다른 나라들과는 달리 한국은 정부보다 민간쪽에서 금융위기가 발생했으며 재정은 균형이 잡혀있고 경상수지도 개선되고 있다고 지적하고 조세징수 확대나 공공지출 삭감은 오히려 상황을 악화시키는 지나친 처방이 될 것이라고 경고했다.

부채가 자기자본의 4배 이상에 달하는 대기업의 재무구조 혁신을 위해 투자 축소와 부

51 http://news.naver.com/main/read.nhn?mode=LSD&mid=sec&sid1=101&oid=001&aid=0004211006

실 계열사 및 비전문 업종의 과감한 정리와 함께 외국기업에 투자 문호를 확대 개방해야 한다고 주장했다.

금융개혁의 경우 일부 폐쇄와 합병, 정부의 부실채권 인수 등을 예상할 수 있으며 반드시 금융기관 자체의 효율화 노력과 여신 심사기능의 확보가 전제되어야 한다고 했다.

자료: 연합뉴스, 한국 IMF, 재정 긴축 피해야, 1997.11.28.

1) IMF 체제 이행 제도화

김대중 정부의 IMF 외환위기 극복과정을 제도화하기 위해 정부출범 전에 기업구조조정과 노동 유연화를 통한 노동개혁을 위한 2개의 조직을 설치했다.[52]

(1) 비상경제대책위원회 발족

비상경제대책위원회는 외환위기 등 심각한 경제난국타개를 위해 새 정부출범 이전까지 활동하는 한시적 기구로 탄생되었다. 1997년 12월 23일 김영삼 대통령정부 측에서 임창열 경제부총리 등 6명과 김당선자 측에서 자민련 김용환 부총재 등 6명이 참여해 '12인 비상경제대책위원회'로 공식출범했다.

12인 비상경제대책위원회는 이들 위원을 뒷받침할 8명으로 구성된 실무기획단도 산하에 설치해 1998년 2월 23일까지 공식 활동했다. 비상경제대책위는 새 정부출범 전까지 IMF 긴급자금지원, IMF 관리체제에 따른 고용 및 실업대책, 외환・증시 안정대책, 추가경정예산편성 및 새해예산 긴축운용방안, 금융실명제보완과 금융개혁 등 경제현안 전반을 집중조율하고 이에 대한 긴급대책을 추진했다.

비상경제대책위원회는 1998년 2월 6일 경제개혁을 위한 각종 입법 및 행정조치 등의 구체적 내용을 담은 '기업구조조정 추진방안(재벌구조조정 방안)'을 확정, 발표함으로써 차기정부 경제정책의 기본 틀을 제시했다. 이를 통해 당초 2000년 결산부터 도입키로 된 결합재무제표의 작성을 1999년 결산부터 의무화하도록 하고, 대기업의 상호지급보증의 단계적 해소를 위해 1998년 3월부터 자기자본

52 http://100.daum.net/yearbook/view.do?id=15757

의 100% 초과분에 대해 벌칙이자나 과징금을 물리도록 조치했다. 또한 기업경영진의 책임을 묻는 제도적 장치를 마련하기 위해 화의를 신청할 경우 경영진의 일정 주식소각과 증자를 의무화하는 한편 과다한 차입금의존 경영을 막기 위해 자산대비 부채비율이 500% 이상인 경우 차입금이자에 대한 손비처리인정규정을 2000년부터는 400%, 2002년부터는 300%로 축소하기로 했다. 외국인의 적대적 인수·합병(M&A)을 부분 허용하는 외자도입법개정, 법인세법, 외부감사법, 증권거래법, 공정거래법, 은행법, 기업퇴출관련법 등 10개 법안을 기초로 기업구조조정방안은 법과 제도에 의한 구조조정이란 토대를 마련하였다.

비대위는 2월 23일 외채위기극복, 기업구조조정추진 등 8개 분야에 대한 그동안의 주요활동을 담은 '활동결과보고서'를 김대중 대통령당선자에게 보고하고 활동을 종료했다.

비상경제대책위원회는 이 보고서를 통해 ① 금융구조조정추진에 있어 서울·제일은행 처리절차를 조기에 완결하고, 여타 은행으로부터 자본 확충 및 경영개선계획을 제출받아 1998년 6월 말까지 이를 평가 완료해야 한다고 지적했다. ② 또한 세계은행(IBRD) 등 외부전문가와 협의해 부실채권정리 및 공적자금 활용 기본원칙을 설정할 것을 권고했다. ③ 기업구조조정촉진에 있어서는 상법개정을 통해 누적투표제와 기업분할제도도입, 지배주주의 사실상 이사 간주 등 책임경영을 위한 제도적 장치마련이 긴요하다고 지적했고, ④ 구조조정과 관련된 부동산처분을 원활화하기 위해 외국인에 대한 부동산임대업·분양공급업 허용 등 관련 규제완화를 주문했다. ⑤ 중소기업 및 수출·건설업체 등에 대한 지원을 강화하기 위해 대기업의 중소기업에 대한 불공정행위근절 및 자금지원강화를 위해 중소기업청, 공정거래위 등 관계 기관 합동조사를 통해 어음만기일 장기화, 환차손 부당전가 등 불공정행위를 근절할 것을 요구했다. ⑥ 고용 및 실업대책에 있어 외국인력 규모의 단계적 축소와 벤처기업 창업 등 중소기업 및 공공부문지원을 통한 고용창출방안을 제시했고, ⑦ 물가안정대책을 위해 물류센터확충 및 소비지와 산지 간의 직거래활성화를 촉구했다. ⑧ 아울러 외국인투자를 적극 유치할 수 있도록 가칭 '외국인투자자유지역설치법안'을 조속히 입법화할 것을 건의했다.

(2) 노사정위원회 설치

노사정위원회는 IMF 체제편입이라는 경제적 위기를 맞아 모든 경제주체의 참여와 협력을 통해 현재의 국가적 위기를 극복하기 위해 1998년 1월 15일 발족되었다. 노사정위의 구성을 위한 첫 제안은 김대중 당선자에 의해 이뤄졌다. 김당선자는 대선 직후인 12월 24일 경제5단체장 및 농협중앙회장과의 오찬에서 경제위기극복을 위한 각계의 고통분담을 제의했다.

이는 IMF 체제극복을 위해서는 사회전반에 걸친 군살빼기와 구조조정이 필요한 상태에서 이를 추진하는 과정에서 각계 반발을 최소화하려는 측면이 의도적으로 반영되었다. 이어 12월 26일과 27일 김당선자는 한국노총 및 민주노총 지도부와 각각 간담회를 가진 자리에서 IMF 체제극복을 위한 노사정협의회 구성이 필요하다는 제안을 했으나, 1998년 1월 7일 한국노총이 노사정협의회 불참을 선언했다. 그러나 노사정협의회 위원장에 선임된 국민회의 한광옥 부총재가 1월 9일 한국노총 박인상 위원장과 협의회 참여를 간곡히 요청, 14일 노동계・재계・정부 3자가 노사정위원회를 구성키로 합의하고 15일 공식 발족되었다.

이 과정에서 한나라당 측이 불참을 선언하고 국민신당은 노사정위 출범단계에서부터 불참의사를 명백히 해 정당 측 대표로는 신여권인 국민회의와 자민련만 참여했다.

노사정위는 1월 21~25일까지 계속된 전문위의 4차례 회의 끝에 12개 과제에 대한 세부과제 120개를 선정, 논의를 진척시켰다. 그러나 부당노동행위 근절에 대한 정부 측의 노력이 가시적 성과가 없다고 판단한 노동계는 1월 30일 한국노총, 1월 31일 민주노총이 회의불참을 잇따라 선언, 위기를 맞았으나 경제주체의 공정한 고통분담이 절실하다는 국민적 인식으로 인해 2월 1일부터 회의장소를 서울교육문화회관으로 옮겨 철야협상에 착수했다.

이어 노사정위는 2월 4일 노사정위를 대통령직속의 협의기구로 법제화해 상설화한다는데 합의하는 등 12개 과제에 대한 의견을 좁혀 2월 6일 일부 쟁점사항을 제외한 모든 쟁점에 대한 완전타결을 성사시켰다.

이같은 노사정위의 합의에 따라 고용정책기본법, 중소기업근로자복지진흥법, 고용보험법, 근로기준법, 노동조합 및 노동관계조정법 등이 개정되었으며 파견근로자보호 등에 관한 법률, 임금채권보장법, 공무원직장협의회의 설립・운영에 관한 특별법이 제정되었으나 노조전임자 임금지급문제, 경영참가법 제정여부, 고용세 신설문제, 재벌의 신문사 소유금지, 재벌총수 책임규명 및 재산공개문제, 퇴직금 제도개선문제, 4대 보험제도개선 등의 과제는 2차과제로 넘겨졌다. 이후 노사정위원회는 다음과 같이 변화를 거듭했다.

비상경제대책위원회의 건의안과 노사정위원회에서 만든 합의안은 IMF 합의의향서 수정내용(부록 참조)과 함께 해당부처나 기업이 이행해나갔다.

- 1998.1.15: 제1기 노사정위원회 출범
  - 1998.2.6: 「경제위기 극복을 위한 사회협약」(90개항) 체결
  - 1998.3.28: 「노사정위원회규정」(대통령령) 제정
- 1998.6.3: 제2기 노사정위원회 출범
  - 1999.5.24: 「노사정위원회의설치및운영등에관한법률」 제정
- 1999.9.1: 제3기 노사정위원회 출범
  - 2004.2.10: 「일자리만들기 사회협약」(55개항) 체결
- 2007.4.27: 제4기 노사정위원회 출범

* 경제사회발전노사정위원회법(2007)으로 경제사회노사정위원회로 명칭 바뀜.

2) IMF 체제 이행과정과 평가

IMF 체제의 이행과정은 구제금융 협약이 체결된 이후 국제사회로부터 많은 비판이 있어왔다. 국내적으로는 대통령후보자에게 이행합의각서를 요구한 것은 국제법적 위반이며, 국가주권의 침해라는 비판에서부터 IMF 구제금융 협상팀의 전문성 부족으로 일방적으로 IMF의 요구를 수용한 것에 대한 정치권과 시민단체의 비난이 쏟아졌다.

국제통화기금(IMF)을 평소 강력히 비판해온 제프리 삭스(Jeffrey Sachs) 미국 하버드대 국제발전연구소장은 1997년 12월 11일 IMF의 역할을 재평가해야 한다는 장문의 기고문을 〈파이낸셜 타임스〉에 게재했다.

“IMF는 지난 3개월 간 한국과 인도네시아, 필리핀, 태국 등의 3억5천만 국민

에게 경제처방을 내렸다. 워싱턴 시 19번가에 약 1천 명의 경제전문가를 둔 이 기구가 약 14억 인구를 가진 75개 개발도상국의 경제정책을 좌우해야 한다는 것은 좀 이상하다. IMF의 전문가 중 선진국 경제 조사업무 등 다른 일을 맡고 있는 사람들을 제외할 경우 실제 75개 개발도상국 경제 담당자는 절반인 5백 명 정도에 불과할 것이며, 이는 한나라당 평균 7명의 IMF 전문가가 모든 일을 처리함을 의미한다. 7명의 전문가가 어느 한 나라에서 일어나는 일을 정교하게 꿰뚫어 보는데 충분할 것인가. IMF는 한국의 금융체제에 대한 깊은 지식도 없이, 또 문제에 어떻게 접근해야할지도 정확히 모른 채 단 며칠 만에 매우 엄중한 처방을 내렸다.

IMF는 한국에서 협의과정에 참여하지도 않았고 내용을 이해할 시간적 여유도 가지지 못한 3당 대통령 후보에게 합의안의 이행을 보장한다는 즉각적인 각서까지 요구했다.

불과 3개월 전 IMF가 올해 연례보고서에서 한국에 대해 내렸던 평가를 상기해보자. "(IMF)이사들은 한국의 인상적인 거시경제 실적들을 환영했으며 한국 당국의 재정 기록에 찬사를 아끼지 않았다"고 IMF 보고서는 썼다. 그러나 캉드쉬 IMF 총재는 지금 아시아 국가들의 거시경제 및 재정정책이 크게 잘못되어 있다고 정색을 하며 비난하고 있다.

IMF가 3개월 전 평가했던 대로 아시아 경제는 금융시장의 소동만 아니었다면 기본 경제여건에서 볼 때 금융재난을 겪어야 할 아무런 이유가 없다. 아시아 경제가 금융부문의 개혁을 필요로 하는 것은 사실이나 이 점이 금융시장의 소동을 일으킨 전적인 이유는 아니며 가혹한 거시경제적 조정을 정당화할 이유도 되지 않는다. 아시아는 균형 잡힌 예산, 낮은 인플레, 높은 민간 저축률, 수출 지향적 경제 등 기본 여건 면에서 경제위축을 막을 수 있는 처지에 있다.

아시아는 기본 경제여건이 흔들려서가 아니라 단기신용 제공자가 나쁜 상황을 예상하고 그에 맞춰 행동, 실제로 나쁜 상황을 가져오는 소동 때문에 휘청거리고 있을 뿐이다.

IMF 처방이 발표된 이후의 한국 상황을 살펴보자. 원화의 대미달러 환율은 지난 10일 기준 달러당 1565원으로 지난 1년 간 80%나 절하되었다. IMF는 이

상황에서 인플레를 1997년 4.2%, 1998년 5.2% 이내로 유지하도록 하고 있다. 이는 잔인할 정도의 통화관리가 필요함을 의미하며 IMF는 실제로 이를 지시하고 있다. 한국의 금리는 IMF 안이 서명되자마자 21%로 뛴 후 계속 올랐다. IMF는 시장을 진정시키고 정부의 사태해결 의지를 보여주기 위해 이 같은 조치가 필요하다고 말한다. 그러나 경기를 후퇴시키는 조치가 시장을 어떻게 진정시킬 수 있는가. 실제로 IMF 안이 발표된 후 소동은 더 확대되었고 한국의 은행들은 파산상태에 접근하고 있다. IMF는 고금리에다가 재정정책까지 국내총생산의 1~1.5% 범위로 규제하고 있다. IMF의 지나친 주문은 한국경제를 급격히 위축시킬 것이다.

IMF가 한국경제의 약점보다 장점을 강조했다면 시장을 진정시켜 오히려 사태해결에 도움이 되었을 뻔했다. 몇 달 전 금융위기가 시작되었을 때 IMF가 일본과 미국, 유럽에 대해 한국의 은행들을 적당히 지원하도록 조용히 권고했다면 주요 은행들은 단기신용을 연장했을 것이고 소동은 막을 수 있었을 것이다. 그랬더라면 한국은 적절한 신뢰구축 조치와 함께 성장률을 다소 조정하면서 몇 년이라는 현실적인 시간을 갖고 위기 없이 필요한 금융개혁을 이룰 수 있었을지 모른다.

IMF는 ① 지나친 권한이 축소되어야 하고, ② 경영진이 직원들의 업무를 제대로 감독해야 하며, ③ 그 활동이 공개적으로 이뤄져 전문적인 토론과 검증을 거쳐야 한다."[53]

이처럼 IMF의 전문성에 문제점이 심각함에도 불구하고 한국정부는 금융관련 법개정에 있어서 IMF에 법적자문을 구할 것을 약속했다. 12월 8일 IMF 실무협상단이 IMF 이사회에 제출한 보고서에 따르면 정부는 한국은행법 등 금융개혁 법안을 국회에 제출하기 전에 IMF 자문을 받기로 약속했다는 것이다. 구체적으로 IMF는 금융부문 감독을 강화하기 위해 현재 다양한 기관에 분산되어 있는 감독기능을 통합하는 법을 즉시 통과시킬 것을 요구했으며 정부는 법안 초안이 완성되기 전에 IMF에 의견을 제시해줄 것을 요청했다. 정부는 또 한국은행 독립과 물가안정을 주임무로 하는 법안을 즉시 통과시킬 것이며 관련 한은법 초안을

53 연합뉴스, 삭스의 IMF 비판, 1997.12.12.

작성할 때 IMF 자문을 받기로 약속했다.[54]

IMF 직원들의 한국상황에 대한 미숙함과 한국공무원들의 능력부족과 IMF에 대한 무조건 추종은 김대중 정부의 IMF 체제 이행과정에 상당한 문제점을 던져 주었다.

IMF 구제금융 결정에도 불구하고 신용등급 하락과 가용외환 부족(12월 18일 현재 가용외환 39억 달러) 등으로 12월 말 '모라토리엄 위기'에 직면하여 미 · 일에 조기 추가지원 등을 요구했지만 미 · 일은 'IMF 합의 충실 이행'만 반복하며 별다른 진전을 보여주지 않았다. 한국의 경제위기가 '안보위기'로 발전할 것이란 평가가 이루어지면서 한 · 미 간에 추가지원을 내용으로 하는 'IMF 플러스' 논의가 급진전되고, 12월 24일 미국 등의 추가지원(80억 달러) 및 IMF 조기지원(20억 달러) 약속으로 위기를 모면할 수 있었다. 1998년 1월 28일 외자만기조정 협상이 타결되어 단기차입금 240억 달러가 정부보증 하에 장기채무로 전환되어 외환위기는 진정되었다.

삼성경제연구소의 정문건이 발표한 IMF 프로그램의 득과 실을 분석해보면, 한국정부가 해야 할 일을 IMF라는 조직에 의존해 처리함으로써 국가경제기반을 허물고, 실업자를 양산했으며, 국가의 신뢰를 스스로 상실하는 우를 범했다는 것이다. 이는 다시는 회복되기 어려울 것이라고 보았다.[55]

1997년 12월 3일 최초의 IMF 프로그램이 시행되고 1월 8일 2차 의향서가 작성되기까지의 약 1개월 간 프로그램의 효과는 상당부분 기대에 미치지 못했다. 1월 말까지 IMF의 의도대로 고금리에 유인되어 들어온 채권투자자금은 1998년 1월 2330만 달러에 불과한 반면 환차손 등을 노리고 들어온 것으로 보이는 주식투자자금은 1997년 12월 5204만 달러, 1998년 1월에는 1억3000만 달러에 달했다. 오히려 외국은행들의 국내금융기관들에 대한 대출금 회수는 IMF 지원금융 결정 이후 가속화되어 한때 국가부도 위기에 직면했다.

IMF의 긴급자금지원에도 불구하고 자금유출 현상이 지속되어 12월 24일 달러

---

54 연합뉴스, 정부, IMF에 입법 자문까지 약속, 1997.12.08.

55 정문건, "IMF 프로그램 효과에 대한 평가", 한국일보 · 한국경제연구원, IMF 경제위기 1년 반 평가와 과제(1999.06.09).

당 2000원 선에 육박할 정도로 환율이 급상승하고, 수입물가 상승에 따른 물가 폭등 현상도 나타났다. 한때 30%(회사채 수익률 기준)를 넘어서는 초고금리로 기업의 대량도산 현상으로 금융기관의 부실화가 심화되고 건전성이 악화되었다. 하지만 IMF 프로그램 시행 첫 달인 1997년 12월부터 자본재수입 축소, 해외경상수지 감소로 큰 규모의 월별 경상수지 흑자가 지속되어 우리나라의 외환보유고 확충에는 기여했다. IMF와의 합의에 따라 투자와 소비를 억제한 결과 수입이 크게 축소되면서 대규모 경상수지 흑자가 발생했다. 1998년 경상수지는 400.1억 달러 흑자였으며, 외환보유고는 520.4억 달러였다. 하지만 프로그램 시행 초기 초고금리를 통해 외화자금 잔류와 신규자금 유치로 환율을 단기에 안정시키겠다는 전략은 실패했다. IMF가 틀린 것이었다.

이처럼 IMF의 초기 처방인 고금리 정책에도 불구하고 기대된 효과가 나타나지 않고 부작용이 확대된 것은 첫째, IMF가 한국의 총부채가 미국, 일본과 비교

그림 2-8 금융개혁과정

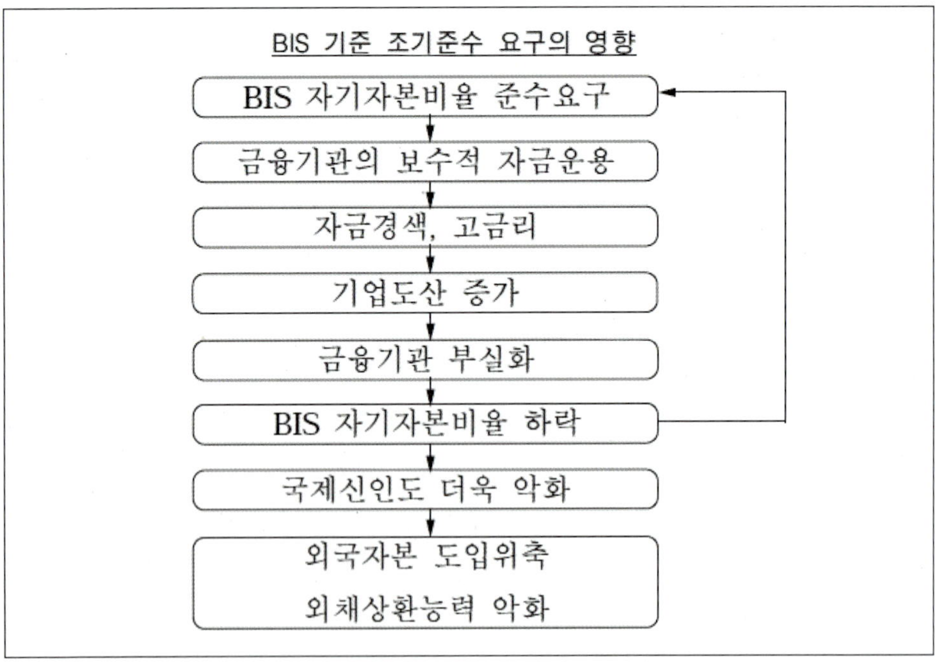

자료: 삼성경제연구소, IMF 체제 1년 간의 경제·사회 변화(1998.12), p. 99.

할 때 그리 크지 않는데도 불구하고 부채문제를 지나치게 강조하여 대외신인도를 급락시킨 심리적 용인이 크며, IMF의 한국경제 보고서가 한국경제의 구조적 문제점을 강조함으로써 오히려 외국 채권은행들의 자금회수를 촉진시켰고, 부채 내역 상 기업부문 부채가 70% 이상을 차지했는데도 고금리 처방을 내림으로써 한계 기업들이 대거 부도사태에 직면했다. 둘째, 재정이 건실했음에도 불구하고 초기에 지나친 긴축정책을 요구하는 등의 한국경제 실상에 대해서 모른 채 정책간섭을 했다는 것이다. 셋째, 긴축 거시경제정책을 시행하면서도 시스템 개혁 중 단기간 안에 은행들의 BIS 자기자본 비율 준수를 요구하여 은행들의 부실화 심화와 외국은행들의 대출금 회수를 촉진시켜 신용경색을 일으키고 기업도산을 부추겼다는 것이다.

이러한 현실에 맞지 않는 정책을 1년 반 만에 수정을 했지만 정책타이밍을 맞추지 못해 금리인하와 경기부양정책의 효과가 나타나지 못했다. 이미 벌어진 기업도산과 실업자 양산을 막기가 어려웠다. [그림 2-9]에서 보여주는 것처럼 6·25전쟁 이후 최악의 고통을 국민들은 겪었다.

그림 2-9 연도별 국민고통지수('81~'98)

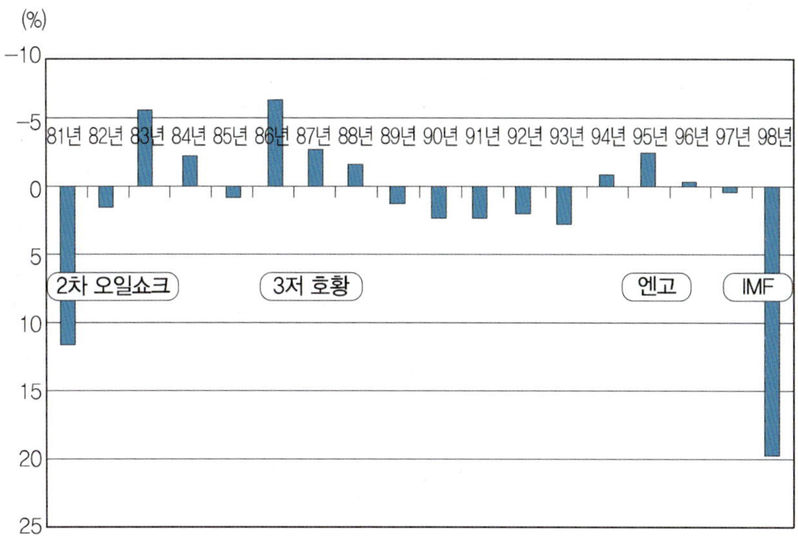

자료: 삼성경제연구소, CEO Information(176호), 1999.1.13, p. 3.

IMF 요구사항을 철저히 이행하겠다는 약속을 하고 집행한 김대중 정부의 역할에 대한 평가는 반드시 필요하다. 왜냐하면 이때 행해진 정책들이 향후 경로의존성을 가지고 계속 진행되고 있기 때문이다. 이행과정에 대해 여러 분석 자료들이 있지만 주로 삼성경제연구소의 1년 평가, 3년 평가자료와 한국노총 중앙연구원의 김대중 정부 노동 관련 정책평가(2001.12)에 의존했다.[56]

김대중 정부의 IMF 체제 하에서 이행과정은 4대 부문개혁으로 나누어 볼 수 있다. 공공개혁, 금융개혁, 노동개혁, 그리고 기업개혁이다.

(1) 공공개혁

공공부문 구조조정의 내용은 자본의 시장화를 확대하는 공기업의 민영화와 노동비용을 최소화하기 위한 인원·노동비용 축소 이상이 아니다. 무분별한 민영화 일변도, 기준이 불명확한 민영화 대상 선정, 헐값 매각 시비에 자유롭지 못한 해외매각 시도, 인원감축 등 비용절감, 특히 극히 미미한 인건비 절감에만 치우치는 생색내기식, 소극적 구조조정이라는 한계를 드러내고 있다. 그러면서 공공부문의 진정한 개혁의 상은 제시하지 못한 채 공공성의 영역만을 훼손하고 왜곡하는데 그쳤다.[57]

(2) 금융개혁

IMF의 자금공여를 조건으로 강요된 금융정책을 무비판적으로 수용함으로써 1998년 한국경제는 일대 혼란에 휩싸이는 계기가 되었다. 게다가 그 이후에도 계속적으로 한국현실에 맞지 않는 앵글로아메리칸형 금융시스템으로 전환하는 바람에 내부 이해당사자 간의 끊임없는 마찰을 겪어왔다. 경쟁력 향상이란 슬로건 하에 금융기관 대형화·겸업화를 서두르는 바람에, 제대로 된 현상 진단 없이 무리한 합병과 금융지주회사 도입을 추진했으며, 노동계와 불필요한 마찰을 겪어왔다. 이밖에도 무리한 금융기관 퇴출정책, 불합리한 금융기관 소유·지배

56 유용주, IMF 3년과 한국경제 변화, CEO Information 271호(삼성경제연구소, 2000.11.15)와 삼성경제연구소, IMF 체제 1년 간의 경제·사회 변화(1998.12), 한국노총 중앙연구원, 김대중 정부 노동 관련 정책평가(2001.12).

57 한국노총 중앙연구원, 전게보고서, p. 41.

구조와 낙하산 인사, 공적자금과 관련된 문제점, 인원감축 위주의 금융구조조정 등 상당수의 문제가 존재하고 있다. 특히 하이닉스 등으로 불거진 추가적 금융 불안 요인의 해결방안 모색과 금융기관의 조기 민영화 및 해외매각 논란은 지속되었다.[58]

(3) 노동개혁

1998년에 120만 명이 경제위기로 일자리를 잃었으며, 폐업, 해고, 일거리 부족 등 자발적 이유로 일자리를 잃은 사람들이 750만여 명에 달했다. 따라서 김대중 정부의 고용대책의 핵심은 실업대책이었다.

첫째, 일자리 유지정책에서는 정부가 주도적으로 고용조정을 수행하면서도 기업에 대해서는 일자리 유지하라는 처음부터 모순된 정책으로 출발했다. 대규모 인원감축 과정에서 정부는 기업에 대해서는 일자리 유지를 지원하는 정책을 시행했지만 해고회피 노력을 하는 기업들에 대한 인건비 보조정책은 실효성이 낮았으며, 그보다는 중소기업 경영안정화를 위한 신용보증, 대출금 만기 연장 등 실업대책과 직접 연관이 없는 기업지원 정책에 일자리 유지사업 예산의 대다수를 소진하는 등의 문제점이 나타났다.

둘째, 일자리 연계정책은 공공 취업알선망의 확충과 실직자의 직업훈련을 통한 취업률 제고정책으로 구분된다.

셋째, 일자리 창출정책은 IT 산업과 벤처기업 창업지원을 제외하고는 공공근로, 인턴사원, 자영업 지원 등 주로 단기적 일자리 창출에 집중되었으며, 그 내용은 기업에 인건비를 지원함으로써 지원기간 만큼만의 고용이 보장되는 채용장려금 지원정책이 핵심이었다. 그 결과, 김대중 정부의 일자리 창출의 특징은 고용부문 단기적 일자리 창출에 집중됨으로써 비정규직 확대를 방치했으며, 고용안정적 정규직 일자리 창출에 대한 대책이 결여되어 있었다는 특징을 갖는다.[59]

---

58 상게보고서, p. 85.
59 상게보고서, pp. 114-115.

(4) 기업개혁

IMF 외환위기 극복과정에서 대기업들은 어떤 과정을 거쳐 구조조정을 행했느냐는 매우 의미가 있다. 대기업들은 구조조정을 통해 스스로 자립할 수 있는 기반을 확보했으며, 신자유주의 제도 하에서 스스로 자립하기 위해 금융의 중요성을 터득하게 되었다. 이 부분이 IMF 외환위기 15년 만에 경제민주화 논쟁이 불거지게 되는 주요 원인이 된다.

IMF 지원금융 이후 기업구조조정 일지를 통해서 살펴보면, 기업개혁은 자율적으로 이루어지도록 했으며, 이 과정에서 막대한 공적자금이 투여되었다.[60] IMF 외환위기의 근원은 대기업의 경영실패에 기인한 것임에도 불구하고, 정부는 새로운 방향의 경제구조를 구축하지 못하고 대기업중심 경제체제를 선택한 것이다.

- 1998.1.13: 김대중 대통령 당선자, 4대그룹 총수회담에서 기업구조조정 요구
- 1998.4.14: 경제대책 조정회의에서 부실기업 정리방침 발표
- 1998.5.7: 은행감독원, 부실기업판정위원회 구성
- 1998.6.18: 55개 퇴출기업 명단 발표(5대그룹 20개사 포함)
- 1998.7.4: 정부, 전경련회장단, 청와대오찬 빅딜 신속 추진 등 9개항 합의
- 1998.7.28: 1차 워크아웃 대상기업(6~64대그룹) 선정 마무리(10대그룹 28개사)
- 1998.8월말: 5대그룹 계열기업 재무구조 개선약정 수정
- 1998.9.3: 5대그룹 7개 업종 구조조정안 발표
- 1998.10.7: 전경련, 5대그룹 7대 자율구조조정안 최종안 발표

〈표 2-2〉에서 보는 것처럼 IMF 외환위기 이후 한국경제는 중화학공업의 기반을 통한 수출지향적 경제체제를 확고하게 구축했으며, 각 부분의 독과점체제를 통해서 대기업은 지속적인 성장을 할 수 있었다.

60 공적자금이 100조 원 이상이 투입된 이후에 김대중 정부는 2001년 2월 공적자금위원회를 신설하였다. 2002년 6월 재정경제부가 발표한 '공적자금의 성과와 상환대책'에 따르면 공적자금 156조 원 가운데 69조 원을 회수불능액으로 추정했다. 프레시안, 공적자금=공돈? 그 많은 혈세는 어디로 증발했나, 2012.08.08.

표 2-2 IMF 체제 이후 6대 산업의 성장 현황

	산업별 외형적 성장	주요 성과 수치
반도체	• 메모리(D램)에서 98년 이후 일본을 제치고 1위를 차지	• D램에서 한국의 세계시장 점유율이 계속 상승(96년 33.6% → 99년 40%)
정보통신	• 정보통신은 비약적으로 발전	• 97~99년 수출 34%, 연평균생산 38% 증가 • 99년 CDMA 단말기 생산 세계 MS 52%로 1위
자동차	• 내수회복과 수출호조로 양적 지표 호조	• 세계생산에서 차지하는 비중 증가 (97년 4.5% → 2000년上 5.8%) -생산순위 상승(97년 5위 → 2000년上 4위)
조 선	• 99년 일본을 제치고 세계 1위 조선국으로 부상	• 99년 전 세계 수주량의 40.9%(한국) 차지 -일본은 30%
철 강	• 2000년 세계 6위 철강 생산국	• 철강 생산량 증가 (80년 860만 톤 → 2000년 4천만 톤)
섬 유	• 무역수지 흑자 지속	• 무역수지증가율은 소폭 상승 (98년 5%, 99년 -4.4%, 2000년 5%)

표 2-3 김대중 정부 4대개혁 평가

부문	주요 조치	성 과	문제점
금융	• 금융기관 정리 • 공적자금 투입	• 불가피한 조치로 대외신인도 제고에 기여 • 은행 BIS 비율 조정, 부실채권 정리	• 정리과정에서의 형평성 및 부실에 대한 책임문제 제기 • 공적자금 투입 금융기관과 기업에 대한 사후관리 미흡
기업	• 부실기업 워크아웃 실시 • 재무구조 개선 • 경영투명성 제고	• 회생가능성이 높은 기업들에 대한 회생기회 부여 • 양적지표(부채비율 200%) 충족 • M&A 시장 개방, 기관투자가 의결권 제한 완화, 사외이사제 의무화	• 이해관계자들의 도덕적 해이, 갈등 조정기구 부재에 따른 성과 부진 • 획일규제에 의한 금융자원 배분 왜곡 발생, 금융비용부담 개선 미흡 • 신설제도들이 올바른 감독기능을 수행할 수 있는 여건 미비
노동	• 노동시장 유연화 • 사회안전망 구축	• 노동시장 유연성 제고, 근로조건 개선 • 고용보험 확대, 국민기초생활보장법 실시(생산적 복지정책의 일환)	• 상용직 고용조정 어려움, 관련 제도 정착에 필요한 인프라 미비 • 운영상의 문제점 노출, 근로의욕 저하 · 탈락자 반발 등 후유증 우려
공공	• 행정구조 개편 • 민영화 추진	• 조직개편과 인력 감축 • 과거 정부에 비해 구체적 매각일정 제시, 일부 공기업 매각 성사	• 조직 간소화, 기능 효율화, 정책 프로세스의 효율화 달성에는 한계 • 일부 공기업들의 도덕적 해이, 금융시장 불안으로 인한 매각일정 지연

자료: 유용주, IMF 3년과 한국경제 변화, CEO Information 271호(2000.11.15), p. 13, 17.

IMF로부터 구제받은 빚을 다 갚은 후, 삼성경제연구소에서 발표한 김대중 정부의 4대개혁에 대한 결과는 다음과 같다(〈표 2-3〉 참조).

IMF 요구사항 이행을 통해 나타난 큰 변화는 ① 경기 급변동(초긴축정책에서 금리완화를 통한 경기부양정책으로 짧은 기간 내에 큰 변동야기, 이후 지속적인 금융불안으로 경제 불안이 일어남), ② 기업구조조정으로 수출을 주도하는 몇 개의 대기업으로 산업구조가 재편되어 향후 독점적 대기업에 의한 경제운영의 토대를 마련, ③ 외국투자자의 영향력이 커지게 됨에 따라 이들이 제시하는 기업운영방식을 도입함, ④ 디지털화의 속도가 빨라지면서 정보통신기술의 기업과 생활에 확산(디지털정치의 가능성을 보여줌), ⑤ 양극화(고용유연성의 재빠른 확산으로 중산층의 몰락과 중소기업의 생산성 저하로 이들 기업에 종사하는 노동자들의 소득수준도 하락, 경제민주화 논의 시발점이 됨)이다.

그림 2-10 IMF 체제 3년 간 국내경제의 변화

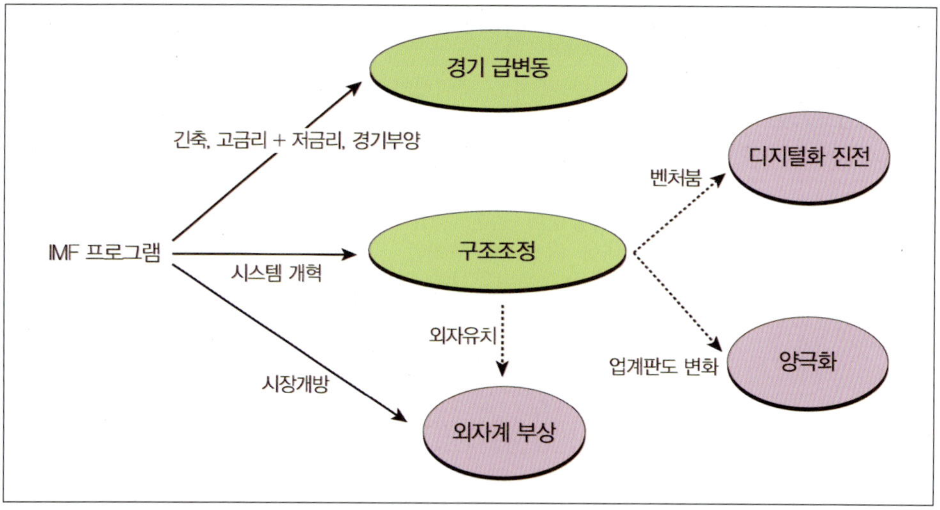

자료: 유용주, IMF 3년과 한국경제 변화, CEO Information 271호(2000.11.15), p. 3.

김대중 정부의 4대개혁의 성과 미흡은 정치·행정개혁을 우선시하지 않았기 때문에 나타난 당연한 결과였다.

개혁이 성공하지 못하는 주요 이유는 제도개혁과 정부의 자의적이고 재량적

인 개입이 어떤 것이 우선하는지 분별하기 어려울 정도로 혼재된 가운데 동시적으로 진행되었기 때문이다. IMF 합의를 집행하기 위한 개혁과정에서 정부의 재량적 정책개입은 도덕적 해이 현상을 단절시키기는커녕 더욱 만연하도록 만든 주요 요인들 가운데 하나임이 분명하다. 이는 국가위기 상황에서 정부가 체계적으로 대응할 능력이 없었기 때문이다.

더구나 제도로 대변되는 일정한 규범과 규칙에 따라 경제정책이 선택되기보다 고위관리들의 말에 따라 정책이 춤을 추듯 우왕좌왕하게 하게 되면 기업과 금융기관들은 이들을 기본적으로 불신하면서도 어쩔 수 없이 이들의 말에 귀를 기울이지 않을 수 없게 되고 그 결과 경제활동의 불확실성이 증가하게 된다. 특히 제도가 차후의 정책의 내용과 성격을 결정하는 것이 아니라, 임기응변적인 정책개입이 제도를 대신하거나, 제도개혁을 앞세워 재량적인 정책개입이 이뤄지다 보면 제도개혁은 경제사회에 새롭게 자리 잡아야 할 새로운 게임규칙이기보다는 단지 새로운 규제로 인식될 뿐이다. 예컨대 금융부문 제도개혁에 있어서 금융감독위원회가 금융기관에 구체적 명령이나 지시를 발동하는 것은 제도를 적절하게 운용하는 방식이 아니라는 것이다.[61]

정부의 시장개입 특히 재량적 개입은 시장경제질서의 확립과는 상극적인 관계에 있음에도 불구하고, 이런 재량적 개입이 합리적이거나 정당하게 보이거나 그렇게 인정받는 경우가 많다. 예를 들면, 정부는 시장경제원리에 따라 아무리 대기업일지라도 경영의 부실로 부도 위기에 처한 기업에 대한 구제조치를 취하지 않겠다고 밝히고 있다. 그러나 일단 대기업이 부도가 나서 실업은 물론 관련 업계에 악영향을 미치는 사태에 이르게 되면 구제조치를 취하는 것을 볼 수 있다. 이 경우 정부의 구제조치는 "주어진 상황을 전제로 할 때 최선의 정책"인지도 모른다.[62] 그러나 이 경우 정부가 여론 등에 밀려 어쩔 수 없이 구제조치를 취하지 않을 수 없게 될 것이라는 믿음을 야기시켜 도덕적 해이 현상이 조장될 수도 있다.[63]

---

61 최병선, IMF 체제 이후를 대비하는 국정관리 방향: 경제분야 "경제개혁의 평가와 과제: 제도개혁과 재량적 개입의 상충성을 중심으로" 「한국행정연구」 제9권 2호(한국행정연구원, 2000.7), 본 자료는 발표 자료의 페이지를 옮긴 것임. pp. 24-25.

62 상게논문, p. 11.

철저하게 변하지 않을 경우, 대부분은 과거의 모습으로 복원하려는 경향이 강하다. 특히 정부정책의 경우 조금이라도 성과가 나면 더 이상 변화하기를 주저한다. 일본 전문가 로버트 펠드먼(Robert Feldman)은 지난 20년 간 3번에 걸친 일본의 위기를 4단계 주기로 설명했다. 위기-대응-개선-만족(Crisis, Response, Improvement, Complacency) 과정을 다음 위기가 올 때까지 거친다는 것이다.[64] 이러한 과정을 단기든 장기든 반복한다는 것은 국가가 제도적 돌파를 할 의지나 능력이 없다는 것이다.

표 2-4 일본의 1990년대 이후 3차례 CRIC 과정

	위기	대응	개선	만족
1차 사이클 (1990~94)	주식시장 붕괴에 따른 경제침체	확대 재정정책, 정치개혁 실시	93~94년의 경제 안정	정치개혁 이완
2차 사이클 (1995~97)	엔화 절상에 따른 경기침체	확대 재정정책, 규제완화를 통한 산업투자 확대, 금융부문의 개혁	96년의 높은 경제성장	금융개혁 및 행정개혁 이완
3차 사이클 (1997~현재)	금융기관 도산에 따른 경기침체	금융개혁 법안 통과, 예산안 확대 편성, 중소기업 신용보증 프로그램 추진	99년의 경제 회복	금융개혁 및 규제완화 후퇴 조짐

자료: Morgan Stanly Dean Witter의 Global Economic Forum(2000.5.18)에서 발표된 「Japan: Escape from the CRIC Cycle」, 이갑수·유용주, IMF 3년과 한국경제 변화, CEO Information 제271호(2000.11.15), p. 24에서 재인용.

삼성경제연구소는 이 모델을 이용해 한국이 IMF 외환위기를 극복 못했음을 보여주고 있다.

63 상게논문, p. 12.

64 http://www.businessweek.com/articles/2012-03-05. Crisis-Response-Improvement-Complacency-repeat(CRIC)는 국가·기업이 위기극복에 실패하는 요인을 설명하는 용어다.

한국의 1997년 이후 CRIC 과정

① 위기: 1997년 한보, 기아 등 문제가 누적되고 동남아 위기가 확산되면서 결국 11월 21일 IMF에 지원금융 신청
② 대응: 경제난국에 대한 공감대가 모아졌고 1998년 1월 뉴욕외채협상 타결, 4월 외평채발행 성공으로 큰 위기를 일단 넘겼고, 산업기반 침하, 200만 명에 육박하는 실업자, 55개기업 퇴출, 5개은행 퇴출 등의 시련을 경험
③ 개선: 1998년 하반기 구조조정이 의욕적으로 추진되고 경제가 급속히 회복되었으며, 1999년 초에는 국가신용등급이 투자적격으로 상향조정
④ 만족: 1999년 7월 발발한 대우사태의 처리가 지연되고 과도한 경기부양 정책으로 구조조정 속도가 현저히 떨어졌음.

이 모형이 현실성이 있음은 [그림 2-11]에서 보여주는 것처럼 위기는 반복될 수 있음을 보여주기 때문이다.

그림 2-11 IMF 체제 3년 간 주요사건과 주가 추이

자료: 유용주, IMF 3년과 한국경제 변화, CEO Information 271호(2000.11.15), p. 2.

IMF 이행합의 내용은 모두 IMF에서 만든 것으로 오해하고 있는데, 실제는 한국정부와 전문가들의 견해를 바탕으로 만들고 구체적인 안은 한국정부가 만든 것[65]이라고 하는 IMF 직원의 주장은 매우 의미가 있다. 즉, 한국정부는 위기관리능력이 당시에 없었기 때문에 어떤 부분을 교정해야 하며, 각 부분별로 정책을 집행할 경우 복합적인 효과에 대해서 어떠할 것인지에 대해서 전혀 예측할 수 없었을 것이다. 그래서 이행과정에서 나타나는 부정적인 부분은 전부 IMF 탓으로 돌린 것이 아닌가 한다. 공적자금의 투입과 벤처기업육성으로 재벌들에 대항할 수 있는 세력을 육성하려고 했지만 제도화하기에는 비전과 전략이 없었고, 정권은 항상 경기회복이나 부양을 요구하는 기득권세력에 못견디기 때문에 결국은 개혁을 스스로 포기할 수밖에 없었던 것이다.

한국역사에서 볼 때, 평화적인 정권교체를 IMF 외환위기가 가져온 것은 결코 부인할 수 없다. 진정한 의미의 민주화과정의 시작이라고 볼 수 있지만 김대중 정부가 민주주의의 제도화를 위한 노력을 했는가에 대해서는 긍정적 판단을 할 수가 없다. 재임 중에 IMF에서 빌린 대기성자금을 모두 갚은 것은 의미가 있지만, 이 돈을 마련하기 위해 무엇을 희생했는가에 대해서는 좀 더 검토를 해보아야 한다. 당시 대우경제연구소 소장이었던 이한구는 IMF 구제금융의 도입과 정책집행에 책임이 있는 IMF와 김대중 정부를 향해 다음과 같은 지적을 했다. "우리가 치른 코스트는 국부손실입니다. 또 하나는 신규투입의 자금이 엄청나게 나갔습니다. 신규투입 자금은 통화증발과 재정적자입니다. 또 국부손실은 계산도 못하고 있으며, 산업조직이 엄청나게 붕괴되고 있고, 몇십 년 동안 키워왔던 많은 인력들이 지금 폐기되고 있습니다. 또 많은 조직 간에는 서로 신뢰성이 없어져서 그냥 임기응변식의 대응에 급급하고 있습니다. 미래 도전의식은 온데 간데 없고, 굉장히 매사에 안전위주로 돌아가고 있습니다. 겉늙은이가 되어 가고 있는 것입니다. 또 경제운영방식은 고비용·저효율 구조의 원천이었던 관치금융, 관치경제가 더 강화되었다고 하는 평가가 대부분입니다."[66]

---

65 한국일보·한국경제연구원 대외세미나, IMF 경제위기 1년 반 평가와 과제(1999.06.09) 발표 후, 토론에서 스리람 아이어(Sri-Ram Aiyer)가 언급한 내용이다.

66 상게세미나, 토론내용, p. 1.

김대중 정부에 이어서 노무현 정부, 그리고 이명박 정부에 걸쳐 여전히 부정부패, 정치 불신, 그리고 낡은 경제 및 사회체제의 동요로 인해 한국사회가 나아가야할 합의된, 그리고 신뢰할 만한 방향정립은 이루어지지 않은 상태다. 이를 돌파하지 않으면 한국사회는 심각한 내부갈등으로 항상 위기에 직면하는 불안정한 상태에 놓이게 된다.

3 2012년 외환위기 15년의 결과

김석동 위원장의 IMF 외환위기 15년 간의 사회변화에 설명은 매우 간결하지

그림 2-12 IMF 외환위기 이후 15년 한국경제의 변화

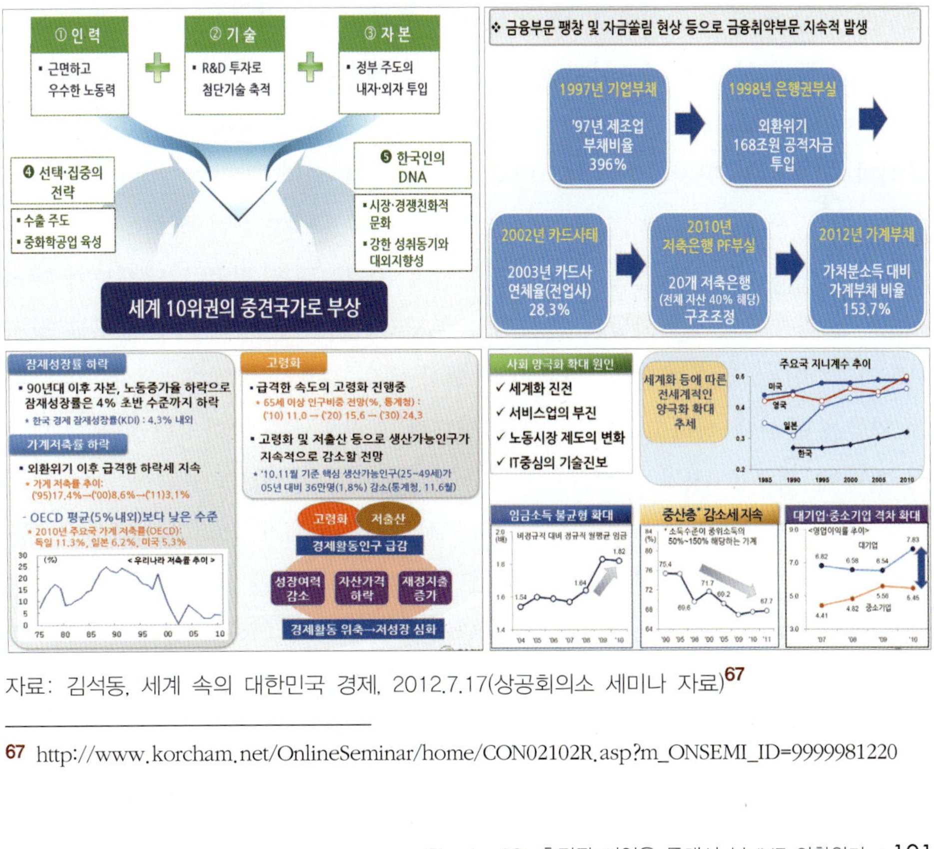

자료: 김석동, 세계 속의 대한민국 경제, 2012.7.17(상공회의소 세미나 자료)[67]

---

67 http://www.korcham.net/OnlineSeminar/home/CON02102R.asp?m_ONSEMI_ID=9999981220

만 한국현실을 정확하게 보여주고 있다. 대기업중심의 고용 없는 국가성장, 금융부실을 국가재정이 공적자금으로 메꾸는 재정건정성 위협, 주택건설과 내수소비 진작을 통한 기업회생에 따른 가계부채의 증대, 중견기업 내지 중소기업의 역할 축소로 인한 성장잠재력의 약화와 중산층의 감소 등이 IMF 외환위기 15년의 성적표다. IMF 체제는 극복했지만 잃은 것은 한국이다. 새로운 국가체제를 합의도출해내지 못했으며, IMF 체제로의 경로의존성으로 인해 진보정치이든 보수정치이든 모두 신자유주의에 매몰됨으로써 경제-사회-문화-가치의 양극화를 재생산해내고 있는 것이다. 특히 정치역량의 부족과 행정관행의 타성은 고쳐지지 않고 있는 것이 큰 문제점이다.

1) 정치 역량은 여전히 부족하다

점차 벗어나고는 있지만 한국은 일본제도를 많이 모방하고 있다. 경제정책분야는 미국에서 공부한 전문가와 공무원들이 점차 주류를 이루면서 전두환 정부 때부터 세계화, 금융국제화 등에 호의적인 정책을 펼쳐왔다. 그러나 법 분야와 정당정치 등의 분야에서는 여전히 일본제도의 영향력을 받고 있다. 2050년 경에 이르면 일본은 몰락할 것이라는 문명사적 예언을 한 모리시마는 일본의 모든 문제의 귀결점은 정치라는 것을 명확히 지적하고 있다.[68]

국회라는 헌법조직이 역할을 제대로 하려면 그 구성요소인 국회의원의 역량이 강화되어야 하며, 이를 위해서는 정통성과 집권능력을 갖춘 정당제도가 뿌리내려야 한다. 특히 국회의원은 한시적인 존재가 될 수 있기 때문에 정부를 항시 감독할 수 있는 국회 자체의 역량 강화 역시 매우 중요한 과제다. 선수-심판-감독 역할을 동시에 행하고 있는 정부를 견제하기 위해서는 국회의원 외에 국회조직 자체에 정부를 평가·감독하는 기구와 전문가들이 필요하다.

일본의 경제구조가 튼튼함에도 불구하고 경제회복세가 느리고, 최근에는 통화량을 인플레이션이 유발하는 한이 있더라도 엔고현상을 막고 적극적으로 수출을 지원하여 경기부양을 하겠다는 극단적인 조치마저 취하고 있다. 이러한 외환정책은 한국에 직접적인 영향을 미치게 되어 한국 역시 환율방어에 고민하지

68 모리시마 미치오 지음, 장달중 외 옮김, 왜 일본은 몰락하는가(일조각, 1998).

않을 수 없다. 결국 모든 국가정책은 국가경제상황을 무시할 수 없기 때문에 언제나 고립주의 혹은 국가주의로 회귀하게 된다. 그러나 이미 세계화된 상황에서 국내경제를 위해 투입된 돈은 국민에게 돌아가는 것이 아니라 특정 금융집단의 손으로 들어가게끔 만들어져 있다. 일시적인 경기 호전은 가져오겠지만 이것 역시 착시현상이다. 이것이 개별국가의 한계다. 따라서 국가를 올바르게 이끄는 능력 있는 정치지도자가 필요하다고 절감한 것이 모리시마 교수의 정치경제학의 요체인 것이다.

일본경제의 침체는 정책실패 때문이라는 것이 이 책의 핵심이다. 1972년 일본 수상 나카소네의 일본열도개조론을 근거로 대대적인 토건정책을 실시해 부동산 가격 상승을 통한 경기과열이 결국 일본경제침체의 원인이 되었고, 이후 금융, 재정 및 구조조정정책의 대응이 효과를 보지 못하면서 1986년부터 장기침체로 빠지고 일본은 정치적으로 극우현상마저 나타나게 된 것이다.

일본경제 성장률 추이([그림 2-14] 참조)를 보면 이미 나카소네 정부 때부터 하락의 조짐을 보이고 있었으며, 결국 국가재정을 국토균형발전이란 이름 하에 토

그림 2-13 일본의 정책실패형 불황의 장기화

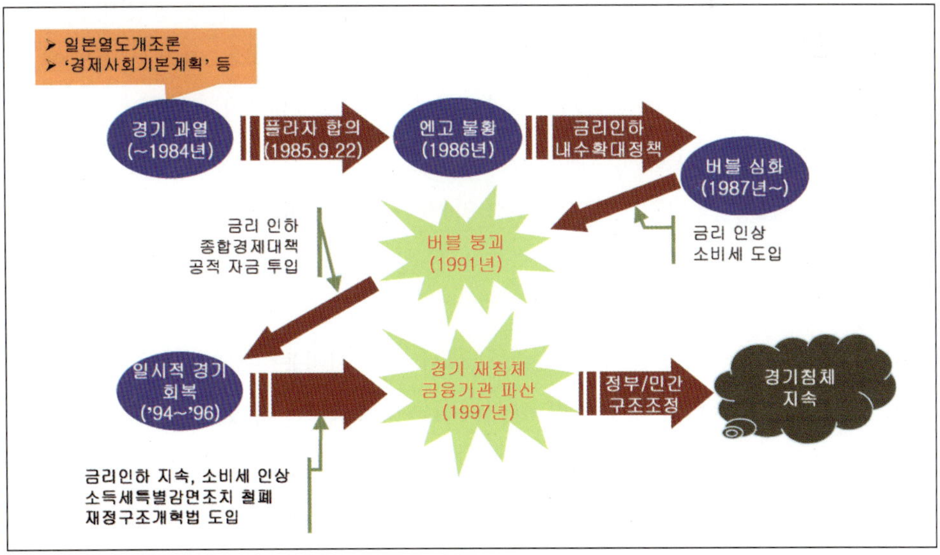

자료: http://knsi.org/knsi/admin/work/works/ref_hri_050622.pdf

그림 2-14 일본 경제성장률 추이

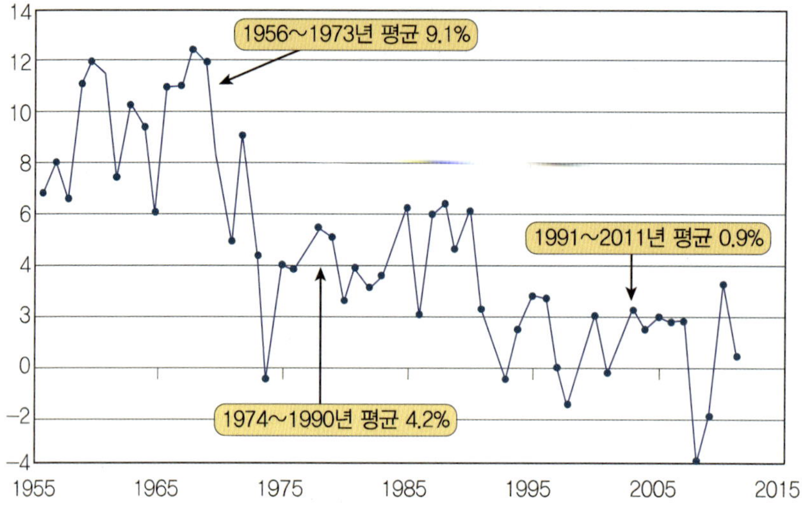

자료: http://www.dongabiz.com/DBRplus/GraphicDBR/article_content.php?atno=1803308201&chap_no=1

건사업(건설과 주택산업)에만 퍼부어 경제체질을 개선할 시기를 놓친 것이다.

이러한 정책의 실패는 일본정치구조의 문제점에서 드러나는데, 정당이란 같은 정치적 신념을 가지고 있는 자가 하나의 단체를 형성해서 당 운영비를 지불하고 자기들의 정치적 신념을 실현하는데서 생겨나는 것이다. 따라서 정당에 있어서 가장 중요한 것은 어떤 신념 하에서 모였나 하는 점이며, 신념을 보다 우월하고도 일반적인 지지를 획득하도록 개선하는 것이 정치활동의 핵심적인 부분이다. 그러나 일본의 정치인들은 책을 읽거나 연구를 하지 않는 집단이라고 한다. 특히 일본의 정계가 서구처럼 연구에 돈을 쓰는 정계와는 전혀 다르다고 한다.[69]

정치인이라면 공부를 해야 이유에 대해서 모리시마는 명쾌하게 설명하고 있다. 정치인의 일은 새로운 정치적 아이디어를 창조하는 데 있다. 위대한 정치인은 독자적인 정책플랜을 가지고 있다. 영국에서 총선거라는 것은 각 당의 정치프로그램 간의 싸움이다. 일본처럼 후보자가 그 선거구에 어떤 이권을 중앙으로

69 상게서, p. 46.

부터 가져올 것인가 하는 '공약' 싸움이 아니다. 서구사회 특히 영국에서 공약은 총선거 시 당이 공인한 정치 프로그램을 의미하며 당에는 유일한 하나의 공약이 있을 뿐이다. 일본처럼 각 후보자마다 공약이 있는 것은 아니다. 후보자는 당의 공약을 이해하고 설명할 수 없으면 안 된다. 공약은 정치, 경제, 교육, 복지 등 국민생활의 모든 면에 걸쳐 있는 것이기 때문에 공약을 마스터하는 것만으로도 상당한 공부가 필요하다 영국에서 정치인은 대학에서 자주 강연회도 열고, 대학의 연구에도 참가한다.[70]

그러나 일본의 정치인은 과거 봉건시대의 유물이 그대로 답습되고 있기 때문에 일본 토착의 촌락공동체를 운영하는데 적합한 기술밖에 갖지 못한 정치인은 관료나 기업가와 공동작업할 능력은 전혀 가지고 있지 못하며, 대략의 지침을 준 이후에는 구체적인 부분에서는 관료나 기업가를 추종하고 있었을 뿐이다. 정계・관계・재계로 이루어진 철의 삼각형의 정점 중에서 가장 큰 힘을 가지고 있었던 것이 관계인데 관료가 직업윤리를 잃고 방황하기 시작하자 일본경제가 엉뚱한 방향으로 내닫기 시작했다.[71]

공직사회의 무능과 부패에 대해 어느 나라나 해결책 마련에 항상 고심하는 부분이지만, 평등주의는 일본인의 정신과 직업윤리에 큰 영향을 주었다고 모리시마는 지적하고 있다. 공무원의 경우, 평등주의 하에서(개인의 시험성적에 의해서 채용된) 공무원은 법적으로 업무처리에 관한 권한은 부여받았기 때문에 퇴직 후 연금과 함께 안락한 생활을 위한 부의 축적에 관심을 갖게 된다. 더 많은 권한을 위한 승진에 대한 집요한 관심과 함께 개인적인 이익을 얻는데 권력의 남용이 공무원의 정신을 마비시키고 있는 것이다.[72]

다나카 정부의 성장정책(일본열도개조론을 통한 거대토목사업)이 왜 직업윤리를 파탄시켰는가에 대한 모리시마의 분석은 일본의 성장지향정책은 "토지를 준비해두어야 한다"는 기업들의 절박감을 자극했으며, 나아가 정부주도의 철의 삼각형은 정・관・재로 하여금 무원칙하게 서로 결탁하는 것을 당연한 것처럼 받아

---

70 상게서, p. 47.
71 상게서, p. 57.
72 상게서, p. 55.

들이도록 하여, 결국 그들만이 특별한 정보를 균등하게 갖고 일종의 내부거래를 하고 있다는 사실을 외면하게 만들었다는 것이다. 이리하여 '철의 삼각형' 안에서는 담합과 뇌물수수, 결탁에 대한 죄악감을 느끼지 못하는 토양이 생겨났다. 과대한 성장목표 하에서 엄격한 경쟁원리의 윤리는 완전히 소멸해버렸고, 기업은 자기책임을 지지 않았으며 서로 야합했다. 이리하여 '철의 삼각형'은 윤리성을 완전히 잃어버렸다.[73]

지도자를 제대로 배출하지 못하는 일본의 "정치가 나쁘기 때문에 국민은 무기력하고, 국민이 무기력하므로 정치가 나쁘게 되어 있는 것이다"라고 일본정치의 악순환을 모리시마는 비판하고 있는 것이다.[74]

대학교육의 중요성에 대해서 모리시마는 특히 강조하고 있으며, 창조적이고 비전을 갖춘 지도자를 배출하기 위한 교육과 정당의 역할에 대해서 대대적인 개혁이 필요함을 역설하고 있다. 한국의 대학문제도 모리시마의 주장에 빗대어 주장한 언론인도 있다.[75]

"모리시마는 일본 고교생의 대학진학률 40%(한국은 82%)는 일본의 교육역량이 도저히 감당할 수 없는 수준이라고 했다. 이 상황에서 대학교육은 고등학교 수준을 벗어날 수 없다는 것이다. 이런 고등학교 수준의 대학을 마치고 대학원에 진학한다 해도 개인적・국가적 낭비일 뿐이라고 했다. '특수 일부 대학'을 제외한 '보통 대학'에선 교수채용과 교수평가에 논문 수를 반영할 필요가 없다고도 했다. 부실한 논문을 쓴다는 걸 구실로 강의마저 불량품으로 만드는 핑계나 제공할 거라는 이유에서다. 대학 앞에 정가표가 붙어 있건 말건 국민은 각 대학의 가치를 꿰뚫고 있다는 논리도 폈다. 모리시마는 공연히 학력 인플레이션만 부추기는 일본의 대학 교육방식과 아무나 정치를 하는 걸로 여기는 사회풍조가 제대로 된 정치인의 대가 끊기는 일본의 정치인 흉년의 가장 큰 원인이고, 일본 몰락도 거기서 비롯될 것으로 내다봤다. 그의 긴급 처방은 40%대 대학진학률을 12~15%대로 떨어뜨려 학생들에게 진짜 교육을 베푸는 데 전력을 쏟고, 대학 졸

---

73 상계서, p. 109.

74 상계서, p. 154.

75 조선일보, 강석천, 한국은 왜 거기서 주저앉고 말았나, 2011.06.10.

그림 2-15 한국 경제성장률 추이

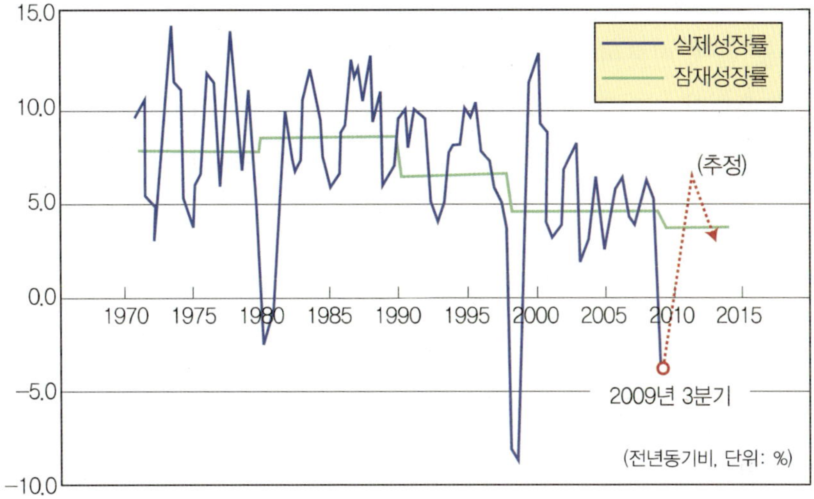

자료: http://businessnews.chosun.com/site/data/html_dir/2009/10/10/2009101000204.html

업장만 필요한 사람이라면 4년제 대학에서 2년만 전공과정을 밟아도 졸업장을 발급해 당장의 졸업장 허기를 때워 주도록 하라는 것이다."

모리시마의 일본진단은 경제의 몰락은 정치의 빈곤에, 정치의 빈곤은 정치지도자의 질적 수준 저하에, 정치지도자의 수준저하는 평등과 평준화란 구호에 덜미 잡힌 일본교육의 '대중 영합주의(populism)'에 각각 그 원인이 있다는 논리다.

[그림 2-15]에서 보는 것처럼 한국경제 역시 성장률이 지속적으로 하락하고 있다. 한국처럼 불안정한 정당정치와 약한 국회, 거대해진 재벌집단, 집단이기주의에 속한 공무원사회에 대해서 불안한 마음으로 바라보는 것은 일본의 사례에서 본 것처럼 현 상황을 벗어나는 구조를 만들기가 매우 어렵다는 판단 때문이다.

2) 사고의 방향을 바꾸지 못하고 있다

전통적으로 과학은 좀 더 합리적인 예측을 내놓는 이론이 기존의 이론을 대치함으로써 진화해왔다. 그렇다면 더 나은 새로운 이론이 나타나지 않는 상황에서 기존의 이론에 명백한 문제가 발견될 때는 어떻게 해야 하는가? 여기에 대한 명확한 규칙은 없다. 다만 이럴 때는 당시 유행하고 있거나 가장 강력하고 제도적인 지지를 받는 이론이 지배적이 되는 경향이 있다.[76]

따라서 우리가 정말로 무서워해야 할 것은 기득권이 아니라 기득권을 움직이는 왜곡된 사상이다. 이는 자기 나름대로 유리하게 해석하기 때문에 맹목적일 수 있다. 케인즈(J. M. Keynes)의 일반이론에서 케인즈는 고전파 경제학에 대한 비판을 다음과 같이 표현하고 있다.

익숙하지 않는 길을 걸어가려고 노력하는 사람들이 너무 많은 오류를 저지르지 않으려면 비판을 듣고 대화를 하는 데 크게 의존해야 한다고 케인즈는 서문에서 충고하고 있다. 즉, "사람이 너무 오래 혼자서만 생각하다 보면 얼마나 어처구니 없는 것을 일시적으로 믿게 될 수 있는 지를 보면 놀랍다."[77]

경제학자와 정치철학자들의 사상은 그것이 옳거나 그르거나 관계없이 그 영향력은 일반적으로 알려진 수준보다 훨씬 강력하다. 사실 세계를 지배하는 것은 이것 말고는 별로 없다. 자신은 그 어떤 지적인 영향으로부터도 완전히 벗어나 있다고 믿는 실무가들도 대개는 이미 죽은 어떤 경제학자의 노예다. 하늘의 목소리가 들린다고 하는 권좌의 광인들은 몇 년 전에 졸렬한 글을 써댄 어떤 학자로부터 자신의 광기를 뽑아내고 있는 것이다. 사상의 점진적인 침투에 비해 기득권의 힘이 엄청나게 과장되고 있다고 나는 확신한다. 사실 사상의 침투는 즉각적으로 이루어지는 것이 아니라 일정한 시간 간격을 두고 이루어진다. 그렇기 때문에 일찍 드러나든, 좋은 것에 대해서든 나쁜 것에 대해서든 위험한 것은 기득권이 아니라 사상이다.[78]

그렇기 때문에 정책입안자들의 결정의 준거틀이 어디에 있는가를 밝히는 것은 매우 중요하다. 왜냐하면 단순하지만 중요한 생각은 반복되어 나타나기 때문이다.

---

76 데이비드 오렐 지음, 김원기 옮김, 우석훈 해제, 경제학혁명(행정: B웨이브, 2011), p. 165.
77 존 메이너드 케인즈 지음, 이주명 옮김, 고용, 이자, 화폐의 일반이론(필맥, 2010), p. 8.
78 상게서, pp. 466-467.

한국정치인과 공무원을 지배하는 사고

① 부존자원이 없고, 내수시장이 아주 좁은 나라에서 살아남는 방법은 수출밖에 없다(국가성장 정책): 폐쇄적 환경 속에서 수출상품의 결정(중화학과 전자공업)으로 특정기업군 육성-개방적 환경 속에서 환율·재정·금융정책으로 특정기업군을 직·간접적 지원함.

② 대기업중심 국가성장정책의 결과에 대한 사회불만의 고조로 경제민주화, 양극화, 부조리와 부정부패의 원인과 해결방법을 모색: 수출중심의 성장정책은 물밑으로 숨고 해결하기 어려운 현안과제에 집중함으로 문제의 본질을 흐리게 만듦.

③ 새로운 국가질서의 생성, 확산보다 변형된 수출중심 성장전략 추구: 여전히 대기업중심의 경제구조를 유지시킴.

(1) 오류 1: 대기업 지원정책에 의한 국가경쟁력 확보

거의 10년 전부터 전문연구기관이나 경제단체들이 우려하는 현상이 현실화되고 있다. 삼성경제연구소는 조선일보와 공동으로 진행한 '한·중·일 3국의 산업 경쟁 분석'을 통해 "중국의 부상으로 인해 수십 년 동안 통용되어 왔던 한국 제조업의 성공방정식이 더 이상 통하지 않는다"고 진단했다.

한국은 제2차 세계대전 이후 후발 산업국으로서는 거의 유일하게 조선, 메모리 반도체, LCD, TV, 휴대전화, 자동차산업 등 주요 제조업 분야에서 선진국을 제치고 세계 1위에 올랐거나 '글로벌 강자'로 부상한 국가다. 어떻게 성공했을까? 반도체, 조선, LCD, TV에서 우리에게 1위를 내준 일본이 분석한 '한국의 성공방정식'이 있다. 일본의 학자와 언론, 정부가 분석한 결론은 ① 불황기에 과감한 투자, ② 신속한 의사결정, ③ 신흥·개도국 시장에 대한 적극적인 공략이다. 한국기업이 불황기에 선제적으로 '올인식' 투자를 하니, 다른 나라 기업은 생산과잉을 우려해 추가 투자에 선뜻 나서지 못했다. 그런 투자를 반복하면서 한국기업은 세계시장 장악력을 강화했다.

그러나 세계 최대 외환보유고를 무기로 삼은 막대한 투자력, 13억 명의 인구를 배경으로 한 거대한 내수시장을 가진 중국은 한국이 얼마를 투자하든 눈도 깜짝 않고 더 엄청난 규모로 투자하고 있다.

중국은 자본투자 부문에서 1992년 한국을 추월하더니, 2006년에는 일본마저 추월했다. 연구개발(R&D) 투자에서도 2001년 한국을 추월했고, 전문 R&D 인력은 한국의 7배(190만 명)를 투입하고 있다. 이런 투자의 힘으로 중국은 전통산업 분야인 철강, 중공업, 조선, 가전 분야에서 한국을 바짝 추격하거나 이미 추월했다.[79]

그렇다면 중국의 추격을 피하면서 지속가능한 경쟁력을 주력 기업들이 확보할 수 있는 방법은 있는가? 하나는 대기업과 관련 중소기업 간의 협력관계가 상생의 논리로 재정립가능한가다. 또 다른 하나는 그동안 줄기차게 주장되어 왔지만 뿌리내리지 못하고 있는 클러스터 형성이 가능한가에 달려있다. 다시 말하면 국내에서 경쟁력 있는 산업생태계를 마련하지 못한다면 결국에는 국내 대기업들은 침몰할 수밖에 없는 것이다.

그림 2-16 한 · 중 · 일 전통산업과 첨단산업 비교

자료: 조선일보, 2010.10.04.

79 조선일보, 특별기획 '한 · 중 · 일 新경제대전' 1등 하던 造船業, 中에 밀렸고 1등할 생명공학, 日이 선점했다. 2010.10.04.

(2) 오류 2: 대기업과 모든 벤더의 수직적 관계

이명박 정부 하의 정운찬 동반성장위원장은 일자리 창출을 위해서 대기업보다는 중견기업, 혹은 강한 중소기업의 역할이 더 커다는 것을 인식하고 대기업에게 강한 상생의 압력을 가하고 있다. 그러나 정부주도의 이러한 강요된 정책은 성공하지 못한다. 이미 관행화된 관계 속에서 중소기업은 대기업을 상대할 수 없기 때문이다. 이는 국정조사를 통해서 나타난 자료만 보더라도 명백하다.

산업현장에서 납품단가 후려치기와 기술 탈취, 중소기업 사업영역 침해 등 대기업의 불공정 행위에 대해서 중소기업중앙회가 계속해서 문제를 제기하고 있고, 2010년 10월 5일 중소기업청 등 지식경제부 산하 5개 기관이 지식경제위원회 박민식 의원(한나라당)에게 제출한 자료에 따르면, 2009년 기술유출 기업 중 2회 이상 기술유출 피해를 본 기업이 50%를 넘은 것으로 조사되었다. 최근 3년간 국내 중소기업 중 2258개 기업이 기술유출 피해를 입었고, 기술유출로 인한 피해액은 4조2156억 원에 달하는 것으로 조사되었다.

> 동반성장위원회는 경제단체와 전문가로 구성된 민간주도의 위원회다. 대기업이 발표한 동반성장 추진계획을 바탕으로 이행이 제대로 됐는지 점검하고 결과를 발표하는 일을 맡게 된다. 또 기업별로 동반성장지수(win-win index)를 산정해 공표하기로 했다. 우수기업에 대해선 포상하고 정부사업에 참여할 때 인센티브를 제공한다는 방침이다. 반면 부진한 기업에 대해선 정부사업 참여 때 불이익을 준다.
>
> 12월 중 동반성장 사이버 종합지원센터를 설치해 온라인상에서도 하도급 및 지원시책과 관련한 애로사항을 청취하고, 신고된 내용 중 법위반 사항에 대해서는 공정거래위원회의 직권조사를 통해 제재를 해 나가기로 했다. 정부는 추진상황을 매달 '동반성장 추진점검반'에서 점검하고, 그 결과를 분기별로 대통령이 주재하는 국민경제대책회의에 보고하기로 했다.
>
> 자료: 조선일보, 정부, 대 · 중기 동반성장 결과 매달 점검, 2010.09.29.

또 중소기업의 22.1%가 수 · 위탁 거래 관계에서 대기업이 우월적 지위를 남용하여 중소기업의 핵심기술을 요구받은 경험이 있었으며, 이 중 80%가 일부 또는 전체의 기술을 제공한 것으로 나타났다. 반면 기술유출 시 중소기업의

42.1%가 특별한 조처를 하지 않았다고 보도되었다.[80]

2010년 공정거래위원회의 국정감사에 대한 지적사항을 보면 대기업중심의 국가경제운영을 정부가 개선하기가 매우 어렵다는 사실을 알 수 있다.

- 2009년 대기업들의 하도급 거래 위반 건수 1387건 중 과태료 처분은 0.06%인 9건, 고발은 단 1건에 그쳤으며, 2008년 이후 과징금 부과액도 급격히 줄어 "공정위가 대·중소기업 간 상생협력 체제 마련을 위해 절실한 하도급 비리 척결에 변죽만 올리고 있는 실정이다."
- "최근 5년 간 공정거래법 위반으로 접수된 사건은 6605건에 달하지만 이 가운데 고발된 경우는 29건 뿐"이라며 "대기업의 중소기업 납품단가 후려치기 등 각종 불공정행위가 벌어지는 상황에서 공정위가 '솜방망이' 대응으로 사건 무마에 급급하고 있는 실정이다."
- 공정위가 관리·감독하고 있는 대·중소기업 간 상생협력 및 공정거래 협약과 관련, "공정위가 상생협력을 도모하기보다 실적 올리기에 급급, 협약 체결만 해도 과징금을 감면해주는 식으로 대기업들의 불합리한 요구를 반영해 협약절차 기준을 개정한 것으로 드러났다."[81]

(3) 오류 3: 대기업의 폐쇄적 연구개발과 생태계 조성

대기업은 독자적 연구개발시스템을 보유하고 있다. 운영방식은 기술유출 때문에 외부협력은 거의 않고 있다. 실제로 대기업이 서울이든 지방이든 기술협력시스템을 갖추고 있는 경우는 거의 없다. 따라서 짧은 기간 내에서는 국가경쟁력을 갖지만 기술개발과 확산이라는 부분에서 본다면 막대한 국가연구개발비가 오로지 대기업의 특정연구를 위해 대기업연구개발센터 지원형태로 활용되는 셈이다. 국가경쟁을 주도하는 5~6개의 핵심기업들이 연간 5조 원 이상의 연구개발비를 국가지원을 받아서 활용하고 있지만, 상당히 폐쇄적으로 활용하고 있으며, 지역대학들과 벤처기업들을 파트너로 활용하지 못하고 있다. 외국의 경쟁기업들은 국내자원뿐만 아니라 외국의 자원을 활용하기 위해 파트너형성에 엄청

80 조선일보, 2010.10.05.
81 연합뉴스, 2010.10.05.

난 노력을 기울이는 반면에 우리는 단위 대기업중심의 연구개발과 핵심기술확보에 전력을 기울이고 있다.

클러스터의 핵심성공요인은 신뢰와 능력이기 때문에 지역대학이나 벤처기업들이 대기업의 요구를 만족시킬 수 있는 핵심역량을 갖추어야 한다. 바로 이 부분에서 중앙정부가 해야 할 부분이 있다. 지금까지 중앙정부는 각종 연구기관이나 대기업, 그리고 대학에 수많은 연구개발비를 지원했고, 이것이 국가경쟁력이나 지역경제활성화에 상당히 기여한 것은 인정해야 한다. 그러나 대기업이 참여하지 않는 광역경제권형성은 결코 이루어지지 않는다. 실제 대도시 경제활성화 논의에 대도시의 대기업의 임원은커녕 하급간부조차 참여하지 않는 것이 우리의 현실이다. 대기업의 연구소나 본사가 지역에 이전할 필요는 없다. 그러나 대기업 혼자서 국제경쟁을 하기에는 점차 역부족이기 때문에 단순한 가격경쟁으로 관련 외국대기업을 이기려고 하기보다는 다양한 형태의 실질기술개발과 제품화를 위한 협력·협업체계를 갖추어야 한다.

4 끝나지 않은 IMF 외환위기: 경제민주화 논쟁

1) IMF 체제 이행의 후유증

(1) 노동권의 쇠퇴

경제민주화 논쟁에서 다루어져야 할 부분은 ① 정부-기업-노동계의 사회적 합의체제 구축의 실패, ② 노동권의 쇠퇴는 IMF 외환위기의 원인이자 결과, ③ 재벌의 세력공고화와 한국경제의 위기가 연결되어 있다는 것이다.

경제영역에 있어서 기업과 노동자는 생산주체로서 매우 중요한 부분이다. 노동을 제공하고, 그 대가로 구매력을 나타내는 임금을 받는다는 단순한 경제학논리가 아니다. 기업활동에 의한 경제성장과 중산층에 의한 민주주의 성숙이라는 정치사회학적 논리와도 접목되어 있기 때문이다. 또한 자본논리에 의한 소비계층(사무직과 생산직)의 몰락으로 나타나는 사회양극화 현상은 이의 해결을 위한 경제민주화 논리와 직결되어 있다.

1987년 민주화 운동 이후의 한국사회는 국가개발체제에서 멀어지기 시작했으나, 이 과정에서 재벌과 노동계의 위상은 상호협력적이라기보다는 적대적인 형태로 발전해 나갔으며, 적대적인 관계를 IMF 외환위기 이후 노동유연화정책이란 이름으로 노동계를 정규직과 비정규직으로 분리시킴으로써 대립관계가 재벌 대 노동계가 아니라 노동계 내부의 정규직 대 비정규직으로 전환되어 노동권은 한국의 정치경제 상황에서 그 영향력을 상실하게 된 것이다.

1993년 2월 김영삼 정부는 노동법 개정안 대신 근로자파견법을 제정하려 했다. 근로자파견법의 입법취지를 보면 고용관계가 없는 노동자를 제3자에게 사용하도록 하는 '근로자공급사업'(노조 외 금지)과 고용관계가 있는 노동자를 타인의 지휘, 명령 하에 사용케 하는 '근로자파견사업'으로 구분하고 후자를 합법화하겠다는 것이다. 1993년 당시 ILO에서 법제화를 권장한 바 있는 내용은 근로기준법의 보호를 받지 못하고 있는 '파트타임근로자'의 보호법인데, 결과는 노동조건 악화, 고용불안, 노조약화, 노사관계 불안정이었다.[82]

사회적 합의방식에 의한 노동개혁·노동법[83]개정 시도는 1995년 중반 노동개혁·노동법개정을 위한 대통령자문위원회 구성에 대한 논의를 중심으로 본격화되었다. 1995년 말 청와대의 사회복지수석이 신설된 이후 노동법개정은 국가과제(national agenda)가 되었고 이를 위한 사회적 합의의 틀로서 노사관계개혁위원회가 만들어졌다. 노개위는 구성방식에서도 과거 사회적 합의의 틀이 갖고 있던 한계를 극복하고 있다. 1987년 이후의 노동운동을 주도하여 왔던 민주노총을 합의 파트너로 참여시킴으로써 명실상부한 합의구도가 형성되었다. 그동안 민주노총은 법외단체로서 한국노총과 한국경영자총협의회, 전국경제인연합회 중

---

82 허영구, "96-97 노동법개정 총파업투쟁! 현재적 의미와 과제", 민주노총 정책연구원(2012.01.18). http://kctf.nodong.net/xe/index.php?document_srl=95261&mid=pds2

83 대한민국의 경우 단일 노동법은 존재하지 않는다. 근로기준법, 노동조합 및 노동관계조정법, 산업재해보상보험법, 고용보험법, 사회보장기본법, 고용보험및산업재해보상보험의 보험료징수등에관한법률, 근로자복지기본법, 파견근로자보호등에관한법률, 기간제및단시간근로자보호등에관한법률, 산업안전보건법, 남녀고용평등과일·가정양립지원에관한법률, 근로자퇴직급여보장법, 임금채권보장법, 직업안정법, 외국인근로자의고용등에관한법률, 근로자복지기본법, 노동위원회법, 근로자참여및협력증진에관한법률, 공무원의노동조합설립및운영등에관한법률, 교원의노동조합설립및운영등에관한법률 등을 총칭해서 노동법이라 한다.

심의 중앙노사협의회, 국민경제사회협의회, 임금합의, 그리고 노동법연구위원회에 이르기까지 모든 형태의 사회적 합의 틀에서 배제되어 왔다. 이는 항상 그간의 사회적 합의를 불완전하고 불안정하게 만드는 가장 큰 요인으로 작용하였다.

그러나 최종타협까지 이르지 못한 가장 큰 이유는 노동법개정안을 보완하는 정책상의 지원방안(side menu)이 전혀 마련되지 않았다는 점과 대통령이 직접 나서서 정부 내 이견을 해소하고 전경련의 재벌들을 설득하려는 노력을 전혀 기울이지 않았다는 점이다.[84]

김영삼 정부는 상당히 민주적인 사회적 실험을 행하고 있었음에도 불구하고

그림 2-17 노동법 단독처리와 총파업

東亞日報

노동법 與단독 기습처리

안기부法등 10개법안도

百55명참석 7분만에 "통과"

野 "원천무효" 장외투쟁 선언

現總聯등 55개 노조 파업

서울지하철 "내일오전 4시 돌입"

주가 폭락

자료: http://www.pressian.com/article/article.asp?article_num=20101214165850

84 최영기, "구조조정기의 노동현황과 정책과제", 한국노사관계학회, 한국노동경제학회, 한국노동법학회 공동주최 합동토론회(1999.02.26). 이 논문은 혼글형식으로 인터넷에 올려져 있는데, 페이지 표시는 되어 있지 않음.

1996년 12월 노동법개정안을 일방적으로 통과시켰는데, 정리해고제, 변형근로시간제, 파견근로제 등 노동시장 유연화정책을 모두 담고 있다. 1997년 민주노총 야당과 시민단체들의 반발로 정리해고제 시행 2년 유예, 변형근로시간 허용범위 축소 정도로 노동법을 재개정했음을 보면 OECD 가입을 위한 명분 외에는 일방적인 통과를 한 이유를 알기가 어렵다.

핵심적인 것은 '노사협의회법'이든 '근로자참여및협력증진에관한법'이든 정부는 노동자의 권익과 관련된 부분에 대해서는 정부가 법을 잘 준수하고 합의를 이끌어낼 책임이 있기 때문에 법 실효성을 강화시키기 위해 노력해야 하지만 가동되지 않는 장치를 만들면 전체 국가시스템의 작동에 방해만 될 뿐이다.

노동유연화정책의 핵심을 이루는 정리해고제와 근로자파견법은 IMF 외환위기 이후 김대중 정부의 노동개혁에 의해 통과되었다. 구조조정에 의한 실업이 정당화되었으며, 정부는 실업자 재교육을 위한 재취업방안에 대한 정책마련 없이 실업수당 지급 등 복지정책의 일환으로 노동문제에 접근하고 있는 것이다. 구조조정으로 양산되는 실업자들은 자영업 진입과 폐업의 악순환, 가계부채 증가 등 삶의 위기로 몰리게 되었다.

(2) 재벌(독과점 대기업 집단)중심 경제체제의 구축

김병준은 그의 책 《99% 국민을 위한 대통령은 없다》에서 다음의 노무현 전 대통령의 말을 옮기고 있다. "권력은 이미 시장으로 넘어갔다." 이 표현은 한국의 정치경제가 재벌의 손에 의해서 움직인다는 표현인데,[85] IMF 외환위기 관리정책이 실시된 지 불과 5년 만에 재벌이 국가권력의 정점에 있다라는 것은 기업구조 조정과정에서 상당수의 대기업이 몰락하고 소수의 살아남은 대기업중심의 경제체제로 급격히 전환되고 공고화되기 시작했음을 의미하는 것이다. 김대중 정부의 재벌개혁이 일정한 시점이 지나면서 규제완화로 전환한 것은 이를 반증하는 것이다.

---

85 시장 개념을 둘러싸고, 한때 논의가 있었지만 노 전대통령이 사용한 '시장'은 자유경쟁이 작동하는 시장을 뜻하고 있다. 그러나 대부분의 자본주의 국가들의 경제체제가 이미 독과점시장으로 형성되어 있음을 부인할 필요가 없다.

그림 2-18 편들어주기 경제시스템-폭정(Tyranny)으로 가는 길

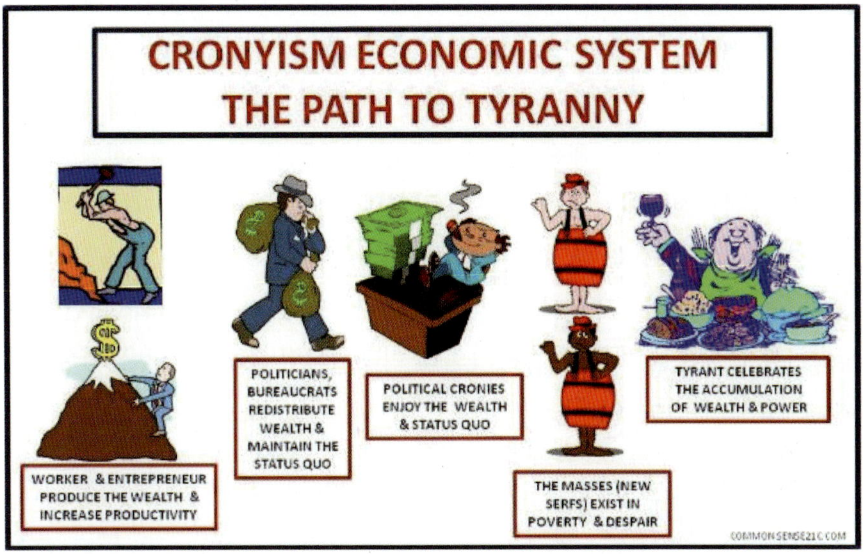

자료: http://danieljmitchell.files.wordpress.com/2012/09/cronyism.jpg

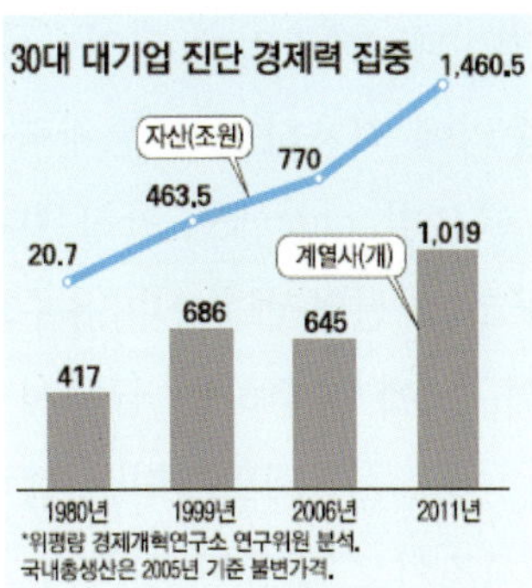

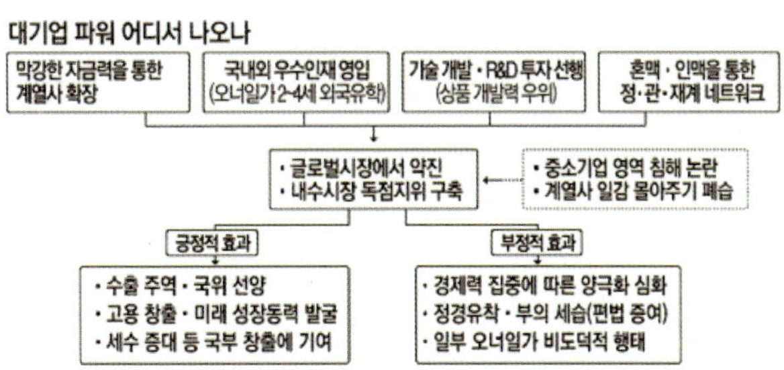

IMF 정책집행이 본격화되던 1998년부터 규제완화라는 용어가 매우 널리 사용되었다. 독점기업에서 과점 혹은 경쟁체제로의 전환을 의미하는 규제완화와 국가주도에서 민간주도의 경제체제의 전환을 의미하는 규제완화는 그 성격이 다르다. 한국의 경우는 후자를 주로 의미하는데 결과는 독점적 경제체제의 구축으로 나타났으며, 그 이후도 계속 이 원칙이 지켜지고 있는 것이다. 실제로는 승자독식을 위한 경제정책이지만 이를 시장경제원리의 도입이라는 이름으로 규제완화를 미화하고 있는 것은 대기업이 정치를 악용하는 대표적인 '함정정치(표면상 그럴듯한 수단을 통해 목적을 숨기는 정책)'이다. 각종 규제완화를 위한 법령개정은 정치나 대통령을 동원해야 하기 때문이다. [그림 2-18]과 같은 현상이 한국사회에서 점차 현실로 나타나고 있다.[86]

지금 한국경제는 1997년 외환위기 이후 형성된 구조다. IMF의 강력한 요청에 따라 자본시장 개방화를 필두로 금융시장과 노동시장, 그리고 기업경영형태의 대폭적인 변화를 가져왔던 신자유주의 체제가 1997년 이후 확립되었다.

하지만 1997년 이후 한국경제는 일반적인 신자유주의 체제로 단순화할 수 없는 차별적인 특성을 갖게 되었는데, 그것이 바로 재벌이다. 제조업에 근간을 둔 한국의 재벌은 외환위기 속에서도 살아남아 신자유주의에 적응하면서 경제력을 확대하는데 성공했고, 이웃국가 중국의 팽창에 맞춰 글로벌 시장에도 안착했다.

따라서 1997년 이후 지금까지 굳어진 한국경제 구조는 전형적인 신자유주의와 재벌시스템이 접목된 특수한 형태를 띠고 있으며, 그에 상응하는 금융시장구조와 수출주도형 성장구조를 가지고 있다([그림 2-19] 참조). 재벌개혁은 한국경제의 구조를 바꾸는 일이다. 표면적인 몇 가지 제재조치로 해결될 일회적 문제가 아니다. 재벌개혁은 재벌이 다른 경제주체들과 맺고 있는 관계 속에서 파악되어야 한다.[87]

86 매일경제, 30대 대기업 총자산 1460조…GDP보다 26% 많아, 2012.02.08.
87 오마이뉴스, 재벌개혁 논의, 정말 중요한 게 빠졌다, 2012.03.26.

그림 2-19 한국의 재벌을 중심으로 한 이해관계자들의 역학관계

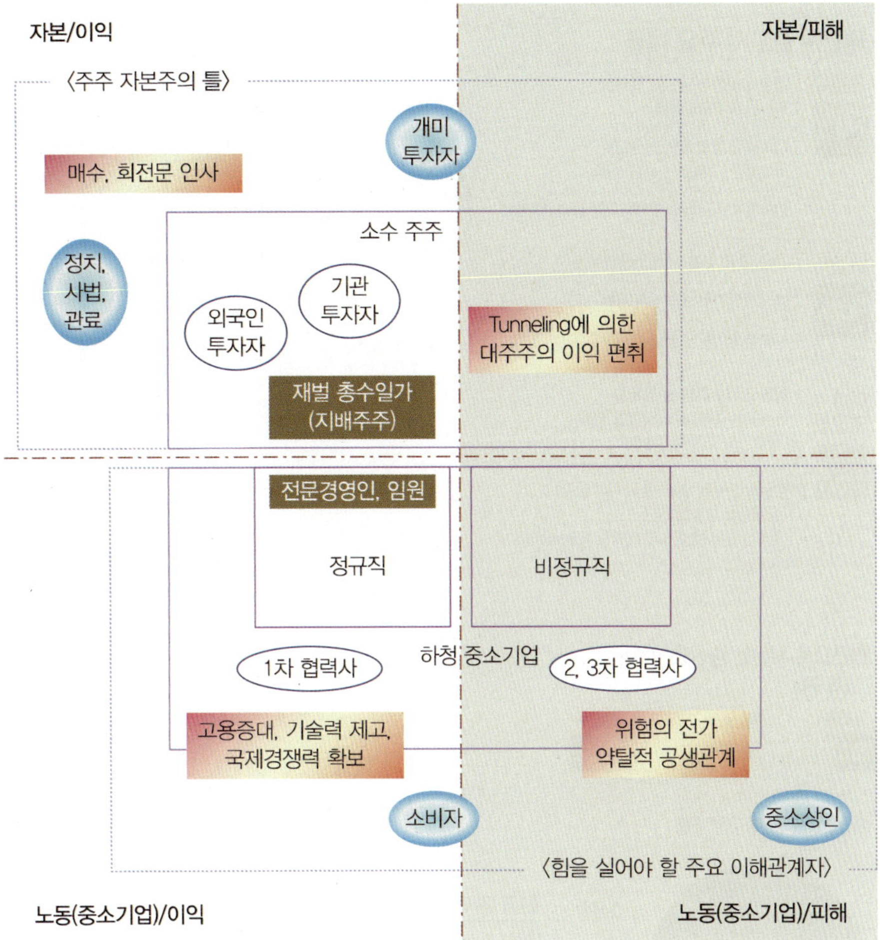

자료: 오마이뉴스, 재벌개혁 논의, 정말 중요한 게 빠졌다, 2012.03.26.

2) IMF 체제 이행 15년의 결과: 2013년 맥킨지 보고서

맥킨지(Mckinsy)는 '제2차 한국 보고서-신(新)성장 공식'에서 "지금 한국경제는 뜨거워지는 물속의 개구리 같다"며 "신성장동력을 찾지 못한다면 한국경제는 추락하고 말 것"이라고 경고했다. 내용상으로는 국내외 전문가들이 수년 전부터 말해온 것과 별반 차이가 없다. 그러나 '뜨거워지는 물속의 개구리'라는 표현 등 때문에 정치권은 심각하게 받아들이고 있다.[88]

그림 2-20 맥킨지 보고서 주요 내용

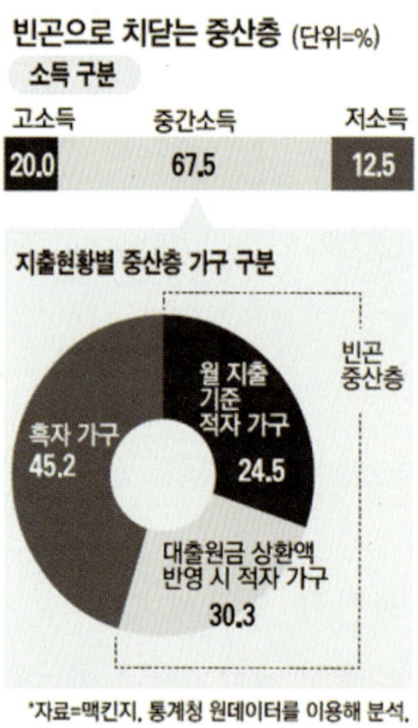

한국 경제 성장을 위한 맥킨지의 7대 제언

방안	세부내용 및 효과
중소기업 활성화	한국판 요즈마펀드(이스라엘), 테마섹(싱가포르) 설치
서비스산업 부문 지원	의료·관광·금융 서비스산업 국가 차원 육성
LTV 규제 완화	50% 한도 상향 시 가계부채 최대 10조5000억원 절감
고정금리 주택담보대출로 전환	금융권 부담 완화 위한 '커버드본드' 발행
교육 학문·마이스터로 이원화	기업과 협력 통한 마이스터고 출신 채용 늘리기
여성의 노동 참여 확대	스웨덴식 범국가적 파트타임 일자리 법규 마련
장기적 변화 위한 정치 환경 조성	정책합의 도출·이행 확인 위한 국정감사기구 설치

자료: 조선일보, 정치권 "맥킨지 보고서 보니 한국경제 큰일났다", 2013.04.19(위 자료).
자료: 매일경제, 2013.04.14(아래 자료).

---

88 조선일보, 정치권 "맥킨지 보고서 보니 한국경제 큰일났다", 2013.04.19.

글로벌 컨설팅업체인 맥킨지의 '제2차 한국보고서 신성장공식' 주요 내용[89]

대기업의 수출주도 성장모델이 이제 한계에 도달했으며 사회전반에 걸친 근본적인 해결책 없이는 한국의 미래가 불투명하다는 경고음이다. 맥킨지가 보고서에 가장 중점적으로 제기한 문제점은 '중산층의 재무위기'다. 한국의 신성장동력을 이끌기 위한 고급 노동력의 핵심 축이자 소비를 주도하는 중산층의 재정난이 개선되지 못하면 향후 한국경제에 악영향을 미칠 수밖에 없다는 것이다.

제조업 위주의 대기업수출 주도 성장의 바통을 중소기업과 서비스산업이 제때 이어받지 못했으며 이는 결국 중산층의 가계소득 감소로 이어졌다. 1995~2010년 국내 제조부문 대기업 생산성은 9.3% 증가했다. 제조업부문 대기업의 해외 생산 비중은 2005년 6.7%에서 2010년 16.7%로 늘려 나가 대기업들이 국내 고용창출에서 차지하는 비중은 18%에서 12%로 하락했다.

동시에 낙후된 서비스산업과 영세한 중소기업이 고임금 양질의 일자리 창출에 실패했다. 약 300만개의 한국기업 중 중소기업 비중은 99.9%에 달한다. 그러나 이 중 96%가 종업원 50명 미만의 영세업체다. 이처럼 임금이 낮고 영세한 중소기업들이 국내 고용에서 차지하는 비중은 88%에 달한다. 중소기업과 서비스산업에 대한 고용 의존도는 매년 증가하고 있지만, 임금은 제조업 위주 대기업 임금의 절반에도 미치지 못하면서 가계소득이 상대적으로 줄어드는 악순환이 반복된다는 것이다.

또한 한국사회 전반적으로 만연해 있는 실패에 대한 두려움과 기업가정신 부재가 우량 중소기업의 탄생을 가로막고 있다. 중소기업들도 인수·합병(M&A)이나 글로벌 경쟁력 강화 등 사업을 확장하기보다 가업승계에 치중하도록 되어 있다고 보고서는 지적했다.

낙후된 서비스산업도 한국경제의 발목을 잡고 있다. 맥킨지는 국내 서비스산업을 ① 의료·보건 등 '공공서비스', ② IT·금융·엔지니어링 등 '저개발된 비즈니스 서비스', ③ 숙박·부동산·통신·요식업 등 '초과 공급된 민간서비스' 등 3개 그룹으로 구분했다. 부동산·요식업 등은 지나친 경쟁으로 자영업자의 수입과 고용노동자의 임금을 모두 낮추고 있다. 부동산·요식업 등 한국의 민간서비스부문이 고용에서 차지하는 비율은 34%로 독일(29%)과 핀란드(26%)보다 높다. 서비스부문의 성장률도 매년 4% 수준으로 정체됐다. 이처럼 서비스산업과 중소기업이 양질의 일자리를 창출하지 못해 가계소득이 정체하는 동안 가계부채는 지속적으로 증가해 중산층을 위기로 몰아넣고 있다.

맥킨지가 가계 부채의 주범으로 꼽은 것은 주택 가격과 대출 비용, 그리고 교육비다.

가계자산 중 부동산이 차지하는 비중은 74%로 미국(25%)과 영국(33%)에 비해 매우 높은 수준이다. 또한 주택담보대출은 대부분 원금 상환액이 높은 단기대출(만기 10년)이 대부분이다. 이 중에서도 90%는 금리상승 시 가계의 이자부담이 증가하는 변동금리를 기준으로 하고 있다. 부동산 가격을 낮추고 은행부실을 막기 위해 정부가 통제 중인 주택담보대출

89 맥킨지의 보고서를 직접 입수하여 분석하지 못했고, 주요 일간지 내용을 그대로 인용한 것임. 그러나 상당부분은 이미 기발표된 정부자료나 국내연구기관의 발표내용과 큰 차이가 없음.

비율(LTV)이 가계부채를 증가시키고 있다. 가구들은 평균 주택가격의 50% 수준인 LTV 때문에 상한 초과대출에 대해 제2금융권에서 약 4%포인트 더 높은 금리를 감수하고 있다. 이는 미국의 2배 수준이다.

교육 관련 한국의 공공·민간 지출은 국내총생산(GDP)의 약 8%, 가계소득 중 9%로 1990년 이후 매년 4%포인트 상승하고 있다. 이에 매월 수입을 초과하는 지출로 지난 20년간 중산층 비율이 75.4%에서 67.5%로 줄었다. 지나치게 대학에 집착하는 풍토도 교육비 부담을 늘리고 있다. 여성의 노동 참여율을 낮추는 환경도 중산층의 가계 부채를 악화시키고 있다.

자료: 매일경제, 한국경제 피로증후군…新성장공식 필요하다, 2013.04.14.

이 내용이 '정체된 한강의 기적: 한국경제는 당신이 생각한 것처럼 강하지 못하다'라는 제목으로 포린 폴리시(Foreign Polisy)의 웹사이트에 올려졌다.[90] 맥킨지의 논리는 한국경제는 더 이상 대기업주도 경제는 안 되기 때문에 중견기업과 중소기업활성화를 위한 기금마련과 투자지주회사를 통해 지원하고, 서비스산업 지원 등으로 고급 일자리 창출하여 소득증대시키고, 여성인력과 고등학교졸업자 수용하여 실업을 줄이면서 가계소득을 늘이고, 대학교육 구조조정을 하고 교육의 질을 높이자는 것이고, 중산층의 주택부담에 의한 가계부채를 줄임으로써 내수진작을 하고, 이것을 선순환시키자는 것이다.

이에 대해 정치권이나 제도권 학자들의 주장은 규제완화다. 그러나 규제완화에 의해 혜택을 보는 것은 대기업과 관련한 연관기업들이다. 마이크로한 대응책으로 의미가 있지만 근본적인 처방책은 되지 못한다. 오히려 이러한 보고서 때문에 재벌중심의 경로의존적 성장정책으로 변질될 가능성이 높다.

3) 정치권의 경제민주화 논리

2012년 대통령선거를 앞두고 여당과 야당 모두 경제민주화를 대선 전략의 전면에 내세웠다. 특히 보수성향의 새누리당이 1987년 헌법개정 때 제119조 2항

90 Richard Dobbs · Dongrok Suh, "Stalled Miracle, South Korea's Economy isn't Nearly as Strong as You Might Think," Foreign Policy(2013.04.16). http://www. foreignpolicy.com/articles/2013/04/16/stalled_miracle_south_korea?page=0,1

을 삽입한 김종인을 내세워 이명박 정부의 친기업 특히 재벌중심정책에 대한 야당의 공격을 피하기 위한 전략을 내세웠다. 민주당과 통합진보당 역시 좀 더 과격한 재벌규제중심의 경제민주화 공약을 내세웠다. 어떤 이유이든 경제민주화가 한국사회의 논쟁의 전면에 나선 이유에 대해서 정확하게 파악하지 못한 채 하나의 이슈로서 매달린 것이다. 시대의 논쟁은 그 나름대로 이유가 있는 것이다. 가장 정확한 지적은 IMF 외환위기 극복정책이 실패했다는 것이다. 몇 개의 재벌만 살아남고 나머지 국민은 미래에 대한 희망이 없기 때문에 국가정책의 기본방향을 재설정하라는 것이 경제민주화 논쟁의 핵심이다. 이를 헌법조항 해석의 다툼이나 대기업과 중소기업의 상생문제 혹은 대기업규제에 대한 논쟁으로 본다면[91] 그야말로 시대정신을 꿰뚫지 못한 아마추어적인 논쟁에 불과한 것이다. 한국은 여전히 IMF 외환위기가 진행 중인 국가인 것이다.

"경제민주화를 시민들의 삶의 언어로 풀어내는 것이 중요하다. 경제민주화가 경제학자들만의 논쟁이 되어서는 안 된다는 것이다. 선거를 앞둔 정책대결은 대규모의 균열과 갈등을 동반하는 것이어야 한다. 샤츠슈나이더(E. E. Schattschneider)와 같은 저명한 정치학자가 지적한 바와 같이, 수많은 정책들을 이슈로 만들기 위한 시도들이 이루어지지만, 오직 갈등과 결합할 때에만 성공할 수 있기 때문이다. 따라서 시민들이 느끼는 실질적인 삶의 문제와 접합될 때에야 비로소 경제민주화는 대선의 향배를 결정하는 핵심이슈가 될 수 있을 것이다."[92] 바로 이 부분이다. 경제민주화를 통해서 사회적 합의를 위한 이슈논쟁을 야기시켜야 하는데, 새누리당과 민주통합당 모두 변죽만 울리고 실체에 접근하지 못하고 있는 것이다.

IMF 외환위기가 지속되고 있는 것은 박정희 정부의 국가개발체제에서 벗어나 새로운 사회발전체제로의 전환과정에 있었던 노태우 정부, 김영삼 정부, 김대중 정부, 노무현 정부, 그리고 이명박 정부 모두 책임이 있다. 과거체제에 대한 기술적 노하우를 공무원들이 갖고 있을지는 몰라도, 새로운 체제를 형성할 만한 정치지도자나 유능한 공무원들이 없었기 때문에 외환위기를 맞이한 것이고, 그

91 한국경제연구원, 경제민주화, 어떻게 볼 것인가: 2012 대한민국에의 시사점(2012.06.04).
92 프레시안, 김종인은 마지막에 웃을 수 있을까?, 2012.07.24.

해법 역시 IMF가 요구한 것을 그대로, 혹은 그 이상으로 집행하여 한국경제 토대와 사회질서를 근본적으로 뒤흔든 것이고, 그 이후 국가재정에 대한 도덕적 해이만 양산할 뿐 여전히 성숙한 국가체제로 만들지 못했기 때문에 한국사회는 경제양극화 문제에 직면하게 되었고, 이에 대한 책임 논쟁이 '경제민주화'로 나타났다. 그러나 여당과 야당 모두 경제양극화 문제에 대해 책임이 있기 때문에 문제의 본질에 접근할 수 없었고, 사회갈등을 야기시키는 정책쟁점으로 부각시키지 못했다. "경제민주화의 험로는 두 사람의 정치적 좌절이 웅변하고 있다. 경제민주화의 여・야 대표선수인 새누리당 김종인 비대위원과 통합민주당 유종일 교수의 사퇴와 낙천이다. "복지와 일자리, 경제민주화를 새누리당이 만들겠습니다", "끝까지 99% 국민 편에 서겠습니다"(통합민주당)라는 양당의 플래카드가 개그인 양 풍자되는 까닭이다."[93]

경제민주화 논리를 정치담론으로 이끈 두 사람(유종일, 김종인)의 생각을 살펴본다.

(1) 유종일의 경제민주화 논리

"나라를 어디로 끌고 갈 것인지에 대한 비전과 정책이 제대로 준비가 안 돼 있었던 거죠. 가장 핵심적인 것은 시장만능주의 경제사조에 휩쓸려서 양극화를 조장하고 재벌의 힘만 더욱 더 키운 것입니다. 이명박 정부의 경제정책에 대해 부자감세, 규제완화, 토건주의라고 해서 많이 비판했지만 그런 것은 민주정부 때 다 진행됐던 부분이고 양극화도 그때 더 심화됐던 게 사실이죠. 그런 것을 깨달은 분이 많이 있어요. 강령 1조에 경제민주화를 집어넣고 경제민주화특위를 만들어 저 같은 사람에게 정책을 만들라고 한 게 다 그런 반성의 소산이라고 봐요."

"IMF 사태 이후에 개혁을 한다고 하면서 시장만능주의 논리가 잔뜩 들어온 겁니다. 노동시장유연화, 정리해고, 공기업 민영화, 은행 해외매각, 금융시장 개방, 이런 것들이 쫙 이루어졌고, 재벌개혁을 처음에 좀 한다고 하다가 규제완화 쪽으로 계속 가버렸습니다. 민주통합당이 지금 출자총액제한제도를 부활하려고 하는데 그게 언제 없어졌습니까. 형식적으로 완전히 없애버린 것은 이명박 정부가 들어선 뒤인 2009년이죠. 하지만 학자들은 이구동성으로 실질적으로 없어진 건 참여정부 때인 2007년이라고 합니다. 그런 신자유주의적 정책 방향의 가장 결정판이자 가장 상징적인 것은 역시 한・미 FTA이고요."

93 경향신문, 유종일, "경제민주화 하지 않으면 복지국가 할 수 없다", 2012.03.31.

"저는 10여 년 전부터 경제민주화를 주장했는데 그 당시만 해도 사람들은 '경제에 민주주의가 어딨느냐'는 반응이었죠. 그때 제가 가장 알아듣기 쉽게 얘기한 것은 재벌이 다 해먹는 게 잘못됐다고 생각하면 바로 그게 경제민주화론이라는 거였어요. 재벌독식이 왜 나쁩니까. 완전히 불공정하게 경쟁하잖아요. 다른 하나는 그 결과로서 일어나는 분배문제예요. 지난 3년 동안 상위 30대 대기업은 매출이 56%, 영업이익이 73%가 넘게 증가했습니다. 그러나 국민소득은 정체거든요. 늘어난 것은 가계부채예요. 경쟁은 공정하게 해야 하고 분배는 정의롭게 이루어져야 한다, 그게 경제민주화의 핵심이죠."

"노동자나 협력업체를 쥐어짜다 보면 결국 기술이나 소비의 기반을 잃게 되는 거죠. 그래서 공장도 외국으로 나가고 매출도 외국에서 올리게 되고요. 세계화의 함정이죠. 그런데 이제 세계경제 전체가 위기에 빠지지 않습니까. 다행히 중국이 지금까지는 고도성장을 하기 때문에 한국기업이 혜택도 많이 받고 있죠. 올해 초에 '다보스포럼'에서 대전환을 얘기했잖아요. 막무가내식 탐욕과 무절제, 극단적인 이윤추구에서 벗어나 지속가능하고 건전하고 부를 나누고 소득을 함께 늘려나가는 경제로 바꾸어야 한다는 것이 세계 자본주의의 대장들이라고 할 수 있는 분들이 한 얘깁니다."

"기업이 돈을 많이 벌면 투자도 많이 하고 고용도 많이 늘려서 많은 사람한테 혜택이 갈 거라고 생각했겠죠. 그런데 그렇지 않았어요. 투자도 안 하고 고용도 안 늘리고 자기들끼리만 배불리는 거예요. 오히려 골목상권이고 중소기업업종이고 물불 가리지 않고 다 먹어 들어가고, 서민은 못 살겠다고 하고, 정부 인기는 팍팍 떨어지니까 아, 이게 잘못됐구나 하는 인식을 한 겁니다. 그래서 동반성장위원회라는 것도 만들었잖아요. 물론 그걸 얼마나 실효성 있게 했느냐, 진정성이 얼마나 있느냐 하는 여러 가지 문제제기는 할 수 있죠."

"제가 늘 말하지만 경제민주화는 정파적 과제가 아니라 역사적 과제이고 시대적 과제이며, 온 국민의 요구입니다."

경향신문, 유종일 "경제민주화 하지 않으면 복지국가 할 수 없다", 2012.03.31.

(2) 김종인의 경제민주화 논리

"김종인은 박정희 정부 시절 의료보험을 도입하고, 전두환 정부 시절 헌법 119조 2항, 소위 김종인 조항으로 불리는 경제민주화 조항을 만들고, 5·8조치를 통해 1990년대 유례없는 부동산시장 안정을 가져왔다."

"정부는 제한된 자원을 보다 효율적으로 배분하여 빠른 성장을 하기 위해 5개년계획을 마련, 자원을 배분한 것이다. 빠른 성장을 위해 자원을 배분하다보니 몇몇 기업에게만 자원배분의 혜택이 돌아갔다. 이러한 과정 속에서 한국의 재벌이 탄생하게 된 것이다. 재벌의 탄생은 무엇을 의미하느냐? 일반적으로 생각할 때, 경제가 발전하면 물질이 풍요로워지고 이는 곧 국민의 부의 증가와 생활수준의 향상, 그리고 국민의 행복의 증대로 생각하기 쉽다.

이 부분에서 간과하는 것이 있는데, 경제의 부가 증가한다는 것은 부 자체만 증가하는 것이 아니라 부를 바탕으로 그것을 소유한 자들의 정치사회적 힘도 같이 늘어난다는 것이다."

"1970년대 중반부터 내가 생각했던 것이 6차 경제개발 5개년 개발계획이 끝나는 1990년대 초에 가면 정치세력과 경제세력의 관계가 역전을 하는 상황이 될 것으로 생각했다.… 경제세력의 힘이 우위에 있다면 그에 반하는 정책이나 법적 조치는 경제세력의 반발로 인해 무산되거나 관철되지 못할 것이다."

"정주영 회장이 자본주의 시장경제를 철칙처럼 옹호하면서도 한편으론 또 훼손시키는 일을 하는 측면도 있다고 얘기했다. 정주영 회장이 무엇이 그런가라고 되묻기에, 어떻게 중공업만 하시던 분이 갑자기 소매업을 하느냐라고 얘기했다.… 그랬더니 정주영 회장이 자기가 소매업을 하는 것이 무엇이 있느냐라고 묻기에, 현대백화점이라는 것이 소매업이 아니냐라고 되물었다."

"한국에서도 결국 재벌들이 구입한 부동산에 세금을 부과해 부동산 가격을 조절한다는 것은 그들에게 큰 부담이 되지 않는 것이기 때문에 조절될 수가 없다. 여기에는 한국경제 관료들의 문제 또한 투영되는데, 그들의 문제는 재벌들에게 불이익이 가는 조치는 하지 않는다는 것이다. 왜냐하면 경제관료들이 공직을 그만두게 되면, 이후에 신세지고 사는 것이 재벌들이기 때문이다."

"경제민주화 조항을 꼭 넣을 수밖에 없게 된 것은, 향후 재벌이 법률과 언론을 장악한 상황 속에서 보수적 판사들이 판결을 내린다면 정부가 국가 운영을 위해 필요한 조치를 제대로 취할 수 없게 된다. 혹 취한다 해도 이것이 재벌들의 이익에 반하는 것이라면 이것을 헌법재판소에 제소하고, 또 이것이 위헌이 되는 사태가 벌어질 수 있는데, 이런 상황을 막기 위해 조항을 넣은 것이다."

"시장경제라는 것이 수요와 공급의 원칙에 의해서 움직이는 것인데, 수요와 공급의 원칙에 따라 안 되는 일들도 많다. 이것을 해결해야 하고 이것을 내버려둬서 비사회적으로 발전하게 되면 시장경제 자체가 깨진다. 그렇기 때문에 정부는 작지만 경제세력과 이익집단 위에 있는 강력한 정부를 요구하게 되는 것이다.… 2008년 세계금융위기 발생 이후 모든 것을 시장에 맡겨서는 안 된다는 것은 명백해졌다. 정부가 일정한 규제를 가하지 않으면 시장경제 자체도 돌아가지 않는다."

"IMF 같은 경우도 그냥 온 것이 아니다. 1990년대 초부터 재벌들에게 무한한 투자여력을 보장해주고, 모든 규정을 재벌들 편의대로 하다 보니, 과잉투자, 과잉부채가 드러나고 이러다보니 IMF로 가는 첩경이 된 것이다. 경제정책이라는 것이 환율이나 이자 가지고 하는 것만이 전부가 아니다."

"정책가는 가치판단을 잘 할 수 있어야 하고 또 집행능력을 가져야 한다. 단순히 경제지식이나 행정능력만을 가지고서는 경제정책가가 될 수 없다. 한국의 경우 행정능력만을 가지고 경제정책을 수행하는 것이 통례인데, 상황이 변함에도 불구하고 변화된 상황을 제대로 인식하지 못하기 때문에 새로운 정책방향을 제시하지 못한다."

"1970~1980년대 경제정책과는 다를 수밖에 없다. 시장경제가 파생시킨 문제, 양극화와 같은 문제를 해소시켜야 하며, 양극화를 해소하지 못하면 결국 사회가 불안할 수밖에 없다. 불안한 사회에서 지속적인 경제성장이라는 것은 이루어질 수 없다. 경제정책은 시장으로부터 파생된 문제를 어떻게 조화롭게 해결해서 한국사회가 안정적으로 발전할 수 있느냐에 맞추어져야 한다."

"일본의 경우 1980년대만 하더라도 세계를 지배할 만한 경제력이 있다고 하였는데, 1990년대 이후 그 한계가 드러났다. 국민은 훌륭한데 정치는 무기력한 상황이 근래 일본의 상황이라 하는데 그 이유가 정치가 재계의 편의대로 정책을 펴왔기 때문이다. 정부는 정부 자체의 기능을 충실히 실행할 수 있는 강한 입장을 지속적으로 견지할 수 있어야 하므로 경제세력과 각종 이익집단 위에 보다 상위에 있어야 한다는 것이다."

"배고픈 사람이 길을 가다, 빵을 보았을 때 빵을 먹을 수 있는 자유를 향상시켜주는 것이 경제정책을 하는 사람들의 최상의 목표다. 경제정책에서 물가안정이니 환율이니 하는 것은 모두 이러한 목표의 하위개념으로 생각해 볼 수 있다. 경제정책의 최대의 목표도 곧 자유이다. 즉, 물질적 자유의 극대화라는 것이다."

"기업의 입장에서 사회적 책임을 다한다는 것은 법과 그 사회의 관행을 지키면서 이윤을 최대로 많이 내는 것이며, 그러한 기업이 사회적 책임을 제대로 한 것이라 볼 수 있다. 그래야 세금도 많이 낼 것 아닌가. 법은 모든 기업이 기본적으로 잘 지켜야 한다. 그러면 이윤공유제 같은 것도 필요가 없는 것이다. 법을 지키지 않고 결과만 가지고 무엇을 하려고 하니 문제가 되는 것이다. 공정거래법도 철저히 지키고, 하도급법도 철저히 지키면 중소기업, 대기업 동반성장이라는 말도 필요가 없다. 법을 잘 지켜나간다면 그것이 자연스러운 것이기 때문이다."

"조화된 사회를 이루려면 한국사회 현재의 여건을 잘 알아야 한다. 각종 이익집단이 생기고, 이들을 현실적으로 무시할 수 없는 상황인데, 이 집단들이 어떻게 잘 공통분모를 이루느냐 하는 문제에서부터 정부가 고민을 해야 한다. 정당도 같은 맥락에서 노력해야 한다. 사회 안정과 경제발전이 역동적 균형을 이루려면 결국 사회 안정의 조건과 경제발전의 조건부터 성립되어야 가능하다."

자료: 한림국제대학원대학교 정치경영연구소, 〈'自由人' 인터뷰 2〉 김종인 전청와대 경제수석, 2011.05.09.

1997년 외환위기 이후 이를 극복하기 위한 노력의 결과가 15년이 지난 후 '경제민주화' 논의로 나타났다. 경제민주화 논쟁은 크게 두 가지 결과를 놓고 그 해법을 둘러싼 것이다. IMF 외환위기 이후 한국사회에 나타난 현상은 재벌(독점적 지위를 갖는 대기업)중심의 경제체제구축과 분배구조의 왜곡이다. 정부는 대기업중심의 수출주도형 정책을 계속 실시할 수밖에 없고, 중소기업 정책은 막대한 재정지원을 통해서 현상유지를 하는데 급급하고, 중저소득층의 불만은 복지정책을 통해서 임기응변식으로 막고 있는 것이다. 정부의 재정, 금융, 환율 및 복지정책이 국가경제구조의 근본적 개선이나 선순환모델 창출과는 거리가 먼 것이다. 반면에 대기업은 막대한 국가혜택을 받으면서 승자독식 경제구조에 머물러 있지, 결코 분배문제에 대해서 적극적으로 나서고 있지 않는 것이다. 노무현 정부부터 계속해서 김대중 정부가 행한 기업개혁과 노동개혁의 실패를 극복하기보다, 경로의존성 정책을 실시함에 따라 나타난 사회경제적 문제점들이 총체적인 형태로 나타난 것이 2012년 경제민주화 논쟁인 것이다.

2012년 선거에서 '경제민주화'가 가장 핵심 쟁점이 된 것은 1997년 IMF 외환위기 극복을 위해 김대중 정부가 실시한 4대개혁정책 중 가장 핵심이 된 기업개혁의 실패를 말하는 것이다. 소득과 자산의 양극화현상과 가계부채의 급증, 그리고 국가의 도덕적 해이가 가져온 재정건전성의 위기를 총체적으로 표현한 것이 경제민주화 논쟁이다.

2012년 대선을 통해 뜨겁게 달구어진 정치-경제-사회의 진로설정을 위한 지적 논쟁이 한국사회에 있었다는 것은 아직도 사회정신이 건전하다는 것이지만, 철저한 논쟁으로 나아가지 못하고, 국민들의 공감을 이끌어내지 못한 것은 한국

표 2-5 계층별 소득비중의 추이

(단위: %)

연 도	1990	1991	1992	1993	1994	1995	1996	1997	1998	1999	2000
고소득가구	18.5	17.6	17.2	17.2	17.4	18.1	18.3	18.5	20.9	20.8	19.9
중위소득가구	73.7	75.2	75.4	74.6	74.7	73.5	72.6	72.7	67.7	67.0	69.7
저소득가구	7.8	7.2	7.4	8.2	7.9	8.3	9.1	8.7	11.4	12.2	10.4
연 도	2001	2002	2003	2004	2005	2006	2007	2008	2009	2010	2011
고소득가구	20.5	21.0	18.5	20.1	19.8	21.3	21.7	22.6	22.0	21.5	21.2
중위소득가구	68.2	67.9	69.4	67.1	66.6	65.0	63.5	62.7	62.6	63.7	63.8
저소득가구	11.3	11.1	12.1	12.8	13.6	13.8	14.9	14.7	15.4	14.9	15.0

주: 2인 이상 도시가구 기준이며, 고소득가구, 중위소득가구, 저소득가구는 전체인구 평균소득의 각각 150% 이상인 집단, 50~150%인 집단, 50% 이하인 집단으로 구분.
자료: 통계청, 가계동향조사.

지성의 한계를 드러낸 것이다.

IMF 외환위기 극복과정에서 한국정부는 국민들의 삶 전반에 엄청난 상처를 남겼으며, 15년이 지난 지금에도 그 상처가 아물기는커녕 점차 덧나고 있음을 국민들이 두려워하고 있기 때문에 경제민주화를 어떻게 실현할 것인가는 여전히 우리사회의 큰 숙제다. 〈표 2-5〉를 보면 IMF 외환위기 극복을 위한 정책들이 실시되는 1998년부터 중산층의 축소와 저소득층의 증대는 계속 이어왔다.

4) 대선과정에서 나타난 경제민주화 논쟁

다음은 2012년 11월 16일 대선 당시 새누리당 박근혜 대통령후보의 '경제민주화' 정책발표 내용이다.[94] 경제구조개선에 중점을 두고 있지만, 가장 핵심적인 문제는 일자리 창출의 핵심주체가 누구냐인 것이다. 기업과 노동의 문제에 대한 개혁의 실패가 경제민주화 논쟁을 불러왔으며, 이러한 논쟁의 밑바탕에는 형태를 불문하고 기업이 일자리 창출의 주체이며, 따라서 기업이 이 역할을 담당할 수 있도록 국가는 지원해야 한다는 것이다. 이러한 사고는 박정희 정부 이후 계속 되어온 성장정책의 경로의존성을 전제로 하는 것이다.

공정한 경제질서를 확립하고 포용적인 경제제도를 확립하려면 기존의 불평등한 법제도를 과감히 고치는 것을 전제로 해야 한다. 과연 새 정부에서 이러한 역할을 할 수 있느냐의 여부가 정부가 경로의존적이냐 아니면 돌파국가적이냐를 판단할 수 있는 기준이 된다.

"오늘은 경제민주화 정책에 대해 최종 확정된 안을 말씀드리겠습니다. 지난날 우리 경제는 보릿고개를 넘어 산업화와 민주화를 겪으면서 기적의 역사를 써왔습니다. 짧은 기간, 우리 국민들과 정부가 함께 전쟁의 폐허를 딛고, 피눈물 나는 노력을 한 결과 세계 10위권의 경제성장을 이뤄냈습니다. 당시 경제성장은 성장의 혜택이 일부에게만 돌아가지 않고, 전 계층에 광범위하게 퍼지는, 그래서 국민 대다수가 행복해지는 성장이었습니다. 하지만 지금은 성장의 과실이 일부계층에 집중되면서 양극화가 심화되고, 성장잠재력을 해치는 요인이 되고 있습니다.

우리 경제의 지속가능한 발전과 일자리 창출을 위해서는 이런 상황을 바로잡아야 합니다.

94 경향신문, 2012.11.16.

저는 경제민주화를 통해서 모든 경제주체들이 성장의 결실을 골고루 나누면서, 그들이 스스로 변화의 축을 이루어 조화롭게 함께 커가는 나라를 만들겠습니다.

공정하고 투명한 시장질서를 확립하고, 균등한 기회와 정당한 보상을 통해 대기업중심의 경제의 틀을 중소기업, 소상공인과 소비자가 동반 발전하는 행복한 경제시스템으로 만들겠습니다. 그러기 위해서는 그동안 대기업에서 골목상권이나 재래시장 등을 위협했던 것들을 과감히 내려놓고, 자기희생을 하여야 할 것입니다. 앞으로 저는 빈드시 모두가 함께 공존하고 시장질서를 바르게 잡는데 최선을 다할 것입니다.

경제민주화 논쟁에서 여야 모두 성장은 언급하지 않았지만 기업에 의한 일자리 창출 논리는 동일하다. 여야 모두 재벌개혁은 자율에 맡기되, 시장공정성 확보나 경제체질 개선에 재벌이 앞장서야 한다는 논리다.

〈표 2-7〉은 박근혜 대통령 당선인은 2013년 1월 25일과 27일 대통령직인수위원회 경제1 · 2분과와 국정과제 토론에서 언급한 내용[95]인데, 이러한 경제민주화에 대해서 김종인과 이한구는 내내 갈등을 일으켰으며, 대통령직 인수위원회는 "원칙 있는 시장경제가 경제민주화를 포괄한다"고 결론내림으로써 경제민주화는 성장정책 속에 묻히게 되었다.

이에 대해 김종인은 "시장경제 메커니즘이 제대로 작동하려면 틀을 제대로 짜주지 않으면 안 된다"며 "시장경제 기본원리가 탐욕이지만 탐욕에 제재를 가하지 않으면 재앙을 초래할 수밖에 없다. 우리도 IMF 사태를 겪었다"고 지적했다. 이어 "어떤 형태로라도 그런 탐욕을 억제할 수 있는 제도적 장치를 하지 않고서는 경제가 건전하게 돌아가지 않는다"고 강조했다. 또한 "모든 것을 시장에 맡기자는 사람들이 있다. 전국경제인연합회가 그렇다. 솔직히 과거를 돌이켜 보면 우리 재계 구조가 시장원리에 의해 만들어진 것이냐"며 "이제는 이 사람들이 어느 정도 사회를 포용하려는 자세를 보여야 할 때가 되었는데, 아직도 탐욕만 지배하는 게 우리 현실"이라고 말했다. 김전위원장은 "이것이 옳은지 그른지도 모르는 정치권을 향해 국민들이 정신 차리고 있느냐는 반발로 나타난 것이 지난번 서울시장 보궐선거"라며 "정치권이 깜짝 놀라 정신을 차린 것처럼 보이다가 총

95 경향신문, 2013.1.27.

표 2-6 대통령후보 정책브레인들의 경제민주화 핵심 내용

	박근혜 캠프 김종인 국민행복추진위원장	문재인 캠프 이정우 경제민주화위원장	안철수 캠프 정하성 국민정책본부장
출자총액 제한제도 부활	• 해봐야 별 의미 없다. • 과거에도 실효성 없어 사라진 것	• 필요 • 다만 재벌개혁 성과 나타나면 완화 또는 폐지할 과도기적 규제	• 실효성 크지 않다. • 정책적 효과보다 재벌개혁의 상징이나 이념적 표상
기존 순환출자 해소	• 혼란 야기 • 기존 순환출자에 의결권 인정하지 않을지 검토	• 재벌에 부담 주는 것 아니다. • 순환출자 해소 때문에 투자나 일자리 감소한다는 주장 성립 안 돼	• 재벌 스스로 변할 기회 주자는 게 우리 정책의 기본(재벌의 자발적 노력 보고 도입 여부 결정)
계열분리 명령제 (안철수 후보 공약)	• 어떻게 명령하겠다는건지 잘 이해 안 돼 • 말로는 근사하지만 막연해서 납득하기 어렵다.	• 재벌정책 중에서도 가장 강력한 최후수단 • 현재 논의되는 재벌개혁 정책 도입 후에도 문제 해결되지 않으면 고려할 장기 검토 과제. 현재는 검토 대상 아냐	• 미국은 금융시스템에 중대한 위협 생기는 경우 금융기관에 행위 규제 등 가능한 조치 취한 뒤 문제 풀리지 않으면 계열분리 명령
증세 수준과 분야	• 지금 단계에서 증세 얘기 무리 • 차기 대통령은 누가 되든 세제 전반적으로 검토해야 할 것	• 조세부담률 21%로 환원 • 부자증세가 필요하며 소득세와 법인세를 우선 고려	• 증세는 재정지출 수요에 따라 불가피한 경우 마지막 수단으로 고려
법인세 인상	• 인상을 얘기하는 나라는 없다.	• 찬성	• 세수 증대 방안 검토 중
고소득자 세율구간 신설	• 세수 확보에 별 도움 안 돼	• 최고세율 적용구간 낮춰야	• 세수 증대 방안 검토 중
주식 양도차익 과세	• 시행 자체가 간단치 않다.	• 원칙적으로 옳은 방향	• 세수 증대 방안 검토 중
토빈세 (외환거래세) 도입	• 국제 자본 거래 통제에 상당한 효과	• 국제투기자본 발호 막는 긍정적 효과 • 아시아 국가들이 공조해 도입해야	• 검토 중
종합 부동산세	• 투기를 일으켜놓고 종부세로 해결한다는 건 넌센스	• 이론적으로 아주 우수한 세금 • 종부세 늘리며 취득세 · 등록세 줄여야	• 부동산 과세의 공평성을 제고해야 • 부동산 관련 종합 정책 발표할 것
경제 민주화의 예상되는 결과	• 일자리 파괴 막을 수 있어 • 시장 공정성 확보 통해 경제 활력	• 중소기업 · 골목상권 살아나 내수 확대 • 경제 부담 주지 않고 경기 침체 극복	• 경제생태계 복원해 잠재성장률 올려 • 경제 체질 튼튼하게 해 일자리 만들고 실업률 하락
내년 경제 전망과 경제민주화 공약	• 경제 전망 밝지 못하지만 경제민주화와 관계없어, 어려울수록 더 해야	• 세계적 불황 장기화할 것이지만 경제민주화 미룰 이유 될 수 없어 • 개혁은 경기와 별 상관없어	• 세계경제 불안정성이 큰 폭 확대될 위험은 제한적 • 대외 여건 어려워도 경제개혁 추진이 안정적이고 장기적인 성장에 도움

자료: 동아일보, 2012.10.27.

표 2-7 박근혜 당선인 인수위 경제분과 토론회 발언

• 경제민주화 · 중소기업

"당이 발의한 경제민주화 법안, 국회에서 원활하게 처리될 수 있도록 해달라."
"대기업의 기존 순환출자 제한하지 않은 이유는 미래성장 동력에 투자해달라는 뜻"
"골목상권 실질적으로 보호할 수 있는 대책 고민해 주기 바란다."
"중소 → 중견기업으로 가도 지원할 것은 해야"

• 복지

"지금 세상은 한번 미끄러지면 다시 혼자 못 올라서기 때문에 빈곤층으로 떨어지지 않게 하는 맞춤형 복지가 필요하다."
"복지정책을 추구한다면 단순히 돈을 써서 없애거나 재정건전성을 흔드는 것 아니다."
"스웨덴이나 독일 등은 복지를 많이 하지만 그것이 성장을 해치지 않고 오히려 발전에 도움을 준다. 우리도 복지에 대해 그런 철학을 갖고 접근했으면 좋겠다."

• 기초연금

"우리나라의 노인 빈곤층이 OECD 국가 중에서 거의 최고로 높아"
"기초연금, 꼭 되어야, 이것은 세금으로 해야"

• 가계부채 하우스푸어

"가계부채 문제 같은 것은 새 정부가 시작되면 즉시 해야 한다."
"서민금융지원센터를 확대하면 좋을 것"
"목돈 안 드는 전세제도, 인센티브를 잘 만들어서 실행이 될 수 있도록 연구해야"

• 서민 생활

"유통구조 지금 확실히 바로잡아야 한다. 공공요금 산정 기준도 공개해야"
"실패한 사람 다시 일어서지 못하게 하는 연대보증제도 폐지하고, 금융권이 책임져야"

• 재원 마련

"철학을 가지고 설계를 잘해서 복지정책 등을 하면 재정을 세이브할(줄일) 수 있다."
"재원조달 방안에 대한 혼란 있으니 꼼꼼하게 점검해 국민에게 설명하라."
"비과세 감면 등 정비하는데 일몰이면 무조건 원칙대로 일몰해야"

• 공약 이행 의지

"제가 약속하면 여러분들이 책임져야 한다."
"기초연금과 연구개발비 관련 법률안 빨리 하는 게 좋다."
"지하경제 양성화는 반드시 해내야 하는 일이다."

자료: 2013년 1월 25일과 27일 대통령직인수위원회 경제1 · 2분과와 국정과제 토론에서 언급한 내용.

선과 대선을 치르면서 다시 안이한 사고로 접어들고 있다"고 지적했다. 이어 "정치권이 시대상황을 제대로 인식하지 않으면 또 한번 국민으로부터 불신을 받게될 것이고, 그렇게 되면 점점 더 어려워질 것"이라고 덧붙였다.[96]

이 주장에서 눈여겨 볼 것은 한 사회를 분석함에 있어서 경제가 중심이 되는 것은 사실이지만 정치가 경제를 포용적인 방향으로 통제하지 않으면, 즉 경제적 불평등을 완화시키는 조치가 없으면, 착취경제가 형성되어 사회불안을 야기시키게 된다는 주장이다. 슘페터(J. A. Shumpter)도 주장했듯이 자본주의는 자신의 토대를 붕괴시키면서까지 나아가는 속성을 가지고 있기 때문이다. 바로 탐욕 때문이다.

박근혜 대통령이 직접 나서 이 같은 '톤 다운'(가라앉힘)을 시사함에 따라 공정거래법과 하도급법, 가맹사업법(프랜차이즈법) 등의 국회 논의도 일정부분 속도조절이 불가피할 전망이다. 박대통령은 2013년 4월 17일 청와대로 국회 기획재정위・정무위원회 소속 새누리당 의원들을 불러 오찬을 하면서 "마치 누구를 벌주거나 쳐내는 개념으로 다룬다는 인상이 든다. 이는 경제민주화의 본래 취지가 아니다"라고 말한 것으로 알려졌다. 참석자들에 따르면 박대통령은 "경제주체들이 공정한 시장의 룰에 의해 불공정한 대우를 받지 않도록 여건을 만드는 게 경제민주화의 기본"이라며 이같이 말했다.

박대통령은 다만 경제민주화 관련 구체적인 법안은 지목하지 않고 원론적인 입장을 밝혔다. 박대통령은 4월 15일에도 "무리한 것은 아닌지 걱정이 된다"며 경제민주화 관련 법안 논의에 우려를 나타냈다.

이한구 새누리당 원내대표는 지하경제 양성화를 위해 추진 중인 이른바 '금융정보분석원(FIU)법'과 관련, 신중한 접근을 주문했다. 이원내대표는 이날 오전 국회 최고중진연석회의에서 "기존 지하경제에 대한 제재보다는 될 수 있으면 지하경제가 생기지 않도록 예방하는 것이 중요하다"며 "FIU법이 불필요하게 소비심리를 자극하거나 (정상적) 재산증식 활동에 지장을 줘서 금융시장 혼란을 가속화 하지 않도록 정부가 세심한 배려를 해 달라"고 밝혔다.

FIU법은 금융위원회 산하 FIU가 보유한 2000만 원 이상 고액현금거래보고(CTR)와 각종 범죄혐의 거래를 보고하는 혐의거래보고(STR) 정보를 국세청에 제공하는 내용이 골자다. 이원내대표는 "정부가 무리하게 (자산가들을) 제재하려고 하는 것이 아니라는 점을 인식하도록 해 달라"며 "정부가 잘해야 지하경제 양성화가 성공적으로 끝날 수 있다"고 강조했다.

국회 정무위 소속 이종걸 민주통합당 의원도 일감몰아주기를 강력히 제재하는 내용의 공정거래법 개정안 관련, "재벌 계열사 간 통상적 거래를 규제하는 것은 아니다"고 해명하고 나섰다. 그는 이날 라디오 인터뷰에서 "글로벌 표준에 맞추려는 것이지 부당한 재벌 죽이기, 기업 죽이기는 아니다"며 "다만 총수일가의 부당이득이 확인되면 부당내부거래가 되는 것"이라고 설명했다.

자료: 머니투데이, 경제민주화 '톤 다운'…재계 의식했나, 2013.04.17.

---

96 경향신문, 김종인 "시대의 흐름 못 읽는 지도자는 성공 못해", 2013.02.22.

정치만이 경제구조를 변화시킬 수 있다. 독점적 대기업에 유리한 법 규정들을 개정하거나 폐지할 수 있는 힘은 정치에 있기 때문이다. 국민들은 정책의 구체적인 내용을 알 수 없다. 그리고 효과가 누구에게만 있는지도 알 수 없다. 그러나 정치인들은 알고 있다.

정부정책(재정정책과 조세정책 등)이 과연 어느 계층에 가장 혜택을 부여하고 있는가? 부의 재분배효과에 각종 조세정책이 어떤 효과를 부여하고 있는가? 일반국민은 누가 복지 혜택을 받고, 누가 그 비용을 지불할지에 대한 인식을 못하고 있다. 중산층과 저소득층의 가처분소득을 증대시키는 조세 및 재정정책이 매우 중요하지만, 외형적으로 이 목적을 위한 법령의 변경이 실질적으로는 고소득층에게 돌아가는 일이 비일비재하다. 실질적으로는 승자독식을 위한 경제정책이지만 이를 규제완화라는 방식으로 합리화시키는 것을 '함정정치'라고 말할 수 있다. 재벌과 고소득층의 로비를 정치인은 피하기가 어렵기 때문에 정의가 불공정이나 부정부패로 타락하기가 쉽다.

해외여건에 따라 수출의 유·불리가 결정되는 경제를 천수답형 경제라고 한다. 이 경우 국내경제정책은 자율성이 거의 없어진다. 국내경기변동도 격심해지고, 수요와 공급을 조절하기가 매우 어려워진다. 국내경제가 어느 정도의 자율성을 갖게 되는 것이 다랭이농업형 경제다. 원시적인 관개농업의 한 형태인 다랭이농업에 의한 낙수효과는 일정한 지역에 분포한 논과 밭에만 영향을 미친다. 현재의 한국경제는 대기업과 1차 벤더중심의 다랭이농업형 경제에 의한 낙수효과로 지탱되고 있다.

이제 한국경제는 저수지·강 등의 지표수와 지하수를 종합적으로 개발하여 필요한 시기에 공급할 수 있는 풍부한 수자원의 확보와 작물이 물을 필요로 하는 시기에 적당한 양을 효율적으로 공급하고 조절할 수 있는 관개배수형 경제를 만들어야 한다. 이 형태의 경제구조는 수직적이 아니라 수평적이다. 어떤 형태이든, 규모와 관계없이 국가지원정책과 경제주체 간 상호작용에 의해 경제가 효과적으로 작동하는 형태로 운영되어야 한다.

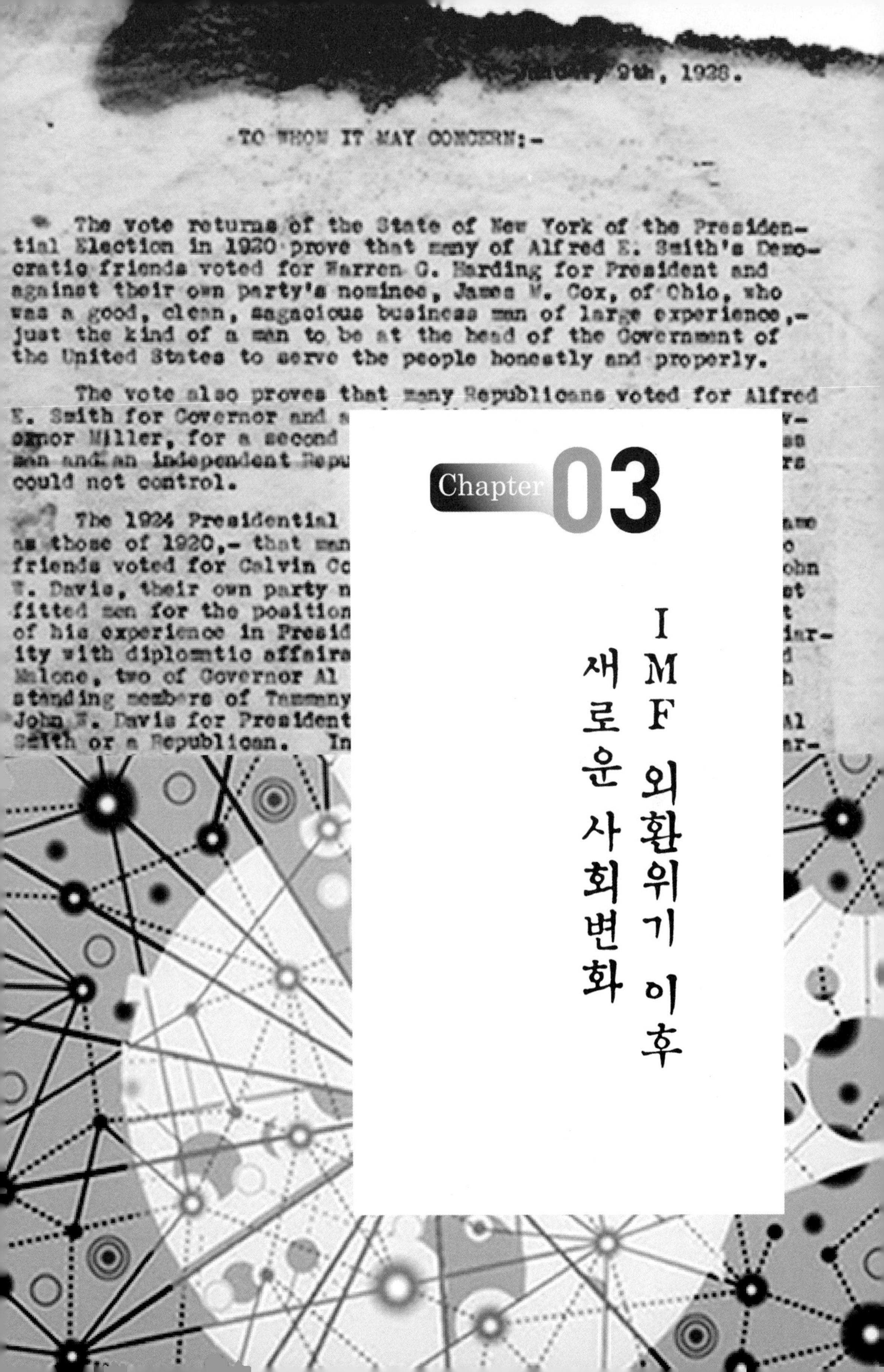

Chapter 03

IMF 외환위기 이후 새로운 사회변화

사회를 선순환(창조적 파괴) 혹은 악순환(몰락)시킬 정도로 영향력이 큰 사건을 X사건이라 칭한다. 이러한 사건들은 사회가 의존하는 각종 시스템들의 부조화(mismatch)에 의해서 발생하는 것이기는 하지만 그 시스템 속에서 살고 있는 사람들이 집단적으로 X사건이 발생할 것이라고 믿는 분위기에 젖어들면서 그 사건을 피할 수 없게 만든다는 것이다.[1]

브라이언 버그(Byan Berg)는 2010년 초 중국의 베네치안마카오 호텔을 본 뜬 카드집을 완성했다. 만들어진 것은 무너지기 마련이라는 것을 잘 알고 있기 때문에 그는 "카드를 세우는 것과 마찬가지로 무너지는 것에서도 역시 배운다"라

그림 3-1 브라이언 버그의 카드집

1 John L. Casti, "What is an X-event", 과학기술정책연구원 2012 국제 예측 심포지움(2012.9), pp. 13-19.

고 말하고 있다.[2] 상호의존성을 이용해 카드로 집을 세우고, 상호의존성 때문에 카드집이 붕괴하는 것이다. 이는 인간사회의 질서와 동일한 것이다.

존 캐스티(John Casti)는 《X-Events(eXtream Events)》에서 산업화된 세계는 서로 촘촘히 연결되어 있기 때문에 구조적으로 취약하며, 이는 마치 카드집과 같다는 것을 주장한다. 복잡성의 과부하 혹은 복잡성의 부조화 등으로 우리의 세계가 항상 붕괴할 위험에 처해 있음을 경고하면서, 그는 X사건은 극단적인 사건이라기보다는 그 사건이 일어나는 환경에서 사건 발생이 얼마나 놀라운지, 그리고 그것이 사회 전체에 어떤 영향을 미치는지가 중요하다고 주장한다.[3] 이 논리에 따르면 IMF 외환위기는 한국사회 근간을 뒤흔든 X사건이다. 캐스티는 X사건을 예측하고 대비하기 하기 위한 방법론으로서 X사건의 발생시기를 ① 발생 이

표 3-1 X-Events의 진행과정

1. 사건 이전
• 사건 발생 전에는 당연히 사건을 예측하고 그것이 언제, 어디서 발생할지 최대한 정확히 판단하는 일에 초점을 맞추어야 한다. 과학을 비롯하여 상상력 및 과거 사례가 기록된 데이터베이스가 큰 도움이 되지만 거의 모든 X사건에는 데이터베이스가 없다. • X사건이 감지되었다 하더라도 이의 대처방법은 과학적이 아니라 사회·정치학적이라는 것이다. 거의 모든 X사건에는 서로 충돌하는 수많은 이해관계가 얽혀있기 때문에 차례로 문제를 풀어가는 게 거의 불가능하다.
2. 사건이 전개되는 동안
• 사건이 전개되는 동안에는 과학적 추론이나 걱정을 하고 사건의 원인을 생각하는 게 아니라 실시간으로 재난관리에 참여할 뿐이다.
3. 사건 이후
• X사건의 여파로 사람들은 '잔해의 뒷정리' 단계에 들어간다. 이 기간 동안에는 매우 실질적이고 즉각적인 문제들에 직면한다. 또한 사건의 재발을 막는다는 명목으로 자기 탐구와 고발, 사후 분석, 희생자 대책 등의 일들이 이루어진다. 이런 활동의 대부분은 미래를 대비하기보다는 과거와 싸우는 계획을 세우는 것이 가깝다. • 이 단계 역시 과학이나 미래학 등과는 거의 관계없고, 오히려 정치적 가식을 비롯해 영리하고 이기적이고 다양한 은폐나 혼란과 관계있다.

2 http://www.telegraph.co.uk/news/picturegalleries/howaboutthat/8608137/Bryan-Berg-the-worlds-best-card-stacker.html?image=6

3 존 캐스티, X-Events(반비, 2013), p. 16.

전, ② 발생 동안 그리고, ③ 사건의 영향이 완전히 정리된 이후로 구분하고 있으며, X사건이 언제 일어날 것인지에 대해 예측하고 대비하기 위해서는 '발생 이전'의 상황을 정확히 분석해야 하지만, 이에 대한 데이터베이스가 없는 것이 가장 큰 문제일 뿐만 아니라 사건 이후 대응방식의 체계적인 검토 역시 중요하다는 것이다.[4]

한 사회 내에 트렌드가 발생하고(예를 들면, 금융자유화정책의 도입으로 국내 유동성이 확대되고 국내 수요증대로 소비가 확산되지만 물가는 상승한다) 확산되면서 각 영역 간 격차가 발생하고, 이로 인한 갈등으로 인해 사회가 불안정해지지만 외견상 균형을 이루고자 한다. 이러한 불안정한 균형을 이루는 임계점(critical point)은 사람들의 사회적 분위기가 특정 방향으로 쏠리게 되면 급격하게 붕괴됨으로써 X-이벤트가 발생한다. 붕괴는 아주 단기간에 발생하기 때문에 사회전체가 몰락하거나, 아니면 과거의 트렌드를 버리고, 새로운 트렌드를 채택하고자 하지만 이 과정에서 이익과 손해가 집단 간 발생한다. 집단 간 갈등 속에서 과거의 트렌드를 버리고 새로운 트렌드를 통한 혁신분위기가 형성되면 상황을 돌파하는 탄력성을 갖게 되고 새로운 제도에 대해 적응력을 갖는다고 캐스티는 설명한다([그림 3-2] 참조).[5]

미래를 예측하고 대응해야 한다는 것은 매우 소망스러운 것이지만 실제로는 거의 불가능할 수 있다. 왜냐하면 사회시스템이 갈수록 복잡하고, 시스템 간의 의존관계가 높아질 뿐만 아니라 이해관계가 충돌하는 일들이 너무 빈번하기 때문이다. 그렇기 때문에 예측은 과학적 방법론에 의거한 결론뿐만 아니라 사회 속에서 살고 있는 사람들의 경험과 지혜를 활용하는 것이 필요하다. 동시에 사람들이 생활하면서 느끼는 사회적 분위기(mood)를 파악하는 것도 매우 중요하다. 슈마허(E. F. Schumacher)[6]는 "아직도 최선의 결정은 상황을 침착하면서도 냉정하게, 그리고 종합적으로 관찰하는 인간의 성숙된 두뇌가 내리는 판단에 의존"할 필요가 있음을 강조하고 있다.

---

4 상게서, pp. 311-313에서 재구성.

5 John L. Casti, 전게논문, p. 18.

6 E. F. 슈마허 지음, 이상호 옮김, 작은 것이 아름답다(문예출판사, 2002), p. 302.

그림 3-2 돌파 혹은 붕괴 프로세스

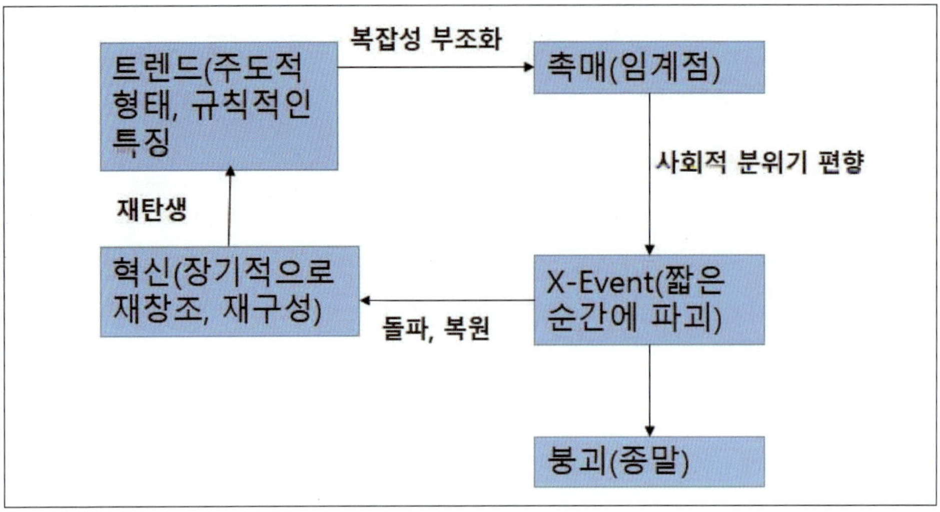

IMF는 한국사회의 가장 큰 비극을 낳았지만 캐스티가 언급한 것처럼 X사건이 향후 발생할 것이라는 사실을 받아들어야 하며, 따라서 예측하기 힘든 사건에 대해 적응력을 갖추고 새로운 가능성을 기꺼이 받아들이고 필요하면 자급자족하는 법도 배워 삶 자체를 자유롭게 할 필요가 있다.[7]

IMF를 전후로 국내외에서 일어나고 있는 다양한 새로운 현상들을 검토하는 것은 할 필요가 있다. 그 이유는 IMF에 버금하는 사건들이 항상 일어날 가능성이 있으며, 이에 대응하는 실천방안을 마련하기 위한 준비단계로서 새로운 현상들을 자세히 점검해야하기 때문이다. 또한 과거에 준비했던 것들이라고 해도 새로운 변화의 돌발가능성에 대비해서 낡은 부분은 제거하고 미진한 부분은 보완하는 작업 역시 매우 중요하다.

7 상게서, p. 344.

1 사회 예측 역량의 필요성 강조

1) 트렌드가 갖는 중요성

개인과 사회의 트렌드에 대해 접근할 수 있는 간접적인 방법으로 잘 팔리는 책의 주제를 검토하는 것도 한 방법이다. 한 시대의 베스트셀러는 그 시대의 고민과 방향을 살펴볼 수 있는 풍향계가 될 수 있기 때문이다.

한기호 출판마케팅연구소 소장은 "나는 1981년부터 2010년까지 베스트셀러 30년을 정리한 적이 있다. 그때 정리해본 바에 따르면 2000년 이후 개인은 '성공'에서 나만의 '행복'으로, 일과 개인생활에서 철저하게 이기적인 성향을 띠는 '현명'으로, 살아남은 자의 마지막 선택이라 할 수 있는 '자기치유(self-healing)'로 점차 자신의 꿈을 좁혀왔다. 2009년에는 진정한 소통을 꿈꾸었지만 그마저 쉽지 않았다. 2000년대의 첫 10년은 이렇게 절대 고독의 개인이 발견되는 여정이었다. 그 모습을 대표적으로 보여준 것이 신경숙의 《엄마를 부탁해》다. IMF 외환위기 이후 전통적 가치들이 급격하게 무너지고 수많은 기업들이 직원을 헌신짝처럼 내버리는 탐욕스런 조직으로 변해가면서 개인은 고독할 수밖에 없었다. 그러나 그렇게 고독해질수록 개인은 세상과의 소통을 꿈꾸었다. 그런 욕구가 사회

> "이제는 각자 서로에게 '엄마' 역할을 하는 관계가 필요한 시대라는 얘기를 하고 싶었습니다. 엄마한테도 내가 엄마가 되는, 내 안에 있는 엄마를 끄집어내서 엄마를 보호하기도 해야 하는, 그런 관계이지요. 소설 속의 박소녀 엄마가 다 해야 했던 것들은 이제 많은 부분 제도를 통해서나 사회적인 역할이나 책임을 통해서나 엄마에게서 떨어져나가야 합니다.
>
> 그러나 진짜 우리가 엄마라고 했을 때 불러일으키는 그 친밀감, 정서적인 안정감, 온기, 따뜻한 손이 어루만지고 있는 듯한 공동체의 감각들은 더 되살아나야 합니다. 문학의 의미 있는 역할 중의 하나가 그런 공감의 공동체를 창조한다는 것이지요. 이 소설을 읽고 함께 반응하면서 사람들은 자연스럽게 눈에 보이지 않는 공동체적인 감각을 느꼈다고 봅니다."
>
> 자료: 한국일보, 《엄마를 부탁해》 소설가 신경숙 "진정한 사랑과 온기를 원한다면 서로에게 '엄마'가 되어 주세요", 2010.01.03.

적인 아젠다를 제시하는 책을 찾게 만든 것이다."[8]

IMF 외환위기는 그 사회적 영향면에서 아주 짧은 시간에 기존 체제의 상당 부분을 붕괴시킨 대재앙이었다. 특히 국가에 대한 신뢰, 기업에 대한 신뢰, 공동체에 대한 신뢰의 상실은 마치 전쟁을 겪은 나라의 후유증과 동일했다. IMF 외환위기에 대한 분석은 제2장에서 이루어졌지만, 향후 이러한 위기를 더 이상 겪지 않기 위해서 좀 더 거시적인 시각에서 생각해 보아야 한다.

"왜 한 사회는 성공하지 못하고 몰락하고 마는 것일까? 그 구성원들의 선택이 어떠했기에 그런 결과가 초래되었을까?"라는 질문을 통해서 재레드 다이아몬드(Jared Diamond)는 〈표 3-2〉에서처럼 여섯 가지 원인을 제시하면서 한 사회가 붕괴하는 까닭을 분석하고 있다.

이 논지를 따르면 실패의 근원적 문제는 예측과 문제인식의 실패라는 능력의

표 3-2 사회종말의 원인

1. 예측의 실패
• 예전에는 그런 문제를 겪어본 적이 없었기 때문에 민감하게 반응하지 못했을 가능성이 있다. • 과거의 경험을 잊어버리는 것(이 부분에 대해서는 과거의 부정적인 경험들을 과학의 발전에 의해 많이 해결되었다는 인식이 있다. 기름소모량이 적은 차량에 대한 광고는 이를 의미한다.) • 예측에 실패하는 또 다른 이유는 잘못된 유추를 했을 경우다.
2. 과거와 미래에 대한 인식의 실패
• 어떤 문제의 근원을 아예 감지조차 할 수 없는 경우다. 관련 지식이나 경험이 전혀 없어 문제를 볼 수 없는 경우다. • 거대 사회나 거대 기업에서도 잠재적으로 문제가 되고 있는 원격관리 때문에 현장의 상황을 알 수 없고 관리를 제대로 할 수 없었기 때문이다. • 한 사회가 문제를 인지하는데 실패하는 가장 흔한 상황은 위기 상황이 느린 형태로 진행될 뿐만 아니라 기복의 변화 폭이 넓어 쉽게 알아차리기 힘들 때다.
3. 합리적이지만 잘못된 나쁜 행위
• 문제를 인지하는데 성공한 사회라 하더라도 문제해결 시도에서 자주 실패하는 경우가 있다. • 타인에게 해가 되는 행위를 함으로써 자신들의 이익을 증대시킬 수 있다고 판단하는 합리적인 사람들이 존재한다.

8 오마이뉴스, 한기호, "21세기 첫 10년, 우리 시대를 대표하는 책은?", 2010.7.23.

4. 비합리적인 행위, 재앙적 가치관
• 우리 내면 속에 깊이 새겨진 어떤 가치관에 유리하다는 이유로 나쁜 상황의 현상유지를 묵인하는 경우다. '오류 고집', '부정적인 징후로부터 추론도출 거부', '정신적인 답보 혹은 침체현상'을 칭함. '매몰 비용 효과(sunk-cost effect)'란 우리가 이미 많은 비용을 투자한 정책을 포기하기 꺼려하는 것이다. • 기존의 핵심가치를 고수하면 파멸에 이르게 될 것인지, 반대로 기존의 핵심가치를 포기하면 생존할 수 있을 것인지를 확신할 수 없는 경우가 많기 때문이다. • 인지된 문제를 해결하고자 하는 시도의 실패는 한 주체 안에서 단기적 동기와 장기적 동기가 자주 충돌할 때 일어난다. • 인지된 문제를 해결하고자 하는 시도가 실패하는 이유 중 하나는 심리적 거부다. 어떤 현상을 눈앞에 두고도 발생할 위기에 대해 심리적으로 부인하는 것이다.
5. 비합리적 의사결정들
6. 성공적이지 못한 해결책들
• 한 사회가 문제를 예견하고, 자각하고, 문제해결을 시도했다 하더라도 다른 분명한 이유로 여전히 실패할 가능성이 있다(해결능력 밖의 문제, 아주 비싼 비용, 노력자체가 미미하거나 시기를 놓친 경우 등이다).

자료: 재레드 다이아몬드 지음, 강주헌 옮김, 문명의 붕괴(김영사, 2005), pp. 572-603에서 재정리.

부족, 또는 한계와 함께 사회의 구조적인 문제가 효과적인 해결책을 제시하는데 방해하기 때문이다.

미국의 서베이조사기관인 퓨(Pew)에서 매년 행하는 국가만족도 조사[9]에서 2007년부터 2012년까지 6년에 걸친 이집트 국민들의 국가운영 방향에 대한 만족도는 47% → 40% → 31% → 28% → 65% → 53%로 변화를 보이고 있다. 가장 불만이 높은 해인 2010년 겨울부터 불기 시작한 '아랍의 봄'이라 불리는 국민저항으로 무바라크정권의 퇴진 이후 급격히 만족도가 올라갔다가(2011년), 2012년은 조금 떨어짐을 볼 수 있다. 이집트 국민들이 신정부개혁에 대해서 실망했음을 보여준다.

그러면 국민 불만의 원인은 무엇인가에 대해서 정부는 어떤 데이터를 근거로 분석하고 예측할 것인가? 한 예로 2010년 '아랍의 봄'은 기후변화로 인한 중국 밀생산량의 감소에서 출발한다. 토리 스턴버그(Troy Sternberg)는 기후변동에 의

9 질문내용은 "전반적으로 볼 때, 당신은 당신국가에서 진행되는 일들에 대해서 만족합니까? 혹은 불만족입니까?"다.

그림 3-3 이집트의 국가만족도(Satisfaction with Country's Direction) 추이

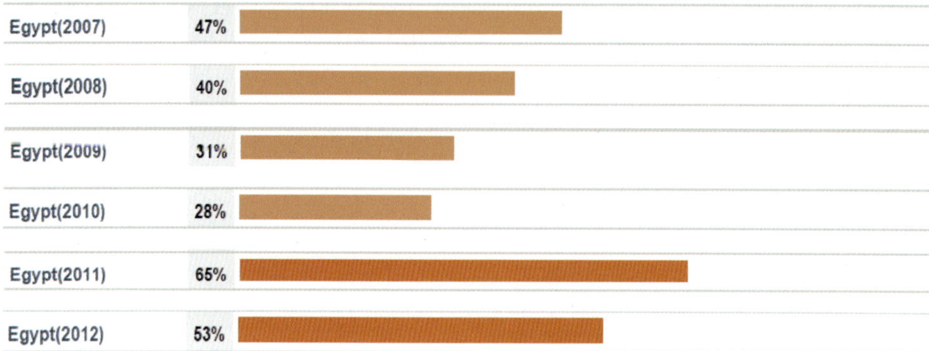

자료: http://www.pewglobal.org/database/indicator/3/survey/8~14 중 이집트의 자료만 추출사용.

해 밀생산국 중국의 가뭄과 밀수확량 감소, 밀수입국의 빈곤율의 증가와 밀수입 가격의 증가, 그리고 사회불안 등이 아랍의 폭동을 일으킨 것으로 분석하고 있다(〈표 3-3〉 참조).

표 3-3 주요 밀수입국의 식량구입에 사용되는 소득비중과 25세 이상의 인구비중

2010 Wheat imports per capita			Per capita		Age
Rank	Country	Metric tons (in '000s)	Income (in U.S. dollars)	Food-percent of income	Percent under 25years
1	UAE	370,659	47,400	8.7	31.1
2	Libya	242,803	12,062	37.2	47.4
3	Israel	238,968	27,085	17.6	43
4	Jordan	173,611	4,435	40.7	54.4
5	Algeria	101,439	4,477	43.7	47.5
6	Tunisia	89,330	4,160	35.6	43.2
7	Yemen	86,843	1,230	45	65.5
8	Egypt	81,284	2,771	38.8	52.4
9	Iraq	76,701	2,625	35	60.6
10	Cuba	70,503	5,000	n/a	34.6

자료: Troy Sternberg, "Chinese Drought, Bread and the Arab Spring," Applied Geography 34(2012): pp. 519-524. Troy Sternberg, "Chinese Drought, Wheat, and the Egyptian Uprising: How a Localized Hazard Became Globalized", Caitlin E. Werrell and Francesco Femia(ed.), The Arab Spring and Climate Change, (February 2013), p. 13에서 재인용.

우리나라 역시 2002년 14%, 2003년 20%, 2007년 9%, 2008년 13%, 2009년 10%로 국가만족도 지수가 상당히 낮다. IMF 극복을 위해 노력해야 할 것으로 기대한 김대중 정부, 노무현 정부, 그리고 이명박 정부가 추진하는 각종 정책에 대한 신뢰성과 효과가 낮기 때문이며, 왜 그러한 정책이 만들어졌으며, 그에 대한 명확한 근거가 무엇인가에 대한 국민 설득력이 떨어지기 때문이다. 불신의 근거는 미래에 대한 비전, 예측능력의 비현실성과 정책집행방향의 일관성 부족 때문이다.

이러한 한계사회는 조그만 충격에도 쉽게 사회가 붕괴된다. 브룩헤이븐 국립연구소(BNL)의 퍼 박(Per Bak) 박사는 한 줌의 모래가 만들어내는 패턴 속에서 '스스로 조직화된 임계성(어떤 물리 현상이 변하여 다르게 나타나는 경계)'이라는 현상을 발견했다. 이러한 모래들이 만들어내는 패턴이 복잡성을 연구하는 물리학자들에게 주목을 받는 첫 번째 이유는 모래더미 스스로가 일정한 각도의 형태를 유지하려는 '자기조직화'의 특성을 보이고 있다는 점이다. 이것은 '복잡계'의 가장 중요한 특성인 '창발 현상(emergent phenomenon)'[10]을 내포하고 있기 때문이다. 두 번째 이유는 스스로 자기 조직화하려는 성질에도 불구하고 그 상태가 상당히 '불안정한 상태'라는 점이다.[11]

여기서 중요한 논점은 "모래더미는 언제나 그렇게 조직되어 있어서, 언제든지 새로운 모래알이 적절한 장소에 떨어지기만 하면 모래더미 전체가 영향을 받는 사건이 일어난다"는 것이다.

그렇기 때문에 예측이 중요한 의미를 갖게 되는 것이다. 미래예측연구는 단순히 현재상황의 미래결과를 바라보는 것으로 그쳐서는 안 된다. 수없이 일어나는 소규모 집단에서의 변화를 식별하고, 국가정책이 국민들의 기대나 행태에 어떤 영향을 미치는지, 새로운 과학기술의 변화나 결과 등이 어떤 변화를 미치는지 등 다양한 정책변수들이 국민들의 일상 활동을 그대로 하게 만드는지 혹은 새로운 자기조직화를 하게끔 만드는 결정변수가 될 것인지를 파악하는데 기여해야

10 구성요소(모래 알갱이)의 특성만으로는 설명할 수 없는 새로운 특성을 전체 시스템이 갖게 되었다는 것을 의미함.

11 http://www.seelotus.com/gojeon/bi-munhak/reading/kwa-hak/jeong-jae-seung.htm

하기 때문이다.

그림 3-4 일정한 멈춤각을 유지하는 모래더미[12]

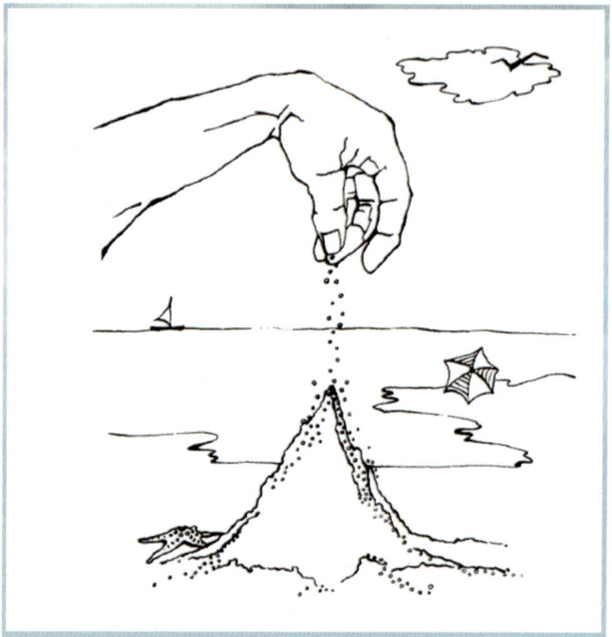

<자연은 어떻게 움직이는가?-복잡계로 설명하는 자연의 원리>

부산발전연구원 원장시절(2005.2~2008.2) 필자는 격월로 발간되는 부산발전포럼(2006.2)에서 '부산발전 2020 비전과 전략' 보고서를 만들고 난 후, 미래예측을 위한 더욱 정교한 방법론이 매우 필요함을 절감하고 이에 대한 소감을 다음과 같이 언급한 적이 있다.

> "그동안 각종 계획과 전략을 수립하면서 시대가 요구하는 부산의 모습을 갖도록 노력을 기울여왔지만, 과연 개별정책들이 상호 상승하는지 아니면 보완하는지, 심지어 충돌하는지에 대한 검토는 전혀 없었다. 다만 개발정책들의 성과분석에만 치우친 정책평가가 대부분이었다.
>
> 이처럼 모든 정책들이 일회성 기획으로 전락해 버린다면 부산시가 해놓은 것들

12 http://blog.naver.com/PostView.nhn?blogId=reach8011&logNo=120165259078

은 과연 무엇인가라는 심각한 문제에 봉착하게 된다. 공공기관의 특성상 정책가치가 금전적인 평가로 드러나지 않기 때문에 시가 추진하는 모든 업무들이 마치 일년을 주기로 매년 반복되는 것처럼 보여질 수 있다. 때로는 이런 현상마저도 여러 가지 주요 계획 속에 자연스럽게 스며들 수 있었다.

하지만 지금의 시점에서 냉정히 과거 정책들을 성찰해 보면서 느낀 점은 부산의 미래를 위한 새로운 계획수립의 방법론이 절실히 필요하다는 것이다. 과거의 노력들을 검토하면서 현실을 직시하고, 현실에서 조금씩 보이는 중요한 맹아들을 발견하고, 이를 통해 미래를 창조해 나가는 새로운 방법론의 개발이 필요하다는 것이다."

2) 트렌드를 주도하는 다양한 미래연구기관들

(1) 세계미래회의

그림 3-5 2006년과 2013년 웹사이트

자료: http://www.wfs.org/

세계미래회의는 사회, 경제 및 과학발전이 어떻게 미래를 형성하는지를 연구하며, 개인, 조직 및 공동체들이 사회변동을 적절히 관찰하고, 이해하고, 대응할 수 있도록 돕기 위해, 예측적 사고를 사회에 응용함으로써 얻을 수 있는 효과를 조사하기 위해 1966년에 설립된 비영리조직이다. 80개국에서 25000명의 미래전문가 회원을 보유하며 대표적인 출판물로 'THE FUTURIST', 'World Future Review', 'FUTURIST UPDATE', 'OUTLOOK' 등이 있다. 1966년 창립 후 지금까지 23개의 연례대회, 1991년 이후 매년 미국, 캐나다, 서유럽 등에서 국제대회, 그리고 간간이 지역 세미나도 개최했고, 2007년 미네아폴리스, 2008년에 시카고, 2009년에 워싱턴, 2011년에 캐나다 밴쿠버, 그리고 2012년에는 멕시코, 2013년은 미국 시카고에서 개최된다.

세계최대의 미래연구가들의 모임인 세계미래회의(World Future Society)의 창설 40주년 국제대회가 2006년 7월 28일~31일까지 4일 간 캐나다 토론토에서 34개국 1000여 명이 참가했다. 이 대회 마지막 결의는 사상 최초로 유엔미래포럼, 세계미래회의, 세계미래학회, 세계미래전문가협회, 세계응용미래협회, 그리고 전 세계 미래연구소 및 민간연구기관, 미래컨설턴트 5000여 개가 모여 세계미래연구기구협의회를 구성하고, 각국이 국가미래예측 시 기본규칙을 정하고 이에 공동협력하자는 것이었다.

2006년 7월 30일 초대 회장으로 선출된 제롬 글렌(Jerome Glenn) 밀레니엄프로젝트(유엔미래포럼)회장은 '세계미래연구기구협의회'에서 세계적으로 양산되고 있는 미래비전보고서 2020 혹은 비전 2030 작성할 시 신뢰도를 높이기 위해 최소한의 규칙을 정했다.

> 첫째, 미래예측방법을 반드시 3~4가지 사용해야 하며,
> 둘째, 종래 20년 간의 데이터를 입력시켜 시뮬레이션하여 미래를 예측해야 하고,
> 셋째, 미래사회는 지구촌 단일문화사회, 단일통합시장이므로 각국은 대외무역 의존도만큼 외국전문가 혹은 지구촌 시각을 투입해야 한다.

일본은 대외의존도가 10%이기 때문에 비전 2020 작성 시 10%의 외국인투입이 요구되며, 한국은 무역의존도 70%만큼 외국인미래전문가 70% 혹은 미래시각 70%를 넣어야 한다는 제안이다.[13]

---

13 이 결의는 한국과 일본의 미래전략보고서 작성과정에 외국전문가 참여 없이 외국내용만 인용하여 보고서를 양산한다는 데서 나온 비꼼이다.

'세계미래연구기구협의회'가 국가미래보고서 혹은 국가미래예측을 할 때 반드시 한 국가의 미래예측이 아닌 지구촌의 미래예측을 제시하지 않으면 안 된다는 규칙을 세웠다. 미래는 더 이상 한 국가만이 해결 할 수 있는 일이 하나도 없기 때문이다. 미래예측은 대부분 국가성장동력, 인구변화, 환경, 에너지, 빈부격차, 첨단과학기술이 바꾸는 사회변화, 교육, 교통 등을 예측하는데, 이러한 이슈들은 이제 더 이상 한 국가가 혼자 해결할 수 없으며, 한 국가의 자료만을 제시하였을 경우 미래예측이 아니라는 것이다.[14]

(2) 세계경제포럼

그림 3-6 세계경제포럼이 다루는 다양한 영역

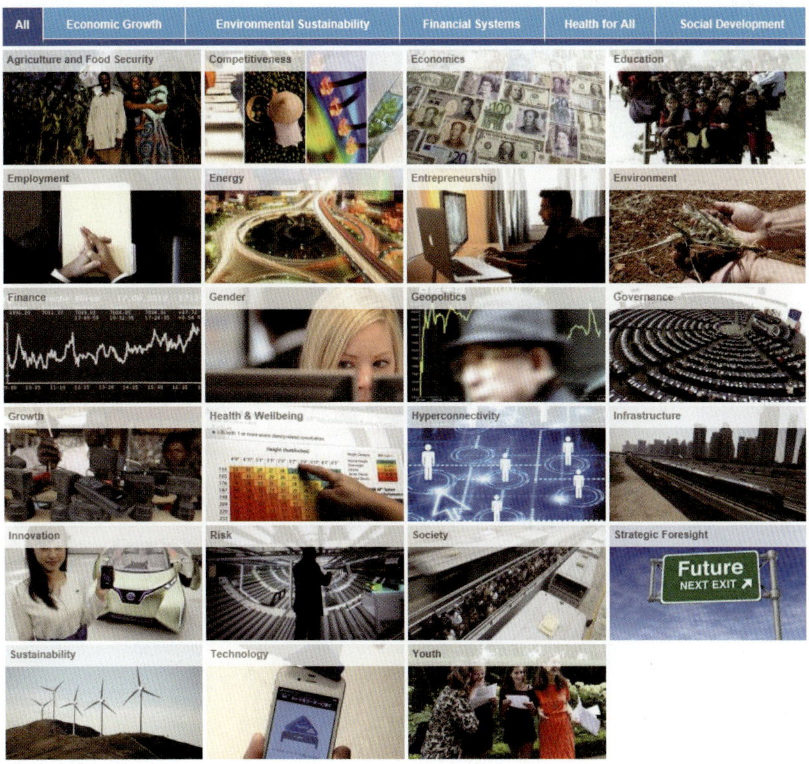

자료: http://www.weforum.org/issues

14 본 자료는 세계기후변화종합상황실과 유엔미래포럼이 공동으로 운영하는 웹사이트의 미래예측자료를 정리한 것이다. http://gccsr.net/Report/RBRead.asp?No=64

세계경제포럼의 설립자이며 의장인 클라우스 슈왑(Klaus Schwab)은 '글로벌 아젠다에 관한 정상회담(Summit on the Global Agenda)'은 최고의 정성과 전문가들을 모아서 21세기의 요구에 따라 국제시스템을 새로이 설계하려는 국제적 노력의 시발점이라고 평가하고 있다. 이제 세계는 기존의 제도들에 대해서 과감히 "재검토하고, 재설계하고, 재구축하고자" 노력해야 한다는 것이다.

40년이 넘는 역사를 가진 세계경제포럼은 1971년 창립된 유럽경영자포럼이 1987년 세계경제포럼으로 개칭하고 지금까지 발전해왔다. 스위스 제네바에 본부를 두고 있으며, 스위스에서 기업정책을 강의하는 슈왑 교수에 의해서 시작하고 발전해 왔다는 것은 개인적인 역량도 있겠지만 스위스 기업들의 역할이 유럽에서 만만치 않다는 것을 보여준다. 포럼은 많은 영역을 주제로 확대시키면서 나름대로 예측역량도 많이 구축해왔다.

포럼은 포럼 구성원과 상대국가 혹은 기관의 대리인 자격이 있는 사람들 간의 상호의견교환을 통해 만들어지는 전략적 통찰력과 지식을 바탕으로 전략을 만든다([그림 3-7 참조]). 따라서 포럼은 최고의 사례를 통한 벤치마킹을 하도록 혹은 창조적 사고('out-of-the-box' thinking)를 위한 틀을 통해서 이들 분야에서 독보적인 내부역량을 키워왔다. 포럼은 글로벌 경쟁력과 글로벌 리스크와 같은 분야에서도 그러한 역량을 키워오고 있다.

포럼은 시나리오 기획에 있어서 특별한 역량을 구축하고 있는데, 다양한 관점을 모으기 위해 개방형 인터뷰나 토론을 통하거나 기업, 사회, 정부, 그리고 학계의 리더들이 모인 일련의 복수의 이해관계자들 워크숍 등을 개최해 시나리오를 개발하고 있다. 시나리오는 특정의 기업, 지역 혹은 정책영역에 대한 미래환경을 형성할 수 있는 사회적, 정치적, 경제적, 환경적, 그리고 기술적 요인들을 철저히 분석함으로써 만들어진다.

그림 3-7 세계경제포럼의 전략형성과정

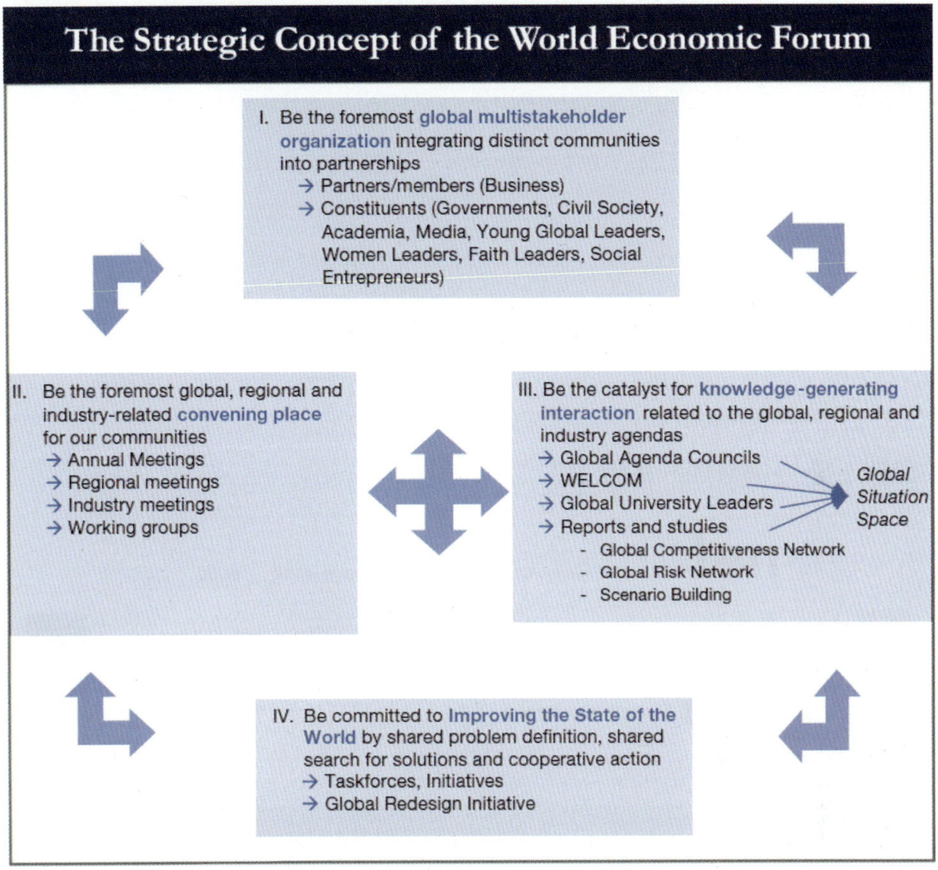

자료: The World Economic Forum, A Partner in Shaping History: The First 40 Years 1971~2010(2009), p. 258.

2005년 이후로 포럼은 인도, 러시아, 중국, 아랍에미레이트연합, 사우디아라비아, 걸프만 협력위원회 국가들, 바레인왕국 등을 위해 2025년에 대한 보고서를 만들어왔다. 다음과 같은 분야별 시나리오 연구서도 발간했다.

- Digital Ecosystem: Convergence between IT, Telecoms, Media and Entertainment
- Technology and Innovation in Financial Services: Scenarios to 2020
- The Future of Pensions and Healthcare in a Rapidly Ageing World: Scenarios to 2030

- Financing Demographic Shifts: Pension and Healthcare Scenarios to 2030 (China and Italy)
- Engineering & Construction: Scenarios to 2020
- The Future of the Global Financial System: A Near-Term Outlook and Long-Term Scenarios
- Transforming Pensions and Healthcare in a Rapidly Ageing World: Opportunities and Collaborative Strategies

자료: The World Economic Forum, A Partner in Shaping History: The First 40 Years 1971~2010, p. 215.

(3) 신경제재단(nef)

그림 3-8 신경제재단 웹사이트

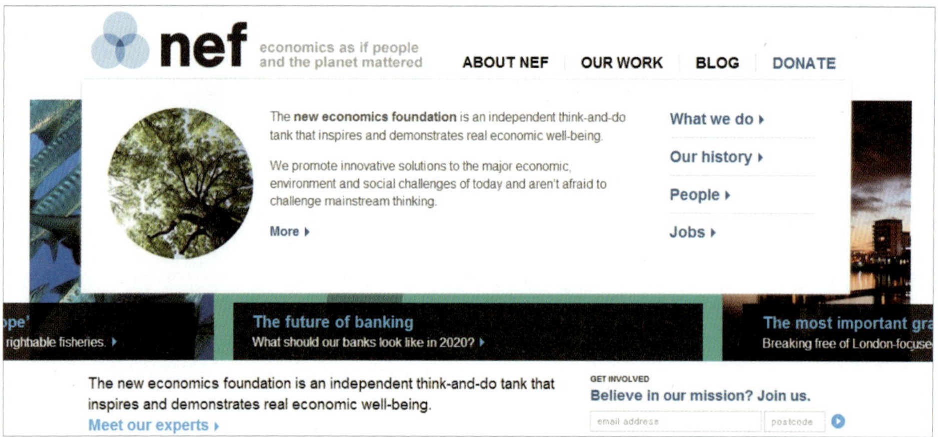

자료: http://www.neweconomics.org/

2008년 세계금융위기 이후 신경제를 창출해야 한다는 주장이 큰 힘을 얻게 되었다. 특히 기후변동과 경제양극화 현상을 타파하기 위한 새로운 논리로서 nef(new economics foundation)가 제안한 대전환 논리는 검토할 가치가 충분히 있다. 대전환이란 어떤 부분에서의 대전환을 의미하는가? 이 보고서에는 7가지 영역에서 사고와 정책방향의 대전환이 필요함을 역설하고 있다.[15]

15 nef, The Great Transition(2009), http://www.neweconomics.org/publications/great-transition

(1) 가치문제 재검토: GDP 중시 논리에서 벗어나 사회 및 환경적 가치가 정책결정의 핵심을 이룬다. 개인에서 공동체 가치로 중점이 이동해야 한다.
(2) 배분문제의 재검토: 소득, 자산, 시간, 그리고 결과적인 소비의 재분배문제를 고려해야 한다.
(3) 균형문제의 재검토: 국가, 시장, 개인, 이웃, 공동체, 사회 등의 역할 재정립과 규칙제정이 필요하다. 공생산에 대한 중요성을 간과해서는 안 되며, 기회의 균형과 결과의 정당성 확보가 중요하다.
(4) 지방화의 재검토: 가능한 한 국가정책의 수준은 규모면에서 지방적인 것이 적합하다. 중앙정부예산의 대부분은 지방에서 지출되거나 아니면 공기업 혹은 산하기관들이 지방차원에서 사업계획을 하고 지출을 행한다. 그렇다면 중앙부처의 예산이란 것이 특별히 의미가 있는 것을 제외하고는 지역활성화 측면에서 특성의 고도화를 추진할 필요가 있다.
(5) 지역경제 재활성화: 지역생산이 늘어나면 날수록 지역에서 사라진 많은 장인기술들이 되살아난다. 지역특색에 바탕을 둔 다양한 기술들이 대기업중심의 대량생산체제에 편입되면서 지역 적정기술들이 다양한 분야에서 사라진 것이다. 농업에서 제조업, 그리고 지역금융의 제공에 있어서 적정규모를 갖는다는 것은 지역생산에 필요한 기술을 복원할 수 있다는 것이다. 소비와 생산조건에 있어서 지역이 덜 소극적이라는 것은 지역의 자율성을 다시 회복한다는 것을 의미하며, 이러한 분위기는 문화와 예술영역에도 확산될 것이며, 지역 삶의 재활성화를 일으키는 계기가 된다. 지역경제문제는 단순히 경제나 예술의 재생보다도 지역주민들의 적극적인 참여와 함께 지방행정이 지역주민참여를 유발시킬 수 있는 적극적인 정보공개를 행할 때 가장 효과적인 결과를 얻을 수 있는 것이다. 지역주민들의 지역문제해결을 위한 합의도출의 전제조건으로서 지역경제 활성화 논리는 중요한 역할을 한다는 것이다.
(6) 재정정책과 금융시스템의 대전환: 국가정책의 인식전환과 함께 재정방향의 변화를 통해서 대전환정책의 실효성을 확보할 수 있다. 재정은 지역경제를 활성화시키는 방향과 국가전체 문제를 해결하는 방향이 균형을 이루어야 한다. 노동의 결과인 재화에 세금부과를 하는 것보다 오염, 소비 및 단기투기와 같은 환경과 사회적 나쁜 결과물(bads)들에 세금부과를 하는 방향으로 고려해야 한다. 국가재정 역할의 재검토와 함께 민간금융시스템의 역할을 국가 및 지역사업을 적극적으로 지원하는 방향으로 전환되어야 한다.
(7) 상호의존성의 대전환: 세계화란 글로벌 차원에서의 상호의존성이기 때문에 이에 걸맞는 책임과 국제개발원조에 대한 적극적인 참여, 나아가 기후변화와 탄소배출량 감소와 같은 세계정책에 적극 참여할 필요가 있다.

결국 이러한 대전환논리라는 것은 기존의 경제정책의 패러다임을 변화시키는 것이다. 국내외적으로 옳지 않은 부분에 대해서는 적극적인 규제를 하고, 더욱 효과가 나는 부분에 대해서는 적극적으로 규제를 완화하거나 정책방향을 내세워 국가경제 및 지역경제 나아가 세계경제의 틀을 변화시키는 것을 대전환이라고 말한다.

2 국가차원(국회 혹은 정부)의 역량 강화

1) 국회의 정책평가 역량 강화

한국의 경우, 5년, 10년 이상의 미래정책수립(개별법에 의한 5개년계획, 20년 장기계획인 국토개발계획)을 법에 의해 중앙정부와 지방자치단체가 하도록 규정하고 있지만 이에 대한 견제시스템은 전혀 없다. 규제기본법이나 사회갈등관리에 대한 규정에 의한 규제영향평가와 갈등관리평가에 대한 모든 책임을 중앙부처나 지방자치단체가 지도록 하고 있다.

지금까지 정부는 자기부처의 권한을 확대시키는 연구 혹은 사업을 위해서는 예산확보에 전력을 기울이지만 그렇지 않는 업무에 대해서는 별다른 관심이 없다. 예를 들면, 미래연구나 신산업육성, 사회갈등방지에 관한 부분은 지속가능한 성장을 위해서나 예산낭비를 막고 사회결속을 위해서 엄청나게 중요함에도 불구하고 이에 대한 예산이나 인력배치는 아주 초보적인 수준에 머물고 있기 때문이다.

국가운영을 하기 위해서는 체계적인 분석과 종합, 그리고 대책방안이 반드시 필요하다. 매년 예산을 작성하기 위해서나, 각종 법령에서 만들도록 강권하고 있는 각종 형태의 5개년계획을 제대로 만들기 위해서도, 국책연구기관이 장기예측을 하기 위해서도 미래방법론을 바탕으로 이루어져야 한다. 동일한 국책연구기관의 연구결과가 노무현 정부와 이명박 정부에 따라 다른 이유는 표면상 주요변수에 대한 가중치의 차이라고 이야기 하지만, 실제는 데이터의 불충분과 정교한 방법론의 미비에서 나오는 비전문적 행동에 대한 변명에 불과하다.

미래에 대한 예측은 현실에서 결코 벗어날 수 없다. 현실을 바라보는 시각은 다양한 형태의 수치로 된 데이터 분석과 함께 현재 살아가는 사람들의 삶의 모습에 대한 주관적 분석으로 이루어져 있다. 현재에서 미래를 바라보는 시각을 형성하는 방법론에 있어서 미국이나 유럽과 달리 독자적이면서도 설득력 있는 방법론의 마련이 매우 취약한 상태다. 따라서 우리로서는 대체로 이들 나라들의 미래예측 분석결과에 의존하는 경우가 태반이다. 그러다 보니 점차 우리 문제를 바라보는 시각에 있어서 전략가들의 입장과 현장의 입장은 매우 차이가 나기 마련이다.

정부의 정책이 장기간에 걸쳐 국토, 개인의 삶, 그리고 기업환경에 영향을 미치기 때문에 정부안에 대해서 국회 역시 이를 면밀히 검토하고, 나름대로 대안 혹은 보완할 수 있는 정책보고서를 제출할 수 있는 조직이 필요하다.

왜 우수한 미래연구소가 만들어져야 하는가에 대해서는 다음과 같은 이점이 있기 때문이다.

① 국가 미래비전과 전략의 수립에 기여한다.

② 미래연구방법은 부가가치가 높은 서비스이므로 이에 상응한 교육수준이 필요하다.

③ 미래예측교육을 실시하는 기관이나 프로그램이 경쟁적으로 나타나 고급 일자리 창출과 교육수요를 창출한다.

④ 미래예측에 관해서 상대적으로 취약한 편이기 때문에 미래를 위한 교육과정의 신설과 이러한 미래 관련 서비스업에 대한 지원 등을 통해 국제적으로 경쟁력 있는 연구기관의 육성에 기여한다.

⑤ 이러한 기관들에 의해서 관련 데이터의 수집과 활용, 다양한 분석방법, 이를 정부기관이나 각종 사업분야에 활용 등으로 교육수요 → 고부가 서비스 창출기업 → 이들을 활용하는 기관이나 기업의 생산성확보 → 새로운 사업영역의 확대로 좋은 일자리 창출이라는 선순환 고리가 이루어진다.

⑥ 한국은 개별연구가 중심이므로 미래연구를 위한 협업체제의 확산은 한국사회를 운용하는 새로운 질서구축에도 큰 변화를 야기시킬 수 있다.

⑦ 미래연구-현재 정부운영의 평가-법제도 개편이라는 새로운 순환고리를 만들 수 있다.

⑧ 국회에 미래연구소가 만들어질 경우, 국회-정부-감사원의 상호 견제기능

을 활성화시킬 수 있다.

핀란드의 경우, 의회에 미래상임위원회를 상설화하고, 선거가 끝난 후, 정부에서 제출하는 미래정책안에 대한 정책검토를 실시한다. 정책에 대한 의회의 행정부 견제인 셈이다.

핀란드미래상임위원회(The Committee for the Future)는 1992년 핀란드가 맞은 최대의 경제사회적 위기과정에서 만들어졌다. 1993년 10월에 정부가 국회와 국민에게 바치는 정부 미래보고서(국가미래백서)가 나왔고, 핀란드의회는 이 정부 미래보고서를 평가하고 대안을 제시할 국회의 미래상임위를 임명했다. 미래상임위는 새로 집권하는 정부에게 15년 후의 미래를 예측하여 집권 중 반드시 적어도 1회 이상 국가미래보고서를 발표하도록 법으로 정했다. 이렇게 정부가 국가미래보고서를 쓰고, 여기에 대해 의회가 평가 및 대안을 제시하도록 법으로 정하면서 정부와 국회의 국가의 중요한 미래전략에 관해 원활한 대화가 이루어지게 되었다.

미래상임위의 의미가 중요해지고, 국가를 운영하려면 미래예측을 알아야 하므로 미래상임위원장이 총리나 장관으로 가는 중요한 자리가 되면서, 2000년 3월부터 미래상임위가 상설로 헌법에서 인정하는 상임위가 되었다.

국회 미래상임위가 하는 일은 ① 의회 각종 법안을 제안하고, 특히 정부의 미래백서에서 제안하는 미래전략 관련 법안발의, ② 기후정책, 저출산, 고령화 등 인구정책, 에너지정책, 정보화 사회정책 등의 법안발의 시, 미래 관련 정책은 다른 상임위에 상임위 이름으로 성명서를 통해 의견 제시, ③ 미래 관련 발전계획이나 개발모델 관련 모든 이슈를 미래상임위가 처리, ④ 미래 관련 모든 연구 및 미래예측연구방법 사용에 개입하여 어떠한 분석법으로 미래를 예측하는지 평가하고 승인, ⑤ 미래상임위 내에 첨단기술개발, 사회변화를 지속적으로 예측하는 연구소의 활성화 등이다.

미래상임위의 미래연구소는 각 대학과 손을 잡고 다양한 연구를 할 뿐 아니라, 세계미래포럼을 개최하여 우선 타국의 미래연구를 배우고 지구촌의 미래성장 동력, 기술예측, 사회예측에 대한 연구를 위해 각 분야의 전문가 60여 명을 모아 미래연구소에 배치하고, 미래연구를 시작했다. 이 연구진들은 대부분 자신들의 직장으로부터 사직하고 의회에서 근무하면서 매년 2회에 걸친 국회 전체회의에서 참석하여 미래예측에 대한 연구결과를 보고하고, 특정사안이 있을 때 항시 그 전문가들의 도움을 받는다. 민간 전문가들은 국회나 정치에 전혀 관심이 없었지만 국가의 미래를 위해 모였고 국가미래정책제안 뿐만 아니라 자신의 영역에서 국민설득을 하는 역할을 하며, 특히 은퇴한 최고지식층에서 18~25세 젊은층에 이르는 전문가들도 함께 모여 국가성장 동력 발굴을 담당하게 된다.[16]

핀란드 의회 미래상임위원회가 발간한 정책평가서

- 민주주의를 위한 크라우드소싱: 정책결정의 새로운 시대, 2012
- 생물정책에 대한 탐색여행(Voyages of Exploration into Biopolicy), 2011
- 미래상임위원회 업무 재검토, 2011
- 국가 간 계약에 기반한 러시아 2030, 2010
- 대도시들, 아시아와 일반문화, 2판, 2008
- 매우 다양한 민주주의들, 2008
- 미래 혼돈기의 민주주의, 2007
- 러시아 2017: 세 개의 시나리오(러시아어), 2007
- 러시아 2017: 세 개의 시나리오, 2007
- 정보사회의 인적역량개발(헬싱키에서 개최된 제5차 총회 보고서), 2007년 1월 15일
- 민주주의와 미래, 2006
- 의료보건의 미래, 2006
- 변화에 발맞추기, 2005
- 지역의 혁신환경, 2005
- 사회적 자본, 2005
- 핀란드 관행과 EPTA의 비교, 2005
- 글로벌 정보사회의 도전, 2004
- 지식관리 개발과 집행, 2002

자료: http://web.eduskunta.fi/Resource.phx/parliament/committees/future.htx

16 이 글은 2007년 핀란드 미래상임위원회의 한국방문을 기념하여 소개한 글을 인용. http://algaetech.kr/?doc=bbs/gnuboard.php&bo_table=go_library&page=1&wr_id=194

새누리당과 민주통합당은 각 정당의 싱크탱크인 여의도연구소와 민주정책연구원의 정책역량을 강화하기 위해 인적자원 확충과 재정독립방안을 추진할 방침인데, 연구소의 문제는 예산이 부족한 것이 아니라 정책을 개발할 인재가 부족하다는 것이다. 〈파이낸셜 뉴스〉가 선관위로부터 제출받은 자료에 따르면, 여의도연구소의 경우 지난 한 해 82억7000만 원의 지원금이 투입됐지만 연구개발 실적은 약 80건으로 10쪽 이내의 단기보고서가 대다수였다. 민주정책연구원도 사정은 마찬가지다.

민주당은 정책연구소의 인사와 재정을 독립하는 방안을 골자로 한 정당법과 정치자금법 개정안을 2013년 2월 14일 발의했다. 연구소장 임기를 당 지도부 교체와 무관하게 2년으로 보장(연임 가능)하고, 국고보조금을 직접 받을 수 있도록 명문화한 것이다. 개정안을 대표 발의한 강기정 의원은 "현재 정당의 정책연구소는 인사와 재정이 종속되어 있어서 연구과제가 단기 현안에 치중되어 있다", "정책연구소 인력을 정책전문가나 이슈를 만들어내는 사람으로 구성한 게 아니라 당직자를 채용하는 수단으로 운영, 본래의 연구소 기능이 제한되고 있다"고 말했다. 이에 정치전문가들은 정당 정책연구소를 독립재단으로 분리시키고 연구소의 모든 수입과 지출을 중앙선관위뿐만 아니라 감사원의 감사를 받는 방안을 검토할 것을 주문했다.[17]

2) 싱크탱크의 역할 증대

펜실베니아 대학의 '싱크탱크와 시민사회 프로그램'을 맡고 있는 제임스 맥건(James McGann) 교수는 민주정부와 시민사회를 지원하고 유지시키는 싱크탱크의 잠재력은 결코 소진하지 않는다고 전제를 하면서, 오늘날 모든 국가들의 정책결정자와 시민사회는 전문지식을 정부정책결정과 연계시키는 공통의 문제에 직면해 있다고 지적하고 있다. 이러한 도전에 대응해 공공선을 위해 세계의 모든 지역에 존재하는 공공정책연구소는 지식, 정보, 그리고 공동의 열정이라는 광범위한 저장고를 활용해야 함을 강조하고 있다.[18]

---

17 파이낸셜 뉴스, 여야 싱크탱크 '쇄신 드라이브' 걸었다, 2013.03.21.

18 University of Pennsylvania International Relations Program, 2012 Think Tanks and Civil

표 3-4 G20의 GDP, 인구 수, 싱크탱크 수

Member	GDP(PPP)	Population	Think Tanks
Argentina	$596billion	41,769,726	137
Australia	$882.4billion	21,766,711	30
Brazil	$2.172trillion	203,766,711	82
Canada	$1.33trillion	34,030,589	96
China	$10.09trillion	1,336,718,015	429
European Union	$14.82trillion	492,387,344	1457
France	$2.145trillion	65,312,249	177
Germany	$2.94trillion	81,471,834	194
India	$4.06trillion	1,189,172,906	269
Indonesia	$1.03trillion	245,613,043	21
Italy	$1.774trillion	61,016,804	107
Japan	$4.31trillion	126,475,664	108
Mexico	$1.567trillion	113,724,226	60
Republic of Korea	$1.459trillion	48,754,657	35
Russia	$2.223trillion	138,739,892	122
Saudi Arabia	$662billion	26,131,703	4
South Africa	$524billion	40,004,031	86
Turkey	$960.5billion	78,785,548	27
United Kingdom	$2.173billion	62,698,362	288
United States	$14.66billion	313,232,044	1823

자료: 상게보고서, p. 34.

〈표 3-4〉를 보면 한국은 16번째에 해당한다. 일단 심사대상이 된다는 연구소가 35개라는 것이다. 물론 국내에 국책연구소, 정당연구소, 대학연구소 및 민간

Societies Program(2012). http://www.gotothinktank.com/wp-content/uploads/2013/01/2012_Global_Go_To_ Think_Tank_Report_-_FINAL-1.28.13. pdf, p. 14.
이 프로그램에서 정의를 내리는 싱크탱크란 정책결정자나 공공기관이 공공정책이슈에 대해 정보를 바탕으로 결정할 수 있도록 해주는 국내 혹은 국제적 이슈에 대해 정책 지향적 연구, 분석 및 조언하는 공공정책 분석 및 참여 조직을 말한다. 항구적인 조직의 성격을 띠며, 독립된 목소리로 공익에 기여하면서 학계와 정부, 국가와 시민사회를 연결하는 역할도 한다.

연구소가 있지만 그중에서 35개 정도가 국제적 기준으로 싱크탱크라고 인정할 수 있다는 것이다.

오바마 당선 이후 주목을 받는 싱크탱크가 미국진보센터다. 미국 대선을 며칠 앞두고 '미국진보센터(Center for American Progress)'는 26쪽짜리 문건을 오바마 진영에 전했다. 문건은 5명의 대통령이 인수과정에서 행한 역할, 특징에 대한 분석을 담고 있었다. 진보성향의 이 싱크탱크는 대선 1년 전부터 전문가 60명에게 새 정부가 추구해야 할 정책대안에 대한 연구를 의뢰하기도 했다. 이 결과는 56개 장으로 구성된 《미국을 위한 변화(Change for America)》라는 제목의 책으로 발간됐다.

미국의 싱크탱크 역사는 깊다. 국제 평화를 위한 카네기기금이 설립된 것이 1910년이고, 브루킹스연구소는 1916년 출범했다. 정권 교체기에 싱크탱크의 역할이 주목받게 된 것은 레이건이 대선에서 승리한 1980년에 헤리티지재단이 '리더십에 대한 위임(Mandate for Leadership)'이라는 제목의 포괄적인 정책대안집을 내면서부터다. 헤리티지재단은 레이건이 이끈 신자유주의 개혁의 아이디어와 전략을 지원했다.

클린턴 대통령 때는 브루킹스연구소가 정책 아이디어 제공에 중요한 역할을 했다. 부시 대통령 때는 아메리칸 엔터프라이즈 인스티튜트(AEI)가 이라크 전쟁 등 대외정책에 영향을 미쳤다.

미국에서 싱크탱크가 중요한 역할을 하는 이유는 정책전환을 위한 아이디어를 제공해 줄 수 있는 역량과 인재가 있기 때문이다. 싱크탱크는 적시에 활용할 수 있도록 맞춤형으로 준비된 정책대안과 인재들을 진열해둔 상점(policy shop) 같은 역할을 하고 있다.

우리나라에서 싱크탱크의 역할이 제한적인 것은 무엇보다 정치권에서 이를 수용할 만한 준비가 되어 있지 않기 때문이다. 우리 대통령 당선자는 정책결정이나 인물선정을 할 때 개인연고에 의존하는 경향이 강하다.

자료: 조선일보, 미국의 '싱크탱크' 한국엔 왜 없나?, 2008.12.27.

2008년 10월 발간된 보고서로서 오바마 대통령이 당선된 후 진보정책연구소에서 만든 정책제안은 매우 흥미롭다. 항상 미국의 정책패턴은 세계일류국가이어야 한다는 것을 기본전제로 하고, 국내 정치행정제도의 개편을 요구하고 있다. 이 보고서가 의미를 갖는 것은 일단 미국이 가장 시급히 해결해야 할 부분이 무엇인가를 적시해주고 있기 때문이다.

① 미국의 정치시스템이 특히 양당정치가 제대로 작동하지 않기 때문에 이를 개혁해야 한다는 것이다. ② 국가번영의 혜택을 같이 나눠 갖기 위한 방법으로

서 금융시스템에 의한 자유기업의 위기 해소, 미국의 자존심이라고 불리는 공항, 철도, 전력망, 그리고 주간 고속도로는 이제 낡아서 제 기능을 하지 못하고 있기 때문에 이를 새로운 방법으로 재부설해야 할 시점에 놓인 것이다. 특히, 공항보다는 국내 고속철도의 부설에 중점을 두고 있으며, 사회보장제도의 개선, 감세중심에서 조세개혁을 통한 미국의 중산층을 재건해야 한다는 주문이다. ③ 중하계층의 중상계층으로의 사회적 신분상승을 위해 교육제도의 개혁과 좋은 일자리 창출을 중시하며, ④ 클린성장(Clean Growth)을 위해 에너지정책을 우선순위로 하고, 에너지 효율성제고를 위한 국가재정지원, 전기자동차공급을 통한 미국 자동차산업의 부흥, 그리고 전 세계적인 환경조직의 창설, 핵폐기물관리 등을 통해 에너지산업육성을 통한 국가 성장동력 기반을 마련하고자 하며, ⑤ 국가안보를 위한 재설계의 필요성을 강조하며, 중동지역의 평화와 번영, NATO의 전 세계 규모로 확대, 장기적 국가안보계획, 무기구입체계개선 등을 정책과제로 제시하고 있으며, ⑥ 의료보험제도의 대대적인 개혁을 요구하고 있다.

이 정책건의서를 살펴보면, 낡은 시스템을 새로운 시스템으로 대체하라는 것이다. 국가경제를 살리기 위한 핵심적인 과제로서 국가의 사회간접자본에 대한 투자를 요구하고 있으며, 일종의 새로운 뉴딜정책이라고 말할 수 있지만 경제성장 기반조성-일자리 창출-에너지 효율성이라는 세 가지 축이 서로 맞물려 있음을 볼 수 있다. 그리고 이러한 결과는 궁극적으로 국민의 경제적 안정과 함께 사회적 신분상승이라는 사회적 안전판을 교육을 통해 마련해야 한다는 것이고, 미국의 안보를 위해 군사전략의 개편과 함께, 국가재정의 큰 부담이 되는 그러면서 여전히 의료보험의 사각지대에 놓인 국민들을 위한 의료보험개혁을 강하게 요구하고 있는 것이다. 지속적인 성장-교육-안보-재정안정(의료보험개혁)이라는 정책패턴을 마련한 것이다.[19]

브루킹스 연구소도 '대통령에게 전하는 정책메모'를 만들어서 정책현안에 대해 수시로 작성하여 전달한다. 뿐만 아니라 별도의 웹사이트인 해밀턴 프로젝트(The Hamilton Project)를 통해 '기회, 번영, 그리고 성장'이라는 미국의 약속이 달성되도록 지원한다. 해밀턴 프로젝트의 경제전략은 다음을 반영한다. 즉, 미국의 장기적인 번영은 개인의 경제적 안정을 고양하고, 필요한 공공투자를 하는데 있어서 효과적인 정부의 역할이 중요하다는 인식 하에 경제적 성장을 촉진시키고, 이러한 성장을 위해 광범위한 참여가 있어야만 장기적인 번영을 가장 잘 이룰 수 있다고 여기면서 경제안정, 건강보험, 교육, 주택, 효과적인 정부, 기반시설, 에너지 및 환경, 빈곤, 재정시장, 과학기술, 세계경제, 조세 등을 다루고 있다.[20]

19 이 정책보고서는 진보정책정연구소(PPI)에서 2008년 발간한 것인데, 이 보고서는 이젠 더 이상 찾아볼 수 없다. 당시 발견하여 저장한 자료를 바탕으로 작성한 것이다. 그러나 목차는 http://www.dlc.org/ndol_ci2e4d.html?kaid=450020&subid=900193&contentid=254879에서 볼 수 있다.

20 해밀턴 프로젝트에 대해서는 http://www.hamiltonproject.org/참조.

그림 3-9 해밀턴 프로젝트 웹사이트

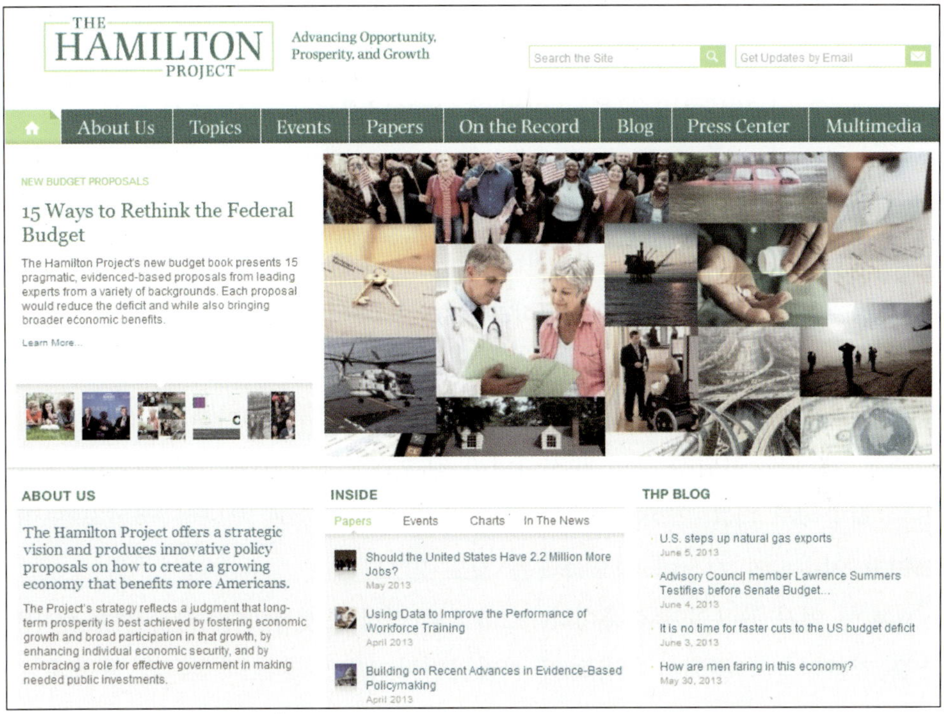

자료: http://www.hamiltonproject.org/

3 웹 2.0 패러다임의 정부 내 확산

플랫폼의 특징은 범용성과 확장성에 있다. 길, 철도, 전선, 그리고 통신선은 성질이나 내용에 상관없이 모두를 포용한다는 점에서 범용성을 갖고 있다는 것이다. 도로, 철도, 전선, 그리고 통신선은 연관된 부분들이 무한히 확장할 수 있는 확장성도 갖는다는 것이다. 이 두 가지 특성이 인류의 발전을 가져온 원동력이다. 동시에 플랫폼은 모두를 연결시키는 힘을 갖고 있다는 것이다. 표준화라는 의미를 갖는 규격의 통일성 역시 좁은 의미의 플랫폼이다. 인간 세상에는 인간의 삶을 유지시키기 위한 아주 크고 아주 작은 의미의 플랫폼들이 무수히 존재한다. 그러나 어떤 형태이든 범용성과 확장성을 가지고 있기 때문에 세상은 네트워크화될 수 있는 것이다. 21세기는 이러한 플랫폼들을 바탕으로 전 지구적 차원의 네트워크를 만들 수 있게 된 것이다.

1990년대 미국의 닷컴 버블이 터진 후 2000년대 초반에서 웹이 갖는 새로운 속성을 꿰뚫은 팀 오라일리(Tim O'Reilly)는 웹 2.0이란 신조어를 만들어 21세기의 시대정신으로 만드는데 성공했다.[21] 그는 집단지성의 힘을 빌어(개방, 참여, 협업) 참여자들이 직접 가치를 생산(창조)할 수 있는 플랫폼으로서의 역할을 웹에서 발견하고, 그 특성을 웹 2.0이라 표현한 것이다.

웹 2.0을 통해 인터넷상에서 맛본 공유와 협업의 기술을 정부운영에도 적용할 수 있느냐에 대해서 많은 고민들을 해오고 있지만, 정부 2.0이란 단어는 효율성, 민주성, 생산성, 합법성 등의 행정이념이 웹 2.0을 통해서 달성될 수 있을 것이라는 희망에서 나온 것이다. 물론 실제는 많은 어려움과 부단한 실천적 노력, 그리고 지속적인 개선이 필요하다는 것도 알고 있다.

WWW 역시 하나의 플랫폼이다. 스마트폰 역시 플랫폼이다. 각국은 행정서비스를 정보기술을 통해서 활용하기 시작하면서 WWW과 스마트폰은 행정과 기업과 시민을 연결시키는 플랫폼이 된 것이다. 문제는 정부가 정보를 독점하는 권력기관에서 기업이나 시민들이 언제든지 무엇이든지 들고 들어와서 필요한 부분을 접속해서 활용할 수 있는 플랫폼으로 전환될 수 있느냐다. 정부가 생산하는 정보가 귀중한 자산이라는 인식이 1980년대에 정보자원관리라는 용어를 만들었으며, 이후 정보자원관리법 등이 제정되었다. 그러나 정보자원의 효율적 활용이라는 측면에서 살펴보면, 행정의 오용과 남용, 그리고 부정이라는 투명성과 신뢰성문제, 국가안보와 개인정보보호, 그리고 국가정보자원의 기업개방에 따른 사용기업 간 불평등문제 등으로 인해 정보자원관리는 여전히 정부 손안에 갇혀 있다.

이러한 문제를 극복하고, 법과 정책이 사전에 결정되기보다는 정부와 시민, 기업이 상호작용하는 과정에서 계속 발전하고 진화해 나가는 시스템, 그리고 시민들의 자기조직화를 통해 정부와 지속적으로 네트워크를 형성할 수 있는 시스

21 http://oreilly.com/web2/archive/what-is-web-20.html

템 구축을 어떻게 할 것인가 등이 정부 2.0의 핵심적인 과제다. 오라일리는 정부 2.0의 핵심논리로 플랫폼정부라는 개념을 내세우면서 컴퓨터기술 분야에서 성공한 방법들을 통해서 정부재창조를 위해 적용될 수 있는 내용[22]으로 ① 열린 표준이 혁신과 성장에 불을 댕긴다, ② 단순한 시스템을 만들고 알아서 진화하게 하라, ③ 참여를 디자인하라, ④ 해커에게 배우라, ⑤ 사람들의 간접참여를 유도하는 데이터마이닝, ⑥ 실험의 장벽을 낮추라, ⑦ 성공사례로 리드하라 등을 제시하고 있다.

여기서의 논의의 초점은 우선 정부가 가지고 있는 데이터를 개방, 공유함으로써 정부의 효율성과 새로운 서비스산업을 활성하고 하며, 나아가 지역공동체문제를 지역차원에 맡겨야 한다는 것이다. 전적으로 옳은 주장이다.

데이터는 정부활동의 결과물이다. 그런데 플랫폼 논리로 접근하면 데이터가 새로운 하나의 플랫폼으로 작동할 수 있다는 것이다. 이와 같은 이해를 바탕으로 했을 때 정부와 유권자들 사이의 관계는 양면 도로와 같으며 데이터는 그 둘을 연결하는 것이다. 데이터가 보다 내실이 있고, 정확하고, 개방적일수록 그것은 더 적절하고 접근가능하며, 그에 대해 접근이 자유로울수록 정보연결이 확대되고 결과는 더 나아진다.[23]

예를 들면, 자신을 포크버스터(Porkbuster)라고 부르는 대부분 자유지상주의 및 보수주의 성향의 블로거 집단은 2005년 허리케인 카트리나 재해가 발생한 후, 독자들에게 재해복구 노력에 필요한 추가 예산을 확보하기 위해 정부추진 프로젝트 중 삭감 가능한 낭비 프로그램들을 찾아내는 걸 도와달라고 요청하며 첫 활동을 시작했다. 그들은 그 다음해 진보성향의 블로거인 마샬과 팀을 이뤄 사상 최초로 모든 정부 계약과 보조금을 모아 놓은 공식 연방 데이터베이스를 만들기 위해 제안한 2006년 연방책임 및 투명성법(Federal Accountability and Transparency Act)이 통과하는 데 결정적인 역할을 한 사례에서 증명할 수 있다.[24]

오바마 대통령은 참여적이고 협력적인 열린 정부를 강조하고 효율적인 정부

---

22 팀 오라일리 외 지음, 다니엘 래드롭 · 로렐 루마 편저, CC KOREA 자원활동가 옮김, 열린 정부 만들기: 모든 시민이 참여하는 투명한 정부 2.0 프로젝트(에이콘, 2012), pp. 55-97.

23 미카 시프리 지음, 이진원 옮김, 위키리크스가 불러 온 혁명: 투명성의 혁명(샘터, 2011), p. 141.

24 상게서, pp. 109-110.

는 국민의 감시, 참여, 그리고 협력을 이끌어낼 수 있도록 관료주의를 개방함으로써 얻게된다고 주장했지만, 투명성, 참여, 협력의 핵심적 이슈들과 관련해서 미국의 백악관이나 의회의 실제 행동방식에서 크게 변한 게 없다는 것이다. 오바마 대통령 취임 후 행한 첫 온라인 타운홀 미팅에서 9만3000명에 가까운 사람들이 10만 개가 넘는 질문을 제출했고, 질문에 투표건수가 360만 건이 넘었다. 그런데 온라인 투표에서 마리화나 합법화에 대한 질문들이 온라인 투표에서 놀라울 정도로 높은 순위를 얻었다는 사실에 우습기도 하고, 놀라기도 하면서 "이런 결과가 온라인에서 활동하는 사람들에 대해서 무엇을 말해주는지 모르겠다"라면서 웃었다고 언론에서 보도된 적이 있다.[25]

그러나 다음의 일련의 과정을 살펴보면, 오바마 정부의 공개, 개방, 투명한 정부에 대한 실천노력은 정치적 입장을 충분히 감안하면서도 지속하고 있음을 볼 수 있다.

> "마리화나(대마초)를 의료용 등으로 합법화해서 정부가 직접 규제하고 과세도 하고 사용연령제한도 하면 수백만의 새로운 일자리도 만들고 수십억 달러의 산업을 미국에서 만들 수 있지 않겠느냐."
>
> 2009년 3월 26일 오바마 대통령이 취임 후 첫 번째 온라인 타운홀 미팅에서 부닥친 질문이다. 백악관 동관(이스트룸)에는 전국의 네티즌 질문을 받기 위한 대형 TV 스크린이 설치됐고 뒤에는 약 100명의 청중이 앉았다.
>
> 오바마 대통령은 "마리화나 관련 질문이 네티즌들 사이에서 꽤 인기가 높았다"고 소개한 뒤 "마리화나는 경제를 성장시키는 데 좋은 전략이라고 생각하지 않는다"고 잘라 말했다. 마리화나 합법화가 경기부양책이 될 수 없다는 대통령 답변에 방청객들 사이에서는 폭소가 터졌다. '그린 머신'이라는 네티즌이 올린 이 질문은 무려 9만3000명이 낸 10만4000개의 질문 중에서 뽑힌 것이었다. 오바마 대통령은 네티즌들이 올린 질문 중 가장 인기가 높은 것에 대해 답변하겠다고 약속했고, 백악관은 360만 표 이상의 온라인 투표를 통해 6개의 질문을 추렸다.[26]

2년 후, 오바마 미국 대통령은 20일 오후 2시(현지시간) 캘리포니아 팰로앨토에 있는 페이스북 본사를 찾았다. 소셜 미디어의 대표 주자를 활용해 재선운동을 하

25 상게서, p. 153.
26 문화일보, 2009.03.27.

기 위해서였다.

오바마 대통령은 실시간 소통 채널인 '페이스북 라이브'를 활용해 '가상 타운홀 미팅'을 가졌다. '타운홀 미팅'은 미국판 국민과의 대화다. 미국에서 정치인들이 지역 주민들을 초대해 정책이나 주요 이슈를 설명하고 유권자 의견을 듣는 비공식 공개회의다. 오바마 대통령이 이슈들에 대해 언급할 때마다 페이스북엔 찬반 코멘트가 쏟아졌다.

백악관은 페이스북 타운홀 미팅을 준비하면서 인터넷을 통해 질문을 미리 받았다. 마리화나 합법화 등 대중의 흥미를 끄는 이슈에 질문이 집중될까 봐 '대통령의 답변을 듣고 싶은 질문'을 두고 온라인 투표는 하지 않은 것으로 알려졌다.[27]

2012년 11월 6일 미국 서부의 콜로라도, 워싱턴 두 주에서 기호품으로 대마초(마리화나) 합법화안에 대해서 주민투표의 찬성 다수로 가결되었다. 보도에 따르면, 의약품으로 제외하고는 미국에서 처음이라고 한다. 콜로라도 주는 2014년부터, 워싱턴 주는 1년에 걸쳐 판매규칙을 정돈한 후 각각 대마초 판매가 시작될 전망이다. 양 주 모두 구입할 수 있는 나이와 수량은 21세 이상으로 1온스(28.5그램)까지다. 콜로라도는 대마초를 1명이 6주까지 재배할 수 있도록 했다고 한다.

여전히 미국 연방정부는 마리화나를 불법약물로 취급하고 있기 때문에 어디까지 판매가 인정되는지 불확실한 요소도 있다.[28]

이 자료들을 살펴보면, 국민들의 요구에 대해서 정치권과 행정부는 적극적으로 반응하지 않음을 보여준다. 특히 여론의 반응에 신경을 쓰는 정치인들은 민감한 문제에 대해서는 반응을 의도적으로 회피한다. 그러나 사례를 자세히 살펴보면, 마약류의 단속, 알코올중독, 의료비, 개인적 자유, 치료, 국제적 문제 등 상당히 많은 영역이 서로 연결되어 있다. 대통령으로서도 별로 인기가 없을 수 있는 민감한 질문이 가장 많이 나타날 경우, 답변이나 해결책을 주저하게 된다.

마리화나를 연방통제물질법(Controlled Substance Act)에서 제외시키고, 각 주가 규제방법을 결정할 수 있도록 해야 한다는 온라인 청원(We the People)에 대해서 국립마약통제실장은 콜로라도와 워싱턴 D.C의 마리화나 합법화에 대해서 전국이 심각하게 논쟁에 휩싸여 있음을 말하고, 대통령의 요청에 의해서 법무부

27 중앙일보, 2011.04.22.

28 http://logsouko.com/t/wildplus/1352410391/

는 주법과 연방법의 차이를 검토 중이라고 언급했다.

오바마 대통령도 마리화나의 합법화에 대해서는 반대하지만, 두 주의 합법화 법안의 역기능(마약범죄)에 대해서 정부가 할 일이 많다고 언급하고, 연방법이 바뀌지 않은 상황에서 연방법과 주법 사이에 어떻게 조정해야 할 것인지에 대해서는 많은 논란이 있을 수 있다고 언급했다. 나아가 마약범죄에 대해서 단호한 조치를 취해야 하며, 청소년을 마약으로부터 보호해야 함과 아울러 국민건강 차원과 마리화나의 처리문제에 대해서 해야 할 많은 일이 있다는 자신의 생각을 밝히고 있다.[29]

그림 3-10 WE the PEOPLE 웹사이트

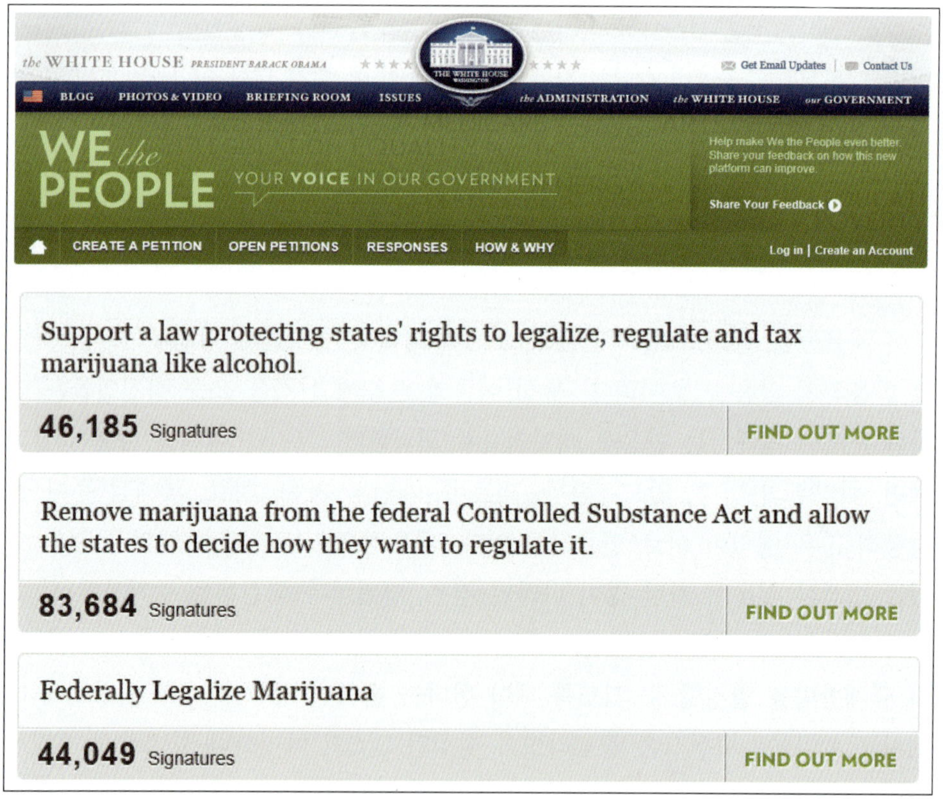

자료: https://petitions.whitehouse.gov/response/addressing-legalization-marijuana

29 https://petitions.whitehouse.gov/response/addressing-legalization-marijuana

열린 정부나 투명한 정부를 바람직한 것으로 판단하는 것은 당연하다. 그러나 실질적으로 정치인이나 공무원들이 이에 대해서 적극적으로 활용하기보다는 집단 이익문제 때문에 소극적이거나 방어적이거나 혹은 공격적인 방향으로 흘러가는 경향이 대부분이다. 문제는 정치권과 정부와 시민들이 서로 알고자 하는 것이 다르며, 서로 알려주는 내용의 필요성에 대해서 관심이 매우 다르기 때문이다. 수요와 공급의 불일치 현상이 정부와 국민 간에 항상 일어나는 것이다.

정부를 플랫폼으로 보자는 접근법은 점차 큰 힘을 얻게 될 것이지만 현재로서는 매우 어렵다는 것이 위키리크스 사례가 잘 말해주고 있는 것이다. 따라서 정부의 폐쇄주의 혹은 비밀주의로부터 벗어나게 하기 위한 투명성 확보는 정부의 핵심적인 과제가 된다.

2010년 2월 미국 국방부의 인터넷기반 서비스의 책임감 있고, 아울러 효과적 활용방안에 대한 적극적인 지침이 마련되었다. 공개, 공유, 참여, 협업의 분위기는 가장 경직된 관료조직 내에서 조용히, 그리고 뚜렷한 모습을 가지고 진전하고 있다.

특히 다툼이 있는 환경 내에서 정보를 공유하는 것이 얼마나 중요한가 하는 것을 사람들에게 이해시킨다는 점에서, 그리고 이것이야말로 안보를 유지할 수 있다고 확신한다는 점에서 미국 국방부의 메모가 갖는 의의가 있다([그림 3-11] 참조).

요즘 사용되는 용어 중에 2.0이나 3.0이 있다.[30] 웹의 발전정도에 따라 웹 1.0, 웹 2.0이란 표현을 통해서 웹을 바라보고 활용되는 패턴이 확연이 달라졌음을 보여주는 말이다. 이 용어의 핵심은 소프트웨어의 개발내용에 따라 점진적 변화가 있으면 버전 2.1, 버전 2.5 등으로 사용되지만, 근본적인 변화가 있으면 버전 3.0, 버전 4.0을 사용한다. 정부에 대해서도 이러한 용어를 사용하는 경향이 있는데, 오프라인에서의 행정의 변화는 점진적으로 변하기 때문에 과학기술의 속성을 행정에 녹아내기는 매우 어렵다.

---

30 박근혜 정부를 정부 3.0이라 칭한다. 미국이나 호주 등의 선진화된 전자정부를 칭하기 위해 '2.0'이란 단어를 사용하기도 하는데, 아마도 한국정부의 전자정부 순위가 상위이기 때문에 이들 정부와는 달리 한 단계 업그레이드시킬 의미로 3.0을 사용하는 것 같다.

그림 3-11 미국 국방부의 인터넷기반 역량활용 지침

DEPUTY SECRETARY OF DEFENSE
1010 DEFENSE PENTAGON
WASHINGTON, DC 20301-1010

FEB 25 2010

MEMORANDUM FOR SEE DISTRIBUTION

SUBJECT: Directive-Type Memorandum (DTM) 09-026 - Responsible and Effective Use of Internet-based Capabilities

References: See Attachment 1

Purpose. This memorandum establishes DoD policy and assigns responsibilities for responsible and effective use of Internet-based capabilities, including social networking services (SNS). This policy recognizes that Internet-based capabilities are integral to operations across the Department of Defense. This DTM is effective immediately; it will be converted to a new DoD issuance within 180 days.

자료: http://www.defensesystems.com/Articles/2010/02/26/DOD-issues-new-directive-on-Internet-and-social-media-use.aspx

그렇지만 정부운영방식을 변화시키지 않으면 안 된다는 논리는 이전부터 있어왔다. 특히 정보통신기술이 하나의 큰 산업으로, 성장동력으로 자리 잡기 시작한 이래, 정부는 이러한 산업의 주요 수요자로서 역할을 해왔으며, 그 결과 전자정부라는 용어가 등장했다. 그렇지만 아직까지 정부 2.0의 핵심적 내용과 방향, 그리고 정착에 관한 성공사례는 나타나지 않고 있다. 공개, 개방, 협업, 창조라는 오픈소스 운동의 소프트웨어 개발방식이 정부운영방식과 결합하기에는 아직 만족할만한 수준은 아닌 것 같다.

마크 드라포(Mark Drapeau)는 기존에 사용되는 전자정부라는 용어보다는 정부가 적극적으로 소셜 미디어를 수용하려는 방식에 있어서 놀람-실험-해결수단의 마련이라는 3단계를 통해 정부 2.0의 변화양상을 설명하려고 한다.[31] 그동안 사용되어 온 전자정부가 이미 상당부분 업무의 전자화, 즉 웹사이트를 통한 민원서비스(즉, 정보공개, 거래, 조달, 참여 등) 제공 등에 대해서 상당부분 진전이

---

31 Mark Drapeau, The Three Phases of Government 2.0, How Surprise, Experimentation and Solutions Have Defined Gov 2.0. http://radar.oreilly.com/2010/05/the-three-phases-of-government.html

표 3-5 마크 드라포의 정부 2.0 3단계

1단계: 정부 2.0 놀람 (200?~2008)	2단계: 정부 2.0 실험 (2009)	3단계: 정부 2.0 해결책 (2010~201?)
2008년 트위터를 중시여기고, 페이스북을 공공문제 플랫폼으로 활용하고, 엄격한 계층제 조직인 국방부가 위키나 블로그같은 명백히 비계층제적 기술을 임무수행에 활용한다는 자체가 하나의 큰 놀람이었다. 이를 놀람, 경악 혹은 무시 등으로 표현할 수 있지만 정부 2.0은 이 시점에서는 불확실했던 것은 사실이다. 그러나 오라일리가 정부진화에 대한 생각을 나타내고, 새로운 대통령 오바마의 등장과 이 주제에 대해 영향력 있는 사람들의 등장으로 관심을 매우 높였지만 여전히 정부 2.0은 초기단계라고 말할 수 있다.	오바마 취임 이후 미국정부는 투명성, 협업, 그리고 정부참여를 중심으로 변화를 일으켰으며, 다양한 정보기술 활용 실험이 정부운영방식의 변화를 주도하기 위해 사용되었다. 그러나 열린 정부나 정부 2.0에 대한 명확한 이해나 범위를 둘러싸고 매우 폭넓은 내용이 다루어지곤 했지만 여전히 용어는 모호하고 의미가 없을 수도 있었다. 2009년 소위 정부 2.0이란 단어는 큰 관심이 되지 않았지만, 핵심기술은 정부의 한 부분이 되었으며, 뉴미디어 디렉터라는 새로운 정부직종이 생겼으며, 민간부분의 영향력 있는 인물들이 정부서클의 멤버가 되어 이들 중심으로 실험이 진행되었다. 실험을 위한 다양한 소셜 미디어나 협업기술들이 폭증했지만 특이한 것은 시민들에 대한 접근, 민첩함, 그리고 여타 기술 등에 관한 최고의 사례들이 반드시 정부가 수용하는 것은 아니라는 것이다.	2010년 초반의 정부 2.0 전망은 놀람과 실험으로 이동하도록 동료들을 확신시키고, 실험을 행하고 결과를 분석하는 마음상태에서 정부문제에 대한 다양한 솔루션을 찾고 있는 사람들로 이동하고 있는 것이다. 그러나 실험용으로 사용해본 것들이 문제해결을 위한 실제 용도로 활용될 수 있느냐에 확신을 갖게 만드는 것은 아니다. 문제해결을 위해서 정말로 중요한 것은 이들을 수용하는 추종자들이나, 팬들, 그리고 변화를 주도하도록 만드는 코멘트들이다. 혹은 당신이 보다 나은 입법을 할 수 있는 소셜 네트워크에 얼마나 많은 새로운 사람들을 가입시킬 수 있는가이다. 핵심은 양이 아니라 질이다. 정부기관이 소셜 미디어 사이트에 올릴 수 있는 정보를 대부분 갖고 있지 않을 뿐 더러 그곳에서는 공무원 간의 논의가 일어나지 않는다는 사실의 인지처럼 정부 2.0이 실제 어떠해야 하는가에 대한 새로운 논의를 이끄는 문제들도 있다. 정부 2.0이 새로운 소셜 미디어 등을 활용하여 업무운영에 질적인 변화를 가져왔는가에 대해서 이를 확인하기 위한 노력들도 진행되어야 한다.

있었기 때문에 이제는 웹 2.0의 정신이라 일컫는 공개, 개방, 협업을 바탕으로 한 소셜 미디어의 수용으로 기술적 맥락보다는 사회적 맥락을 더 강조하려는

것이다. 이 부분이 행정에서는 단순히 기술도입에 의한 사무자동화 단계보다는 훨씬 도입하고 활용하기 어려운 문제라고 여겨진다.

빅 데이터, 클라우딩, 정보공개 등은 확실히 정부의 데이터 혹은 정보에 대한 인식을 바꿀 것을 요구하고 있다. 점차 만들어진 정보뿐만 아니라 정보를 만들어나가는 과정에 대한 개방 역시 강하다. 물론 이러한 요구에 대해 정부나 공무원의 마인드나 문화가 어떻게 적응하느냐라는 문제가 있지만 행정의 비권력화 과정에 정부 2.0의 핵심이 있는 사실이며, 이것이 문제해결의 걸림돌인 것이다.

호주정부는 '정부 2.0(Government 2.0)'을 발간하면서 21세기에 적합한 정부운영방식을 제시하고 있다. 핵심단어는 '참여'라고 전제를 하면서, ① 행정기관과 공무원들은 협업을 중시하는 웹 2.0과 관련한 도구나 능력을 더욱더 활용할 필요가 있음을 강조하고, 정부정책, 서비스전달 및 규제와 관련된 이슈들을 중심으로 관련 단체나 집단들과 논의할 수 있는 연계를 가짐으로써 공공기관이나 공무원들이 더욱더 정확한 정보를 가지게 되며, 혁신적이게 되며, 시민중심적으로 되는데 도움이 될 것이라고 생각하고 있다. ② 일단 공공정보가 국가자산으로서 개방되면, 새로운 용처의 발견, 창의성, 그리고 시민, 기업 및 민간단체들의 고된 노력으로 새로운 가능성이 열릴 것으로 예견할 수 있다. ③ 결국 문제는 행정문화인데, 현재와 같은 계층제적인 통제와 지시문화가 참여를 장려하고 보상해주는 시스템으로 충분히 변해야 한다. 동시에 공공서비스를 지탱하는 가치인 불편부당성, 타당성, 그리고 전문가주의가 여전히 중시되어야 한다.[32]

정부 2.0 시대에서는 정부가 민간부분과 협업을 해야 하지만 내부적으로 정리해야 할 부분이 있음을 미국의회가 설립한 독립연구기관인 NAPA(National Academy of Public Administration)도 유사한 주장을 하고 있다. 즉, ① 열린 정보기술 환경을 만들어야 하며, ② 데이터를 국가자산으로 취급해야 하며, ③ 협업문화를 길러야 한다는 것이다.[33]

이에 대한 정부성공사례가 필요하다. 정책을 만들고 발표하기까지는 좋은데

---

32 http://www.egov.vic.gov.au/focus-on-countries/australia/trends-and-issues-australia/community-engagement-australia/australian-government-2-0-taskforce-final-report.html

33 National Academy of Public Administration, Enabling Collaboration: Three Priorities for the New Administration(2009).

그 이후에 그 정책에 대해서 흐지부지되는 경우가 부지기수다. 우리나라의 경우는 더욱 그러하다. 호주 역시 이러한 경향을 타파하기 위해 정책집행 분석부서를 신설했다. 정책집행지침 마련에 있어서는 내용은 그럴 듯하지만 실제에 있어서는 형식화되는 경우가 어느 나라의 행정부에서나 있음직함을 유의해야 한다.

4 도시연구의 중요성 확대

2013년 3월에 열린 중국 최대의 정치행사인 양회(전국인민정치협상회의, 전국인민대표대회)에서 가장 핵심적인 정책은 도시화다. 전반적으로 중국의 양적 성장보다는 질적 성장을 하겠다는 의지를 나타낸 것이다.

도시가 중요한 이유는 모든 도시가 지니고 있는 양면성 때문이다. 아울러 이 양면성이 지구환경에 미치는 영향이 그 어느 것보다 크기 때문이다.

도시는 창조성과 문화가 넘치는 곳이고, 문명, 진보와 동의어로 사용된다. 다양성, 부산함, 교환으로 이루어지는 도시의 삶은 도시 자체를 역동적이고 흥분으로 이끈다. 반면에 불평등, 빈곤, 범죄, 폭력, 환경의 질 악화, 착취와 부패 등이 도시가 직면한 가장 큰 문제들이다. 가장 조밀한 네트워크를 이루고 있기 때문에 질병, 패션, 아이디어 모두가 재빨리 전파되는 특성을 지닌다.

[그림 3-12]처럼 도시는 다양한 형태의 콘텐츠가 넘치는 곳이며, 이를 개인이나 집단이 가지고 있는 창조성을 바탕으로 다양한 형태의 문화와 산업을 이루고, 21세기의 특징인 소셜 미디어와 결합됨으로써 사회적 수확체증의 법칙이 뚜렷이 나타나는 공간이다. 이 공간을 통해서 과거 산업혁명이 도시에서 발생했듯이 새로운 경제혁명이 대도시에서 태동하고 있는 것이다.

그림 3-12 콘텐츠에서 신경제로 이어지는 신산업혁명

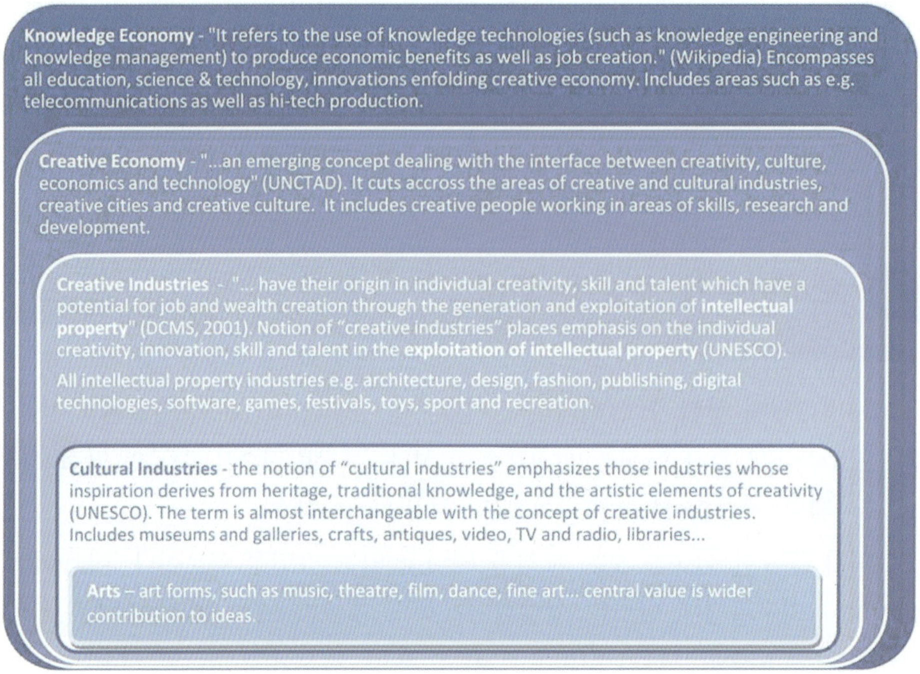

자료: http://creativecities.britishcouncil.org/files/rtfeditor/Creative-and-Cultural-Industries.jpg

"광역전철망을 구축하고 도시철도를 건설하겠습니다.", "R&D 클러스터와 신성장산업 단지를 조성하겠습니다." 선거 때만 되면 늘 나오는 단골 공약들이다. 도시경제학자인 리처드 플로리다(Richard Florida) 토론토대 교수는 이러한 공약들에 대해 '20세기 산업화시대의 낡은 유산'이고 '지식·정보화시대에 맞지 않는 시대착오'라고 주장한다. 대신 '창조적 인재'를 끌어들일 방안을 강구하라는 것이 그의 주장이다. 지난날 단순 육체노동과 기계적인 작업이 기업 활동의 주를 이뤘던 것과 달리, 요즘은 창의적 인재가 기업성장의 핵심요소로 자리 잡았기 때문입니다." 기술적 인프라(Technology)를 잘 갖추고, 다양한 문화를 인정하고 수용하는 분위기(Tolerance)가 넘쳐 나야 비로소 인재(Talent)를 모을 수 있다는 것이다. 특히 문화적 다양성을 강조했다. 한국의 도시들이 진정 세계적인 경쟁력을 확보하려면 외국인들에 대해 문호를 좀 더 파격적으로 개방해야 한다고 조언했다.

주택 가격에 대한 그의 주장은 "앞으로 전 세계에서 지역별 집값 격차는 더 크게 벌어질 것"이라고 전망했다. 사람들은 갈수록 생산성이 더 높고 더 많은 혁신이 가능한 곳에 살려고 비용을 지불하기 때문이라는 설명이다. 이번 금융위기 때도 미국 마이애미나 라스베이거스 같은 휴양 도시(sun city)는 크게 떨어진 반면, 뉴욕과 시카고, 워싱턴 DC 등 대도시는

소폭 하락에 그쳤다.

"실제 많은 도시에서 그런 격차가 벌어지고 사회・경제적 불평등이 커지고 있는 것은 사실입니다. 하지만 제 이론은 누구나 이미 갖고 있는 창의적 에너지라는 '화로(火爐)'에 땔감을 넣어 불을 지펴주자는 개념입니다. 전 세계 최고의 인재를 유치하는 것이 도시의 첫 번째 도전이라면, 두 번째 도전은 창조적 계층과 그렇지 않은 계층 간에 편차를 조정해주는 것이겠지요."

"기술이나 정보, 영화, 음악 같은 분야에서만 창의성이 필요하다"는 게 지금까지의 생각이었다면, 이제는 공장이나 농장, 서비스분야에서도 창의성이 필요합니다. 특히 서비스와 유통 같은 단순 노동의 일자리가 어떻게 개선되느냐가 매우 중요합니다.

자료: 조선위클리비즈, 2010.05.29.

인류의 주거문제를 연구하는 유엔기구인 UN-Havitate의 웹사이트의 주제도 '보다 나은 도시미래를' 위해 노력한다고 적시하고 있다. 도시는 삶의 쾌적과 경제활동을 용이하게 하기 위해, 교통수단 증가, 냉난방, 상하수 정비, 주거공간의 정비, 의료, 교육, 정보통신시설 등을 갖추고 있다. 2030년이 되면 전체 인류의

그림 3-13 세계지역의 도시화 수준

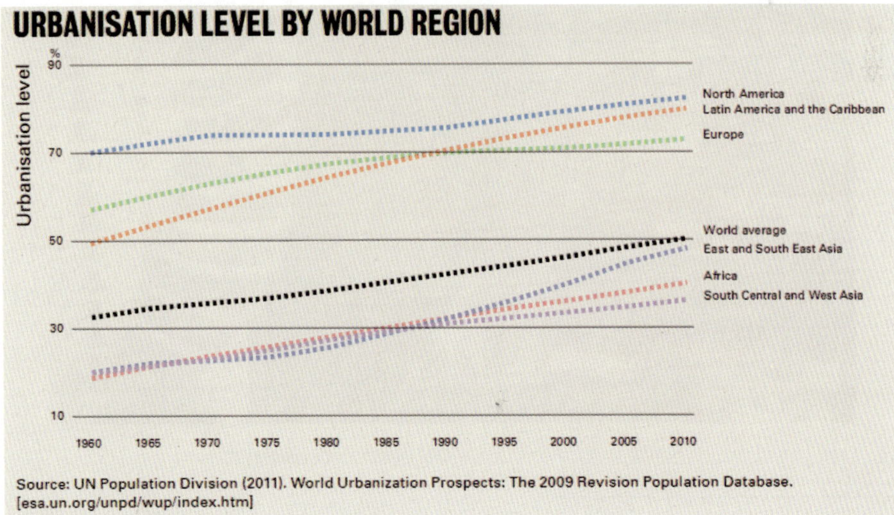

자료: http://downloads0.cloud.lsecities.net/downloads/2011/11/2011_chw_hong-kong-newspaper.pdf에서 재인용.

60%가 도시에 살게 되며, 한국 역시 법률상 도시기준에 의하면 90% 이상의 도시화가 이루어진 셈이다.

이 자료에 의하면 아메리카와 유럽의 도시화는 대부분 진행된 셈이다. 반면 아시아와 아프리카의 도시화는 계속 진행될 것이다. 중국, 인도네시아, 그리고 말레이시아를 제외하고는 국가자원의 빈곤으로 인해 도시화는 양극화로 진행되어 국가발전에 장애요인을 작용할 가능성이 높다([그림 3-14] 참조).

유엔보고서는 인류를 위협하는 두 가지 요소로 도시화와 기후변동을 지적하고 있으며, 기후변동은 도시화의 원인이라고 밝힘으로써 결국 인간의 삶을 위한 도시가 궁극적으로 파멸로 이끌 수 있음을 경고하고 있다.[34] 특히 한국, 일본, 중국, 말레이시아, 인도네시아, 인도 등은 기후변동(태풍, 홍수, 산사태 및 가뭄)에 아주 취약한 국가임을 [그림 3-15]는 보여주고 있다.

그림 3-14 빈부격차가 확연한 도시 브라질, 상파울루

자료: http://files.lsecities.net/files/2011/09/2011-09_lsecities_booklet.pdf

34 United Nations Human Settlements Programme(UN-Habitat), Cities and Climate Change: Global Report on Human Settlements 2011. http://www.unhabitat.org/pmss/listItemDetails.aspx?publicationID=3086

그림 3-15 기후변동에 취약한 지역분포

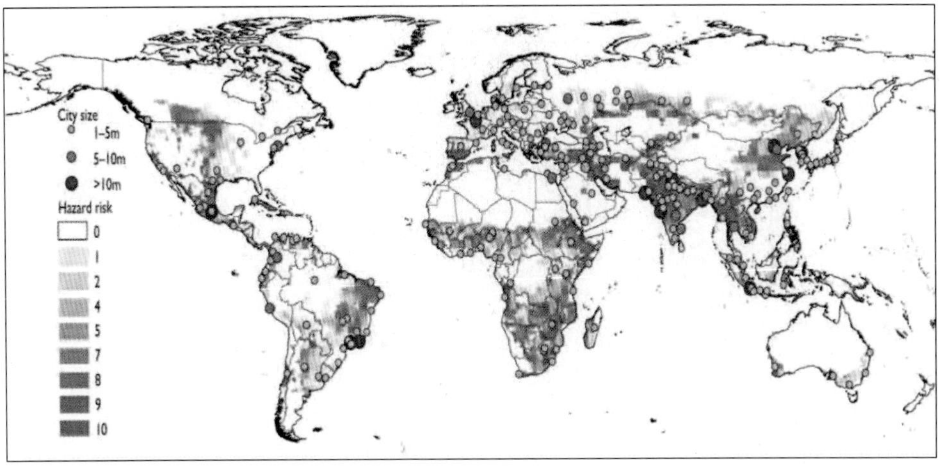

자료: 상게보고서, p. 4.

그림 3-16 분야별, 최종사용 및 활동에 따른 전 세계적 온실가스배출

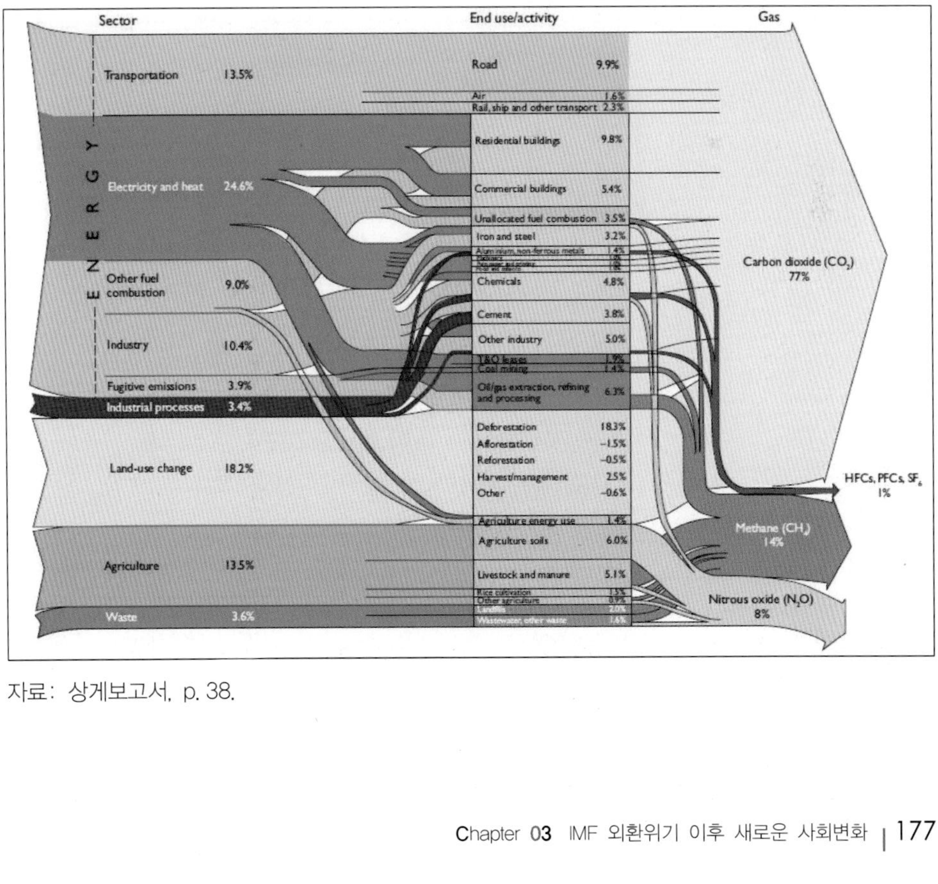

자료: 상게보고서, p. 38.

지구온난화에 큰 영향을 미치는 온실가스배출이 가장 높은 순서는 전기 생산을 위한 에너지 소비, 교통, 상업 및 주거용 빌딩, 산업활동, 폐기물 처리, 농업, 토지용도 변경 및 산림 등이다. 대부분이 도시 내지 도시화를 위해서 사용되는 재화와 서비스 생산 및 소비 활동의 결과인 것이다([그림 3-16] 참조).

1) 도시 패러다임의 변화

2008년 오바마는 미국시장협의회에서 "진실은 다음과 같다. 우리 도시가 필요로 하는 것은 단지 파트너가 되는 것이 아니다. 당신이 원하는 것은 도시를 바라보는 낡은 방식이 더 이상 작동하지 않는다는 것을 아는 파트너이며, 미국과 도시들이 역사적 변환기에 처해 있음을 아는 파트너라는 것이다"라고 말했지만 대통령이 된 후에 단 한 명 직원이 배치된 백악관 도시문제실(White House

그림 3-17 플로리다 교수 오바마 대통령에게 도시부 신설을 주장

자료: http://dc.streetsblog.org/2013/02/06/richard-florida-to-obama-create-a-department-of-cities/

Office of Urban Affairs)을 설치했다. 이러한 오바마 정부의 도시정책에 대해서, 2013년 2월 리차드 플로리다는 오바마 대통령에게 미국의 경제적 생산성과 혁신을 이끄는 도시들을 다루는 행정부처, 즉 도시부(Department of Cities)를 만들어야 한다고 강하게 주장하고 있다.[35] 오바마 대통령의 도시정책이 큰 힘을 발휘하지 못하기 때문에 강력한 행정부처를 만들어 실천하라는 것이다. 지금까지 해온 부처간 협력체제로서는 큰 힘을 발휘하지 못한다는 것이다.

김석철 교수는 도시특별구역이 갖는 창조적 의미를 강조해왔다. 부산발전연구원에서 자문위원으로 위촉해 '부산발전 2020: 전략과 비전'을 작성할 때도 이 부분을 특히 강조했다. 도시특별구역을 인위적으로 만들 것인가 아니면 자연발생적으로 만들어질 것인가는 단언하기 어렵다. 그러나 확실한 것은 장소효율성(location-efficeiency)[36]이 만들어내는 특별한 구역이 경쟁력있는 도시에는 반드시 있다는 것이다.

"비약적 발전을 이룬 세계 도시에는 모두 창조산업이 탄생한 도시특별구역이 있었다. 19세기 세계 도시 런던이 창조도시가 된 것은 문화와 예술의 거리 웨스트엔드와 무역・금융・보험의 더시티가 도시 한가운데 함께 있었기 때문이며, 20세기 뉴욕이 창조도시가 된 것은 대중문화의 메카 브로드웨이와 순수예술지대 소호, 세계 기업 록펠러센터와 월스트리트가 맨해튼의 중심에 자리해 있었기에 이뤄진 일이다. 창조도시의 근거지인 도시특별구역은 세계 산업과 문화 인프라스트럭처(infrastructure)가 얽혀 있는 곳이어야 한다. 도시특별구역은 창조인간, 창조산업의 어번 인프라스트럭처를 이뤄 여러 산업이 소통・융합해야 한다.

맨해튼이 지식사회 도래와 함께 뉴욕의 오랜 문화・예술적 전통을 최첨단 비즈니스로 연결할 수 있었던 것은 맨해튼의 경제와 문화 인프라스트럭처가 창조인간들에게 효율적인 창조산업의 환경을 제공해줬기 때문이다. 창조도시가 되려면 도시특별구역과 중심구역들 간 어번링크(Urban Link)가 필수적이다."[37]

---

35 http://dc.streetsblog.org/2013/02/06/richard-florida-to-obama-create-a-department-of-cities/

36 http://www.theatlanticcities.com/politics/2012/11/urban-policy-ideas-next-president-should-steal/3827/

37 매일경제, 김석철, "인재들이 몰려드는 도시특별구역 만들어라", 2013.03.20. http://news. mk.co.kr/newsRead.php?year=2013&no=212133

브루킹스 연구소의 브루스 카츠(Bruce Katz)는 21세기 경제성장을 주도하기 위해서 대도시지역에 투자할 것을 주장하고 있다. 미국은 단기적으로 직장창출, 그리고 장기적으로 경제구조의 개편을 위한 돌파구는 해외가 아니라 대부분의 미국인들이 거주하고, 일을 하며 여가를 즐기는 100개 도시와 그 주변지역들이 해답이라는 것이다. 브라질, 인도, 그리고 중국의 등장에 대해서 급격한 도시화와 상파울루, 뭄바이, 그리고 상하이 같은 거대규모의 도시경제의 성장에 기인한 것이라고 분석하고 있다.

미국경제가 되살아나기 위해서는 도시를 단순히 도시 인프라를 유지 보수하는 차원에서 벗어나 전 세계가 직면한 녹색산업을 중심으로 수출주도형으로 이끌 필요가 있으며, 이의 성공사례로 샌디에이고를 들고 있다. 샌디에이고의 방위산업이 철수한 후, 설립한지 25년이 된 샌디에이고 지역에서 이루어진 '코넥트(Connect)'라고 부르는 비영리조직은 최고의 연구기관들의 과학자와 발명가들을 투자가, 조언가, 그리고 지원서비스기관과 연계시킴으로써, 그들의 아이디어들을 새로운 제품과 기업창립으로 이어지게 만든 것이다. 이들의 노력으로 샌디에이고는 Qualcomm, Biogen Idec, Life Technologies, 그리고 Gen-Probe 같은 기업들을 생명과학기술 클러스터로 구축할 수 있었던 것이다. 이후 코넥트는 8개의 산업 클러스터를 만들었으며, 샌디에이고 지역의 일자리 창출을 주도하고 있다.

지금까지 미국의 도시정책의 문제는 도시를 재난지역(범죄, 안전, 복지 등의)으로 여기고, 주된 정책은 주택보조금지급, 도시내부 재생을 위한 조세유인정책 등에 집중되었으며, 산업 클러스터를 만들기 위한 강력하고 전망 있는 정책은 도외시했다.

정책입안가들의 도시에 대한 잘못된 선입관 때문에 미국 도시의 부를 재투자하기보다는 저성장지역에 투자하는 비효율적인 정책을 선호했다. 이러한 시기에 성장국가들은 도시가 갖는 자산과 성장동력으로서의 속성을 명백히 깨닫고 첨단연구, 신재생에너지, 현대적인 항만, 고속철도 및 도시교통 등에 집중적으로 투자함으로써 경제성장을 주도했다는 것이다.

카츠가 도시문제의 해결책으로 제시하고 있는 것은 매우 흥미롭다. ① 주택구입에 대한 과도한 조세지원과 같은 낡은 경제의 잘못된 습관에서 과감히 벗어나야 하며, ② 신성장기술산업, 첨단 인프라 등을 연계시켜 세계시장을 확보해야 한다는 것이며, ③ 도시와 교외가 힘을 합쳐 국내외시장에서 탁월한 입지를 구축하도록 수출을 위한 다양한 비즈니스가 가능하도록 만들어야 한다는 것이다.[38]

2) 제인 제이콥스의 도시이론

재미있는 것은 이러한 도시정책의 중요성을 제인 제이콥스(Jane Jacobs)는 벌써 주장한 것이다. 미국의 잘못된 도시계획으로 도시의 잠재력을 불식시키자 이에 실망한 그녀는 미국을 떠나 캐나다로 가버린 것이다. 제이콥스는 국가의 거시경제정책으로는 결코 경제문제를 해결할 수 없다는 것을 일찍이 간파했다. 제이콥스는 일반적인 거시모델에서 출발하여 국가모델이 아닌 도시모델만이 지속적인 성장이 가능함을 설명하고 있다.[39]

① 경제활동의 성장과 물가상승(수요측면의 경제성장)
② 경제활동의 성장과 물가하락(이론상으로나 현실적으로 불가능한 경우)
③ 경제활동의 위축과 물가상승(스태그플레이션)
④ 경제활동의 위축과 물가하락(디플레이션)

①번과 ④번이 가장 일반적인 경제사례, 그러나 전반적으로 경제가 성장을 해도 실업률은 그전만큼 낮아지지 않고 있으며, 침체기일 경우 실업률은 이전보다 더욱 심각해지고 있다. 이는 성장요인이 달라지고 있으며, 성장요인에 따라 취업인구의 비율이 달라지기 때문이다. 따라서 성장주체의 비중이 분석을 통해 알아차리기 어려울 정도로 미묘하게 변하고 있으며, 이러한 이동(shift) 현상을 명확하게 포착하기가 어렵다. 즉, 국가정책은 이러한 민간부문의 변화나 국가정

38 http://www.brookings.edu/research/articles/2010/10/21-metro-economy-katz
39 제인 제이콥스 지음, 서은경 옮김, 도시와 국가의 부, 자유기업원(나남출판, 2004)

책의 결과에 의해 나타나는 성장요인의 변화에 대한 명확한 자료를 갖기가 매우 어렵다는 것이다.[40]

제이콥스는 수입대체라는 너무나 중요한 기능이 실제로는 "국가경제가 할 수 있는 게 아니라 도시가 해야 한다고 주장하면서,[41] 수입대체는 언제나 그랬듯이 '도시'의 프로세스이며, 수입대체는 이미 생산능력이 다양해 새롭고 추가적인 제품을 생산하는데 필요한 기반을 갖춘 거주지역에서만이 경제적으로, 기술적으로, 또 유연하게－즉, 시대와 장소에 맞게－성공할 수 있다는 것이다. 도시는 기존의 충분히 다변화된 수출품과 이전의 보다 단순한 수입대체 성과, 그리고 생산자 사이에 형성된 복잡한 공생관계 등을 이용해 종종 매우 빠른 속도로 수입대체 생산기반을 확충할 수 있으며, 도시시장은－소비자시장이나 공급자시장－다양하며 동시에 집중되어 있다"[42]고 분석하고 있다. MIT의 찰스 사벨(Charles Sabel) 교수의 연구결과를 소개하면서 1970년대에 이탈리아 동북부의 볼로냐로부터 베니스에 걸쳐 대규모로 형성된 중소공업도시 군락에서 '셀 수 없이 많은 중소기업들'이 우후죽순처럼 일어난 이유로 매일 일어나는 혁신과 즉흥적 개조(improvisation)의 예를 들었다. 대기업에 트랙터 변속기를 납품하는 한 중소기업이 변속기 디자인을 약간 고쳐 값비싼 씨뿌리는 기계를 만드는 제조업체에도 공급하며, 자동차에 쓰이는 펌프는 농기계에 맞게 개조하는 등의 이러한 혁신을 통해 큰 성공을 거둔 중소기업들이 상대적으로 작은 규모라는 것을 발견했으며, 의류, 자동화 기기, 도구, 자동차, 버스, 농기구 등 거의 모든 제품의 각 생산단계를 특화했으며, 직원들이 회사를 나와 쉽게 동료들과 창업했다는 사실에 주목하면서, 놀랍게도 대기업이라는 일반적인 형태가 아닌 중소기업의 대규모 공생적 협력을 통해 규모의 경제가 발전했다고 지적했다.[43]

---

40 우리나라 도시들의 문제는 국가의 재정 지원이나 도시 자체 재원을 통해 많은 공공사업을 행하고 있으며, 이들의 결과가 단·장기적으로 지역경제에 영향을 미치고 있다. 그러나 가장 핵심적인 점은 이들 사업에 의해 새로이 태동할 수 있는 성장동력들의 싹이 자리 잡을 수 있는 토양을 만드는데 실패하고 있다는 것이다. 새로운 성장동력을 위한 또 다른 정책지원, 인력양성, 법제도 정비 등을 만드는데 무관심하다는 것이다. 정책결과와 정책효과의 점검을 통한 정책들의 상호조정이 지속적으로 이루어질 수 있는 장치가 없다면 재정지출의 효과는 매우 한정적일 수밖에 없다.

41 제인 제이콥스, 전게서, p. 48.

42 상게서, p. 52.

사벨이 발견한 이러한 공생적 중소기업들의 연대가 보여준 경쟁력과 경이적 성과는 창의적인 도시에서 항상 발견된다. 사벨이 지적한 특성-거대한 중소기업집단, 공생관계, 분사의 용이함, 유연성, 경제성, 효율성, 적응성 등-은 의미 있는 성공적 수요대체를 오직 도시와 그 주변지역에서만 실현가능하게 만드는 특성이라는 것이다.[44] 이러한 이탈리아의 중소기업의 대도시 집적도는 2012년의 지도를 통해서도 확연히 나타난다([그림 3-18] 참조).

그림 3-18 이탈리아 대도시 집적도

자료: http://blog.mipimworld.com/2012/09/italian-cities-and-national-policies-a-long-road-to-walk/

---

43 상게서, pp. 52-53.

44 상게서, p. 53. 이 부분의 내용은 현재 한국에서 추진하고 있는 광역권 클러스터의 성공을 위해 우선 도시의 중견기업과 중기업, 영세기업의 내부 혁신 클러스터를 만들 수 있도록 시범적으로 시도해야 할 부분이다.

3) 도시의 핵심은 인적자원

2007년 세계적인 여론조사기관인 갤럽이 세계조사(World Poll)를 통해 알아낸 가장 중요한 사실은 '전 세계가 원하는 것은 단 하나 일자리이다'라는 것이다.

[그림 3-19][45]는 일자리 창출을 위한 7가지의 기본 요소로서 법과 질서, 음식과 주거, 직장, 경제여건, 의료시설, 생활여건, 그리고 시민참여 역량을 꼽고 있으며, 이것이 바탕이 되어야 유능한 인재의 유입과 함께 도시 혹은 국가의 성장이 올바르게 이루어질 수 있음을 보여주고 있다.

그림 3-19 일자리 창출을 위한 7가지 요소

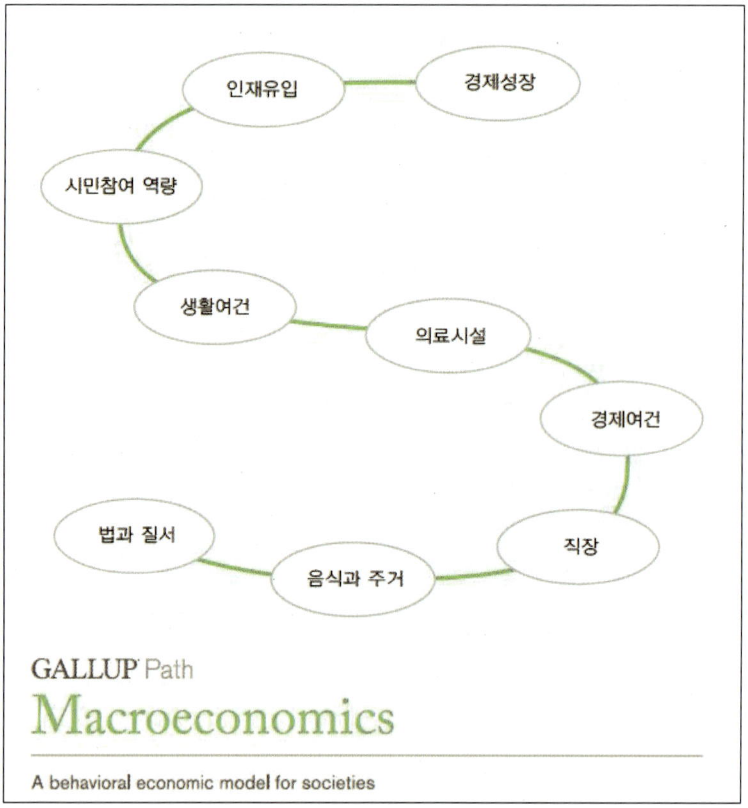

45 Jim Clifton, Global Migration Patterns and Job Creation(2007), p. 11.

갤럽은 일자리 창출을 위한 기본 요소 7가지를 설명한 후, 이를 도시나 국가에 실현하기 위한 전제조건으로 리더십을 내세우고 있다. 갤럽은 거의 70년 동안 리더십의 관행을 조사·연구해 왔는데, 지금까지 확인한 바로는 한 도시 혹은 국가가 참여하고, 열정을 지닌, 그리고 뛰어난 리더가 없다면 그곳의 성장은 일어나지 않는다는 것이다. 갤럽의 '사회를 위한 행태경제학적 모델'은 새로운 시대의 리더십이란 재능 있는 사람들이 살고 일하고자 하는 환경을 조성하는 것이라고 가정을 하고 있다. 한 조직, 도시, 그리고 국가의 인재를 유인하고, 보유하고 개발하는 것이야말로 천연자원, 항구 혹은 여타 직접 투자보다 더욱 가치 있는 변수인 것이다.[46]

인재유입(brain gain)은 재능 있는 사람들이 갖는 어떤 도시나 국가에 대한 매력에 의해서 이루어지며, 이들의 능력이나 지식을 통해 새로운 사업이나 직장이 창출되며, 도시나 국가경제를 진흥시킨다. 역사적으로 신흥국가나 도시의 등장은 반드시 외부인재의 유입을 통해서 이루어졌다. 인재유입은 경제발전의 빅뱅이며, 도시리더가 직면하는 위협은 도시에 있는 인재를 어떻게 유지할 것인가다.[47]

앞서 소개한 샌디에이고의 코넥트(Connect)는 '혁신의 25년'을 이끈 주요인물들을 소개하고 있다. 주요산업 클러스터라는 성과보다 이것을 이끈 인물들을 중시하고 있는데, 도시는 사람이 만든다는 진실을 잘 설명해주고 있다.

46 세계적인 여론기관인 갤럽이 2007년 10월에 발간한 조사보고서 "Global Migration Patterns and Job Creation" 내용 요약.

47 상게보고서, pp. 3-4.

그림 3-20 미국 의료산업 중심지 샌디에이고의 경제를 이끈 인물들

금융도시 런던에 비상이 걸렸다. 10억 달러 규모의 헤지펀드를 운용하는 존슨펀드사(社)를 비롯한 펀드회사들이 스위스 호반도시 추크(Zug)로 이전하고 있기 때문이다. 추크 시는 인구가 3만 명도 되지 않고, 추크 시가 속한 추크 주(州)도 인구 10만 명에 불과하다. 그런데도 추크에는 세계 최대의 금속중개회사 글렌코를 비롯해 버거킹, 존슨앤드존슨, 지멘스, 아디다스 등의 유럽 및 스위스 지사 등 수많은 기업이 자리 잡고 있다. 최근 영국이 금융규제 강화와 세율인상을 추진하자 추크 등 스위스 중소도시 관계자들이 대거 런던으로 몰려가 펀드회사 유치전을 펼치고 있다.

밤톨만한 소도시가 런던과 경쟁할 수 있는 것은 1960년대 이후 일관되게 추진해온 외국기업 유치전략 덕분이다. 그 비결은 낮은 세금전략이다. 추크 주의 법인세율은 업종에 따라 최소 8%대로 독일(30%), 영국(28.0%) 등에 비해 낮다. 스위스는 전국 평균세율이 21.2%이지만 자치단체가 세금을 조정할 권한을 갖고 있는데, 추크는 기업유치를 위해 다른 지역보다 세금을 대폭 낮춘 것이다.

추크는 소도시이지만 외국인 비율이 30%에 육박한다. 외국인들이 모여 살고 그들이 만든 국제학교와 각종 편의시설을 갖추고 있다는 것 자체가 외국인과 기업유치의 강력한 무기다.

산과 호수라는 천혜의 자연환경도 있다. 제조업시대 지역경쟁력은 가격이 싼 토지와 풍부한 노동력이었다. 하지만 첨단 · 정보 · 금융산업으로 바뀌면서 삶의 질이 경쟁력인 시대가 됐다. 글로벌 인재들은 복잡한 대도시보다는 자연환경이 좋고 치안이 좋은 지역을 선택한다. 모나코, 두바이 등 세금이 더 낮은 지역이 있지만, 쾌적한 자연환경과 다문화적 인프라는 추크만의 경쟁력이다.

추크와 한국의 차이는 뭘까? 한국은 다문화 인프라를 구축하기보다는 금융과 첨단산업 등 고급기업과 부자 외국인들만 유치하겠다는 전략을 짜고 있다. 외국기업들은 자국어 서비스를 받을 수 있는 식당, 사무보조 등 다문화 인프라가 있는 곳으로 이주한다. 일본 도쿄가 20년 간 글로벌 도시를 외쳤지만 오히려 외국기업들이 줄고 있는 것은 외국인에 대해 폐쇄적 문화 탓이다.

자료: 조선일보, '런던과 맞짱 뜬 시골도시', 2010.06.03.

도시는 지식기반 경제의 가치를 창출하고, 높은 질의 삶의 공간을 제공하는 문화와 교육의 허브인 것은 확실하다. 그렇기 때문에 도시 내 자유로운 분위기와 문화적 다양성을 수용하는 사회제도의 마련이 필수적인 것이다.

그림 3-21 스위스 추크

자료: http://en.wikipedia.org/wiki/File:IMG_5966.JPG

5 소셜 미디어를 통한 자기조직화 운동 확산

2013년은 인터넷이 태어난 지 30년이 된 해다. 10년 전인 2002년 12월 14일에 다음과 같은 메일을 필자는 받았다. 2003년 1월 1일이 인터넷이 태어난 지 20년이 되었음을 모르고 지나쳐서는 안 된다는 내용이다.[48]

48 한국이든 미국이든 초기 인터넷 관련 자료들은 찾기가 어렵다. 미국은 일찍 이러한 문제점을 파악하고 다양한 곳에서 초기 인터넷 문서들을 찾아서 보관하고 있다. 한국도 초기 인터넷 관련 자료들을 찾아서 복원하고 저장하는 노력이 국가적으로 이루어져야 한다. 이 자료는 필자의 컴퓨터에 저장되어 있는 것이지만 다음 사이트에서도 찾아볼 수 있다. http://cdn.preterhuman.net/texts/computing/gopher-archive/seanm.ca/nerd/msg18554.txt

------ Forwarded Message
From: Bob Braden ⟨braden@ISI.EDU⟩
Date: Sat, 14 Dec 2002 10:08:38 -0800 (PST)
To: ietf@ietf.org
Cc: internet-history@postel.org
Subject: The 20th anniversary of the Internet

We ought not to let pass unnoticed the impending 20th anniversary of the Internet. The most logical date of origin of the Internet is January 1, 1983, when the ARPANET officially switched from the NCP protocol to TCP/IP. Six months later, the ARPANET was split into the two subnets ARPANET and MILNET, which were connected by Internet gateways* (routers).

The planning for the January 1983 switchover was fully documented in Jon Postel in RFC 801. The week-by-week progress of the transition was reported in a series of 15 RFCs, in the range RFC 842 - RFC 876, by UCLA student David Smallberg.

There may still be a few remaining T shirts that read, "I Survived the TCP/IP Transition". People sometimes question that any geeks would have been in machine rooms on January 1. Believe it!! Some geeks got very little sleep for a few days (and that was before the work "geek" was invented, I believe.)

So, on New Year's Eve, hoist one for the 20th anniversary of the Internet.

Bob Braden

인터넷이 탄생한지 10년이 지난 1994년을 전후로 웹이 등장하면서 인터넷은 새로운 발전을 하게 된다. 특히, 웹사이트 구성에 있어서 한국과 영미권은 다른 형태로 나아가게 된다. 한국의 웹사이트는 익명의 게시판을 중시하는 편이었지만 영미권은 게시판보다는 실명중심의 토론을 중시하는 편이었다. 따라서 영미권은 게시판보다는 140자 단문의 글을 올리는 트위터와 믿을 수 있는 친구들을 위한 게시판으로 볼 수 있는 페이스북으로 발전하게 된다. 따라서 한국의 게시판처럼 악플이 상대적으로 적고, 명예훼손이나 자살로 이끄는 사회적 악영향이 상대적으로 적은 편이다.

부정적인 측면이 많이 나타나기도 했지만 한국은 나름대로 독특한 인터넷문화를 발전시켜왔는데, 그중에서도 웹사이트의 게시판이나 트위터를 통해 다양한 형태의 자기조직화를 시도해오고 있다. 다음에 소개하는 3가지 사례는 한국의 정치변화를 위한 매우 의미 있는 시도였다고 판단된다.

1) 소셜 미디어를 통한 자기조직화 사례

(1) 인터넷정치 실험: 노사모

게시판이 자기조직화를 위한 소셜 미디어로 작동하기 시작한 것은 한국의 인터넷 정치운동의 시발점이라 할 수 있는 '노사모' 사이트다. 지금은 고 노무현 전대통령의 추모를 중심으로 변화했지만 초기 웹사이트는 다음과 같은 논리로 새로운 정치실험의 장을 만들려고 한 것은 사실이다.[49]

"우리의 공통점은 ① 노무현에 대한 사랑, ② 인터넷, ③ 지역감정 극복, ④ 민주주의의 발전, ⑤ 자발적 등으로 정리할 수 있습니다." "아날로그 사고방식으로 디지털 세상을 이끌어 갈 순 없습니다. 우리 노사모는 인터넷 세상에서 모범적인 활동사례와 구시대 정치의 새로운 대안을 제시하고자 하는 모임이지 않습니까? 우리는 우리에게 맞는 우리의 운영방식을 찾아야 합니다. …(중략)… 대의정치의 한계를 우리는 절감하고 있습니다. 우리 노사모는 전 노사모의 회원이 직접 우리 노사모의 운영에 참여하는 그런 구조에 대한 대안을 찾아 나서야 한다고 생각합니다."[50]

(2) 리눅스형 정책개발 아이디어: 이문옥 웹사이트

2002년 6월 지방자치단체장 선거에서 전 감사원직원 이문옥씨가 서울시장 후보로 출마했다. 민주노동당 후보로 출마했는데, 상대 후보에 비해 정책적 역량이 떨어지기 때문에 당시 이문옥 후보 이름으로 만들어진 웹사이트에 상당히 기발한 아이디어가 나왔다.

> '깨르르'란 ID로 2002-05-09 17:33:22 작성된 것이며, 제목은 [제안] '정책게시판 활성화를 위하여'[51]였다. "정책개발 사이트 운용방법에 대한 제안: 정책게시판이 활발해지면 분명 후보의 정책에 반영되는 제안들이 생겨날 것입니다. 그럴 때는 게

---

49 초기 노사모에 관한 자료는 인터넷 상에서는 거의 없지만, http://old.nosamo.org/에서 부분적인 자료는 확인할 수 있다. 필자는 2002년 말부터 '인터넷혁명과 참여'라는 제목으로 집필을 하면서 상당한 양의 노사모 관련 자료들을 모았었다. 아직 이 책은 완성되지 못한 상태다.

50 http://old.nosamo.org/bbsUpFiles/노사모의 정체성에 관한 연구.hwp(2003년 3월 15일 방문) 현재 이 글은 필자의 컴퓨터에 저장되어 있는 자료 외에는 찾기가 어렵다.

51 http://www.moonok.com/zb41/view.php?id=free_board&page=11&sn1=&divpage=1&sn=off&s s=on&sc=on&select_arrange=headnum&desc=asc&no=1074

시판 맨 윗글(후보의 정책공약)에 즉시 그 내용을 첨가하거나 수정합니다. 그리고 그 사실을 즉시 공개합니다. 이럴 경우, 내용이 수정되었다는 사실을 효과적으로 알릴 필요가 있습니다. 즉, 게시물 제목을 통해서 변경 사실이 공개되어야 합니다.

저는 소프트웨어 버전업 방식의 표기를 제안합니다. 가령 최초에 게시되는 후보의 환경 관련 정책제목을 '이문옥의 환경공약 1.0'으로 정합니다. 그리고 정책게시판이나 기타 외부의 제안을 통해 내용이 보강될 때마다 버전 업을 합니다. 부분적인 보완이라면 Ver 1.1이나 1.2로, 만일 중요한 내용이 보강된다면 2.0으로….

이렇게 되면 누구나 제목만 보면 정책의 보완 내지 강화 여부를 알 수 있고, 버전 업이 될 때마다 그 글을 열어서 내용을 확인해 볼 겁니다. 관리자는 버전 업이 될 때마다 글 맨 앞머리에 어느 어느 부분이 수정되었다는 안내 메시지만 올려주면 됩니다. 설명은 길었지만 실은 아주 간단하고 명쾌한 방식입니다."[52]

이 아이디어는 실천되지 못했었다. 그렇지만 2002년에 리눅스형 정책개발방식이 제안되었다는 것은 지금 보아도 대단한 발상이었다고 여겨진다.

(3) 트위터를 활용한 자기조직화: 대나무 숲 운동

정책개발방식은 아니지만 새로운 자기조직화 방식이 2012년에 나타났다. 2012년 대선분위기 때문에 잠시 언론의 주목을 받았다가 관심대상에서 사라졌지만 2013년 3월 현재 여전히 엄청난 종류의 '** 옆 대나무 숲'이란 이름으로 트위터를 장악하고 있다.

지금까지는 대기업중심의 경제구조를 개편하려는 경제민주화가 아주 중요한 이슈였는데, 이제는 중소기업계 내부의 민주화를 위한 움직임이 '트위터'를 중심으로 나타난 것이다. 각종 중소기업 영역에 대한 민주화를 위해 '대나무 숲' 계정을 개설하고 각종 불만이나 문제점 등을 토로하고 있다.

1960년대 중소기업기본법을 중심으로 중소기업은 사회적 약자로 여기고 엄청난 재정지원이 이루어진 곳이었다. 그러나 이 부분에서도 민주화 움직임이 일어나고 있다. 중소기업에 대해서는 일자리 창출에 기여한다는 긍정적인 평가, 대기업에 대해 부당한 대우를 받는다는 점만 부각되었지, 중소기업의 운영방식에

---

52 김영삼, '과학기술 정책수립과정의 개선방안: 정책결정과정의 참여확대 방안을 중심으로', 과학기술정책연구원, 정책연구 2002-01(2002.5), pp. 212-213에서 재인용.

그림 3-22 트위터를 통한 사회적 약자들의 목소리: ' 옆 대나무 숲'**

대한 분석은 거의 없는 편이었다. 이제 중소기업에 종사하는 비정규직과 직원들이 그들 문제를 사회에 보여주고 있다.

아직 이른 판단이지만 한국사회가 새로운 방향정립을 위해 소용돌이 치고 있다는 것은 사실이다. 과거 1980년, 1987년 민주화 운동과는 사뭇 다른 움직임이다. 우선 이름이 '무슨 무슨 대나무 숲'이다. 《임금님 귀는 당나귀 귀》라는 동화책에서 따온 것 같은데, 조직 내 소통의 부재에서 나오는 반민주적 행위에 대한 새로운 형태의 소문전달방식을 트위터를 통해서 이루고자 하는 것이다. 곽동수 교수는 대나무 숲을 SNS가 가져온 사회적 현상이라고 해석하면서 "이렇게 공동의 아이디를 쓴다는 것이 쉬운 일이 아니다. SNS를 통한 새로운 움직임은 한국에서 제일 먼저 만들어지는 것 같다. 등장한 지 20일 만에 방송에서 다룰 정도면 얼마나 빨리 성장한 건지 알 것"이라고 분석했다.[53]

이처럼 '대나무 숲' 현상을 사회적 약자들의 자발적 조직화운동으로 파악할 필요가 있다. 스마트폰 사용이 일상화된 지금 스마트폰이 새로운 형태의 사회운동 플랫폼이 될 수 있다는 것이다.

"사회의 구조적 모순과 문제들을 고발하고 이를 해결하는 소셜 서비스가 만들어져야 한다. 다음에서 아고라나, 인터넷 청원도 이런 소셜 서비스의 한 장르이겠지만, 좀 더 즉각적이고 폭넓은 사회적 참여가 가능한 순수한 의미의 사회적 서비스들이 태동해야 한다고 본다. 대기업과의 갑/을 관계, IT 산업의 취약한 산업구조 등 너무나 많은 문제점은 알고 있지만, 최소한 대나무 숲 같은 이런 모순을 타개하려는 노력이 필요하다."[54]

앞서 소개한 리눅스형 정책개발 제안처럼 '대나무 숲 운동을 조직화할 수 있는 방법'이 나타난 것도 매우 주의 깊게 살펴보아야 한다.

번역인들끼리 서로 대화하고 현실을 토의하는 정보망/공론장을 운영하자(I)[55]

－최초 작성(2012.10.26)　　－최근 수정(2012.11.06)

Ⅰ. 개요

가. 2012년 9~10월 대나무 숲 '현상'에 관한 상황 요약

1. 이 트윗(goo.gl/JxHRW)의 취지대로 어제(2012.10.25) 번역계 대나무 숲 최초 계정인 @transecret가 번역가들의 익명 토론장(goo.gl/HMyMG)을 열었는데 보다시피 다시 피습됐다. 팔로어 0의 비번공개 계정을 공격하는 건 단순 스패머의 행태가 아니다. 지금까지 이 스패머는 업계와 분야를 가리지 않고 모든 대숲을 공격대상으로 삼았고, 어제는 익명으로 토의 좀 해보자는 공간 자체도 파괴하겠다는 의도를 드러냈다.

2. 이런 행동을 보면 그동안 이 스패머가 노출한 스팸 링크는 단순한 위장이고 누군가의 사주를 받은 전문알바(사이버용역)로 추정된다. goo.gl/vkEUt에서 제시한 새 대숲 모형에서 공동쓰기 자계정(비번공개)은 이 공격자를 스패머라고 봤을 때나 유효하다. 팔로어 0명의 계정은 스패머에게 아무 매력도 없기 때문이다. 하지만 공격자의 성격이 위장된 스패머라면 방향을 틀 수 밖에 없다.

---

53 중앙일보, 트위터 속 '대나무 숲' 확산…'익명 소통창구' 인기, 2012.09.18.

54 http://www.iamday.net/apps/article/talk/2184/view.iamday

55 http://twishort.com/jLBcc

3. 그래서 어쩌라고? '적극적 발언자들이 상당수 있다고 전제'할 때 방법은 다수의 단독쓰기 자계정과 복수의 모계정을 결합해 운영하는 수밖에 없을 듯하다. 누가 참여해줄까? 이게 숙제다.

4. 최초 대숲 계정 @transecret의 운영자에게 보냈던 의견(2012.10.26): 기존의 대숲 계정 @transecret을 공동쓰기 자계정으로 가져가는 건 무리 같습니다. 그나마 기존의 팔로어라도 유지하려면 읽기전용 모계정으로 운영해야 한다고 봅니다. 모계정이 복수로 존재해도 무방합니다. 그들끼리 맞팔하여 자계정을 리트윗하면 되고, 이렇게 자계정들도 분산되고 모계정들도 분산되어 작동할수록 공격에 대한 저항력을 유지할 수 있습니다. 문제는 단독쓰기 익명 자계정들을 누가 만들어 발언할 것이냐라고 봅니다. 아마도 오랜 침묵이 흐를 것 같습니다.

나. 앞으로 어떻게 하는 것이 좋을까? 운영의 대원칙과 취지(익명성 유지와 소통)

산산이 흩어진 번역인들끼리 각자 고립된 채 경험하는 현실적 문제를 공유하고 토의하는 공간은 여전히 필요하다. 서로 문제를 호소하고 내가 미처 생각지 못한 대응방법을 서로가 조언해줄 수 있다. 사실 익명성을 유지하면서 (현실적 문제와 미래를 향한 바람을) 말해줄 익명의 개인계정 10개만 출현해도 공동 발언장은 그런 대로 굴러갈 수 있다. 자기만 혼자 쓰니까 계정관리도 속 편하다. 기존의 대숲 방식처럼 공동쓰기 계정을 만들면 수시로 공격당하지 방어해야지 새 계정을 팔까 말까 생각해야지 더 골치 아프다.

소심한 번역가들의 입에서 그다지 세상을 떠들썩하게 할 얘기가 나올 건더기도 별로 없다. 그저 서로 고립되어 각자의 사정을 잘 모르니 답답한 것들, 불편한 것들, 고통스러운 것들, 조금 더 나은 변화를 바라는 사항, 그런 얘기를 익명의 자기 계정에서 말하면 그뿐이다.

익명의 개인계정이 십여 개 출현하고 그 발언들을 두어 개 모계정에서 리트윗하면 이 사람들의 공론장이 형성된다. 그 대화들이 다른 대화를 촉발하면 새 계정들이 덩달아 늘어날 수 있고, 그렇게 굴러가다 보면 어떤 형태로든 번역가들의 공론장을 만들어 갈 수 있을 것이다.

익명의 개인계정들을 생성하여 발언하고 서로의 경험과 착상을 공유할 분들을 기다린다!!

다. 트위터상의 번역가 네트워크: 그 운영방식의 개요

이미 번역가들이 자기들 나름대로 만들어 소통하는 포털사이트의 카페라든가 기타 여러 사이트(및 오프 모임)들이 있다. 그래서 이런 의문도 들 것이다. "그런 소통공간이 있는데 뭐 하러 트위터에서 이런 걸 만들 필요가 있는가?" 내가 생각하는 이유는 크게 세 가지다.

첫째, 기존의 사이트들은 어떤 이유에서든 기본적으로 폐쇄된(닫힌) 네트워크이고 중앙집중형이다. 그래서 그 망 자체가 진화하지 못한다.

둘째, 기존의 소통공간은 실명의 인격을 전제하는 세계다. 그래서 솔직하게 현실적인 자기 사정을 터놓고 얘기하는 데 장애가 많다(그런 사이트의 오프 모임에 나가 보면 누구는 네이버 파워블로거라고 새긴 명함을 던지며 자기 PR을 하고, 누구는 강의를 한다고 자랑한다. 그런 식으로 그 사람들 중심으로 화제가 점유된다. 하지만 번역업 종사자들이 공통으로 겪는 힘든 문제에 대한 토의는 별로 없다). 기존의 그런 곳들은 그 네트워크의 중심(카페지기나 핵심 운영자)이 누구냐, 그와 친밀한 사람들의 관심사가 무엇이냐에 초점이 고정되어 있다. 거기서 거의 벗어나지 못한다. 그래서 대부분 친목과 그에 준하는 정보공유가 주기능일 뿐이다. 이를테면 약자들이 모였다는 이곳들은 약자의 주 현안은 토의되지 않고, 약자 중에서 좀 강자인 사람들의 이해에 따라 의제가 굴러가는 곳들이다(그렇다고 이 사람들이 지급 지연이나 불공정 계약 등 번역계 고유의 고질적인 문제에서 자유로우냐 하면 그렇지도 않다).

셋째, 트위터에서 익명으로 말하고, 듣고, 질문하고, 조언할 수 있는 '다수의 네트워크'를 형성할 수만 있다면, 위 두 가지 문제가 자연스럽게 극복되면서 참여하는 번역가들 모두에게 득이 될 수 있다. 트위터의 P2P 방식 그대로 이 망이 개방적인 분산된 망들로 진화할 수 있다.

자, 그러면 그 작동방식의 개요를 보자.

1. 트위터상에 구현할 번역인들의 공론장은 크게 모계정(들)과 자계정들로 구성되는 네트워크다. 모계정은 읽는 곳이고, 자계정은 쓰는 곳이다. 두 계정 모두 익명 계정이고 아무리 많아도 상관없다. 다다익선, 많을수록 좋다.

2. 자계정은 개인이 자기만의 익명 계정에서 발언하는 계정인데('자계정' 혹은 '단독 자계정'이라고 부르자), 두 유형으로 구분해 운영하고자 한다. 개방형(열린) 자계정과 폐쇄형(닫힌) 자계정이다. 개방형 자계정은 간단히 프라이빗(비공개) 설정을 하지 않은 계정이다. 따라서 개방형 자계정은 익명 상태에서 자기 정체를 유지하고 자기 팔로워를 둘 수 있다(물론 원하면 안 둬도 된다. 그건 그 개인계정이 결정할 정책이다). 이런 계정들은 그들끼리 익명으로 대화형 토론을 쭉 이어갈 수 있다. 모계정(들)은 리트윗만 한다. 이렇게 하면 깊이 있는 의제를 꾸준하게 토론할 때 유용하다.

3. 폐쇄형 자계정은 프라이빗(비공개) 설정을 해둔 계정이고, 팔로어를 두지 않으며, 모계정(들)하고만 1대1 맞팔한다. 이런 계정의 트윗은 리트윗이 불가능하니 모계정이 수동 알티하되 계정명을 밝히지 않는다. 그러면 이런 자계정들의 익명성은 완벽하게 유지될 수 있다. 다만 폐쇄형 자계정들은 익명 상태인 데다 발언내용과 계정명이

매치되지 않으므로 대화형 토론을 길게 이어가기가 기술적으로 불편(거의 불가능)하다. 단지 1회성으로 한 번 말하거나 여러 트윗을 일방적으로 말하는 것은 얼마든지 가능하다. 그에 대한 1회성 답글까지는 어렵지 않다.

라. 요약

이런 식의 모형은 사실 별것이 아니다. 세상 사람들이 전부 다 번역가라고 해보자. 그 개인들이 트위터에서 사적인 대화는 본인 실명 계정에서 하고, 자기들 업무에 관한 대화만 이 익명 계정에서 하는 것이나 다름없다. 왜, 이런 별도의 익명 세계가 필요한가? 우리는 우리의 구체적 사정을 실명으로 성토하기는커녕 얘기할 곳도 마땅히 없는 약자들이기 때문이다!

이런 식의 네트워크에서는 개별 단독 자계정들끼리 서로 맞팔도 하고, 프라이빗으로 가는 사람도 있고 아닌 사람도 있고, 리트윗하는 사람도 있고, 익명의 개방형 계정에서 서로 싸우다가 블록하는 경우도 있고, 심지어 자계정이 자기 모계정을 블록하고 다른 모계정에 붙거나 새로 모계정을 만드는 일도 생길 수 있다. 즉, 하나의 주제(자기들의 생업)에 대해서만 이야기하되 트위터의 운영방식을 그대로 따르는 것이나 마찬가지가 아니겠는가?

※ 다음 링크의 문서에서 좀 더 보충하는 내용을 전한다.

2) 새로운 질서형성 플랫폼으로서의 소셜 미디어

미국 오리건 주의 소셜 미디어 기반의 참여 플랫폼을 보면 매우 의미 있는 사실을 발견할 수 있다. 우선 지역문제를 논의하는 소셜 미디어들이 모두 오픈소스 소프트웨어를 활용하고 있는데, 드루팔(Drupal)이라고 하는 오픈소스 툴을 사용하고 있다는 것이다. 콘텐츠 관리에 중점을 둔 드루팔을 한국과 달리 미국의 공공기관들은 많이 사용하고 있는데, 오픈소스인 드루팔[56]을 활용하여 다양

56 ① 상상할 수 있는 모두 웹페이지 형태를, 코딩 없이 혹은 최소한의 설정으로 구축 가능, ② 콘텐츠를 생성, 배포, 권한 제어하는 예쁜 인터페이스가 이미 구현되어 있고, 커스트마이징도 가능, ③ 홈페이지에 특정 기능(예: 투표, 그래프, 설문, 주문양식, 관리화면 등)이 부족하다 느낄 때, 코딩을 거의 하지 않고, 해당 모듈을 구해서 설치, ④ 디자인에 질린 화면을 곧바로, HTML 수정 없이 바로 교환 가능. 테마링(스킨) 개념, 등록된 테마가 수백 개 이상임, ⑤ 상급자를 위한 PHP 코딩/커스터마이징도 유연함, 견고한 DB 및 체계적인 콘텐츠 타입 설정 구조 등의 특성이 있어 공공기관이나 사회단체들이 다양한 형태의 웹서비스를 제공할 수 있다. http://palpal.org/what-is-drupal 참조.

한 목적에 맞는 웹을 만들 수 있다는 것이 매우 중요하다.

지역문제에 대한 접근방식은 매우 다양하기 때문에 지역문제에 대한 의견제시와 이 의견에 대한 등급을 매기도록 함으로써 지역문제의 우선순위를 파악할 수 있으며, 자신의 견해를 올릴 수 있는 블로그를 이용한다든지 혹은 스토리텔링을 올릴 수 있는 신뢰할 만한 웹사이트들을 활용하면 된다. 지역문제를 해결하기 위해 참여할 경우, 자신의 역할에 따른 임무를 수행하는 과정이나 다른 팀원이나 팀들과 공동작업할 경우, 일의 진척사항을 관리하기 위한 프로젝트관리를 위한 웹사이트들을 사용하면 된다. 자원봉사활동을 할 경우, 자원봉사활동을 지원하는 웹사이트를 통하면 된다. 만약 지역문제 해결을 위해 필요한 장비를 만들어야 할 경우, 킥스타터(kickstarter)라는 크라우드펀딩(crowd funding) 회사를 활용하여 제작에 필요한 자금을 모으면 된다.

이처럼 지역문제 해결을 위한 지역민들의 참여를 다양한 형태의 소셜 미디어를 통해서 해결할 수 있는 방안을 오리건 주의 참여플랫폼이 만들어 실천하고 있는 것이다([그림 3-23] 참조).

이처럼 열린, 그리고 참여를 도와주는 다양한 형태의 소셜 미디어를 통해서 공공과 민간, 그리고 영리와 비영리활동을 결합시킬 수 있는 논리와 방법을 본격적으로 논의해야 한다. 이런 맥락에서 본다면 오리건 주처럼 참여플랫폼을 제도화되기 위한 조건들을 받아들일 수 있는 분위기를 만들어내야 한다. ① 참여비용의 극소화, ② 사용하기가 간단하고, 깔끔하며 목표를 구현하는데 명확해야 한다, ③ 참여자를 환영하는 분위기, ④ 가치와 행위규범이 명백해야 한다, ⑤ 참여가 아주 유연해야 한다, ⑥ 영역 간 교차가 자연스러워야 한다, ⑦ 참여하는 그룹들이 열정적이어야 한다, ⑧ 플랫폼형성을 위해서 다양한 집단 간 교류가 활발해야 한다.[57]

새로운 공동체의식, 지식 나눔과 연대의식, 새로운 사회단체의 역할과 믿음의 확산은 기존의 정부역할에 대한 신뢰의 상실에 대한 반작용이자 새로운 사회형성을 위한 동력으로 작용하고 있다. 즉, 큰 것보다 작은 것에 대한 믿음이라는 소규모 차원의 혁명이 동시다발적으로 지역에 관계없이 발생하고 있는 것이다.

---

57 http://www.mmt.org/sites/default/files/PlanforWeb.pdf

그림 3-23 미국 오리건 주의 소셜 미디어 기반 참여플랫폼 구축

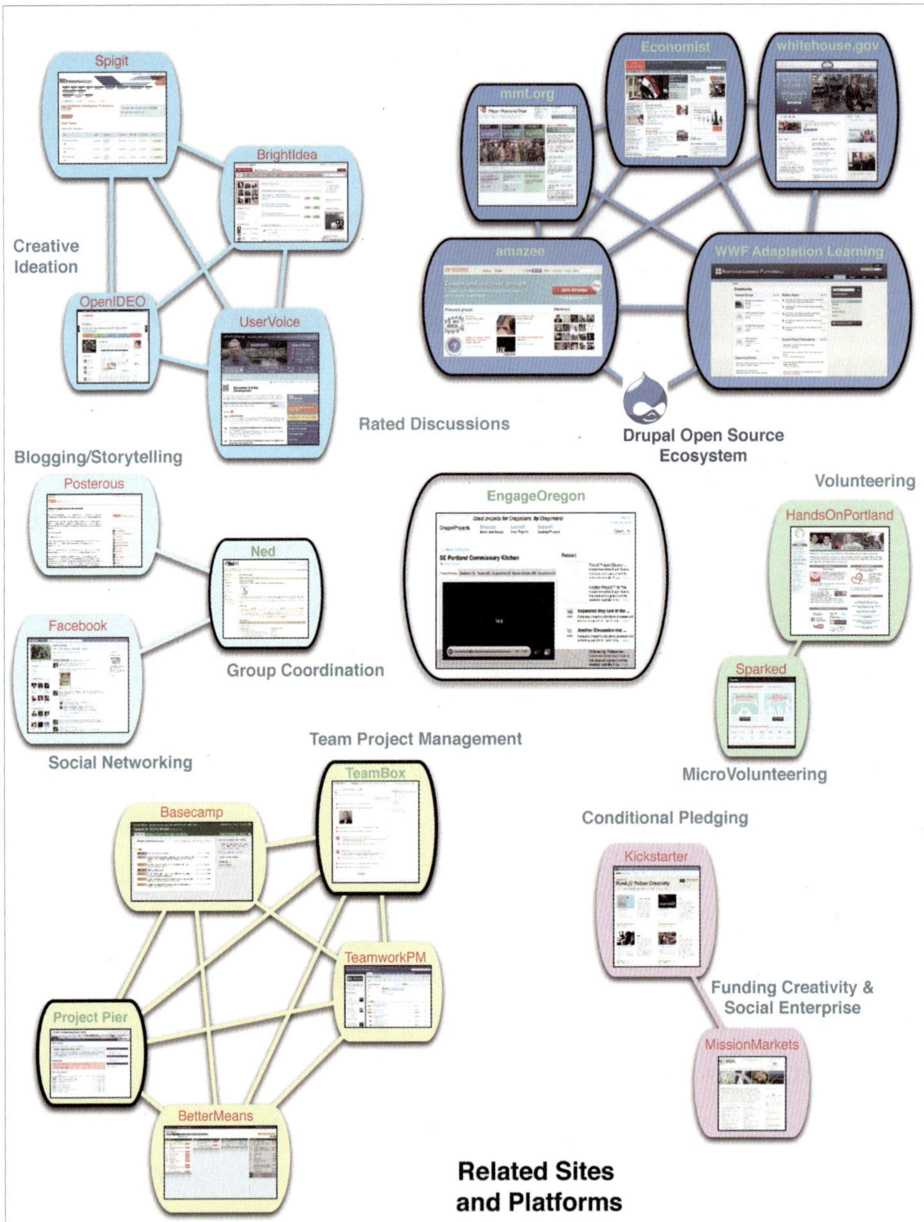

자료: http://www.mmt.org/sites/default/files/PlanforWeb.pdf, p. 8.

상당히 폐쇄적으로 알려진 무슬림국가의 지도자들이 소셜 미디어를 많이 활용하고 있음을 알 수 있다.[58] 이는 곧 그 나라의 국민들도 새로운 매체를 많이 사용하고 있음을 의미한다. '디지털다야'에서 발간한 "페이스북: 21세기 정치의 플랫폼: 웹상에서의 열정과 마음을 얻는 법(Facebook: A Platform for 21st Century Politics: Winning Hearts and Minds on the World Wide Web)"[59]에서 무슬림지역의 정치·사회적 변혁내용을 잘 정리하고 있다.

이제 무슬림들은 과거와는 달리 급진적인 종교적 신념을 표현하기 위해서, 반대견해에 대한 논쟁을 하기 위해 포럼에 가입하며, 자신들의 관점을 표명하기 위해, 시민 저널리스트로서 행동하기 위해 웹을 적극적으로 활용하고 있는 것이

표 3-6 지역별 온라인 무슬림 이용자수

지 역	무슬림 인구	온라인 무슬림 인구	총 온라인 무슬림 비율
Middle East	459,878,950	104,127,683	46%
East Asia	228,599,000	38,631,352	17%
South Asia/ Indian Subcontinent	485,970,000	31,448,814	14%
Central Asia	128,639,000	19,912,079	9%
Sub-Saharan Africa	240,333,000	16,964,966	8%
Americas & Europe	24,880,400	14,963,535	7%
	1,568,300,350	226,048,428	100%

Source: World Internet Usage and Population Statistics December 31, 2009; Global Muslim Population, A Report on the Size and Distrlbution of the World's Muslim Population October 2009 by Pew Research Center, U.S. State Department Religious Freedom Act; CIA World Factbook; and Digital Daya Intelligence Databases.

Note: Middle East Region Comprises the Arab World(the Gulf, Levant, and North Africa Regions), Israel, Iran, and Turkey.

East Asia Includes the Muslim Populations in ASEAN and Far East Regions.

Central Asia Includes Muslim Populations of CIS(Except the Baltic), Russia, Western China, and Afghanistan.

자료: Facebook: A Platform for 21st Century Politics: Winning Hearts and Minds on the World Wide Web, p. 4에서 재인용.

---

58 http://www.digitaldaya.com/epetition.php?id_petition=69#/2, pp. 2-3.

59 http://www.digitaldaya.com/admin/modulos/galeria/pdfs/60/143_rkv69046.pdf

표 3-7 나라별 온라인 무슬림 인구수

	나 라	무슬림 인구	온라인 무슬림 인구
1	Iran	73,777,000	35,781,845
2	Turkey	73,619,000	25,398,555
3	Indonesia	202,867,000	25,358,375
4	Pakistan	174,082,000	18,452,692
5	Egypt	78,513,000	16,566,243
6	Nigeria	78,056,000	12,567,016
7	India	160,945,000	11,266,150
8	Malaysia	16,581,000	10,893,717
9	Saudi Arabia	24,949,000	6,761,179
10	China	21,667,000	6,218,429

Source: World Internet Usage and Population Statiscics December 31. 2009; Global Muslim Population, A Report on the Size and Distribution of the World's Muslim Population October 2009 by Pew Research Center; U.S. State Department Religious Freedom Act; CIA World Factbook; and Digital Daya Intelligence Databases.

자료: Facebook: A Platform for 21st Century Politics: Winning Hearts and Minds on the World Wide Web, p. 10에서 재인용.

다. 이처럼 온라인에 접속된 무슬림 인구가 증가하고 있는 것과 무슬림국가의 정치 · 경제체제에 저항하는 '아랍의 봄'과는 결코 무관하지 않다.

2007년 4월 16일 버지니아공대가 있는 블랙스버그(Blacksburg: 미국 초기 지역 정보화의 선구적 마을)에 총격사건이 일어나 학생들이 죽은 사건이 발생했는데, 이 사건을 통해서 새로운 저널리즘의 등장을 세계에 알리게 된 것이다.

[그림 3-24]에 씌여진 내용은 미디어가 변해버렸다는 것이다. "블랙스버그에서 일어난 비극적 사건을 통해서 우리가 경험한 것은 정서적으로, 그리고 기술적으로 인터넷에 연계된 세대들에게 빚을 졌다는 것이다. 멀리 떨어진 버지니아 마을에서 보내온 학생들의 이야기, 사진, 비디오, 보고내용 등이 전 세계에 세련되지 않은 채로 하나의 스토리를 만든 것이다. 여러분이 미디어에 대해 알고 있다고 생각한 모든 것이 변한 것이다."

그림 3-24 소셜 저널리즘의 탄생

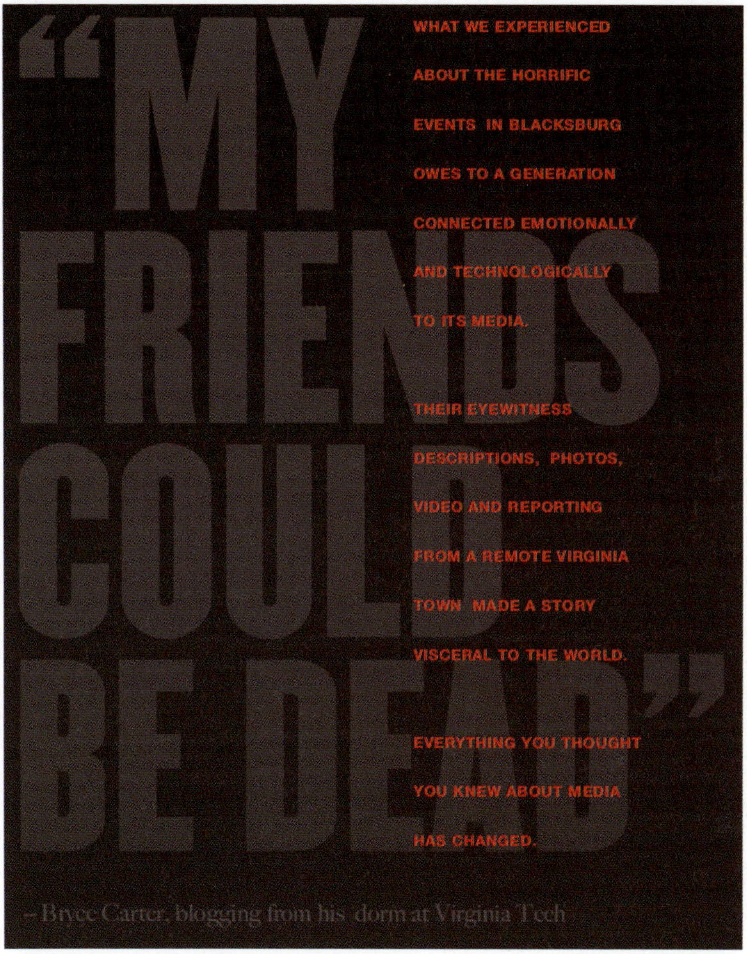

자료: http://www.ifocos.org/Ram/PDF/RAN_VT.pdf

이 사건에 대한 보고서에서 스마트폰과 소셜 미디어를 통한 미디어 권력개편을 가능하게 만드는 12가지 근본적인 변동요인[60]을 소개하고 있다.

주류 미디어가 뉴스의 생산지로서 염두에 두는 곳은 기자들을 많이 두고, 뉴스원에 대한 접근도 쉽다. 따라서 큰 이슈에 대한 지배력은 상대적으로 크지만 돌발사고에 대한 뉴스 생산능력은 갈수록 떨어진다. 대부분의 사람들이 스마트

60 http://www.ifocos.org/Ram/PDF/RAN_VT.pdf, p. 2.

폰을 가지고 있고, 소셜 미디어를 통해서 뉴스를 전달할 수 있기 때문에 주류 미디어는 다음의 속성을 지니는 개인적, 그리고 소셜 미디어에 뉴스 생산과 전달, 그리고 소비능력에서 밀리고 있는 셈이다. 이러한 변화는 지역중심의 분권화 운동에도 큰 영향을 미치고 있다.

① 개인 미디어를 통한 감정의 카타르시스
② 소셜 네트워크: 새로운 지역화, 공동체개념의 재정의, 물리적 범주에서 탈피
③ 기여 혹은 참여하고자 하는 문화
④ 실시간 사회학
⑤ 사실의 극히 일부만 보도하는 기존 언론방식의 타파: 뉴스 생산량의 엄청난 증대
⑥ 다양한 뉴스 소스를 통해 사건 내용을 다양하게 파악
⑦ 웹을 통한 뉴스 게재는 지방 방송국들이 손쉽게 활용하여 새로운 골칫거리가 됨.
⑧ 알 권리와 보호할 권리가 충돌
⑨ 뉴스가 실제 일어나는 장소로서의 인터넷
⑩ 인터넷판 신문에 뉴스가 나고 종이신문은 이를 정리해서 기사로 나타남.
⑪ 언론은 모든 사람의 것이다.
⑫ 뉴스 출처의 증대

인터넷과 소셜 미디어에 의해서 개인과 모든 사회조직이 미디어가 된 것이다.

힘 있는 공공 및 민간조직에 의해서 행해지는 권력남용, 부패 및 믿음의 배신 등을 밝힘으로써 민주주의를 고양하고자 하는 CPI(Center for Public Integrity)는 지난 8년 간 감사원보고서, 언론, 그리고 전문가들과의 인터뷰를 통해서 '미국정부가 고장났음(broken government)'을 밝힌 비영리조직이다. 이 조직에서 만든 보고 자료가 인터넷에 올려지고 이를 CNN이 다시 기사로 알려주고 있는데, 이때 CNN은 뉴스 생산자가 아니라, 뉴스 1차 소비자가 된 것이다.

"CNN에서도 보도된 조사결과의 내용은, 교육, 에너지, 환경, 정의와 안보, 군사와 보훈문제, 의료, 교통, 재정관리, 소비자와 노동자안전 등 다양한 정부영역에서의 오용, 낭비와 사기 등의 잘못된 125개 이상의 사례를 보여주었는데, 이러한 정부실패의 종합적인 평가는 일반국민들에게 엄청난 실망을 안겨주었으며,

그림 3-25 소셜 미디어의 융합

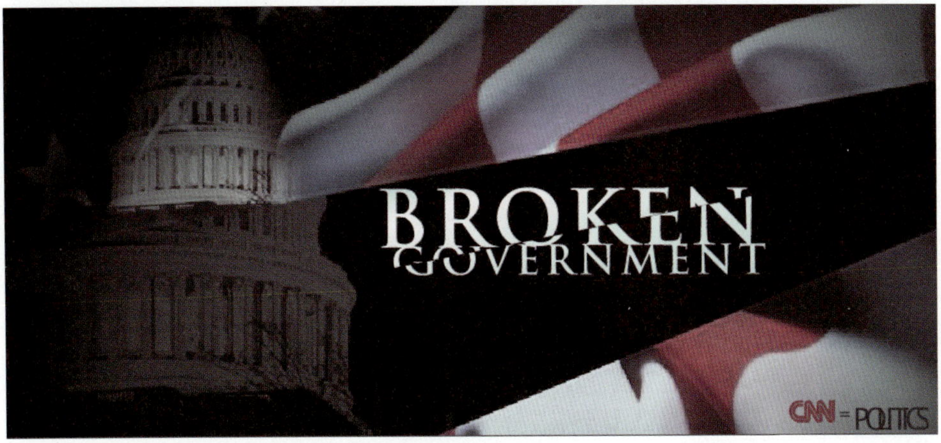

자료: http://edition.cnn.com/CNN/Programs/broken.government/

미국이 개방된 나라도 아니고 더 이상 안전한 나라도 아님을 알게 해준 것이다. 물론 일부 국민들은 이러한 절망적인 사실을 알고 있기도 하지만 설혹 그렇지 않다 하더라도 이와 유사한 절망감을 느꼈을 것이다"라고 보도했다.[61]

사회현상을 총체적으로 분석하는 것하고, 개별현상들을 총합하는 것 하고는 그 결과가 매우 다르다는 것이 국가정책의 어려움이다. 그러기 때문에 영역 간의 상호작용을 분석할 수 있는 도구나 툴의 마련이 무엇보다 필요하다. 왜냐하면 모든 분파적 집단들은 그들만을 위한 극단적이고 고립된 견해들에 집착하기 때문이다. 공개, 참여, 협업의 논리가 점차 힘을 얻고 있는 것도 지금처럼 복잡하게 얽힌 사회에서의 문제해결은 전통적인 것으로서는 거의 불가능하기 때문에 정치와 정부만이 아닌 사회 모두의 집단지성으로 해결해야 한다는 것이다. 즉, 시민들이 매우 스마트해졌다는 것이다.

61 http://www.indyposted.com/11740/cnn-poll-most-americans-believe-government-is-broken/

3) 사회평등을 이루는 새로운 접근방법: 베네수엘라의 '엘 시스테마(El Systema)'

1975년 베네수엘라를 음악으로 밝힐 씨앗을 심은 한 남자가 있었다. 그의 이름은 호세 아브레우(José Abreu)이며, 베네수엘라 음악교육에 있어서 모든 사람들을 접근가능하게 만든 변곡점을 그은 드림 메이커이자 비전을 지닌 리더였다. '엘 시스테마'를 통해 음악교육을 받은 사람이 40만 명이 넘었으니, 음악교육을 통해 사회변혁을 이루겠다는 그의 꿈은 이루어진 것이다.

음악을 통해 오케스트라적인 사회구조로 재편성을 할 수 있음을, 새로운 사회 가치체계를 개인-가족-지역공동체-인류사회로 확산시킬 수 있음을 베네수엘라의 음악프로그램은 보여주고 있다. 특히 중요한 것은 이러한 사회개혁 프로그램에 대해 정부가 바뀌더라도 이에 대한 지원은 변하지 않았다는 것이다. 한 사람의 위대한 비전과 실천의지, 그리고 정부, 지역공동체와 가정의 지원이 이루어낸 값진 사회적 실험이었다.

왜 우리보다 소득수준이 낮은 베네수엘라의 음악프로그램을 소개하는가 하면 IMF 외환위기 이후 무너진 한국사회의 좌절과 분노, 무너진 공동체 의식, 극도의 개인화를 통한 가족과의 단절과 정신적 고통 등을 치유하는 방법을 한국사회는 아직 발견하지 못했기 때문이다. 힐링(치유)이라는 단어가 사회에서 각광을 받는 이유가 여전히 한국사회는 IMF 외환위기 고통에서 벗어나지 못하고 있기 때문이다. 동시에 선진국에서도 전문가중심의 음악교육이 사회문제와는 동떨어진 개인적 돌파수단이라는 점을 반성하면서 공동체적 정신에서 출발하는 음악교육의 새로운 가능성을 발견하고, 이를 선진국의 음악교육에 도입하려는 노력도 활발해지고 있다. 선진국이든 개발도상국이든 상관없이 물질만능의 사고에서 발생하는 사회적 문제의 해결방법으로 베네수엘라의 음악교육은 크게 주목을 받고 있는 것이다.

재미와 흥분, 그리고 협동정신은 인간이 사회에 참여하게 만드는 가장 핵심적인 동기다. 특히 음악이라는 인간이 본능적으로 지니고 있는 예술적 감성을 발현하게 만듦으로서 스스로의 가치를 발견하고, 합주 혹은 합창 형식을 통해 협력과 규칙을 배우게 함으로써 건전한 사회공동체 일원으로 탄생하게 만드는 것이다.

사회·경제적 불평등으로 인해 폭력이 일상화된 베네수엘라 사회문제를 해결하고자 치열한 고민을 통해 탄생한 베네수엘라의 엘 시스테마는 1975년 아브레우 박사가 시작한 음악교육을 통한 사회통합운동이다.[62]

볼리바르 미션(Misiones bolivariana)은 차베스 정권이 실행하고 있는 가난, 질병, 문맹 등의 퇴치를 위한 일련의 공공정책이다. 차베스 정권은 그중에서도 음악 미션(Misión música)을 통해 아동을 대상으로 하는 무상음악교육인 엘 시스테마를 지원하고 있다.[63] 한국의 경우, 무상급식 혹은 무상교육으로 인해 오히려 사회적 갈등을 증폭시킨 경우를 생각해보면 국가예산을 투입하더라도 제대로 된 목표와 성과를 얻을 수 있는 곳에 투입되어야 한다.

누클레오[64]에서 4년 간 음악교육을 받은 학생의 진로 선택은 전적으로 개인의 문제다. 엘 시스테마의 1차적 목표는 구스타보 두다멜(Gustavo Dudamal; 엘 시스테마가 배출한 세계적인 지휘자)과 같은 훌륭한 음악가 양성보다는 음악을 통한 사회통합이라는 것이다. "4년 간의 음악교육, 여기까지를 우리는 사회사업이라 부른다. 음악은 건강한 사회를 위한 도구가 될 수 있다."[65]

정부예산이 엘 시스테마 전체운영의 90%를 차지하지만, 이들은 정부예산 내에서만 교육문제를 해결하는 것이 아니라 학생들 가족의 전폭적인 지원, 가족 간의 유대감, 그리고 교사들의 희생정신 등이 합쳐져 작용함으로써 교육과정에서 발생할 수 있는 갈등을 효과적으로 해결할 수 있는 공동체 의사소통을 만들어내었다는 것이다. 결국 희생과 봉사정신이 부모들과 학생들을 감동시킴으로써 음악교육의 장에 나타나게 만들고 학생들과 부모들은 자신의 미래에 대해 희망을 갖게 만들었다는 것이다.

1975년 엘 시스테마 프로그램을 만든 아브레우 박사는 음악이 갖는 인간적, 교육적 본질 덕분에 한 나라를 내부적으로 통합시킬 수 있는 모델, 음악을 변화의 기본 도구로 삼는 사회적 모델로 생각하고 실천해왔다. 그는 엘 시스테마를

---

62 권가람, "인간과 떼려야 뗄 수 없는 음악-엘 시스테마 참관기", 트랜스라틴 23호(2013년 3월), p. 91.

63 상게논문, p. 92.

64 누클레오는 엘 시스테마의 철학 아래 음악 합주교육이 이루어지는 지역의 거점기관을 말한다.

65 권가람, 전게논문, p. 94.

디자인하면서 두 가지 근본적인 원칙과 목적을 설정했었다.

① 공부하고, 일하고, 즐기고, 그룹으로서 성공하고, 가족이 단합하고, 개인적 행복을 누리고, 정체성을 형성하고, 어린이와 청소년이 처한 사회·경제적, 신체적 조건과 무관하게 모든 사람이 참여하고 통합될 수 있는 기회와 즐거움을 가장 넓은 의미에서 민주화하고 확장하는 것, ② 아이가 배움과 음악활동으로 가족과 교사, 동급생 공동체, 이웃, 그들이 태어나서 사는 지역을 포함한 전체 사회라는 모체에 연결되고 이를 통해 사회에 대한 영향력과 기여를 늘려나가는 것이다.[66]

그림 3-26 엘 시스테마 웹사이트

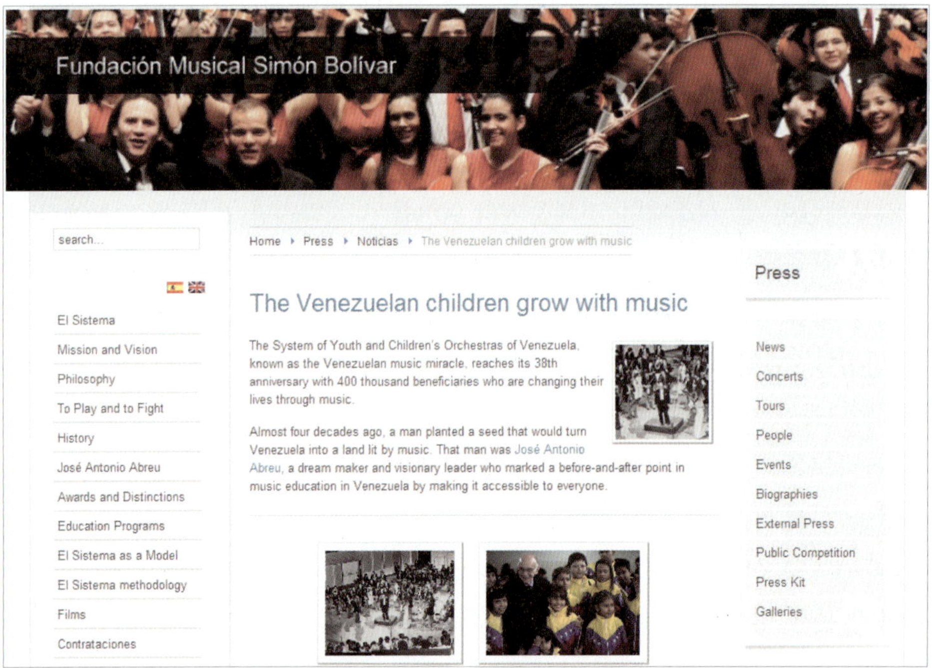

자료: http://www.fesnojiv.gob.ve/en/el-sistema-as-a-model.html

66 체피 보르사치니 지음, 김희경 옮김, 엘 시스테마, 꿈을 연주하다(푸른숲, 2010), p. 129.

그림 3-27 호세 아브레우 박사의 테드(TED) 강연

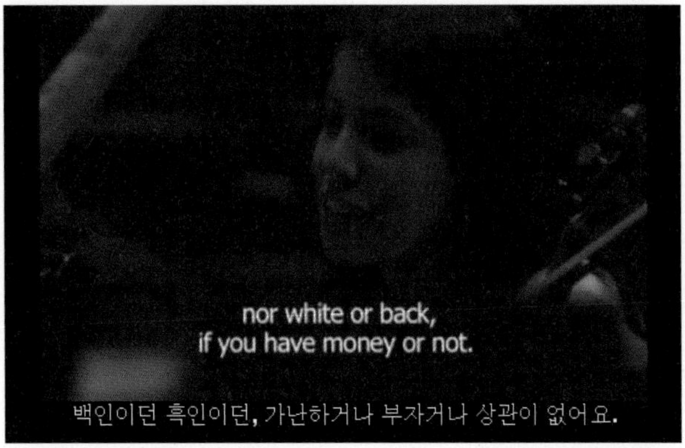

자료: http://www.ted.com/talks/jose_abreu_on_kids_transformed_by_music.html

TED상을 받으면서 그가 행한 연설에서 '엘 시스테마'의 철학을 확연히 알 수 있다.

> 본질적으로 오케스트라와 합창단은 예술적 집합체 그 이상입니다. 그들은 학교와 사회생활의 모델들(models)입니다. 왜냐하면 노래하고 함께 노는 것은 조직과 협동의 엄격한 규칙들을 따르며 목소리와 악기들의 조화로운 협력관계를 만들기 위하여 완벽과 탁월함을 향해서 친밀하게 공존하는 것을 의미하기 때문입니다. 그것이 서로 간의 연대의식과 우애를 형성하는 방법이며, 자부심을 개발하고, 음악과 관련된 모든 윤리적이고 미학적인 가치들을 함양하는 방법입니다. 이것이 바로 음악이 예술적 감성을 일깨우고 가치들을 구축하고 젊은이들을 훈련시키고, 아이들을 가르치는 데 대단히 중요한 이유입니다.
>
> '엘 시스테마'의 구조는 각 공동체와 지역의 특성에 걸맞는 새롭고 유연한 관리방식에 기반하고 있습니다. 그리고 오늘날 베네수엘라에서 30만 명의 저소득층과 중산층 아이들이 참여하고 있습니다. 이것은 사회구조의 프로그램이자 깊이 있는 사회적인 변화입니다. 전체 베네수엘라 사회를 위해서 계획되었고 그 어떤 구별이나 차별도 없으며, 오직 취약하고 위협받는 사회적 계층을 강조하는 사회적인 변화입니다.
>
> 엘 시스테마의 효과는 세 개의 근본적인 영역에서 느낄 수 있습니다 – 개인/사회적 영역과 가족적 영역, 그리고 공동체 영역입니다.
>
> 개인/사회적 영역에서 합창단과 오케스트라의 아이들은 그들의 지적, 감정적 측면을 개발합니다. 리더십, 교육과 훈련, 참여책임감과 관대함 다른 이들에 대한 헌신과 커다란 공동의 목표에 대한 개인적인 공헌들을 얻을 수 있습니다. 그리고 이것들은 자부심과 자존심의 개발로 이어집니다.

가족 내에서 부모의 도움은 절대적입니다. 아이는 그의 부모들의 역할 모델이 됩니다, 그리고 이것은 가난한 아이들에게 매우 중요합니다. 아이들이 자기가 가족들에게 중요하다는 것을 발견하게 되면 그는 자기 자신을 개선할 새로운 방법을 찾기 시작합니다. 그리고 그 자신과 공동체가 더 나아지기를 소망하게 됩니다. 또한 그러한 자신의 가족이 사회적, 경제적으로 개선되기를 소망합니다. 이 모든 것이 건설적이고 상승적인 사회역학을 만들어 냅니다. 이 아이들의 대부분은 베네수엘라의 가장 취약한 사회계급에 속해 있습니다. 그것은 그들로 하여금 새로운 꿈과 새로운 목표를 품게 하고 음악이 제공하는 다양한 기회들 속에서 발전하도록 장려합니다.

마지막으로 공동체의 영역에서 오케스트라는 문화의 창의적인 공간이라는 것을, 그리고 새로운 의미와 교화의 장임을 보여줍니다. 음악이 가지고 있는 즉흥적이고, 마음에서 우러나오는 성질은 사치품이기를 거부하며, 음악이 사회의 유산이 되게 합니다. 핵심 아이디어는 가족이 자부심과 기쁨을 가지고 아이들이 속해 있는 오케스트라와 합창단의 활동에 참여하는 것입니다. 음악이 스스로 만들어내고 그 안에 내재하는 거대한 정신적인 세계는 물질적인 가난함을 이겨내게 됩니다. 아이가 악기를 연주하는 법을 배우는 그 순간부터, 그 아이는 더 이상 가난하지 않습니다. 그는 전문적인 수준을 향해서 진보를 시작하는 아이가 되고 이후에는 한 사람의 시민으로 성장할 것입니다. 말할 필요도 없이 음악은 매춘과 폭력과, 나쁜 버릇과, 아이의 인생을 망치는 모든 것으로부터의 최고의 방지책입니다.

몇 년 전에 역사가 아놀드 토인비(Arnold Toynbee)는 말했습니다. 세계가 커다란 정신적인 위기를 겪고 있노라고 말입니다. 경제적인, 사회적인 위기가 아닌, 정신적인 위기 말입니다. 저는 이러한 위기를 돌파하기 위해서는 오직 예술과 종교만이 인류와, 인류의 강렬한 열망과, 우리 시대의 역사적인 요구에 올바른 해답을 줄 수 있다고 믿습니다. 지혜와 지식의 통합이 되는 교육, 이것은 보다 완벽하고, 보다 깨어 있고, 보다 고귀하며, 보다 정의로운 사회를 위하여 안간힘을 쓰는 것을 의미합니다.

자료: http://www.ted.com/talks/jose_abreu_on_kids_transformed_by_music.html

6 새로운 사회적 공간의 등장

'Networked', 'Connected'라는 말이 이제 당연시된 것처럼 세상은 이미 하나로 연결되어 있기 때문에 연결이 주는 이점을 최대한 활용할 필요가 있다. 이용 가능한 지식, 기술, 그리고 습득능력(skill)을 집단지성으로 변화시킬 수 있는 메커니즘을 만드는데 점차적인 관심과 행동을 필요로 한다.

이점에서 교육이야말로 새로운 지속가능성을 가능하게 만드는 주요 요인이라는 점을 강조하는 것은 매우 중요하다. 창의적이다라는 말은 "같은 자원으로 기존의 방식보다 효과적이고, 더 많은 공감대를 형성하는 성과를 가져오는 새로운 방식의 구상과 실천 및 결과를 말한다." 이는 인간교육방식의 혁명을 요구하게 되는데, 인간존재에 대한 강한 긍정과 함께 인간능력의 긍정적인 신뢰를 바탕으로 현재의 삶의 여건을 함께 해결하고자 하는 '새로운 교육혁명 및 사회혁명'이라고 말할 수 있다.[67]

MIT 미디어 랩(Media Lab)의 니콜라스 네그로폰테(Nicholas Negroponte), 미첼 레스닉(Mitchel Resnick), 저스틴 캐셀(Justine Cassel)이 유네스코에 제안한 의견서인 《학습혁명을 창조하자(Creating a Learning Revolution)》는 디지털기기를 활용한 적극적인 학습을 통한 실제적인 문제 해결력, 지구적인 차원의 협업 능력을 중심으로 한 학습의 혁명으로 비전화되어 있다. 저자들은 세계평화, 건강한 삶, 경제개발, 지구촌의 지속가능성 등의 이슈를 해결하기 위해, 어린이가 가장 중요한 자원임을 강조하며, 제시하는 교육 비전은 디지털기기의 도움을 바탕으로 한 세 가지 핵심요소에 중점을 두고 있다.

> 첫째는 그 같은 교육 비전이 어린이들이 교육을 받는 입장에서 스스로 학습하는 입장으로 전환될 수 있도록 노력할 것을 제시한다. 그것이 우리 인간이 유아기 때부터 사용하는 가장 인간적인 학습방법인 동시에 아이들에게 배움의 호기심과 그 실용성을 스스로 깨닫게 하는 효과가 있기 때문이다. 디지털기기는 아이들이 직접 탐험하고 표현하고 경험하는 학습기회를 제공한다.
>
> 둘째는 아이들이 배워야 할 것은 교과서가 아니라는 것이다. 아이들이 배워야 할 것은 문제를 어떻게 해결할 수 있을까 하는 영역이다. 아이들은 강의실에 멍하니 앉아서 필기를 하는 대신에 프로젝트를 수행하고 그 결과물로 평가받게 된다. 그것을 통해서 어른들의 사고를 답습하는 것이 아니라 자신의 머리로 새롭게 생각할 수 있는 능력을 키울 수 있게 될 것이다.
>
> 마지막 셋째는 아이들이 인터넷이라는 IT 연결성을 통해 전 세계의 다른 아이들

67 김재연, 소셜 웹이다(네시간, 2010년), pp. 200-202.

> 과 함께 배우면서 '지식 창조 커뮤니티(Knowledge-building communities)'를 건설하는 것이다. 아이들은 커뮤니티를 만들어가는 과정과 절차를 통해서 다문화, 다언어, 다양한 작업의 방식들을 학습해나갈 수 있다. 이것은 장차 그들이 자라서 세계인들과 함께 지구적 문제를 해결해나가는 데 중요한 선행학습이 될 것이다.[68]

이러한 교육방식은 다양한 사회적 실험을 통해서 새로운 형태의 사회를 만들어내는 창조적 동력이 되고 있다. 특히 과거처럼 폐쇄된 공간에서 활동하는 시대는 아니다. 그렇다면 새로운 공간개념은 어떠한가? 공간이란 무엇인가? 존재하는 곳이 공간이다. 인재, 자금, 기술, 정보, 인프라 등의 물리적 자산(공간)과 다양성, 초이성적 동기, 호의를 바탕으로 한 문화적 소프트웨어와 같은 비물리적 자산(공간)이 어떻게 결합하고 있는가는 각 지역(혹은 공간)이 어떤 모습으로 발현되는가를 보여주는 기준이 된다. 비물리적 공간은 물리적 공간 위에 형성되는 또 하나의 공간으로 물리적 공간이 형성하는 네트워크를 보호하는 공간을 말한다.

[그림 3-28]은 리좀형태(rhisomic pattern)의 사회문화가 형성된 곳에 열대우림 형태의 실리콘밸리가 가능함을 보여준다. 리좀이라는 공간문화가 형성된 곳에서만 이 토양 위에서 다양성, 초이성적 동기, 그리고 호의를 바탕으로 한 비물리적 공간이 창출되며, 여기서 물리적 공간을 점하는 다양한 물리적 요소들이 다양하게 결합하여 새로운 형태의 비즈니스가 탄생하는 것이다. 기존의 문화공간이 파괴된 곳에서는 리좀형태가 만들어지기 어렵다. 전통공간이 중요한 이유가 있는 것이다. 대학문화가 있는 곳에서 다양한 형태의 클러스터가 창출되고, 다양한 형태의 벤처자본, 창업자, 투자분석가, 건물소유주, 그리고 금융과 문화공간이 어우러지는 것은 당연하다. 왜냐하면 폐쇄적인 공간은 더 이상 공간이 아니다. 산업시대는 전기라는 플랫폼을 활용하기 위해 일정한 폐쇄적 공간이 필요했다. 그리고 폐쇄적 공간의 규모는 매우 커졌으며, 이를 산업공간이라 했었다. 그러나 컴퓨터 네트워크라는 플랫폼은 물리적 공간을 비물리적 공간과 결합시킴으로써 전혀 다른 공간을 창조한 것이다.

---

68 Nicholas Negroponte, Mitchel Resnick, Justine Cassell(MIT Media Lab), Creating a Learning Revolution. http://www.unesco.org/education/lwf/doc/portfolio/opinion8.htm

그림 3-28 리좀공간과 수목공간의 결합: 새로운 복합공간의 형성

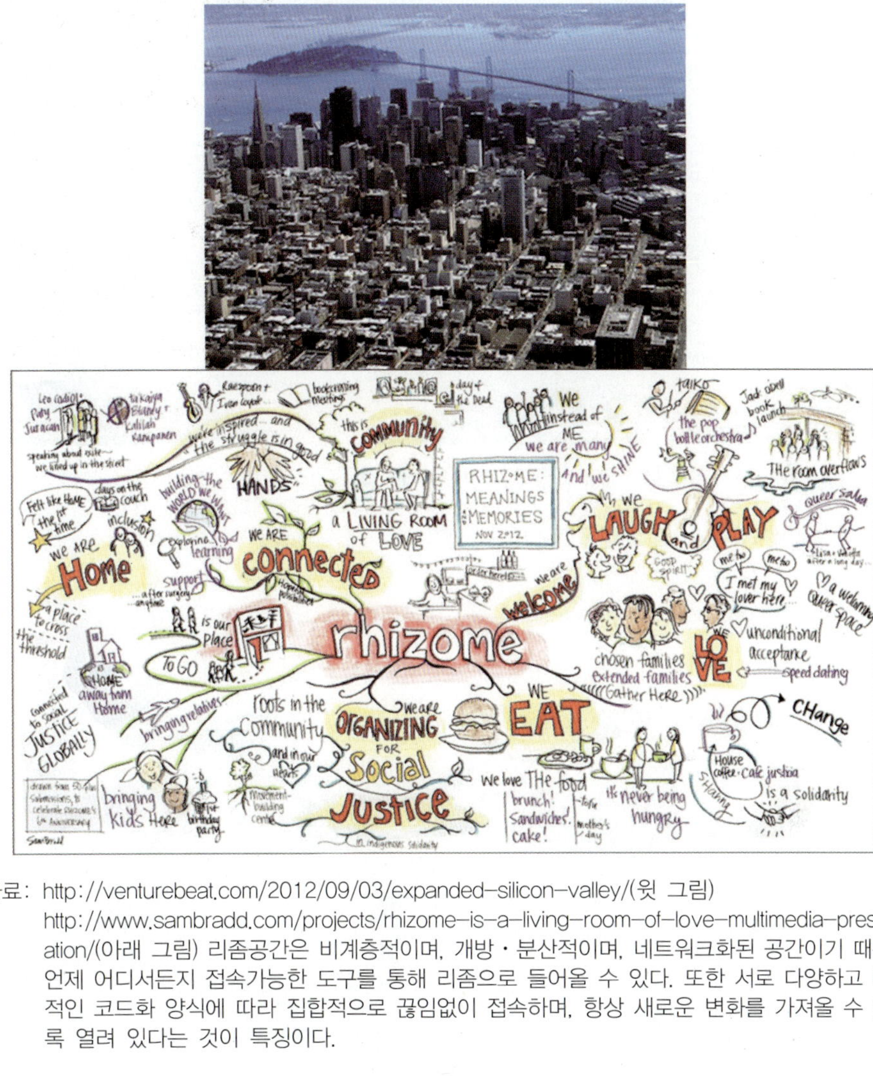

자료: http://venturebeat.com/2012/09/03/expanded-silicon-valley/(윗 그림)
http://www.sambradd.com/projects/rhizome-is-a-living-room-of-love-multimedia-presentation/(아래 그림) 리좀공간은 비계층적이며, 개방·분산적이며, 네트워크화된 공간이기 때문에 언제 어디서든지 접속가능한 도구를 통해 리좀으로 들어올 수 있다. 또한 서로 다양하고 이질적인 코드화 양식에 따라 집합적으로 끊임없이 접속하며, 항상 새로운 변화를 가져올 수 있도록 열려 있다는 것이 특징이다.

이러한 새로운 공간의 예로서, 허브(The Hub)는 기업가의 아이디어가 공간과 공동체형성 및 미팅을 통해 협업적 문화를 창출하여 지속가능한 창업을 일으킨다는 목표를 갖고 있다. The Hub는 자신들의 공간이 협업공간(collaborative space)으로서 창조적 사회기업가들을 위한 전 세계적인 창업공간으로 활성화될 것이라고 선언하고 있다.

그림 3-29 스타트업 액셀러레이터 '500스타트업' 본사 사무실

미국 캘리포니아 주 마운틴뷰 시의 스타트업 액셀러레이터 '500스타트업' 본사 사무실에서 액셀러레이터 프로그램에 선발된 스타트업들이 각자 업무를 하고 있다. '500스타트업'에 입주한 기업들은 개방된 사무실에서 일하며 창업 성공경력이 있는 멘토와 이웃 기업들로부터 생생한 노하우를 전수받는다.

자료: http://biz.chosun.com/site/data/html_dir/2013/02/15/2013021501276.html

그림 3-30 사회적 기업가를 위한 공간: The Hub

자료: http://www.the-hub.net

그림 3-31 새로운 사회적 공간에서 가능한 협업체계

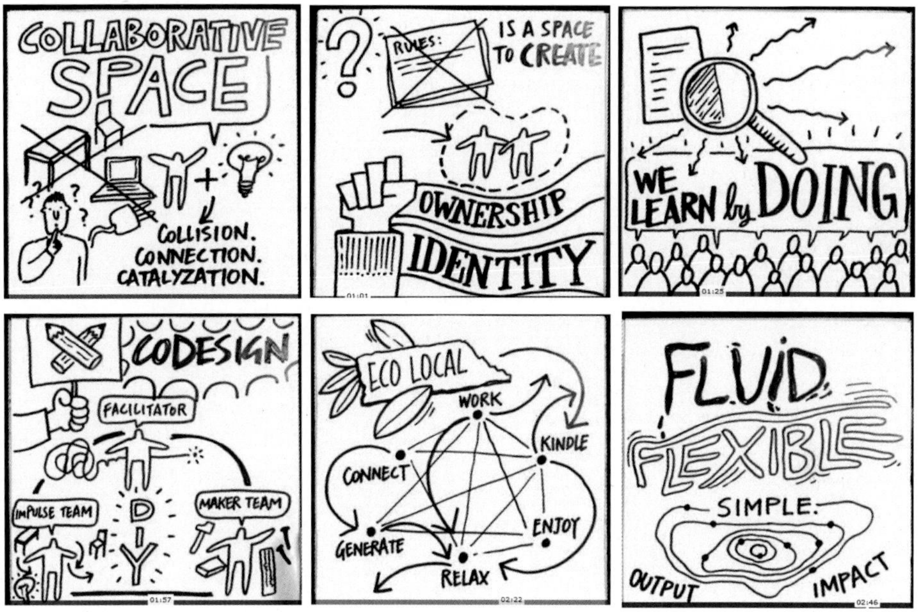

자료: http://www.the-hub.net

칸막이 없는 협업공간을 통해 새로운 비즈니스와 제품들이 탄생하고 있는 것이다. 이 공간에서는 수확체감이 아닌 사회적 수확체증법칙이 작동하게 되는 것이다.

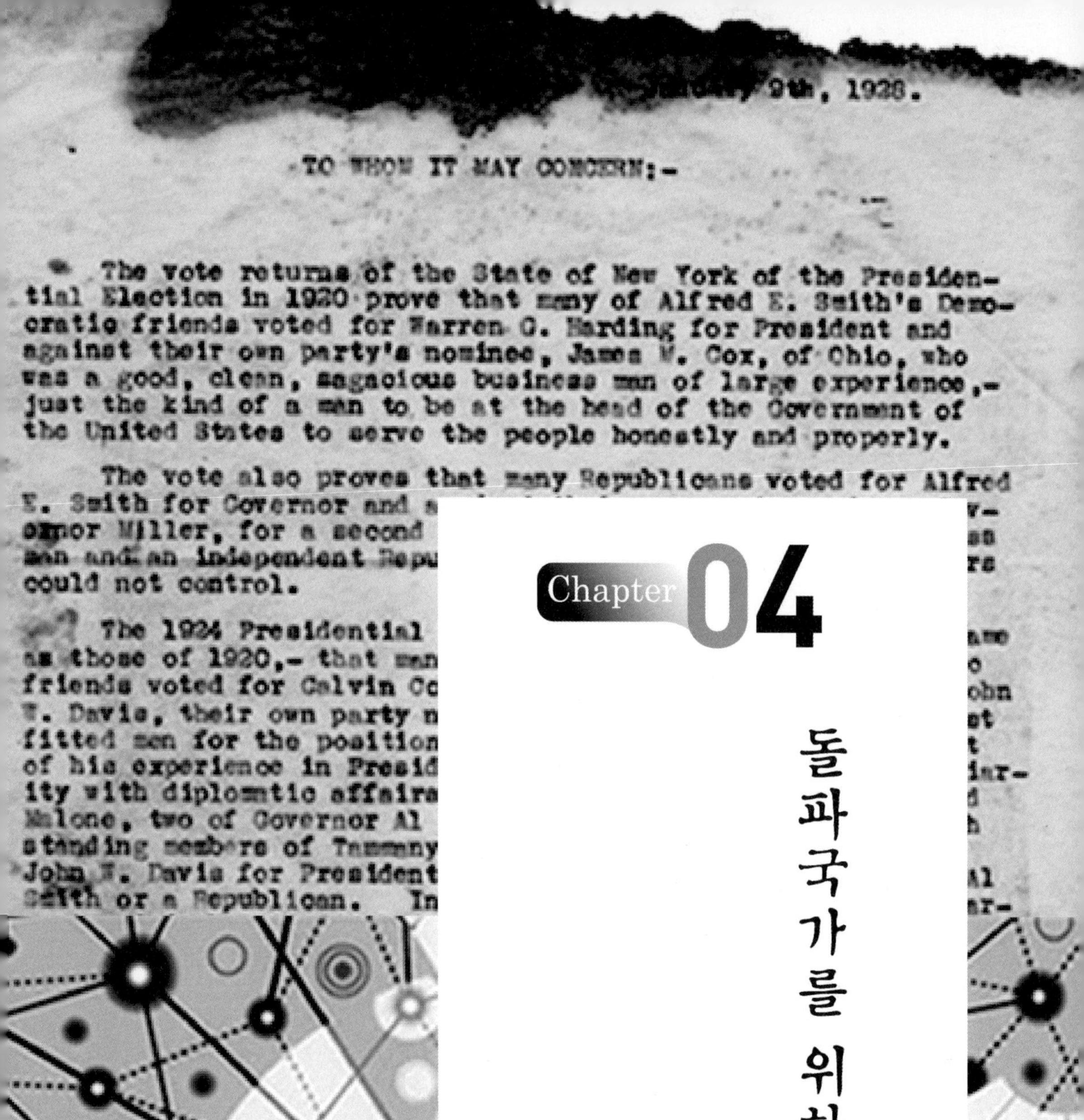

...9th, 1928.

TO WHOM IT MAY CONCERN:-

The vote returns of the State of New York of the Presidential Election in 1920 prove that many of Alfred E. Smith's Democratic friends voted for Warren G. Harding for President and against their own party's nominee, James M. Cox, of Ohio, who was a good, clean, sagacious business man of large experience,- just the kind of a man to be at the head of the Government of the United States to serve the people honestly and properly.

The vote also proves that many Republicans voted for Alfred E. Smith for Governor and a... ernor Miller, for a second ... man and an independent Repu... could not control.

The 1924 Presidential ... as those of 1920,- that man... friends voted for Calvin Co... W. Davis, their own party n... fitted man for the position... of his experience in Presid... ity with diplomatic affairs... Malone, two of Governor Al ... standing members of Tammany... John W. Davis for President... Smith or a Republican. In...

Chapter 04

돌파국가를 위한 논리

1 국가는 왜 실패하는가?

정치권력의 분산(다원화), 경제활동 영역의 다각화와 경쟁체제, 사회계층의 권한 강화, 언론의 자유와 정보통신기술의 확산을 통한 정보의 유통 등이 포용적 정치 · 경제제도를 오래 지속시키는 핵심요인이다.[1] 이러한 포용적 정치 · 경제제도는 저절로 생겨나는 것은 아니다. 변화를 거부하는 엘리트층과 엘리트층에 대항하는 새로운 사회계층 간의 첨예한 정치 갈등의 산물인 때가 많다는 것을 역사적 경험은 말해준다. 중요한 것은 일단 뿌리가 내리면 포용적 정치 · 경제제도는 긍정적 순환을 되풀이하며 선순환의 고리를 형성하는 경향이 있어, 그런 제도가 더 오래가고 확대될 수 있는 환경을 조성할 가능성이 크다는 것이다.[2]

그러나 포용적 정치 · 경제제도가 착취적 정치 · 경제제도로 퇴행하여 몰락하는 경우도 있는데, 베네치아의 경우, 13세기 말에서 14세기 초에 걸쳐 진행된 귀족의 정치권력독점제도 구축을 통한 착취적 정치제도에 이어 경제제도 역시 국가가 무역을 국유화함으로써 착취적으로 변하기 시작했다는 것이다. 적은 수의 엘리트가 주요 사업을 독점하면서 베네치아 경제는 쇠락의 길로 접어들었으며, 베네치아 세계 최초로 포용적 사회로 발돋움하는 문턱까지 갔다가 몰락했다.[3]

프리드만(Thomas L. Friedman)은 〈뉴욕타임즈〉 일요판[4]에서 《국가는 왜 실패하는가》에 대한 서평에서 정치가 올바르지 못하면 경제도 올바르지 못하다는 것이 역사의 교훈이라고 지적하고 있다. 그리고 지속적인 경제성장은 항상 혁신을 요구하는데, 문제는 혁신은 창조적 파괴를 통해서 나타나지만 이는 경제영역에서 신 · 구세력의 교체를 의미하며, 동시에 정치에서도 기존의 권력관계를 불안정하게 만들기 때문에 포용적 정치 · 경제제도의 선순환은 결코 쉽지 않다는

---

1 대런 애시모글루 · 제임스 A. 로빈슨 지음, 최완규 옮김, 국가는 왜 실패하는가(시공사, 2012).
2 상게서, p. 473.
3 상게서, pp. 229-231.
4 Thomas L. Friedman, Why Nations Fail, New York Times(2012.3.31).

것이다. 현재의 미국상황에 있어서 경제적 불평등이 갖는 실질적인 문제는 이것이 정치적 불평등으로 전이될 수 있으며, 미국의 포용적 정치・경제제도가 위협을 받을 것이라고 염려하고 있는 것이다.

베네치아 사례를 좀 더 살펴보면, 《국가는 왜 실패하는가》에서 언급한 것처럼 베네치아가 금방 몰락한 것은 아니다. 오히려 인구는 줄었을지 몰라도, 16세기의 베네치아가 시대의 격변에 밀려 표류하는 일도 없었을 뿐 아니라 경제적인 비약의 세기인 14세기, 15세기에 비해서도 종합적인 경제력이 우세할 수 있었던 것은 교역의 다각경영에 의한 것이 아니라 베네치아 경제전반의 다각화에 힘입은 것이다. 교역을 독점할 수 없게 된 16세기 베네치아는 수공업의 진흥에도 노력함으로써 국가경제의 효율적인 운영에 성공했었다.[5] 베네치아의 경제는 경제에 대한 베네치아인들의 합리적인 사고에 의해 투자대상이 차례로 바뀌어갔어도 총체적으로는 장기간에 걸쳐 부침이 적은 풍족함을 그대로 유지할 수가 있었다. 그러나 베네치아인들의 이러한 성향은 의외의 부산물을 낳게 된다. 투자대상이 변하고 옮겨가는 일은 그 투자가 정착됨에 따라 정신구조의 변화나 전환을 일으키게 마련이다. 베네치아인들은 변했는지도 모른다. 그러나 그것은 교만해진 결과는 아니다. 투자대상이 변하고 바뀜에 따라 그들의 정신도 바뀐 것뿐이다. 이것이 베네치아 공화국의 쇠퇴로 이어진 것이다.[6]

지배적인 시대정신의 쇠퇴 혹은 몰락이 국가를 실패로 이끄는 것이다. "시종일관 중소상인들의 건전한 활약을 지원하는 것에 철저했던 베네치아 공화국의 경제정책은 그것이야말로 국가경제의 경화를 막는데 효과가 있기 때문만이 아니라, 발상 그 자체부터가 피렌체나 제노바와는 달랐던 것이 아닌가 하는 생각이 자꾸만 든다. 중소기업의 보호, 육성개념 다시 말해서 대기업에 의한 독점을 금지하는 정책의 철저한 추구는 금융자본 주도형이 아니었던 베네치아이기 때문에 가능했고, 공정하게 실시되었던 것이 아닐까?"[7] 즉, 베네치아의 핵심 경제가 교역-수공업-농업 등으로 산업구조가 바뀌면서 운영의 세부적 기술은 정교

5 시오노 나나미 지음, 정도영 옮김, 바다의 도시이야기(하)(한길사, 1996), p. 209.

6 상게서, p. 363.

7 상게서, p. 222.

해졌을지 몰라도 근본 정신은 이미 초기 베네치아하고는 멀리 간 것이다. 사회의 근본 가치를 시대정신에 맞게 재정립하는 것이야말로 왜 어떤 나라는 잘 살고 어떤 나라는 못사는가에 대해 많은 경제학자들과 경제사학자들이 고민해온 문제의 답이라고 본다. 즉, 이기적으로 변화하려는 정치·경제제도의 유혹을 과감히 떨치고 가장 기본적인 민주적 가치를 존중하고, 질적 성장을 유발하는 제도를 시대상황에 맞게 뿌리내리도록 하기 위해 낡고, 작동하지 않는, 그리고 방해하는 제도들을 과감히 돌파해야 하는 것이다.

국가체제를 여러 장치[8]들의 누적된 실체라고 파악할 경우, 장치들이 낡아서 발생하는 문제(즉, 장치 피로감), 새로 도입된 장치가 기존의 장치와는 잘 맞지 않아서 작동이 부분적으로 마비되는 경우(개혁이나 혁신의 경우), 전혀 다른 장치가 도입되어 기존장치와 별개로 작동하는 경우(다른 이념체제의 도입) 등으로 인해 국가는 원하는 결과를 만들어내기가 거의 어렵다. 국가와 달리 기업의 경우는 대부분 생성-성숙-쇠퇴-소멸과정을 거치며, 내부장치의 작동이 매끄럽지 않을 경우, 기업은 조만간 사라진다. 사라진 기업은 더 이상 장치의 하나로 작동하지 않으며(기업의 경영이나 전략 등의 기업장치가 그대로 사라져 사회에 더 이상 영향을 미치지 않는다는 것이다), 흔적조차 사라지는 경우가 태반이다. 간간히 산업조직사에서 언급되는 경우도 있지만 그나마 흔치 않다. 그러나 국가의 경우는 특정 종족이 특정 공간에서 완전히 소멸되지 않는 이상, 장치의 흔적들이 남아서 새로운 장치들과 은폐된 채로 작동하거나 아니면, 새로운 장치들의 작동을 가끔씩 고장 나게 하는 역할을 담당한다. 역사란 장치에 대한 흔적을 말하며, 현재의 장치를 변화시키는데, 실질적 혹은 이념적 역할을 행한다. 이 부분이 사회적 수확체감을 일으키는 결정적인 요인이다.

한국의 IMF 외환위기나 일본의 후쿠시마 원전사고는 국가장치가 고장났기 때

8 미셸 푸코((Michel Foucault)는 사회 혹은 정부 혹은 국가라는 추상적 존재에 대해서 보다 실체적으로 접근하고, 이들의 작동방식에 대한 현실적 접근을 위해 '장치(dispositif)'라는 용어를 사용했다. 이 개념에 대해 다양한 해석이 나오지만 조르조 아감벤(Giorgio Agamben)이 이해하고 있는 장치개념이 제도를 보다 적절하게 설명할 수 있는 기본 개념이라고 여겨진다. '장치'란 담론, 제도, 건축 상의 정비, 법규에 대한 결정, 법, 행정상의 조치, 과학적 언표(언명, 선언), 도덕적·철학적·박애적 명제를 포함하는 확연히 이질적인 것들의 집합으로 아감벤은 정의하고 있다. 조르조 아감벤·양창렬 지음, 장치란 무엇인가? 장치학을 위한 서론(도서출판 난장, 2010), p. 16.

문에 발생한 것이다. 그러나 일본의 경우는 자연재해와 동시에 유발된 상황이긴 하지만 사고 후 대응방식이 사태를 진정시키기보다는 위험을 상당부분 안고서 그대로 진행되는 매우 불안한 장치라는 점에서 장치의 고장을 제대로 수리하지 않고 그대로 둔 채 새로운 장치를 가동시킨다는 점에서 동일하다. 따라서 국가사회의 가장 큰 문제는 붕괴되지 않는 국가장치들을 어떻게 하면 해체, 재편할 수 있느냐다.

어느 사회를 막론하고 사회를 지탱하기 위해서 만들어지는 다양한 형태의 법령과 제도들은 시간이 지남에 따라 효율성이 떨어짐에도 불구하고 여전히 영향을 미치면서 존재하는 반면, 이들 법령과 제도 위에 새로운 환경에 대처하기 위한 법령과 제도들이 중첩적으로 작동함으로써 사회적 비효율성이 증대하는 사실을 표현한 개념이 '사회적 수확체감'이다. 문명이 혹은 한 국가가 쇠퇴한다는 것은 경제적 개념만으로 설명할 수 없다. 총체적 결과이기 때문에 '사회적 수확체감의 법칙'으로 설명하고자 하는 것이다.

사회시스템의 복잡성을 연구한 허버트 사이몬(Herbert Simon)은 인간이 행하는 사회계획을 '진화하는 인공물의 디자인'으로 정의하고, 누가 고객인가에 대한 질문과 함께 최종목표가 없는 디자인이란 점에서 다음 세대로 하여금 보다 많이, 그리고 보다 풍부한 방법으로 세상을 경험하도록 선택을 열어두고 있다고 주장한다. 따라서 새로운 다양성과 적합한 장소를 창조함으로써 미래를 위한 개방된 선택가능성을 유지하는 것과 조금씩 그것들을 확대해나갈 것을 요구하고 있다.[9] 20세기 후반 사회시스템의 복잡성이 고도화되어가는 시점에서 복잡성과 필연적인 계층제 구조를 통해 다양한 형태의 인공물의 형태와 구조기능을 연구하기 위한 작업이었지만 복잡성이 지닌 내재적 한계나 처방을 도출하지는 않고 있다.

반면에 조지프 테인터(Joseph Tainter)는 계층적 구조를 가진 복잡성이 가진 내재적 불안전성을 꿰뚫어 보고 이것이 붕괴의 원인이라고 파악하고 있다.

"복잡성과 계층화는 전체 인류사를 조망할 때 예외에 가까우며 그것들이 일단 형성되었다 하더라도 끊임없이 자원이 투입되어야 유지될 수 있는 불안한 구

9 허버트 A. 사이몬 지음, 이종범 옮김, 인공과학(삼영사, 1981), pp. 205-240.

조"[10]이지만 불안정성은 한계수익의 체감[11]에서 연유한다는 것이다. 체제의 복잡성은 문제를 해결하기 위한 전략이지만 다양한 문제해결요구에 직면하게 되면 새로운 경제적, 조직적 해결방안을 모색하기 위해 자원의 투입이 필요하지만 비용에 대한 한계수익은 줄어들게 된다. 복잡성에 대한 투자의 한계수익은 처음에는 서서히 줄어들다가 이어서 걷잡을 수 없이 떨어져 복잡한 사회는 붕괴에 점점 취약해지는 단계로 접어든다. "사회는 이렇다 할 실익이 없는 전략에 점점 많은 자원을 쏟아붓게 된다. 여분의 생산력과 축적된 잉여자원이 체제를 당장 가동하는데 몽땅 투입된다. 다음번 위기가 닥쳤을 때는 더욱 무력해진다."[12] 테인터의 사회 붕괴 요인에 대한 이러한 설명은 한국의 경우 IMF 외환위기 때 이미 우리는 경험한 바 있다. 처음에는 환율방어였지만 이를 위해 사용가능한 외환보유고가 바닥이 나고, 단기차입자금의 상환기간이 도래함에 따라 정부는 굴복한 것이다. 2007년부터 야기된 세계금융위기에 있어서 대부분의 국가들이 재정금융상의 위기를 겪고 있는 것도 유사한 상황이다([그림 4-1] 참조).

일반적으로 국가는 매년 조세를 통해 돈을 거둬들이고, 재정을 통해 지출을 행하지만, 매년 지출액은 증대하고 있다. 사회유지를 위해 투입되는 비용이 증대한다는 의미다. 제도를 지탱하기 위한 비용은 계속 증가하고 있다. 적어도 다음 분야에서는 더욱 그렇다. ① 농업, ② 광물과 에너지생산, ③ 연구와 개발, ④ 보건복지, ⑤ 교육, ⑥ 행정, 군대, 기업관리, ⑦ 새로운 성장을 낳는 GNP의 생산성[13] 등을 예로 들 수 있다.

새로운 기술이나 기법을 동원한 창조적 파괴를 통해 지속가능한 성장을 강조하기도 했지만 창조적 파괴가 가져오는 사회적 비용에 대해서는 다들 고려하지 않고 있다. 가장 특징적인 설명은 미국연방준비제도 이사회 의장이었던 앨런 그린스펀(Alan Greenspan)의 주장에서 가장 잘 살펴볼 수 있다. 왜냐하면 그는 가장 자유방임주의적 시장경제를 옹호한 사람 중의 한 명이기 때문이다.

---

10 조지프 A. 테인터 지음, 이희재 옮김, 문명의 붕괴(대원사, 1999), p. 322.

11 일반적으로 한계수익의 감소조건은 다음과 같다. ① 이익은 그대로인데 비용이 상승한다. ② 이익은 늘어나지만 비용이 더 빨리 상승한다. ③ 이익은 떨어지는데 비용은 그대로다. ④ 이익은 떨어지는데 비용은 상승한다. 상게서, p. 343.

12 상게서, p. 325.

13 이러한 것들을 장치라는 개념으로 설명할 수 있다.

그림 4-1 재정긴축이 실물경제를 압박해 저성장이 장기화되는 추세

자료: http://www.seri.org/db/dbInfographicsL.html?menucd=0102&pubkey=db20130109001

"정보기술의 대변혁으로 기업들은 정보를 수집하고 전파할 수 있는 어마어마한 능력을 갖출 수 있게 되었다. 정체되어 있는 기존기업과 산업에서 첨단기업과 산업으로 자본이 이동함에 따라 '창조적인 파괴'의 진행이 가속화되었다."[14]

"구글과 GM을 비교해보자. 2005년 11월 GM은 2008년까지 3만 명의 직원을 해고하고 12개 생산공장을 닫겠다고 발표했다. 이 회사의 자금을 역사적으로 들여다보면, 제품개발이나 공장건설에 썼어도 좋을 수십억 달러의 자금을 향후 직원과 은퇴자들의 연금과 의료수당을 충당하기 위한 기금으로 유용하고 있었다. 구글 역시 무서운 속도로 성장하고 있었다. 자본지출은 2005년에 거의 세 배 증가해 8억 달러를 넘어섰다. 투자자들은 이 성장세가 계속되리라는 기대로 구글의 주식의 총 시가를 GM의 11배까지 올려 불렀다. 사실 GM의 연금기금은 구글 주식을 소유하고 있었다. 창조적 파괴의 결과로 나타나는 자본이동의 교과서적인 예였다."[15]

"미국의 물질적인 삶의 질은 계속 높아지고 있었으나, 그 경제의 역동성 때문

14 앨런 그린스펀 지음, 현대경제연구원 옮김, 격동의 시대: 신세계에서의 모험(북@북스, 2007), p. 252.

15 상게서, p. 253.

에 매주 10만 명에 달하는 노동자들이 일자리를 빼앗기고 있다. 자유경제시장 추세에 대한 반작용으로 보호무역주의에 대한 요구가 커짐에 따라, 느긋하고 단순했던 시절에 대한 향수도 짙어갔다. 사람들에게는 연중 불어닥치는 창조적 파괴라는 강풍만큼 괴로운 건 없었다."[16]

"전신기사라는 직업이 19세기에 미쳤던 영향만큼이나 큰 충격을 사무직 종사자들에게 주고 있었다. 수백만 명의 미국인들은 갑자기 자신들이 창조적인 파괴의 그늘에 노출되어 있음을 발견했다. 비서직과 사무직의 기능은 컴퓨터 소프트웨어에 흡수되었으며, 건축이나 자동차, 산업디자인의 기초작업도 마찬가지였다. 역사적으로 볼 때, 주로 노동직 종사자들의 몫이었던 직업불안정의 문제는 이제 보다 교육수준이 높고 부유한 사람들 역시 피할 수 없는 현실이 되었다."[17]

그린스펀의 신세계에서의 모험은 창조적 파괴로 인한 사회적 비용증가를 보여준다. 문제는 그린스펀뿐만 아니라 대부분의 학자나 정치인들이 말하는 창조적 파괴 역시 수확체감의 법칙에서 벗어나지 못함을 보여주고 있다는 것이다. 그 결과 미국의 실제 국내상황은 GDP 대비 의료보장 비율(최고), GDP 대비 가족을 위한 사회활동비 지출(최저), 아동빈곤수준(최고), 1990~2006년 노숙자 경험인구(최고) 등의 매우 취약한 상황으로 나아가고 있다([그림 4-2] 참조).

그림 4-2 미국만 예외적 사회경제상황

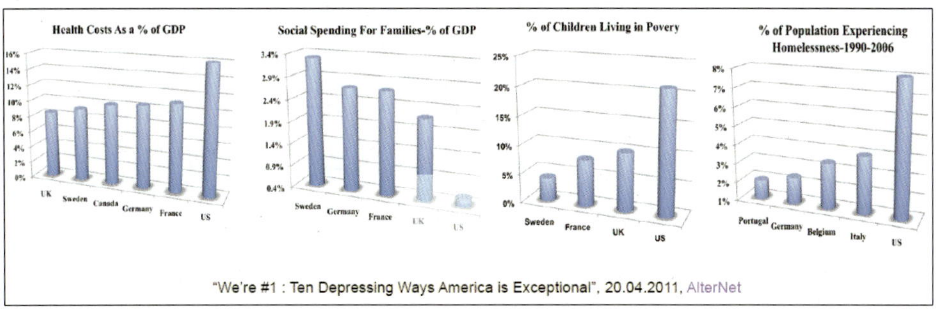

자료: LEAP, MAP(November 2011), p. 16.
http://www.leap2020.eu/MagAntiCiPol/m/MAP-4-November-2011_a28.html

16 상게서, p. 269.
17 상게서, p. 254.

"우리는 치열한 경쟁 때문에 일정한 수준 이상의 투자를 해야 하고 치열한 경쟁이 다시 한계수익을 떨어뜨리는 묘한 처지에 있다. 여기서 무너지는 쪽은 경쟁자에게 지배당하거나 흡수당하고 말 것이다. 경쟁에 필요한 비용을 감당하지 못하는 측도 총체적 붕괴는 모면할 수 있다. 그러나 붕괴가 당장 코앞에 닥친 일이 아니라고 해서 산업사회의 생활수준이 꾸준히 향상될 것이라고 생각한다면 오산"[18]이라고 테이터는 경고하고 있지만, 미국뿐만 아니라 대부분의 나라에 적용될 수 있다.

한 사회는 유기적으로 연결되어 있다. 일부는 치열한 경쟁을 하지 않을 수 없는 대기업집단이 있는가 하면, 한편으로는 사회적 비용을 줄이기 위한 사회적 협동조합들도 활동하고 있다. 이미 노후화된 기능을 담당하는 행정조직이 존재하는 가하면 새로운 행정기능을 담당하는 조직들도 지속적으로 탄생한다. 문제는 과거의 문제들이 잘 해결되지 않을 뿐더러 누적된다는 것이다. 그래서 사회체제 전체를 운영하는 비용은 증가하지만 식량가격의 증가, 실업, 젊은이들의 일자리 부족, 빈곤, 불평등, 집 없는 사람들은 계속 증가하고 있다는 것이다. 이러한 지표들은 사회적 수확체감이 지속적으로 진행되고 있음을 보여주는 것이다.

모리시마는 국가의 몰락징후를 6가지 요인으로 설명하고 있다. ① 인구의 분열: 사회변동에 대한 불감증의 비극, ② 정신의 황폐: 엘리트주의의 결여와 직업윤리의 황폐, ③ 금융의 황폐: 성장과 이윤추구의 괴리, ④ 산업의 황폐: 금융과 산업의 괴리, ⑤ 교육의 황폐: 고등교육의 질의 저하, ⑥ 정치혁신의 결여: 정계-재계-관계의 유착이 낳은 사회의 총체적 부패[19] 등인데, 결국 정치의 혁신 없이는 사회적 수확체감을 막을 수 없다는 것으로 '사회문제는 경제가 아니라 정치'라는 점을 명확히 한 것이다.

이는 민주주의와 자본주의의 변질과정에서 나타나는 거의 보편적 현상인데, 2008년 미국의 경제위기는 월가의 무모한 영업관행으로 촉발된 측면이 많다. 그럼에도 불구하고 금융위기가 발발하자 미국정부는 금융 대재앙을 막아야 한다

---

18 조지프 A. 테인터 지음, 이희재 옮김, 전게서, p. 360.
19 모리시마 미치오 지음, 장달중 외 옮김, 왜 일본은 몰락하는가(일조각, 1999).

그림 4-3 문제는 경제가 아니라 정치

발단	1930년대 대공황	저축대부조합 부실	비우량주택담보대출 부실
전개 ①목적 ②자금 ③방법 ④집행	①금융업·방위산업 등 업계 대상 대출금 지급 ②대출과 은행주 ③은행들 워크아웃 통해 자본구성 재편 ④부흥금융공사(RFC)	①파신한 조합의 대출과 부동산 청산 ②부동산 ③조합의 저축·대출을 보증한 정부가 부도 어음 매입하며 4500억달러치 자산 매각 ④정리신탁공사(RTC)	①금융기관 부채 해결 ②대출기반 증권 및 재무성 재량의 지금 ③구제금융법안으로 유동자산 매입 뒤 처분 때까지 관리 ④재무부
기간	21년	6년(1989~1995)	예측 불가
비용	부흥금융공사 설립비용 5천억달러 + 당국 대출금 약 15억달러	500억달러 예상했으나, 최종적으로는 3천억달러 투입	
결과	①은행에 대출업무 재개 위한 자금 제공 ②은행들의 사내 워크아웃 추진 계기 마련	①파산 조합의 경영 ②경매 통해 자산매각 ③동결자산 가격책정 위한 방안 등장	

미국 하원의원들이 지난 9월29일 7천억달러 구제금융 법안에 대해 표결하는 동안, 뉴욕증권거래소 앞에서 한 사람이 "은행이 아닌 국민들을 구제하라"고 적힌 팻말을 목에 건 채 시위를 하고 있다. 로이터뉴시스

자료: http://nuri.hani.co.kr/hanisite/dev/board/listbody.html?h_gcode=board&h_code=32&page=&po_no=6994(위, 왼쪽 사진)
http://storyparadiso.tistory.com/category/%EA%B2%BD%EC%A0%9C(오른쪽 사진)

는 논리 하에서 대형 금융회사들에 엄청난 공적 자금을 지원하였다. 그리고 골드먼삭스 같은 대형 금융회사들은 그런 공적 자금을 교묘히, 그리고 지속적으로 임직원들의 개인 주머니를 불리는데 전용했다.

기존의 시장과 정부실패 논리 혹은 도덕적 해이라는 논리보다는 사회적 수확체감법칙에 의해 어느 제도이든 문제해결을 위한 돌파구가 될 수 없음에 주목해야 한다.

국제통화기금이 세계경제가 대침체에 들어섰다고 선언한 2009년 3월 10일 바로 전날까지 미국의 상위 1% 부유층의 소득이 전체 가구소득에서 차지한 비율이 36%에 달했다는 사실이다. 이처럼 미국경제의 성장은 부유층에는 엄청난 부를 안겨주었지만 대다수 미국인에게는 고용보장 붕괴에서부터 건강보험 혜택감소, 주택압류 피해자 및 개인 파산자 증가, 사회적 신분 상승정체, 개인부채 급증에 이르기까지 아주 부정적인 방향으로 작동했다.

경제양극화를 상징하는 승자독식은 오늘날 미국경제를 규정하는 가장 중요하고 뚜렷한 특징으로 자리잡은 것이다. 클린턴 대선캠프에서 내걸었던 유명한 캐치프레이즈인 '바보야, 문제는 경제야!(It's the economy, stupid!)'를 기억할 필요가 있다. 왜냐하면 이것이야 말로 미국정치인들이 국민 대다수를 희생시켜가면서 미국의 정치와 경제원칙들을 극소수 부유층에게 유리하도록 수정하게끔 만든 속임수 전략이기 때문이다.[20]

특권층이 누리고 있는 이익을 줄이는데 초점을 맞춘 정치개혁이 매우 중요하며, 이러한 승자독식의 정치와 경제를 무너뜨리기 위한 방책으로 세 가지를 주장하고 있다. ① 개혁차단 및 방해활동을 펼치는 경제엘리트의 세력을 약화시키고, ② 와해된 시민조직들의 폭넓은 정치참여를 촉진시켜야 하며, ③ 그런 조직들이 중산층 유권자를 동원하고, 정부 및 정치권에 대한 감독에 필요한 조직력을 갖출 수 있도록 적절한 환경을 조성할 필요가 있다는 것이다.[21] 문제는 경제가 아니라 정치인 것이다. 한국의 경우도 IMF 외환위기의 원인에서 명확히 살펴본 바다.

20 제이콥 해커 · 폴 피어슨 지음, 조자현 옮김, 부자들은 왜 우리를 힘들게 하는가? 승자독식의 정치학(21세기북스, 2012), pp. 7-17.

21 상게서, p. 490.

2 사회적 수확체증법칙: 새로운 성장동력

왜 나라마다 경제성장의 차이가 존재하며, 어떤 나라들은 잘 사는데, 다른 나라들은 그렇지 못한가가 경제학계 특히 미국의 경제학계의 큰 관심거리였다고, 《지식경제학 미스터리》[22]라는 책에서 일관되게 다루고 있다. 여기에는 성장은 좋은 것, 바람직한 것이며, 따라서 지속적인 성장은 필요하다는 것을 전제로 하고 있다. 경제학의 존재이유이자 국가의 존재이유다. 성장이란 지식을 수용하고 만들어낼 수 있는 인적자본의 필요성과 충분성을 교육제도와 도시공간에서의 상호작용관계에 초점을 두며, 지식의 비경쟁재 성격으로 인해 지식에 체화된 내용의 무한정 활용가능성에 큰 의미를 두고, 이를 통해서 다시 인적자본과 지식, 그리고 대상물이 결합해서 새로운 형태의 물리적 혹은 비물리적 대상[로머(Paul Romer)는 이를 'things'라 부른다]이 만들어지는 과정을 말한다. 성장논리만 따지면 이는 비가역적 현상이다. 오로지 앞으로만 전진한다는 것이다. 경제적 성장을 유발하는 수확체증의 법칙이 경제 내에 존재한다는 것을 발견했지만 문제는 수확체증이 독점기업을 만들어낸다는 것이다. 하지만 수확체감법칙만 존재한다고 여긴 경제분야에서 수확체증법칙이 존재한다는 것을 발견한 것은 대단히 중요하다.

현대의 국가들이 상황을 돌파할 수 있는 국면을 마련한 것이다. 그러나 우리 앞에는 두 개의 선택이 놓여 있다. 하나는 거인은 없고 난쟁이만 있다는 것은 결국 수확체감의 법칙을 모두가 인정하는 것이다. 현재의 여건에서는 더 이상 거대사상이나 이론 혹은 제도나 기업의 생산방법이 없다는 것이다. 그러나 사회적 수확체증을 일으킬 수 있는 방법을 중심으로 새로운 시각을 갖는다면 사회는 이를 설명하고 설계할 거인들을 탄생시킬 것이다.

돌파국가란 한 국가 내에 축적된 과거의 기억들을 바탕으로 다양한 전문영역과 네트워크, 그리고 외부의 혁신가들로부터 통찰력을 흡수하여 국가영역활동

22 데이비드 워시 지음, 김민주·송희령 옮김, 지식경제학 미스터리(김영사, 2008).

의 수확체증을 이끌어내는 창조성과 소셜 이노베이션을 만들어내는 국가를 말한다. 이는 단순히 사회의 복잡성이나 계층제를 만들어내는 것이 아니라, 국가의 구조기능에 있어서 수확체감을 일으키는 오래된, 기능을 하지 못하는 장치들을 솎아내고, 더 새롭고, 유기적으로 작동하는 장치들을 만들어낼 수 있는 국가를 말한다.

따라서 사회운영의 플랫폼을 근본적으로 변화시킬 수 있는 국가를 말하는데, 산업시대를 이끈 플랫폼인 도로, 철도, 전기, 공항, 항만 등의 사회간접자본에 의해 다양한 경제활동과 사회활동이 연관적으로 이루어지는 것과 마찬가지로 인터넷과 무선통신망을 플랫폼으로 활용하여 새로운 공간을 만들어내고, 이 공간 위에서 다양한 정치-행정-경제-사회활동이 이루어지며 기존의 생산과 소비방식에 근본적인 변화를 가져오는 경제사회체제를 구축하는 것이다. 21세기형 국가디자인에 관한 것이다.

그러나 이 세상에는 어느 것도 새로운 것이 없다. 다만 지속적으로 재해석을 통해서 현재 문제를 해결하는데 충분한 지식을 얻고 사회를 변화시켜 나가는 것이다. "뉴튼의 역학은 아리스토텔레스의 역학을 개선했고, 아인슈타인의 역학은 문제해결의 도구로서 뉴튼의 역학을 능가한 것을 나는 의심하지 않는다. 그렇지만 나는 그들의 변천에서 본체론적 발전의 어떤 일관된 방향을 찾아볼 수 없다. 반대로 결코 모든 면에서는 아니지만 몇몇 중요한 점에서 아인슈타인의 일반상대성 이론은 아리스토텔레스의 역학에 보다 가까우며, 그 정도는 두 이론의 어느 것도 뉴튼의 이론에 근접한 정도보다 더한 것이다."[23]

돌파국가의 논리는 이처럼 완전히 새로운 패러다임에 의해서 만들어진 것이 아니라, 기존 패러다임에서 해결하지 못하는 핵심부분에 대한 실천가능한 대안을 제시하는 것이다.

두 가지 예를 들면 다음과 같다.

---

23 토마스 S. 쿤 지음, 조형 옮김, 과학혁명의 구조(이화여자대학교 출판부, 1980), p. 255.

사례 1 이명박 정부는 개인의 욕구와 시민의 권리가 어떻게 변화하고, 이를 정치과정에서 어떻게 수용할 것인지에 대한 이해와 전략이 빈곤했다. 예를 들어, 대의민주주의에서 참여민주주의로 진화하는 과정에서 핵심개념으로 등장한 시민권력강화(empowerment), 형식적 민주주의에서 실질적 민주주의로 이행하는 과정에서 중시된 건강권 등에 대한 이해 부족으로 미국산 쇠고기 수입을 간단하게 결정했다. 이러한 의사결정은 촛불집회라고 하는 거대한 시민사회의 저항을 초래했다. 촛불집회 자체의 정당성에 대한 논쟁은 논외로 하더라도, 그것은 정부와 시민사회 간의 단절을 초래했고 시민사회의 역량을 국가적으로 활용하기 위한 정책개발이나 거버넌스 발전에 장애가 됐다. 이것은 한 정권의 정당성에 흠을 내는 결과를 가져왔을 뿐만 아니라 국가발전과 개인의 삶의 질 향상에도 커다란 손실을 초래했다.

자료: 중앙일보, 제3섹터위원회 설치하자, 2012.12.26.

사례 2 점점 악화되는 청년고용문제를 해결하기 위해 이명박 정부는 여러 청년일자리 정책을 시행했는데, 청년창업지원, 청년인턴제, 청년층 해외취업지원, 단기일자리 창출 등이 그것이다. 하지만 이런 정부의 대책은 가시적인 성과로 이어지지 못했다. 통계청이 발표한 고용지표들에 따르면 여전히 청년층 취업자 수는 감소추세를 보이고 있으며, 고용률, 경제활동참가율 역시 낮은 수준에 머물러 있다. 이는 지난 정부의 노동공급중심의 단기 성과위주 정책이 청년고용문제를 해결하는데 있어 큰 효과를 발휘하지 못했음을 의미한다.

이런 가운데 계속되고 있는 경제적 불확실성과 경기불황은 향후 청년고용문제에 대한 우려를 더욱 크게 하고 있다. 일반적으로 기업은 경제적 불확실성이 증가할수록 청년층보다는 해고가 쉽고 즉시 생산에 투입할 수 있는 비정규 경력직을 선호하는 것으로 알려져 있다. 이미 경기불황을 이유로 많은 기업들이 2013년 청년층의 신규고용을 줄일 것이란 계획을 발표한 상황에서 계속되고 있는 경제적 불확실성은 청년층 일자리, 청년층 고용문제에 대한 전망을 더욱 어둡게 한다.

자료: 김수현, 청년고용문제, 2013년에는 더 심각할지도, 새사연, 2012.12.26.
http://www.saesayon.org/journal/view.do?pcd=EC01&paper=20121226164104143

사례 1은 대의제라는 폐쇄성에서 참여라는 개방성으로 사회규범이 변하고 있음에도 불구하고 이를 인식하지 못하고 낡은 규범에 의한 판단이 가져온 정책오류이며, 사례 2는 한국노동정책의 문제를 보여주고 있는데, 대체로 단기적인 임시처방이나 서비스산업부분의 규제를 풀어서 좋은 일자리를 창조하자는 것인데, 이는 노동공급만 생각하고 노동수요는 생각하지 않고 있기 때문에 나타나는 정책오류다. 일자리 창출에는 노동수요 확대전략이 핵심이다. 따라서 기업의 노동수요에 대한 연구 없이는 처방이 불투명하며, 아울러 노동수요를 창출하는 주체가 기업 이외에도 어떤 것들이 있는 지에 대한 연구도 필요하다. 기존의 생산주체로서의 기업과 노동력 제공주체로서의 노동자라는 패러다임에서 벗어나 '기업과 노동의 특성이 본질적으로 변화'하고 있기 때문에 이러한 변화에 맞는 노동의 공급과 수요정책이 따라야 한다. 따라서 정부, 기업, 교육기관과 연구소, 금융, 중소상공인, 프리랜서, 협동조합, 1인기업, 사회적 경제단체, 사회봉사단체, 국제기구, 새로운 형태의 섹터 등 노동의 수요와 공급에 영향을 미치는 요인들이 생각보다 많기 때문에 이들을 결합하는 새로운 수요공급곡선을 만들 필요가 있는 것이다.

사회적 수확체증에 관한 예들은 무수히 많다. 일차적으로는 정확하게 기술된 레시피가 무엇보다 중요하다. 사람이 중요하지만 생각을 내놓지 않고 죽거나, 일부 전수자에게만 전할 경우는 수확체증에 크게 기여하지 못한다. 이 점이 왜 웹 2.0 시대정신으로 '공개(개방), 참여, 협업'을 그렇게 중시하는지를 설명하는 것이다. 로머는 무엇보다 공개를 중시한다. 가장 확실한 수확체증을 이끄는 방법이라고 생각한다. 전통경제학의 기본 요소인 자본, 노동, 토지보다 축적된, 그리고 접근할 수 있는 지식을 더욱 중요시한 것이다.

아이디어는 기존의 재화와는 매우 다르며, 특별한 속성을 가지고 있는데, 지금까지 인류 역사를 통해 축적된 아이디어와 지식은 매우 풍부하며, 서로서로를 바탕으로 재창조되며 값싸게 혹은 거의 비용 없이 재활용될 수 있기 때문에 수확체감의 법칙에 적용되지 않는 것이다.

그러나 미국의 경우 아이디어가 풍부하고 발견능력이 뛰어나지만 미국경제가 과연 세계에서 가장 빨리 성장하는 나라냐고 비꼬는 학자들도 많아 그의 이론을 '소위 신성장이론(socalled new growth theory)'이라고 칭하기도 하지만 이는 문제의 본질을 꿰뚫어 보지 못하고 있다. 로머는 수확체증의 법칙이 확실히 존재함을 보여주었지만 사회적 수확체증의 논리를 만들어내지 못하고 수확체증을 갖는 대기업의 승자독식 부분에만 머물러 있었지만, 최근에는 성장률을 높이기 위해서는 정책과 제도가 광범위하게 함께 작용해야 함을 주장하고 있다. 아이디어가 보다 중요한 역할을 하기 위해서는 모든 다른 요소들과 협력적 관계를 이룰 때 만이라고 주장하고 있다.[24]

로머가 스탠포드 대학교 경영대학원 강의에서 던진 질문, '경제성장을 이끄는 아이디어란 도대체 무엇인가?'에 대해서 한 학생이 아이디어란 레시피와 같은 것이라고 우물거리며 말했다. 로머는 이 대답에서 자신의 생각을 더욱더 발전시켜나갔다고 한다. 요리를 하기 위해 여러 가지 재료, 전자오븐, 능력 있는 요리사, 요리기술 등이 있어야 하지만 중요한 것은 여러 재료들을 가치 있는 음식으로 만들어줄 아주 정교한 레시피가 있어야 하는 것이다. 축적된 지식을 통해서 더 나은 아이디어를 가진 새로운 진입자들이 경제무대에서 활동하고 사회문제 해결을 위해 활동하는 것이 바람직하다는 것이다.

기술이 성장에 미친 영향을 통해서 노벨경제학상을 수상한 로버트 솔로(Robert Solow)는 기술이란 마치 이스라엘 백성이 사막을 헤맬 때 우연히 발견한 매너(manna)처럼 하늘로부터 떨어진 것이라고 할만큼 획기적인 기술이나 아이디어는 없다고 보고 있지만, 로머는 지식의 확산과 지식이 갖는 무한한 변형과 정밀성을 통해 수확체증은 가능하다고 주장하고 있다.[25] 또 한번 패러다임의 변화시대가 도래한 것이다.

경제성장이론이 더욱 더 풍성해지고 어느 논리가 지배적인 지위를 차지할 것인지는 시간이 지나면 해결될 것이다. 이 과정을 통해서 수확체감법칙에 의해서 고통받는 사회를 돌파할 수 있는 방법이 존재하리라고 본다. 그 핵심논리가 수확체증법칙이 작용할 수 있은 정책과 제도 혹은 수확체증법칙을 지원할 수 있는 정책과 제도를 통해서 나타날 것이다.

로머의 신성장이론에서 아이디어는 매우 중요한 요소이지만 경제학이 아닌 컴퓨터분야에서는 이미 하나의 문화로서 자리 잡고 있다. 특히 오픈소스 소프트웨어 운동과 함께 오픈소스 하드웨어 운동까지 확산되면서 특허법, 저작권법 등 기존의 법제도의 변화를 압박하고 있다.

---

24 Paul M. Romer, Growth Policy, Policy Brief, Stanford Institute for Economic Policy Research (October 2001).

25 Bernard Wysocki JR., For Economist Paul Romer, Prosperity Depends on Ideas, The Wall Street Journal, 1997.01.21. http://online.wsj.com/article/SB853799061723758500.html

유형 혹은 무형의 공공재와 공유재와는 달리, 수확체증의 법칙 혹은 논리가 적용되는 영역은 현재로서는 '아이디어' 부분이다. 공공재와 사유재의 경우, 비용과 편익의 맥락에서 본다면 별다른 차이가 보이지 않는다. 이유는 수확체감의 법칙이 작용하기 때문이다. 사회간접자본과 같은 공공재나 행정서비스와 같은 공공재는 생산하거나 보수유지하기 위해서 지속적으로 비용이 든다. 비용을 공동으로 부담(세금)할 것인가 아니면 소비주체가 부담할 것인가의 차이만 존재한다. 단지 편익에 있어서 공유가 가능하느냐 혹은 배제성이 가능하느냐의 차이에 따라 공유재와 사유재를 구분하는 핵심적인 기준이 될 뿐이다.

"특히, 누구나 자유롭게 접근할 수 있는, 즉 어느 누구의 이용도 저지할 수 없는 자원의 사용과 관련하여 매우 중요한 부류의 집합적 행동이 있다. 이러한 자원들이 반드시 공공재일 필요는 없다."[26] 저지할 수 있느냐 혹은 저지하지 않느냐를 결정하는 매우 중요한 부류의 집합적 행동이 생산하는데 비용이 든 재화(아이디어의 경우 무형의 재화)를 공유하도록 결정한다는 것이다. 이러한 집합적 행동에 참가하는 개인이나 집단을 해커 혹은 크리에이티브 커먼즈(creative commons)라고 부를 수 있다.

이미 해커윤리에서부터 수확체증의 법칙이 내포되어 있는 것이다. 다만 시간이 지나면서 IT의 활용이 생활 전반에 흡수되면서 개인화된 지식들이 등장하고 유통되고 활용되기 시작한 것이다. 21세기는 전대미문의 지식사회인 것이다. 이 지식들이 축적되고 가치를 더하면서 모든 영역에서 재활용되고 있는 것이다. 해커윤리와 크리에이티브 커먼즈 등이 수확체증법칙의 기본 전제인 것이다. 지식을 더 많은 사람들을 위해 더 잘 쓰일 수 있도록 노력하는 사회가 수확체증사회인 것이다. 결국 수확체증법칙은 합리성에 근거한 수확체감법칙사회를 대체할 것이며, 신뢰, 공개, 참여, 협업 등의 가치에 근거한 사회적 수확체증이 사회 모든 부분에서 창조의 원동력이 될 것이다.

"한 시대를 변화시키는 씨앗은 이미 훨씬 앞서 뿌려져야만 한다. 1960년대 컴퓨터가 발명되면서 정보시대를 열기 위한 사회문화가 어떠해야 하는가에 대한

---

26 Taylor, M., The Possibility of Cooperation, Cambridge Unversity Press, 1987, p. 3. 엘리너 오스트롬 지음, 윤홍근 · 안도경 옮김, 공유의 비극을 넘어(랜덤하우스, 2010), p. 74에서 재인용.

움직임은 배태된 것이다. 1960년대 초 MIT의 열정적인 프로그래머집단이 스스로를 해커라고 부르면서 만든 정의에 의하면 '해커란 열정적으로 프로그램을 만드는 사람들, 정보공유가 매우 긍정적인 효과를 낳는다는 사실을 믿는 사람들, 또한 자유[27]소프트웨어를 개발하고 정보와 컴퓨터 자료에 대한 접근을 최대한 용이하게 함으로써 자신들의 전문 기술을 공유하는 것이 의무라고 믿는 사람들' 이라고 정의했다."[28] 새로운 문화 혹은 사상이란 독립된 집단들의 활동에서 만들어진다. 1996년의 한 논쟁에서 스티븐 레비(Staven Levy)가 쓴 《해커들: 컴퓨터혁명의 영웅들(1984)》에서 해커문화의 탄생에 대한 언급이 미흡하다고 주장하면서, 대학의 직원이나 교수들 혹은 다른 전문 집단이 아니라 순전히 학생들에 의해서 형성된 것이라고 주장하고 있다.

"학생들과 교수들이 서로 많은 논의를 하고, 서로 영향을 받은 것은 확실하지만 그들 대부분은 서로 다른 목적으로 일을 하고 있었으며, 그 결과 서로 다른 행태를 낳았다. 그 당시 대부분 대학생들은 학위를 얻기 위해 노력했지만 이들은 그들의 감독들(supervisor)보다는 재미(예를 들면, 해킹)를 갖는데 더욱 관심이 많았다.[29]

리누스 토발즈(Linus Torvalds)는 리눅스가 탄생하게 된 동기는 돈이 아니라고 한다. 보다 중요한 이유는 해커들이 자신들의 발견이 무척 흥미로우며, 이런 흥미로운 일을 다른 사람들과 공유하기 때문이라고 주장한다. 흥미로운 일을 한다는 것은 곧 오락에 참여하면서 동시에 공동체의 일부가 된다는 것이다.[30] 이미 이러한 새로운 노동윤리와 금전윤리, 그리고 새로운 공동체윤리(네틱)는 산업사

27 free software에서 free 개념은 무료보다는 자유라고 번역하는 것이 낫다고 여겨진다. 자신의 창작물을 일정한 규율 하에서 남들이 자유롭게 사용할 수 있다는 것은 인간의 자유의지의 표출이기 때문이다.

28 리누스 토발즈 · 페커 히매넌 · 마누엘 카스텔스 지음, 신현승 옮김, 해커, 디지털 시대의 장인들(세종서적, 2002), pp. 5-6.

29 Date: Wed, 28 Aug 1996 23:45:05=0700
Reply-To: "CYHIST Community Memory: Discussion list on the History of Cyberspace" 〈CYHIST @SJUVM.STJOHNS.EDU〉 Sender: "CYHIST Community Memory: Discussion list on the History of Cyberspace" 〈CYHIST@SJUVM.STJOHNS.EDU〉
From: Bob Bickford 〈rab@well.com〉 Subject: who created hacker culture?
X-cc:davidsol@panix.com, rab@mh1.well.com(2013년 5월 19일 현재 이 자료는 찾기 어려움)

30 리누스 토발즈 · 페커 히매넌 · 마누엘 카스텔스 지음, 신현승 옮김, 전게서, pp. 16-17.

회 이전과 산업사회의 윤리와는 분명히 다르다고 페커 히매넌(Pekka Himanen)도 주장하고 있다. 그는 '정보주의 정신'으로 열정, 자유, 사회적 가치, 공개성, 활동성과 배려라는 노동윤리, 금전윤리, 그리고 네틱(네트워크윤리)과 함께 가장 중요한 것으로 '창조'를 들고 있다. 풍부한 상상력을 통해 자신의 고유한 능력을 사용하고, 꾸준히 평소의 자기 능력 이상을 발휘하며, 이 세상에서 진정 가치 있는 새로운 기여를 하는 것이라고 말하고 있다.[31]

해커정신은 초기의 해커주의(Hacktivism)에서 네티즌(Netizen)[32]으로, 오픈소스 소프트웨어 운동(Open Source Software Movement)으로 확장되면서 더 나은 일들을 추구하기 위해 협력하고자 하는 사람들에게 새롭고 강력한 롤 모델(role model)을 제공하고 있다. 지식기반사회의 핵심을 이루는 인터넷과 웹(WWW)은 이러한 새로운 방식의 일을 하기 위한 결과물이자 툴이다. 인터넷과 웹은 기업이나 정부에 의해서 만들어진 것이 아니라 물리적으로 떨어진 사람들과 그들의 창조물(코드 혹은 소프트웨어)을 공유하려는 열정적인 사람들에 의해서 만들어졌으며, 기술산업이 작동하는 방식을 실질적으로 변화시키고 있다.[33]

이처럼 자신의 아이디어를 실현하려는 열정적인 해커들이 이 시대의 정신적인 도전을 상징하며, 컴퓨터와 전혀 무관한 사람들도 해커가 될 수 있다는 것이다. 이러한 해커윤리는 새로운 사회를 위한 도전이며, 각자의 삶에 대한 도전으로 본 것은 매우 중요하다.[34] 정보 및 컴퓨터자원에 대한 접근이 아주 용이해진 소셜 미디어시대에서 볼 때, 자신의 아이디어를 적극적으로 공개하고 공유하는 사회문화를 만들어낸 해커윤리가 사회적 수확체증법칙의 바탕을 이룬 것이다. 소비 → 생산 → 공유 → 소비 → 생산 → 공유의 연결고리가 무한 확장하는 사회가 수확체증사회다.

지금까지 소프트웨어나 문화예술창작 부문에서만 통용되는 공유의 윤리는 교육, 금융, 생산, 제조, 지역활동 등에 적용됨으로써 산업시대의 생산과 소비논리

31 상게서, pp. 186-187.

32 이어 등장한 네티즌의 정신은 온라인세상을 더 나은 세상으로 만들려는 활동적인 사람들을 고무시키는 표현이다. http://www.ais.org/~jrh/acn/text/ACn11-2.txt 참조.

33 Jerome A. Feldman, Pekka Himanen, Olli Leppänen, Steven Weber, Open Innovation Networks, Sitra Reports Series 35(2004), p. 4.

34 리누스 토발즈 · 페커 히매넌 · 마누엘 카스텔스 지음, 신현승 옮김, 전게서, p. 7.

에 입각한 사회운영질서를 대체하는 새로운 생산과 소비논리에 입각한 사회제도화과정의 핵심적 가치가 되어가고 있다. 이에 적합한 정치-행정구조를 창출하는 과도기적인 시기와 활동이 언제까지 진행될지 알 수 없지만 무엇보다 중요한 것은 이미 과도기에 들어섰다는 것이다. 돌파국가의 논리는 이 과도기 기간을 가급적 줄이고 수확체증법칙이 주는 이익을 모두가 향유하는 사회를 만들자는 것이다.

"한 문화는 가치가 있고, 또 다른 문화는 굉장한 가치가 있는 두 문화가 있습니다. 이제 다음과 같은 질문을 던질 때입니다. 그러면 문제가 무엇일까? 왜 법이 전통적으로 미국 내의 과학발전을 장려하려는 저작권법 본래의 목적에서 멀어졌을까? 저작권법의 발전 방향을 통제하는 특수 이익집단이 창조산업의 일부의 편을 들어주고 있는 한편, 다른 이들의 기회는 앗아가고 있기 때문일까? 새로운 기술환경에 맞춰 법을 개선하려는 움직임은 실패했습니다. 이는 법의 변화가 소수의 이익에 반하는 것인데, 이 소수는 미국 내에서 굉장한 정치적 영향력을 행사하는 사람들이기 때문입니다. 그렇기 때문에 저는 우리에게 떨어진 이 과제가 더욱 시급하다고 생각합니다."[35] 현재의 법제도가 수확체증의 법칙이 작동하는 것을 막고 있다는 것은 매우 중요한 지적이다. 수확체증사회는 상업적 가능성과 민주적 가능성을 모두 증폭시키는 사회이기 때문에 기존의 법체계가 상업적 가능성과 민주적 가능성을 모두 파괴시키는 방식으로 새 시대의 중요한 기술들을 규제하면 안 된다는 것이다.

마크 저커버그(Mark Zuckerberg)는 하버드대 서버를 해킹하는 데서부터 페이스북을 시작했지만, 기업을 설립한 뒤 해킹의 의미를 확대하며 기업철학으로 강조하고 있다. 그는 1년 전 투자자에게 보낸 편지에서 "흔히 해커에게는 컴퓨터 침입이라는 부정적 설명이 따라붙지만, 본디 해킹은 '뭔가를 재빨리 만들어내거나 시험해보는 것'을 뜻한다"며 '해커의 길'은 "끊임없는 개선과 재시도에 몰두하는 태도"라고 말한 바 있다.[36] 거대 기업에서 해커 방식의 도전과 실험이 어떤

35 2006년 5월 27일 제주 '다음글로벌미디어센터'에서 열린 '제1회 다음-라이코스 글로벌 포럼(1st Daum-Lycos Global Forum)'에서 발표한 로렌스 레식(Lorense Lessig) 교수의 '인터넷 자유문화의 의미와 과제' 연설문 일부. http://blog.daum.net/daumcomm/8915336

36 http://www.wired.com/business/2012/02/zuck-letter/

세계 최대의 사회관계망서비스 기업인 페이스북은 2012년 초 미국 캘리포니아 멘로파크로 본사를 확장 이전했다. 중앙 건물에 '해커컴퍼니'라는 간판을 달고 사무실 곳곳에 "해킹하라"라는 포스터를 붙여놓는 등 페이스북은 1년 전 기업공개 때 "해커의 길을 가겠다"고 밝힌 것처럼 '해커의 길(hacker way)'을 더욱 강조하고 있다.

자료: http://img.hani.co.kr/imgdb/resize/2013/0530/00471387101_20130530.JPG

결과를 낳을지 주목된다. 이처럼 21세기에 들어오면서 정보사회, 정보주의 나아가 스마트사회를 위한 새로운 사회가치와 윤리가 물 스며들 듯이 퍼져나가고 있는 것이다. 새로운 사회논리는 분명 산업시대와는 다른 삶의 가치에 두고 있다. 따라서 삶의 의미는 노동이나 여가에서 발견되는 것이 아니라 행동 그 자체의 본질로부터 나온다. 열정으로부터, 사회적 가치로부터, 그리고 창조성으로부터 나온다고 확신하는 것이다.[37]

이와는 달리 1970년대에 자본주의와는 다른 새로운 사회적 가치를 주장하는 사람도 있다. 자본주의 생산에 대한 인식에 근본적인 문제가 있음을 지적하고, 새로운 생산방법과 새로운 소비생활을 동반하는 새로운 생활양식을 모색해야

---

37 리누스 토발즈 · 페카 히매넌 · 마누엘 카스텔스 지음, 신현승 옮김, 전게서, p. 198.

한다는 것이다.[38] 근래에 와서 자주 인용되는 슈마허의 《작은 것이 아름답다》라는 책의 핵심내용이다. 부, 교육, 연구개발, 그리고 수많은 자원들이 문명에 필요한 것이지만 가장 중요한 점은 물질적인 것들은 본래의 정당한 지위가 본질적인 것이 아니고 부차적 지위라는 사실을 철저하게 인식하고 노력해야 한다는 것이다.[39] 그는 인간이 지니고 노력해야 할 가치로서 지혜, 정의, 용기, 그리고 절제를 주장하고 있다. 현실에 대해 주관적인 입장에서 벗어나기 위해 자기중심적인 관심을 억제할 수 있는 태도를 통해 지혜가 키워지며, 이는 정의, 진리, 그리고 용기의 기반이 된다고 보았다. 슈마허는 기존의 생산과 소비의 기반이 된 경제학을 버리고 새로운 출발이 요구되고 있음을 보여주는 다양하고 정체성 있는 시대의 징후들과 이를 지속적으로 추진하기 위한 가치들을 소개하고 있다. 또 하나의 돌파국가 논리인 셈이다.

슈마허는 개발도상국에 대한 대외원조의 실패를 극복하기 위해서 적정기술의 활용가능성을 역설하고 있다. 그런데 지금 시대에 와서는 적정기술에 대한 개념을 근본적으로 변형 확대하여 지역발전의 동력으로 활용해야 한다. 아울러 다양성과 정체성이 변화의 원동력이라면, 획일화된 대량생산체제에서 벗어나 지역마다 특성에 맞는 기술을 활용하는 생각이 바람직하다. 따라서 기술과 기능의 결합을 통한 다양성과 정체성이 있는 제품의 생산을 위한 적정기술의 개념은 매우 유의미하며, 지역마다 이를 위한 교육과 생산생태계가 새롭게 재정비될 필요가 있다.

도구와 기계가 우리에게 주는 이점은 이의 활용을 통해 정확한 지식을 축적하는 데 있으며, 아울러 이 지식은 아주 다양하게 응용될 수 있다는 것이다. 따라서 도구와 기계는 상황에 따라 지식과 지혜와 결합하여 다양하게 진화할 수 있는데, 바로 이 부분에서 사회적 수확체증의 논리를 발견할 수 있는 것이다.

슈마허는 적정기술이 잘 활용되지 못하는 이유로서 "중간기술[40]을 실제로 사용하고 있는 대담하면서도 유능한 사람들이 서로에 대해 알지 못해서 자신과

38 E. F. 슈마허 지음, 이상호 옮김, 작은 것이 아름답다(문예출판사, 2002), p. 31.
39 상게서, p. 373.
40 슈마허는 그의 책에서 중간기술이라는 용어를 사용했지만 요즘은 적정기술이라는 용어로 사용된다.

비슷한 길로 나아가길 원하면서도 어떻게 출발해야 할지 모르는 동료들을 서로 도와줄 수 없다는 점"[41]을 지적하지만 이미 네트워크화 사회기반에서 소셜 미디어가 거미줄처럼 연결된 오늘날의 사회에서 적정기술을 활용하고 있거나 활용하려는 사람들을 연결하는 것은 어려운 일이 아니다.

적정기술개념은 신경제 하에서도 그대로 적용된다. 어느 분야에서든 선진 기술을 향상시키는 일은 선진국에서 적절하게 진행되고 있지만, 중진국이나 개발도상국에 필요한 기계나 생산방식의 조정이나 개조 문제를 선진국에서 관심을 기울이는 상황은 나타나지 않을 것이다. 따라서 만들어진 기술을 모방하는 단계에서 벗어나 바로 창조적인 단계로는 결코 나아갈 수 없다. 중간단계를 거쳐야 하는데, 이것이 적정기술의 창조적 활용방법의 개발단계인 것이다. 따라서 과학기술정책 관련 국립연구기관이나 기술 및 통신연구소, 그리고 대학 연구소와 산학협력단 등에서 응용 분야에 종사하는 전문가들은 이 분야에 관심을 집중해야 하며, 다양한 형태의 지식과 지혜를 결합시키기 위해서는 소수의 전문가들에게 맡기기보다는 국민 전체와 지역의 관심사가 되어야 한다. 이 중간단계에서 창의성을 발휘할 수 있는 조건과 발현과정에 대한 연구가 집중적으로 이루어져 성과를 거둘 수 있어야 창조적인 기술개발단계로 나아갈 수 있는 것이다.

한국이 현재 가장 절실한 것은 바로 이 단계의 사회적 확산이다. 그동안 정부가 중심이 되어 모방단계를 넘어 창조단계로 나아가기 위한 과학기술정책을 펼쳤지만 그다지 성과를 거두지 못한 것은 적정기술의 창조적 활용이라는 부분을 생략했기 때문이다. 다양한 종류의 중간기술을 가지고 있는 정보통신기술자들의 능력이나 그들이 만든 앱이나 웹을 지역사회에 맞게 재활용하고, 그들이 만든 것을 창조적으로 개조하여 판매망을 확대시켜 기업 활력을 불러일으키고, 지역단위에서 혁신의 가능성을 점검하도록 유도하는 정책이 필요한 것이다. 스마트폰과 자동차제조 단계에서 이룬 성과를 다른 산업이나 지역에 확산시키지 못하고 있는 것이다.

또 하나 눈여겨보아야 할 부분이 꼭 해커윤리에 따르지는 않더라도, 새로운 형태의 기업가로 거듭나려는 움직임은 점차 커지고 있다. 이를 '마이크로-기업

41 E. F. 슈마허 지음, 이상호 옮김, 전게서, p. 237.

가의 경제'라고 칭하고 있다.

① 여가: (시간뿐만 아니라 개인 일정에 좀 더 유연성을 가지려는 경향), ② 열정: 좋아하는 일에 더욱 시간을 보내고자 함, ③ 돈벌기: 이미 가지고 있는 재화, 지식, 장소, 기술 및 열정을 현금화시키는 것, ④ 풍부한 경험 쌓기: 긴 시간 직장에서 노동을 하는 많은 사람들은 그들의 지식, 기술 및 경험을 풍부하게 만드는 새롭고 지속가능한 방식을 추구하는데, 특히 은퇴한 경우나 풀타임을 할 수 없는 경우, ⑤ 창조성: 단지 지시에 따르는 생활보다는 자신의 사업에 비전을 갖는 자신의 보스가 되는 것 등을 바탕으로 한 이런 기업가들은 이미 창업비용이 거의 제로에 달하는 진입장벽이 없는 영역에서 지속적인 틈새시장을 만들어내고 있다. 열정과 신뢰, 그리고 독창성을 바탕으로 한 자율적인 영역의 지속적인 확대는 기존의 산업사회에서는 폐기하거나 그냥 그대로 두고 있는 유형·무형의 자원들을 활용하여 새로운 가치를 창출하기 때문에 이러한 형태의 경제 역시 새로운 의미의 사회적 수확체증 논리에 따르고 있는 것이다.[42]

공공분야에서도 조심스럽게 새로운 활동들이 나타나고 있다. CfA(Code for America)는 정부 혹은 지방정부가 시민, 공동체 그룹, 그리고 신생창업기업들과 힘을 합쳐 문제를 해결하고자 하는, 특히 이들이 가지고 있는 정보통신기술능력과 아이디어를 최대한 활용하기 위해 모두가 동등한 자격으로 참여하여 역할을 행하도록 함으로써 수직적 협력관계가 아닌 수평적 협업관계를 통해 문제해결을 주도하는 조직이다. 조직구성은 혁신적인 업무를 하도록 기술자들을 도시들과 연결시켜주며, 망해가는 시민창업기업들을 후원하며, 시민들의 소프트웨어를 지역공동체 그룹들이 재사용하도록 도와주는 일을 한다. 결국 중요한 것은 이미 만들어진 수많은 앱이나 웹을 재활용할 수 있도록 자원을 공유 및 활용, 창업기업의 수요창출을 유도할 수 있는 방법들을 통해 창업기업의 판매범위를 확대시켜주고, 지역의 뛰어난 인재들을 도시문제해결에 창의성을 발휘하도록 함으로써 새로운 형태의 지역문제해결 패러다임을 만들어내고자 하는 것이다.[43]

---

42 http://www.fastcoexist.com/1679903/the-rise-of-the-micro-entrepreneurship-economy

43 http://codeforamerica.org/

CfA (Code for AMERICA) Brigades는 웹을 지방정부와 공동체 서비스를 위한 플랫폼으로 사용하도록 자신들의 기술을 제공하려고 하는 (기업적인 속성보다는) 시민중심적 사고를 가진 기술자들의 전국네트워크이다. 일종의 지역차원의 시민 참여 모형이다.

CODE FOR AMERICA가 행하는 5가지 활동

이끌고 조직하기
주위의 시민중심적 사고를 가진 기술자들을 조직하기
활동과 캠페인을 (조직)단위별로 조직화하기(Brigade)

시민데이터를 개방하기
지역내에 디지털도서관을 만들어라.
개방된 시민데이터를 발간하고 큐레이트하는 것을 돕자.

시민 앱들을 활용하기
시민앱과 도시를 연결하기.
도시가 웹과 모바일 소프트웨어를 활용하는 방식을 바꾸기

열린 정부를 주창하기
개방형 시민데이터, 오픈소스 소프트웨어 그리고 열린정부의 편익에 대해 도시정부에게 알려라.

오픈소스,시민 소프트웨어에 기여하기
다른 시민중심적 개발자들과 협업하는 동안 코드를 쓰고, 그래픽을 만들고, 카피를 작성해라.

자료: http://brigade.codeforamerica.org/pages/tools 자료를 한글로 수정했음.

이러한 활동들이 경제와 사회 부문에서 열정적으로 일어나는 것은 비용/편익의 논리에서 벗어나 비용보다는 편익에 중점을 두고 있기 때문이다. 수확체감법칙이 작동하는 영역에서는 비용이 매우 중요한 요소이지만 수확체증법칙이 작동하는 영역에서는 비용은 거의 고려되지 않는다. 창조적 파괴의 논리가 산업사회를 지배한 논리였다면, 파괴에 의해 버려지는 귀중한 자원(아이디어, 지식, 노하우, 물질자원)을 재활용하거나 보다 창조적인 제품으로 전환시킬 수 있는 사회적 수확체증의 논리가 적용되어 그 가치나 실용성이 점차 확산되는 것이다. 이러한 변화를 신산업혁명, 신경제, 창조경제, 자율경제, 마이크로 기업가 경제 등 어떤 이름을 붙이든 간에 그 밑바닥에는 수확체증법칙이 작동하고 있는 것이다.

3 왜 돌파국가인가?

데이비드 랜즈(David Landes)는 《국가의 부와 빈곤》[44]에서 '산업혁명이 그 당시 영국에서 일어난 이유는 무엇일까?'라는 해답을 찾기 위해 두 가지 질문을 던졌는데, ① 어떤 이유로, 그리고 어떤 방식으로 한 나라가 관습과 낡은 지식의 껍질을 깨고 이렇게 새로운 생산방식에 도달할 수 있었는가 하는 것이다. ② 어떤 이유로 다른 나라가 아닌 영국이 산업혁명을 일으켰는가 하는 것이다. 첫 번째 질문에 대한 답변으로 '지식 및 노하우의 축적'과 어느 지점에 이른 '한계돌파'를 말하고 싶다고 했다. 짐 콜린스(Jim Collins)는 "우리는 이 구절을 읽으면서 우리 연구에 이 개념(축적과 돌파)을 활용할 가능성을 생각해 보았고, 마침내 이 용어들을 채택하여 좋은 회사에서 위대한 회사로 도약한 기업들을 설명하기로 결정했다"고 회고하고 있다.[45]

필자 역시 이 두 개념(축적과 돌파)을 사용하여, IMF 외환위기 이후 15년 간의 국가운영에 대한 그동안의 지식과 경험의 한계와 새로운 사회질서의 등장을 살펴보고, 이를 바탕으로 한국이 선진국형으로 뛰어넘기 위한 돌파전략을 제시하고자 한다.

우선 데이비드 랜즈의 축적과 돌파논리를 살펴본다. 랜즈는 중국 송나라(마직물 제조, 제철), 중세유럽(물방아와 풍차기술), 근대 이탈리아 초기(실크제조, 조선), 황금기의 네덜란드는 기계화를 이루고 무생물 동력을 이용할 줄 알았지만 지식의 축적이 아직 이루어지지 않았고, 사회제도와 문화가 형성되지 않았기 때문이라고 언급하고 있다. 결국 어떤 특정한 탁월함이 중요한 것이 아니라 사회 전반적인 변화의 수용분위기가 형성되어야 함을 강조하고 있는 것이다.[46] 무슬림 국가나 중국과 달리 유럽이 계속해서 경험을 축적해나갈 수 있었던 것은 ① 지적

---

44 데이비드 S. 랜즈 지음, 안진환 · 최소영 [공]옮김, 국가의 부와 빈곤(한국경제신문, 2009), pp. 325-326.

45 짐 콜린스 지음, 이무열 옮김, 좋은 기업을 넘어… 위대한 기업으로(김영사, 2002), p. 245.

46 데이비드 S. 랜즈 지음, 안진환 · 최소영 [공]옮김, 전게서, pp. 325-358.

탐구에 대한 자율성, ② 과학적 방법론의 확립, ③ 연구와 보급의 상례화를 들고 있는데, 특히 17세기부터 학회가 만들어져 지식의 공유와 발명에 이은 발명을 계속할 수 있는 지적 여건을 만들어냄으로써 오늘날과 같은 지식공동체를 만들 수 있었던 것이다. 이러한 과학적 방법과 지식의 축적은 특히 응용분야에서 성과를 올렸는데, 이는 오늘날 사회적 수확체증을 통한 지식생태계의 확산과 같다고 볼 수 있다. 그리고 영국에서 산업혁명이 일어난 주요 원인은 연구와 개발, 창의력과 상상력, 그리고 진취적 정신의 소산이라고 랜즈는 언급하고 있다.[47] 이러한 정신은 조금 비약적인 은유라고 할 수 있지만 당시 영국의 과학자들 노력을 20세기 후반에 만들어진 초기의 해커정신으로 보아도 무방하다.

이러한 정신이 발현되기 위해서는 정치 · 사회적 분위기가 마련되어야 하는데, 국가는 개인의 열망과 진취성을 사회적 목표와 조화시키고, 그렇게 합쳐진 힘을 통한 상승작용으로 국민의 능력을 더욱 고양시킬 수 있는 것이다. 따라서 전체는 단순한 부분의 합 이상이 된다. 즉, 이러한 국가의 시민은 정부의 격려와 주도에 기꺼이 협력하며, 정부는 활발한 사회력에 부응하여 무엇을 어떻게 해나가야 할지를 잘 안다. 그런 국가는 경쟁력이 있다고 랜즈는 주장하는데, 이러한 주장의 근거로 아담 스미스(Adam Smith)의 말을 인용하고 있다. "자신이 처한 상황을 개선시키려는 인간의 본능적인 욕구는 특히 자유와 안전의 면에서는 더욱 강하다. …(중략)… 이런 면에서 영국의 산업은 완벽하게 안전하며, 또 완전한 자유라고는 말할 수 없지만 유럽의 어느 나라보다도 자유롭다."[48] 즉, 당시의 영국은 산업혁명을 일으킬 수 있는 돌파국가로서의 여건을 충분히 갖추고 있었다.

짐 콜린스는 그의 책에서 랜즈와는 달리 미시적이기는 하지만 돌파기업과 파멸기업의 조건을 실증적으로 분석했다. 콜린스는 플라이휠[49]과 파멸의 올가미라는 개념으로 '축적과 돌파'를 설명하고 있다. 파멸의 올가미로 들어가는 기업들의 공통점은 "매우 어려운 축적 단계를 건너뛰고 돌파로 곧장 도약하게 해줄

47 상게서, p. 346.
48 상게서, p. 351.
49 지름이 30피트쯤이고 두께가 2피트, 무게가 2톤쯤 되는 굴대 위에 수평으로 올려져 있는 육중한 금속원판이라고 소개되어 있음. 짐 콜린스 지음, 이무열 옮김, 전게서, p. 243.

단 한차례의 결정적인 행동, 원대한 프로그램, 한 가지 끝내주는 혁신, 기적을 순간을 찾기 위해, 플라이휠을 한 방향으로 밀다가는 멈추고, 방향을 바꾸어 새로운 방향으로 밀고, 그러다가는 다시 멈추고, 방향을 바꾸어 또 다른 방향으로 미는 행동으로 몇 년을 보낸 뒤, 지속적인 추진력을 축적하는데 실패하고 결국 '파멸의 올가미(doom loop)'으로 빠져든다는 것이다."[50]

한국 역시 마찬가지다. 문민 정부, 국민의 정부, 참여 정부, 이명박 정부, 박근혜 정부 등으로 5년 단임 정부의 이름을 붙이는 것은 차별화를 강조하는 어리석은 행동이다. 차별화는 과거의 부정이다. 그리고 축적을 거부하는 행위다. 그렇기 때문에 정권이 바뀔 때마다 정부자료가 사라지고, 인수인계가 제대로 되지 않는 것이다. 그런데 각각의 정부들의 정책들을 보면 단지 이름만 약간 변경했을 뿐이지 실질적인 내용은 큰 변화가 없다. 따라서 한국은 지속적인 정책을 해오면서도 축적을 하지 못하는 우를 지난 20년 이상 해오고 있는 것이다. 공무원 역시 5년 후에는 현재 담당하고 있는 일들이 단지 이름만 새로이 바뀌어 외견상 전혀 다른 일로 보이기 때문에, 지금하고 있는 일의 잘잘못을 평가할 수 없다고 여기고 대충 일을 처리하게 된다. 그린에너지정책과 에너지정책은 명백히 다르다는 것이다. 얼마나 우스운가!

돌파전략을 가진 조직은 처음부터 커다란 목표를 공표하지 않는다. 대신에 한 걸음 한 걸음, 한 바퀴 한 바퀴, 그 행보를 이해하며 플라이휠을 돌린다는 것이다. 플라이휠이 추진력을 축적 한 뒤에야 조직에 있는 사람들이 한 줄로 늘어서서 자신의 어깨를 휠에다 밀착시키고 앞으로 미는 것이다.[51] 즉, 돌파를 가능하게 만드는 핵심적인 요소는 '정책의 일관성과 조직의 응집력'이다. 일관성이란 정책목표를 바꾸지 않는다는 것이다. 다만 조직원들이 무엇을 하고 있는지, 그 일이 얼마나 잘되고 있는지를 보여주면서 가시적인 성과를 통해 자발적인 참여를 유도하여 조직의 쏠림현상과 함께 응집력을 만들어내는 것이다.

흔히들 조직혁신을 말하면서 전제조건으로 책임감, 조직목표에 대한 몰입도, 동기부여, 변화 등을 말한다. 그러나 적합한 조건의 생성, 즉 일관된 목표설정과

---

50 상게서, p. 262.
51 상게서, pp. 261-262.

정책 대안, 그리고 지속적인 집행을 통한 개선효과를 공무원들이, 국민들이 볼 수 있도록 한다면, 위와 같은 내용들은 저절로 녹아 없어진다는 것이 콜린스의 주장이다.[52] 즉, 공무원이나 국민들은 상당수 스스로 알아서 한다는 것이다. 문제는 응집력을 마련할 수 있는 계기를 대통령이 참고 기다리면서 만들어낼 수 있느냐다.

창조성은 비경제적 경쟁에 속한다. 다른 어느 것보다 더 낫고, 현명하고 혹은 빠르도록 충동한다는 것은 동기부여적이며, 흥분되며, 팀워크를 통해 충족하는 것과 같은 자아존중을 살찌운다. 이런 아이디어의 경쟁을 일으킬 수 있는 새로운 공간들이 나타나고 있음을 제3장에서 언급을 했었다. 이러한 복잡계에서 사회적 수확체증을 이끌어내기 위해서는 리더십이 필요한데, 새로운 창발적 아이디어를 이끌어내고 자기조직화를 성공적으로 이루어내는 리더십을 생성적 리더십이라고 한다. 1970년대 한국의 새마을 운동을 복잡계의 시각에서 분석한 노화준 교수는 생성적 리더십을 "인간시스템(living system)에서의 자기조직화는 시작단계에서부터 올바른 환경과 올바른 토대들이 존재해야 하며, 유용하고 혁신적인 구조들이 창발하고 성장하는 것을 지원하기 위해 이들 올바른 환경과 토대들이 계속적으로 양성되고 유지되어야 한다. 이러한 일들과 기능을 수행하는 것"이라고 주장한다.[53]

이처럼 올바른 환경과 토대 마련을 방해하는 복잡하게 얽힌 행정기구라는 장치들을 해체하고, 수선하고, 재조립하는데 일차적인 책임을 국가수반은 져야 하는 것이다.

52 상게서, p. 259.
53 노화준, 한국의 새마을 운동: 생성적 리더십과 사회적 가치의 창발(법문사, 2013), p. 12.

Chapter 05

돌파국가를 위한 디자인

인류사회를 이해하는데 매우 주목할 만한 견해를 내세운 학자가 있다. 특히 복잡한 사회가 도태되는 이유를 설명한 학자로 유명한 조지프 테인터(Joseph Tainter)는 다음과 같은 가설로 복잡한 사회의 도태 혹은 몰락을 설명하고 있다.[1]

① 인간 사회는 문제를 해결하는 조직이다.
② 사회·정치적 체제는 에너지가 투입되어야 유지된다.
③ 복잡성이 증가하면 단위 비용도 증가한다.
④ 문제해결을 위한 대응으로 사회·정치적 복잡성에 대한 투자를 하면 한계 수익이 감소하는 시점에 봉착하게 된다.

복잡성을 줄이고, 비용에 대한 한계수익을 증대시키지 못하면 복잡한 사회는 붕괴한다는 것이다. 붕괴 혹은 종말이라는 표현은 축적된 기억을 활용하지 못하고 자연도태됨을 의미한다.

20세기 후반의 수많은 조직혁신과 행정개혁, 그리고 창조적 파괴와 집단지성의 활용 등의 노력이 복잡성을 유지하기 위한 더 비싼 비용에 불과한 것인지 아니면, 비용을 줄여나가면서 효율성을 높이는 메커니즘을 만드는 과정인지에 대해 논란의 여지가 있겠지만 개인과 사회의 조화를 이룰 수 있는 인간의 능력에 대해서는 비교적 낙관하고 있다. 돌파란 이런 희망과 의지를 바탕으로 과거의 잘못을 정확히 파악하고 올바른 목표설정과 실천방안을 합의도출하고 함께 실행해나가는 전략을 의미한다. 이러한 돌파를 위한 국가디자인의 원칙은 매우 간단해야 한다. ① 사회적 수확체감을 가져오는 영역은 대폭 축소시키거나, 해체해야 한다. ② 사회적 수확체증을 가져오는 영역은 국가의 간섭이나 규제를 최소화해야 한다. 따라서 국가운영 비용은 최대한 줄이고, 혜택은 극대화시키는 전략이 마련되어야 한다.

---

1 조지프 A. 테인터 지음, 이희재 옮김, 문명의 붕괴(대원사, 1999), pp. 323-324.

1 5년 단임제도의 선순환 구조 만들기

1) 국가미래 디자인은 연속성을 가져야 한다

5년 단임국가는 헌법이념을 구현하는 장기비전을 바탕으로 낡은 것을 교체하고, 새로운 것이 작동할 수 있도록 시스템화되어야 한다. 대통령 이하 그 누구도 쉽게 변경할 수 없는 사회적 합의가 필요하며, 그 합의는 헌법적 가치를 구현하기 위한 것이어야 한다. 따라서 대통령의 역할은 과거와는 달리 합의를 지켜나가는 것이고, 합의를 해석하는 과정에서 더 나은 안이라고 생각하는 스몰 프로젝트(small project)를 더할 수 있지만, 정작 핵심과업은 이미 존치되어 있는 낡은 장치들을 수리하거나 교체하는 일이다.

따라서 캠프라든지, 공약이라든지 하는 과거의 선거 관행은 무의미하며, 정당은 자체 연구소나 민간부문의 연구기관의 힘을 빌려서 정권을 담당했을 경우 실행할 과제들을 미리 준비해야 한다.

이러한 주장이 필요한 이유는 대통령 임기가 5년 단임으로 되어 있어서 국가운영의 연속성이 훼손될 위험성이 높기 때문이다. 이의 부작용은 공무원들로 하여금 장기 국가비전과 철학에 맞는 행동을 요구하기보다는 대통령의 임기 동안 대통령이 내세우는 비전과 목표에만 충실하도록 만든다는 것이다. 공직의 안정적 수행을 위해서 만든 공무원의 정치적 중립성이 붕괴되는 것이다.

한국정부가 미래비전을 국민에서 보여준 것은 박정희 정부가 처음이었고, 노태우 정부부터 이명박 정부까지 계속되어 왔다. 박정희 정부 때는 민간연구기관이 작성했으나 그 이후는 정부위원회가 작성했으며, 내용도 전망보다는 목표에 가까운 예측이 강해졌다. 미래 청사진이 해당 정권의 국정방향과 중장기 국책과제를 합리화하는 데 사용된다는 비아냥거림도 나온다. 정부미래보고서가 어쩌다 정치논리에 엮이게 됐을까?[2]

미래비전을 작성하는 작업은 1989년 대통령 소속 자문기관으로 설치된 21세

2 국민일보, 미래 예측, 정치 색안경을 끼다…정권 따라 변하는 '미래보고서', 2011.02.17.

표 5-1 정권별 미래보고서

	미래예측 프로젝트	예측기관	비 고
박정희 정부	'2000년의 한국에 관한 조사연구'(1971년)	한국과학기술연구소 한국미래학회	향후 10년 간 과학기술정책 방향제안
전두환 정부	없음	없음	
노태우 정부	'2020년의 한국과 세계'(1992년)	21세기위원회	대통령 자문기관 '21세기위원회' 발족(1989년)
김영삼 정부	'21세기의 한국: 2020년을 바라본 장기정책과 전략'(1994년)	21세기위원회	중단기 현안 지원쪽으로 선회
김대중 정부	'비전 2011: 열린 세상, 유연한 경제'(2001~2002년)	한국개발연구원	외환위기 이후 장기발전 대책
노무현 정부	'비전 2030'(2005~2006년)	정부 · 민간 합동작업단	저성장 · 양극화 등 장기 구조적 도전요인에 대한 대응방안
이명박 정부	'미래비전 2040'(2008년~)	미래기획위원회 국책 · 민간연구기관	식량자원 부족, 고령화 등 장기 정책과제 도출

자료: 국민일보, 미래예측, 정치 색안경을 끼다… 정권 따라 변하는 '미래보고서', 2011.02.17.

기위원회가 주요 역점사업의 정책적 타당성과 효율성을 검토해 장기발전전략 수립 차원에서 내놓은 '2020년의 한국과 세계'부터 정부 주도로 바뀌었다. 게다가 김영삼 정부 들어 21세기위원회가 세계화추진위원회를 지원하는 국가정책자문위원회로 바뀌면서 장기정책보다는 당장의 현안을 중시하는 중 · 단기정책으로 초점도 옮겨졌다. 정부의 미래전망작업은 정권마다 작성되었지만, 정권이 바뀔 때마다 대통령의 통치철학과 맞지 않는다고 기존 미래보고서와 전문가들을 과감히 포기함으로써 미래비전으로서의 가치도 상실되었다.

국가미래보고서는 5년 집권기간을 넘은 장기적 관점에서 추구해야 할 이념과 가치, 관련 정책을 지속적으로 추진할 수 있는 철학적 기반을 담아야만 국토관리정책, 과학기술정책 및 경제사회정책과 연계되어 미래비전의 실효성을 제고시킬 수 있는 것이다.

미래예측 전담부서를 정부 내에 두는 것은 조직개편에 영향을 받을 수 있기 때문에 안정적으로 미래비전과 정책을 마련하기 위해 핀란드는 의회에 두고 있다. 1992년 특별위원회 형식으로 설립된 미래위원회(Committee for the Future)는 1999년 제2기 파보 리포넨(Paavo Lipponen) 내각 출범 이후 2000년 상설화하여 정부의 모든 정책과 예산에 미래 전략에 대한 고려가 있는지 관찰, 감시하는 역할을 수행한다. 미래위원회는 각 부처 미래전략 시각 도입과 국가전략 조감도 파악, 부처 간 협력여부 등을 파악하여 정부예산 배정을 심의하고 정책이행 여부 모니터링을 수행하고 있다. 게다가 핀란드는 정부의 미래비전 수립을 법률로 의무화하여 새로 집권하는 정권은 15년 후 미래사회를 예측하고 국가미래전략의 국회 제출을 법제화하고, 1990년대 초반부터 국회와 정부가 정기적(매 4년마다 최소 1회 이상) 협의를 거쳐 미래사회 이슈에 대해 중장기전망과 정책지침을 제시하는 국가발전 중장기전략(Future Dialogue between Parliament and Government)을 마련하고 있다.

특히 집권정부가 미래에 관한 비전, 정책입안, 대책 및 장기전략 등 장기적 안목의 정책구조를 제시하기 위한 미래예측을 의무화하고, 총리실 주관으로 부처별 미래전략을 종합하고 국가 중장기전망과 정책 가이드라인 등을 포함한 미래보고서(Report on Future)는 국무회의 승인 후 국회에 제출하면, 정부와 의회는 지역미래포럼을 공동 개최하여 여론수렴과정을 수행하고 상임위에서 반론과 대안을 제시하고 교정하여 또 다른 보고서를 내놓는다.[3]

이처럼 국정운영의 영속성을 기하면서 지속적으로 수정하는 미래예측을 바탕으로 정책결정과 예산배분을 결정하는 시스템의 마련은 반드시 필요하다.

2) 핵심 국정과제는 승계되어야 한다

대통령은 할 수 있는 것부터 시작해야 한다. 그리고 반응을 살펴보면서 목표와 수단을 조금씩 조정하고, 장관과 공무원을 다독거려야 한다. 다음에 법률개정에 들어가야 한다. 즉, 정치권과 협상을 하기 위한 유리한 고지를 먼저 만들어야 한다. 실리(정책)와 명분(법) 어느 것을 중시하느냐는 상황이 결정하는 것이지 대통령이 결정하는 것은 아니다. 대통령은 정책의 책임자이지 입법의 책임자

3 차두원 · 안혜린 · 전유정, 과학기술정책철학 정립을 위한 제언(한국과학기술기획평가원, Issue Paper 2012-19, 2012.12), p. 31.

가 아니다.

박근혜 대통령은 대통령 후보시절 복지, 일자리 창출, 경제민주화를 전면에 내걸었다. 모두가 국민이 지지하는 국정목표다. 명분을 강조한 목표 중시형 공약이었다.

아베는 선거운동 기간에 "지폐 인쇄기를 쌩쌩 돌려…"라고 했다. 엔화 가격을 낮추겠다고 공언했고 추경예산 편성을 약속했다. 돈을 풀고, 재정지출을 확대하고, 규제완화로 성장정책을 펴겠다는 것을 '세 화살'이라고 명명했다. 복지・일자리 같은 과녁을 강조한 게 아니라 화살을 앞세웠다.

새누리당 대선 공약집에도 준비한 화살은 수없이 들어 있다. 하지만 유권자들을 설득할 때는 화살보다는 목표지점을 훨씬 앞세웠다. 더구나 그 화살은 길이가 들쑥날쑥하고 날아갈 방향이 알기 쉽게 정리되지 않았다.

아베 정권의 '화살 3개'와 박근혜 정권의 '과녁 3개'는 시장에서 다른 반응을 불러왔다. 기업들의 움직임을 보자. 아베 총리는 기업들에 임금을 올리라고 요구했다. 정부 혼자서 이리 뛰고 저리 뛰고 해봤자 기업이 움직이지 않으면 경기가 살아날 수 없다고 했다. 이런 요청에 호응해 올봄 임금 인상을 공개 선언하는 기업이 줄을 잇고 있다.

한국의 새 정권은 선거 때는 '경제민주화'를 앞세워 대기업을 압박하더니 인수위원회가 발표한 국정 비전에서는 그 다섯 글자를 깡그리 삭제해버렸다. 과녁이 흔들리면 기업이나 국민은 자기가 옳다고 믿는 조준점을 향해 제각각 뛰게 된다.

아베 정권은 '화살 3개'를 쏘아줄 궁사(弓師)를 화살에 맞춰 기용하고 있다. 엔저(円低)를 유도하고 돈줄을 풀어 젖히는 역할을 맡을 일본은행 총재에 구로다(黑田東彦) 아시아개발은행 총재를 지명했다. 구로다 총재는 재무관료 출신답지 않게 돈을 풀어 인플레를 유도해야 한다고 주장한 인물이다.

자료: 조선일보, 너무 다른 韓・日 새 정부의 초반 풍경, 2013.03.09.

독일의 환율정책이 장기적으로 성공을 가져왔다는 평가가 있지만 실제 사정을 살펴보면 독일경제개혁과정이 상당한 성과를 거두었기 때문이라는 것이다. 정당에 상관없이 정책을 이어가면서 기업이나 국민들의 기대를 안정시켰다는 것이다.

메르켈(Markel) 정부의 성공요인[4]으로 스몰스텝(small step)을 들고 있는 점이 매우 중요하다. 어느 나라의 지도자든 자신의 업적을 위해 거대 프로젝트를 수

4 현대경제연구원, 메르켈 정부의 경제적 성과와 시사점, 현안과 과제(2013.02.21), pp. 6-8.

행하고 싶은 욕망이 있다. 한국에서 '뉴딜', '르네상스'란 단어는 지도자의 욕망을 표현하는 단어다. 메르켈은 이러한 점에서 독재정권이 아닌 한 지도자가 성공할 수 있는 방법을 정확하게 제시한 것이다. 스몰스텝을 밟으면서, 기존정권과 차별화보다는 연속성을 통해 기업과 국민에게 정책의 신뢰성을 확보하고, 지속적으로 제도와 정책의 보완을 통해 정책효과성을 높이는 것이 성공한 정부라는 것이다.

다음은 메르켈 정부의 성공요인으로 꼽고 있는 세 가지다.

(1) 합리적 개혁정책의 추진

고용유연화 지속, 시장친화적 정책으로 기업의 일자리 창출력을 확대하는 등 경제 개혁정책의 일관성을 유지하고 가속화시켰다.

① 정책의 연속성과 법령(해고제한법, 근로자파견법) 적용의 유연성 확보: 슈뢰더의 과감한 복지 삭감 등의 개혁정책이 지지도 하락으로 연결됐지만 메르켈은 슈뢰더(Schroder)의 '아젠다 2010' 정책[5]의 연속성을 유지했다. 특히 대연정으로 집권하면서 슈뢰더의 사민당이 고용정책을 계속 담당하게 함으로써 고용개혁의 연속성이 유지되었다.

② 노동시장 규제 완화: 실업자 방지를 위한 고용유연화를 지속했고 경제 위기 시에는 근로시간 단축으로 실업자를 적극적으로 방지했다.

③ 기업 투자여력 확대: 시장친화적 기업 환경으로의 꾸준한 개선을 통해 경쟁력을 높이고 경제위기에 대처했다.

④ 세제개혁: 집권 초기부터 세제개혁(부가가치세율, 최고소득세율 인상)을 통해 재정 건전성을 꾸준히 높여나갔다.

⑤ 위기에도 미래투자는 확대: 지속된 재정긴축에도 불구하고 교육, 직업훈련

---

5 'Agenda 2010'은 2003년 3월 14일 슈뢰더 정부가 늦어도 2010년까지 완전취업을 달성하기 위한 국가적 과제를 설정한 것이다. 그 구체적인 방안으로 크게 연금, 건강보험 등 사회보험제도의 개혁, 실업보험 등 실업복지정책의 수정, 해고보호법, 단체협약제도 등 노동관계법령의 개정, 직업훈련제도의 개선, 일반교육제도의 개혁, 노동행정의 관료주의타파, 중소기업에 대한 재정지원방안개선, 자영업자의 창업지원, 지방기초자치단체의 재정건전화촉진, 세제개혁 등 광범위한 내용이다. 독일의 '아젠다 2010'과 노동시장 개혁에 관한 연구(독일 노동법과 노동시장의 현재와 미래), 한국경영자총협회 노동경제연구원(2004.9), p. 10.

등 미래투자 규모는 오히려 확대시켰다.

(2) 스몰스텝 전략

메르켈은 위기를 극복하고 변화를 이끌어 내기 위해 스몰스텝 전략을 활용했는데, 거대한 목표보다는 많은 작은 목표를 설정하고 계획을 통해 정책을 꾸준히 추진하는 스몰스텝 전략을 활용했다. 메르켈의 스몰스텝 전략은 집권기간 추진한 고용유연화, 시장친화적 경제개혁, 재정긴축 등 경제정책과 기후변화 협력강화, 삼각외교 구축 등 대외관계에서 정책의 일관성을 유지시키고 효과성을 높이는 역할을 수행했었다. 특히 2008년 글로벌 금융위기 당시에도 인위적 경기부양을 거부하고 작은 개혁 등을 유지함으로써 큰 변화를 이끌어낸 것으로 평가받고 있다.

(3) 협력과 통합의 리더십

메르켈은 유로존 재정위기의 해결과정에서 재정협약을 관철시키는 등 협력과 통합의 리더십을 발휘했으며, 유로존 재정위기의 해결과정에서 그리스 민간채권단의 손실 분담 신재정협약 도출 등의 협력을 이끌어내는 리더십을 발휘했다.

메르켈은 국내외 경제 현안 유럽 재정위기 해결과정에서도 대타결보다는 단

표 5-2 독일의 일관된 정책집행 사례

■ **슈뢰더와 메르켈 집권기간 비교**

	슈뢰더 집권 (1998~2005년)		메르켈 집권 (2006~2012년)	
	독일	유로존	독일	유로존
경제성장률	1.2	2.1	2.7	1.6
실업률	9.3	9.1	7.5	9.2
재정수지(%/GDP)	−2.5	−2.1	−1.1	−3.0
경상수지(%/GDP)	1.2	0.5	6.2	0.3
1인당 GDP(US$, PPP)	27,013	25,712	36,001	32,796

자료: IMF.

■ 수출증가율 및 경상수지 비중 추이

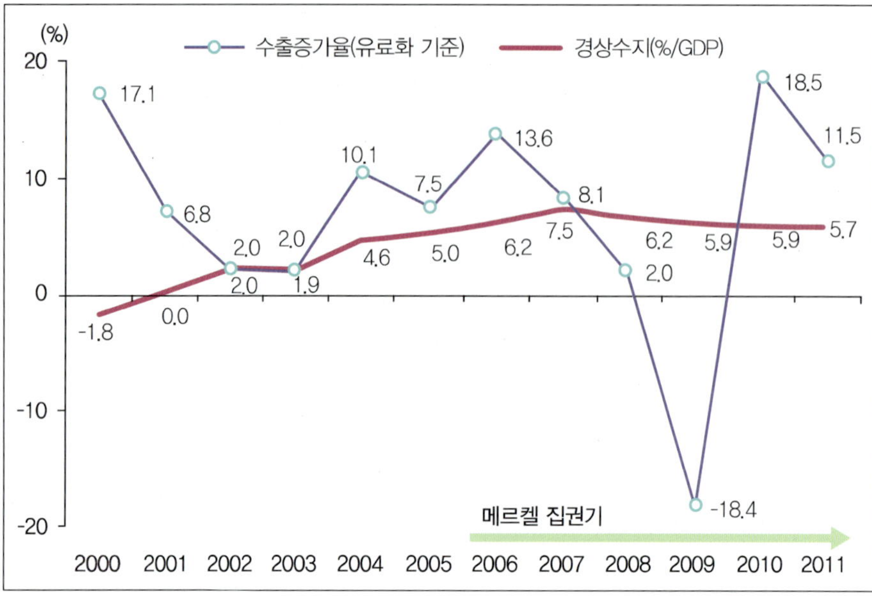

자료: OECD.
자료: 현대경제연구원, 메르켈 정부의 경제적 성과와 시사점, 현안과 과제(2013.02.21), p. 2.

계적으로 계획을 세우고 대화와 설득으로 합의점에 도달하도록 유도했으며, 한편 차별화된 전략으로 미국, 유럽, 러시아를 잇는 삼각외교의 재구축을 통해 독일의 영향력을 확대시켰다.

3) 부패방지 및 공적사회 안정을 위한 장관임기보장

학자시절 초기에 쓴 논문에서 장관의 임기는 대통령의 임기와 동일해야 한다는 주장을 한바 있다. 지금도 변함없는 생각이다. 가장 중요한 이유는 공무원사회가 올바르게 움직이게 하려면 장관이 인사권을 제대로 행할 수 있는 시간과 정보를 가져야 하기 때문이다. 지금처럼 장관의 임기가 1~2년 정도이면 공무원에게 포획되어, 무능한 사람으로 인식되거나, 부처이기주의를 위해 일하다 결국 낙마하게 된다. 대통령이 임명한 장관이 해당 부처의 소모품으로 전락하고 있다는 것이다.

2013년 총선과 대선에서 필자는 '부정부패 해소'가 주요 이슈가 될 것이라고 생각했다. 그러나 어느 당의 공약에도 '부정부패 일소'에 대한 언급은 없었다. 오히려 부정부패를 조장할 가능성이 잠재된 각종 사업만 나열되어 있을 뿐이다. 그러나 국민들의 가장 큰 불만은 한국사회에 만연한 부정부패라고 단언할 수 있다. 젊은층은 부조리란 단어를 더 선호하는 것 같다.

선거 밥상의 기본 반찬은 '부정', '부패', '불법', '무능', '선심'이다. 아침상에 간장이 오르지 않은 일은 있어도 이 나라 선거 밥상에 다섯 가지 반찬이 빠진 적이 없다. 이번 선거에서도 민간인 불법 사찰, FTA・제주 해군기지 말 뒤집기, 대통령 사저의혹, 진보당 비례대표 후보의 북한 공작활동 시비, 정수장학회 논란, 새누리당과 민주당이 공짜로 제공하겠다는 75조 원・165조 원짜리 '복지신선로', 재벌의 불공정과 탐욕 등 상에 오를 반찬은 다 올랐다. 푸짐한 상차림에 한 가지만 빠졌다. 정치권 부패문제다. 사발에 담을 걸 간장 종지에 담아 상 끄트머리에 올려놓는 시늉만 했으니 눈에 띌 리 없다.

며칠 전 한국환경공단 설계심사위원 50명 가운데 23명이 업체로부터 1000만~7000만 원의 뇌물을 받은 사건이 터졌다. 이 사건을 계기로 중앙정부와 지방정부의 도시계획・환경-교통평가・건축 등 이권을 다루는 위원회 위원을 상대로 한 업계 로비의 백태가 드러났다. 부업으로 때때로 이권을 만지는 사람들이 이럴진대 본업이 세금을 매기고, 인・허가를 내주거나 취소하고, 감독・감사 권력을 통해 기업을 죽이기도 살리기도 하는 사람들은 어떨까?

국제투명성기구(Transparency Internaional, TI)는 1995년부터 세계 각국의 공공부문과 정치부문의 부패를 측정・발표해 왔다. 세계를 상대로 기업을 운영하는 3000여 명의 경영인 설문조사에다 반부패 국제기구들의 조사 결과를 더해 만든 내용이다. TI는 2011년 한국 부패수준을 세계 183개국 가운데 43위로 평가했다. 10점 만점에 5.4점이다. OECD 32개국 중 27위로 OECD 평균 점수 6.92점보다 1.52점 낮았다. 한국의 경제가 지난 17년 동안 몰라보게 달라졌다지만 부패순위는 강산이 40~50위대에서 요지부동이다.

세계경제위기를 버텨내며 복지국가를 그때마다 현실에 맞게 정비해온 덴마크, 스웨덴, 핀란드, 노르웨이, 네덜란드 등 북유럽 국가들은 1995년 이래 10위 밖으로 밀려난 일이 없다. 그러나 섣불리 복지국가 흉내를 내다 국가 부도의 위기에 처한 이탈리아는 69위, 그리스는 80위다. 부패청산 고개를 넘지 못하면 복지국가도 헛소리에 그친다는 증거다.

한 나라의 부패지수(1부터 10까지)가 2.4포인트 향상되면 1인당 GDP가 4% 높아진다고 한다. 반면에 부패비율이 0.78포인트 증가하면 빈곤계층 소득은 7.8포인트 감소한다. 미국 브루킹스연구소 조사로는 부패가 싱가포르 수준(5위)에서 멕시코 수준(64위)으로 곤두박질치면 세금을 20% 인상하는 것과 같은 강도로 경제를 망가뜨린다고 한다. 우리가 3%대로 주저앉은 잠재성장률을 다시 일으켜 세우고, 양극화를 완화하고, 복지시대에 대비한 재원을 마련할 힌트 몇 조각도 여기 담겨 있다.

자료: 조선일보, 여야, '부패淸算' 놓고 죽기 살기 붙어보라, 2012.03.30.

한때 신흥국으로 브릭스(BRICs)에 대한 관심이 높았지만, 근래에는 조금 시들하다. 문제는 부정부패 때문에 올바른 기업성장이 어렵기 때문이다. 2012년 국제투명성기구에서 발표한 부패인지지수(Corruption Perception Index)를 보면 한국은 45위다. 계속해서 40대에 머물고 있다. 브릭스의 지수를 살펴보면 브라질 69위, 중국 80위, 인도 94위, 러시아 133위다.[6] 이런 사회 분위기로 국가의 지속가능성을 기대하기는 매우 어렵다.

김병준은 자신의 국정경험을 담은 《99%를 위한 대통령은 없다》에서 대통령이 국민들이 기대하는 것만큼 힘이 없다고 주장하면서 그 근거로 공무원들의 신분보장, 공무원 커뮤니티, 조직이기주의, 공무원이 가진 정보와 기술, 그리고 책임문제를 들고 있다.[7] 정부 자체가 권력독점화한 것이며, 이를 통제하는 대통령과 국회, 그리고 사법부가 역할을 제대로 못하기 때문에 나타난 현상이다.

부정부패를 근절하기 위한 입법노력은 김영삼 정부부터 본격화되었다. 당시 김영삼 정부 초기의 강력한 사정정책에도 불구하고 후반부로 갈수록 부패가 극성을 부리고 있는 상황에서 참여연대는 부패척결 없이는 한국사회 발전이 불가능하다는 판단에 따라 1996년 1월 9일 부정부패 추방과 예방을 시민운동의 차원에서 추진하기 위해 '맑은사회만들기본부'를 출범시켰다. 그리고 1월 24일 참여연대는 부패방지법(안)을 발표했다.

이어 당시 야당인 국민회의는 1996년 12월 5일 유재건, 이해찬, 조순형, 이협, 박찬주, 천정배, 김민석 의원 외 71인의 이름으로 부패방지법을 발의했다. 제정 목적은 다음과 같이 기술하고 있다.

"우리나라는 부패공화국이라고 불리워질 만큼 부정부패는 사회 구석구석에 만연되어 있고 갈수록 대형화·구조화되고 있어 심각한 양상을 띄고 있다. 김영삼 정부 출범 이후 부정부패에 대한 거듭된 사정개혁의지의 표명에도 불구하고 최근 계속하여 드러나고 있는 고위공직자들의 뇌물수수 등 부패행위는 오히려 그 도를 더해가고 있다. 따라서 이러한 총체적이고 구조적인 부정부패를 근본적으로 제거하기 위한 제도적 장치를 마련하고자 현행 공직자 윤리법, 공무원범죄

6 Transparency International, Corruption Perception Index 2012(2012), p. 3.
7 김병준, 전게서, pp. 138-150.

에 관한 몰수특례법의 미비점을 보완하고 또한 내부고발을 한 자의 보호, 자금세정규제, 예산부정방지 및 고위공직자비리조사처의 설치에 관한 규정을 신설하여 단일종합적인 부패방지법을 제정하려는 것이다."[8]

이후 별다른 대응이 없다가 김대중 대통령이 1998년 6월 25일 부패방지법 제정을 지시했지만, 주무 부처인 법무부 박상천 장관이 대통령의 지시에 대해 직접적으로 반대 입장을 표명했으며, 감사원 역시 반대 입장인 것으로 보인다. 또한 집권여당인 국민회의가 야당시절인 1996년에 발의했던 부패방지법의 내용 중 고위공직자비리조사처 신설 및 특별검사제 도입 등 핵심내용이 빠진 채로 2001년 부패방지법을 제정했고, 2002년 부패방지위원회가 대통령 직속으로 설치되었다.

동법은 2009년 1월 국민권익위원회, 시민고충처리위원회, 고충민원의 처리, 부패행위 등의 신고 및 신고자 등 보호 등을 주요 내용으로 하는 '대한민국 부패방지 및 국민권익위원회의 설치와 운영에 관한 법률'로 개정되었다.

부패방지법의 핵심인 고위공직자비리조사처 설치문제는 항상 정치행정개혁의 중심에 있었다. 이는 한국사회가 여전히 부정부패문제를 해결하지 못하고 있음을 보여주는 것이다. 1981년에 제정된 공직자윤리법, 2002년 부패방지법이 시행된 이래로 국민권익위원회와 그 전신인 부패방지위원회, 국가청렴위원회는 다양한 부문에서 부패방지 활동을 전개해왔다. 그러나 이러한 노력에도 불구하고 공직자의 부패·비리 사건은 끊임없이 발생하고 있으며, 이로 인해 공직사회 전반에 대한 국민들의 신뢰는 매우 낮은 수준에 머무르고 있는 실정이다. 2011년 국제투명성기구(TI)의 국가청렴도(CPI) 평가에서 우리나라는 10점 만점에 5.4점으로, 조사대상 183개국 중 43위에 그쳤다.

공직사회 부패수준에 대한 국민권익위원회의 인식도 조사결과를 살펴보면, 공무원의 2.9%만이 공직사회가 부패하다고 응답한 반면, 일반국민들의 56.7%가 공직사회가 부패하다고 응답했다. 이 같은 일반국민과 공직자와의 인식의 차이는 국민들이 기대하는 공직사회의 청렴성의 수준이 공직자가 생각하는 것보

8 1998년 11월 26일 노사정위원회에서 개최한 '부패방지법 제정관련 공청회'에서 박원순 참여연대 사무처장의 발제문이다.

다 훨씬 높은 수준임을 의미하는 동시에 현재 공직사회에 대한 국민들의 의혹과 불신이 팽배해있다는 것을 시사한다.[9]

표 5-3 부정부패 인식과 정도

(단위: %)

분 야	심함
정치인	91.9
고위공직자	82.6
법조인	78.0
건축 · 건설 공무원	71.5
세무 공무원	69.9
경찰관	69.4
조달 · 발주 공무원	65.1
공기업 임직원	59.5
식품 · 위생 공무원	53.1
교육 공무원	48.7
관세 공무원	45.0
보건 · 의료 공무원	40.4
군인	40.3
교정 공무원	38.9
환경 공무원	36.5
사회복지 공무원	34.5
소방관	33.4

〈자료: 행정연구원〉

세계 주요국 부패인식지수

(단위: 점, 2011년 기준, 괄호 안은 순위)
*10점에 가까울수록 청렴

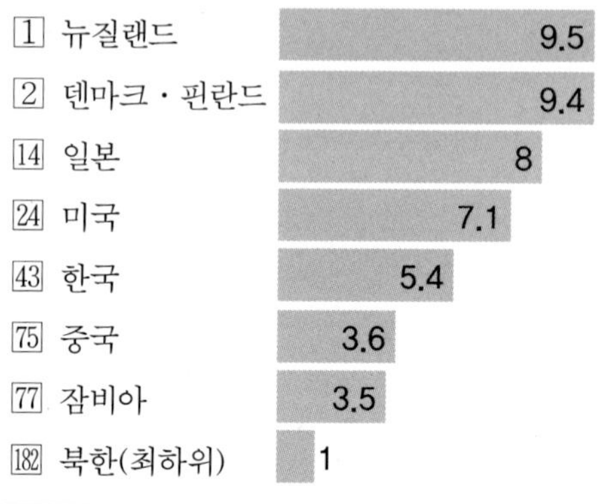

〈자료: 국제투명성기구(TI)〉

자료: 국민일보, 2013.01.14(왼쪽), 세계일보, 2012.11.19(오른쪽).

공직자의 청렴성의 핵심은 바로 공정하고 불편부당한 직무수행에 있다. 따라서 공직자의 청렴성을 확보하고, 공직자의 공정한 직무수행에 대한 국민들의 의혹과 불신을 걷어내기 위해서는 내외부로부터의 공정성 저해요인을 효과적으로 방지할 수 있는 법과 제도가 필요하다.

외부로부터의 공정성 저해요인으로는 우선 공직자의 직무수행에 대한 부당한 영향력 행사, 즉 부정한 알선 · 청탁을 꼽을 수 있다. 현재 형법이나 특별범죄가중처벌법, 변호사법 등에서는 금품 등 이익의 수수와 결부되었을 때만 제한적으

9 김영란, "부패행위의 근원적 차단을 위한 입법제안: 「부정청탁 및 이해충돌 방지법안」 제정 취지 및 주요 내용", 법연(vol.29), 한국법제연구원(2012.5), p. 13.

로 처벌하고 있으며 부정한 청탁 자체를 효과적으로 제재할 수 있는 법률 규정은 없다. 공정한 직무수행을 저해하는 내부의 요인은 바로 공직자가 자신의 직무와 관련하여 사적 이해관계를 갖고 있고, 그러한 사적 이해관계가 공정하고 공평한 직무수행에 영향을 미칠 수 있는 상황, 즉 이해충돌(Conflict of Interest) 상황이다.

이와 같이 부정청탁, 금품수수 행위, 공직자의 사적 이해관계와 공익 간의 충돌 등이 부패문제의 근원적인 요인이라 보고, 국민권익위원회에서는 이를 종합적으로 관리 · 통제할 수 있는 법안[10]을 2012년 8월 15일 '부정청탁 금지 및 공직자의 이해충돌 방지법'(일명 김영란법)이란 이름으로 22일자로 입법예고한다고 밝혔다. 이 법안은 대법관 출신인 김영란 권익위원장이 공직사회의 청탁 · 부패행위 근절을 위해 2011년 6월부터 역점을 두고 추진해온 것이다. 하지만 공직사회 내부의 반대의견이 만만치 않아 18대 국회가 끝나도록 법안을 제출하지 못하다 이제야 제정단계에 들어섰다.

10월 30일자로 '김영란법'에 대한 입법예고가 끝났음에도 법무부가 차일피일 법안에 대한 의견서 제출을 미루고 있는 것으로 전해졌다. 이렇듯 법안의 핵심 관계부처인 법무부가 의견 표명을 미루는 것은 사실상 법안 동의거부로 비쳐지고 있다. 행정안전부와 특허청, 지식경제부 등 관련부처들은 일찌감치 법안에 대한 개선사항 등을 담은 의견서를 제출한 상태다.

정부 발의 법안의 경우 각 부처들의 동의를 요한다. 부처들 간 의견이 수렴되지 않을 경우 첫 단계인 규제개혁위원회 심의에서 심사보류 처분을 받게 된다. 법안이 정식으로 발효되려면 입법예고 → 정부부처 간 조율 → 국무총리실 규제개혁위 규제심사 → 법제처 법령심사 → 차관회의 → 국무회의 → 국회 소관 상임위 심사 → 국회 법사위 심사 → 국회본회의 통과라는 9단계를 거쳐야 한다. 김영란법은 현재 두 번째 단계인 법무부와 법안 조율단계에 있다.

관계부처인 법무부가 "대가성이 확인되어야 뇌물죄로 처벌하게 되어 있는 현행 형법 체계와 배치될 수 있다"는 논리를 내세우기 때문이다. 직무 관련성이 없는 일체의 금품수수를 공직자라는 이유만으로 무조건 형사처벌하는 것은 지나치다는

10 김영란, 상게논문, p. 13.

반대 논리도 함께 제시된다. 법무부는 "심도 있게 더 검토해 보자"는 것이다.[11]

정부 그 자체가 가지고 있는 권력의 독점현상을 부수지 않는 한 통제는 불가능하다. 부정부패는 정부에 대한 견제가 이루어지지 않기 때문에 발생하는 것이다. 우선 대통령은 행정부의 수반이자 통제기능을 충실히 수행해야 하는데, 이는 헌법이 명시한 대로 국무총리와 행정각부의 장관임명과정을 투명하게 하고, 임기를 보장해야 한다. 청와대비서실이 부처나 공기업의 인사에 개입해서는 안 된다. 따라서 대통령에 나서고자 하는 정치인들은 자신과 임기를 같이할 미래의 장관들과 국정비전 및 공약을 미리 마련해야 한다.

그리고 정부를 감시감독하는 기관으로서 감사원을 국가권익위원회와 경쟁시켜야 한다. 그러기 위해서는 '부정청탁 금지 및 공직자의 이해충돌 방지법'을 원안대로 통과시켜야 한다.

4) 적극적 인사제도 확립

군사 정부에서 민간 정부로 권력이 옮겨지고, 동시에 임기 5년의 단임 정부로 국정이 운영되면서 인사행정의 문제점이 계속 나타나고 있다. 회전문 인사, 문고리 인사, 낙하산 인사는 폐쇄적 인사행태에 대한 비판적 언어다. 한통속 인사는 자기끼리만 통할 '자기변호의 집단사고'를 조장해 정권의 위기가 와도 감지하기 어렵게 하는데,[12] 이를 우에스기 다카시는 '아마추어 정부'라고 칭하고 있다.[13]

소수파벌에 속해 있어 다수파벌의 지지를 얻기 어려웠던 고이즈미 전총리는 강력한 카리스마와 높은 여론 지지를 기반으로 자민당과 대립하면서도 자민당을 장악했다. 그러나 고이즈미 전총리와 같은 파벌 소속인 아베는 자민당을 효과적으로 장악하지도, 강력한 카리스마로 자민당 파벌들을 굴복시키지도 못했다. 그는 자민당 각료의 잇단 부정부패와 실언에도 불구하고 자민당의 체질변화

11 김영란법은 업무와 관계된 사람에게서 돈 받은 경우만 처벌하되, 징역·벌금형 대신 행정벌인 과태료를 매기는 쪽으로 완화된 상태로 2013년 7월 29일 국무회의를 통과했으나, 각종 언론에서는 원안 고수를 주장하고 있으며, 민주당에서는 김영란 법안보다 강화된 법률안을 제출한 상태다.

12 동아일보, 배인준, 대통령, 결국 자신과 싸운다, 2013.02.19.

13 우에스기 다카시 지음, 남윤호·이승녕 옮김, 아마추어 정부의 몰락(중앙books, 2008).

를 이루지 못했고, 당의 전면적 지원을 얻기 힘든 상황에서 아베로서는 관저에서 자신을 지원하는 측근 인사들에게 의존할 수밖에 없었다. 그러나 관저정치, 측근정치를 가능하게 하는 조건인 리더십의 카리스마가 부족했다. 따라서 자민당과 관료의 벽을 넘지 못했다. 게다가 일본 국민은 아베 정부가 정권의 최우선 과제로 설정했던 헌법 및 교육기본법 개정에 의한 '강한 일본의 건설'보다 고이즈미 개혁의 후유증 치료 및 지역활성화를 원하고 있었다. 따라서 수상과 관저의 측근들이 만들어 가려고 했던 일본과 국민 일반이 바라고 있는 일본의 모습이 서로 달랐고, 이러한 호흡의 불일치가 내각 지지하락으로 이어진 것이다. 국민들의 의사를 바로 읽고 이를 정책에 반영시킬 수 있는 경륜과 관록의 부족이 관저정치의 붕괴를 가져왔다.[14] 아베 총리는 2006년 사임했으나, 후쿠시마 대지진으로 인한 원전사고 대책에 미흡한 민주당을 이기고 2012년 다시 수장으로 등장했다. 그러나 여전히 그의 관심은 헌법 개정과 강한 일본이다.

2012년에 두 권의 책이 출판되었다. 지도자와 조직역량과의 관계를 분석한 책이다. 하나는 토마스 데븐포트, 브룩 멘빌의 《최선의 결정은 어떻게 내려지는가》, 또 하나는 이광재, 김태만, 장바오윈의 《중국에게 묻다》다.

아마추어 정부에서 벗어나 세계의 트렌드로 인정받는 리더를 만들 수 있는 정부조직 문화와 역량은 어떻게 만들어지는가에 대한 분석서다. 2012년 한국에서는 대통령선거가 있기 때문에 매우 시사적이며, 정부의 문민화 이후 고질적인 인사문제를 혁파하는데 매우 참고가 되는 책이다.

《중국에게 묻다》에서 자오지후 교수는 중국의 국가통치리더십의 원천에 대해서 다음과 같이 언급하고 있다. ①~②는 제외함(인재등용과 인식의 통일을 중국 역사에서 찾고 있기 때문), ③ 공부하는 지도자다. 오늘날 중국공산당 최고지도자들은 그룹스터디를 한다. 아울러 중앙당교 등을 통해 전국의 모든 당원들을 끊임없이 교육시키고, 간부들의 혁신능력을 배양한다. ④ 수많은 회의에서 이루어지는 문제제기와 토론을 통해 협상과 공존 능력을 배양한다. 공산당 집권 이후에도 회의와 토론은 하나의 전통이 되었다. 다만, 일단 결정된 결론에 대해서는 이견이 존재할 수 없으며 만인이 복종한다는 원칙을 지킨다. ⑤ 더불어 사는

---

14 상게서, pp. 12-13.

공존능력이다. 현재는 과거의 연장임을 인정하고 각 시기별 지도부들이 전임자에 대한 적절한 긍정과 부정의 평가를 통해 공존을 모색한다. 과거의 단절이나 전임자에 대한 전복은 중국공산당에서는 찾아보기 힘든 현상이 되었다. ⑥ 우수한 인재들을 공산당이나 공산주의 청년당(공청단)이 흡수해 장기적이고 실천적인 훈련을 거쳐 진정한 인재로 성장시킨다.

재미있는 사실은 중난하이(中南海)에 최고 수뇌부의 고위지도자들이 공동거주하며, 수시로 만나 회의하고 토론하며 때로는 휴가도 함께 즐긴다는 것이다. 분열을 막고 통제를 강화하려는 측면도 있지만, 눈에 보이지 않는 권력투쟁조차 소통과 협력으로 바꿔내려는 의지가 담긴 시스템으로 저자들은 분석하고 있다.[15]

인사시스템이 제도화되지 않은 정부 역시 아마추어 범주에서 벗어날 수 없다.

추천·검증·내정의 인사시스템 제도화가 국가운영의 핵심이라는 지적이 항상 있어 왔다. 아직까지 어떤 방식이 효과적이라는 평가를 받을 만한 인사시스템이 역대 정부에서는 없기 때문에 이의 마련에 대한 논의는 있어 왔지만 대통령이 되고자 하는 정치인들은 아직 이 부분에 대해서 나름대로의 확고한 철학이 없다. 왜냐하면 대통령이 될지 아닐지에 대해서 불확실하기 때문에 활용할 수 있는 인재풀(pool)을 만들어낼 수 없는 것이다.

대통령이 되고자 하는 사람과 그의 국정철학과 비전을 공유하고 실천할 수 있는 추종자그룹이 5년 임기 중 4년차부터 형성되어져야 하며, 기존의 정책과 새로운 정책에 대한 논의들이 토론되어야 한다. 따라서 각 정당은 3년차에 대통령후보군을 압축시켜야 하며, 이들을 중심으로 다양한 국정구상이 펼쳐져야 한다. 이런 사전국정시스템 마련은 대통령직 인수위원회의 역할을 매우 효율적으로 만들며, 새 정부의 장관과 외청 및 공기업장을 인선하는데 잡음을 없애주는 것이다.

국정철학공유는 대통령 출마시절 혹은 그 이전부터 같이해야 한다. 그렇기 때문에 장관예정자들은 후보시절 혹은 그 이전부터 전문성과 실천력을 가지고 함께 행동해야 한다. 그리고 임기보장직에 대해서도 임기 중 자진퇴직 형태 등의 임기직 훼손보다는 대통령의 생각을 공유할 수 있는 방법을 강구해야 한다. 그

15 이광재·김태만·장바오원 지음, 중국에게 묻다(학고재, 2012), pp. 18-19.

렇지 않으면 임기보장직의 비합리적 인사로 인해 해당조직의 안정성을 해칠 수 가 있다. 대통령과 함께 선거운동을 해온 참신한 인사가 있다면 당분간 청와대에서 해당 업무에 대한 능력을 키우는 방식을 택하는 것도 바람직하다.

2013년 새 정부가 들어서면서 후보자들에 대한 각종 의혹이 제기되자 인사청문회법을 개정하려는 움직임이 있다. 야당안을 살펴보면, "임명권자는 공직후보자에 대해 국회에 임명동의안 등을 제출하기 전에 병역신고사항, 재산신고사항 및 체납실적에 관한 사항 등과 관련한 사전검증 절차를 거친 후, 관련 자료를 첨부할 것"을 명시했다.

여기서 말하는 사전검증절차는 이미 후보 혹은 그 이전에 관계를 맺으면서 시간을 두고 능력과 윤리성을 검증해야 한다는 것이다. 문제가 있음에도 불구하고 가까이한다는 것은 임명권자 역시 문제가 있음을 말하는 것이 된다.

IMF 외환위기 이후 김대중 정부의 공공기관개혁의 핵심은 인사제도의 정립이었지만 제도마련에 성공하지 못했으며, 이후 정부도 마찬가지다. 여전히 한국은 아마추어 정부에서 벗어나지 못하고 있는 것이다.

5) 대통령의 리더십은 국민의 힘을 신뢰하는데서 나온다

실물경제와 무관하게 변하고 있는 금융부분의 확장과 불안은 개별국가의 경제에 많은 영향을 주고 있다. 무역이 개별국가의 핵심과제가 된다. 이미 가치사슬이 국제화되어 있기 때문에 과거의 보호무역주의는 의미가 없지만 국내산업의 혁신역량을 제고하기 위한 산업정책은 매우 중요하다. 국내에서 생산되는 핵심부품이나, 완제품의 부가가치를 높이기 위해 교육, 중소기업지원, 벤처기업육성 등 새로운 시장영역을 확대시키기 위한 정책적 노력은 더욱더 강조되어야 하며 '혁신문화의 확산과 혁신제품의 보호'라는 정책적 과제를 정부는 지속적으로 수행해야 한다.

> "중요한 변화 중 하나는 정부의 역할이 커진다는 것이다. 지역을 불문하고 정부들은 스스로의 운명을 결정하는 데 장악력을 높이고 있다. 우리 같은 기업에 그것은 관세나 비관세 장벽 같은 '규제 행동주의(regulatory activism)'를 의미한다. 한국에도 새 대통령이 들어섰다. 그는 기업의 비즈니스 관행과 투명성에 대해 강한

소신을 갖고 있는 것 같다. 이런 상황은 다른 나라들도 비슷할 것이다.

내가 또 하나 눈여겨보는 것은 디지털 세상에서 스피드가 가속화하고 있다는 점이다. '아랍의 봄'이나 '월가를 점령하라' 시위를 보라. 요즘 사람들은 시위를 하기 위해 시청 광장으로 갈 필요가 없다. 60억 인구가 자기 방에서 손가락 하나로 의견을 표현하고 집단행동을 할 수 있는 시대다. 이는 정부뿐 아니라, 우리 같은 기업의 행태에도 큰 영향을 미친다. 만일 정부나 기업이 투명하지 않거나 윤리적으로 작동하지 않는다면 그것이 큰 은행이든 GE든 튀니지 정부이든 책임을 피할 수 없다. 예전엔 없던 일이다."[16]

이런 변화 상황에서 다시 한번 중요성을 갖게 되는 것이 리더십이다. 대통령의 정치철학이 어떻게 구현되는가는 그의 행동방식인 리더십을 통해서 나타난다. 21세기가 진행됨에 따라 이전 사회와 다르다는 것이 점차 드러나고 있다. 특히 한국의 경우, 두 차례에 걸친 금융위기를 겪었음에도 불구하고 세계화 속에서의 국가비전과 운영에 대한 사회적 합의가 아직 마련되지 않고 있다. 이러한 합의에 대한 노력이 김대중 정부에 의한 IMF 외환위기 극복을 위한 노사정대타협을 통해 시도된 적이 있지만 한국사회 전반의 미성숙으로 실패했다.

5년 단임 정부의 실험이 박근혜 정부에 이르면 30년 간에 걸쳐 진행되고 있는 것이다. 과거 군사정부처럼 18년 혹은 7년의 정부가 아니다. 과거보다 사회구조는 엄청 복잡해졌고, 인터넷에 의한 온라인사회가 계속 확장되고 있으며, 실시간 정보유통량이 상상을 초월하는 상황에서 국가운영을 위한 대통령의 리더십은 어떠해야 하는가는 매우 중요한 과제다.

"리더십은 과학이자 예술이다. 그 요체는 어제의 아이디어 중에서 별로 좋지 않아 바꿔야 할 것과 완벽해서 바꿀 필요가 없는 것을 구별해내는 것이다. 이게 어려운 이유는 세상은 움직이는 표적(moving targets)들로 가득하고, 사람이 바뀌는 속도보다 상황이 더 빨리 변하기 때문이다. 리더는 또 단순 명쾌하게 말해야 한다. 리더는 혼란 속에서 질서를 만들어내는 사람이다. 트렌드와 기회를 포착하고, 바꿀 수 있는 것과 바꿀 수 없는 것을 구별해내는 능력이 필요하다"라는 존 라이스(John Rice) GE(제너럴일렉트릭) 부회장의 표현은 토마스 데븐포트

16 조선위클리비즈, 존 라이스 GE(제너럴일렉트릭) 부회장의 인터뷰 내용, 2013.03.23.

(Thomos Davenport)와 브룩 맨빌(Brook Manville)의 주장에서도 살펴 볼 수 있다.

"미래의 리더가 할 역할은 중요한 문제를 혼자 결정하는 것이 아니라, 조직 전반에 걸쳐 모든 일이 올바르게 행해져서 최선의 사고와 최선의 문제해결방식으로 더 나은 답을 찾게 만드는 것이다."[17]

저자들은 "현명한 판단과 꾸준히 좋은 결정을 내리기 위해서는 훌륭한 리더십, 강력한 문화와 가치, 책임, 올바른 결정과정 등의 요소는 필수적이다"[18]라고 지적하면서 이들 요소들이 다음과 같은 트렌드와 결합해야 함을 강조하고 있다.[19]

(1) 한 명이 전체보다 더 똑똑하지는 않다.
• 결정과정에 많은 사람을 참여시키는 것은 거추장스럽고, 반드시 더 나은 결과를 낳는다는 보장을 해주는 것도 아니지만, 보다 나은 결과를 낳는 것이 가능하고 실제로 더 나은 결과를 낳는 경우가 많다.
(2) 군중의 지혜뿐만 아니라 군중의 리더십까지 활용하는 것이다.
• 여러 사람이 하나로 일할 수 있는 다양한 방식이 있으며, 조직이 다수의 기여자에 의한 리더십과 의사결정을 통해 이득을 얻을 수 있는 다양한 방식이 있다.
(3) 데이터와 과학적 분석법을 활용한다.
• 데이터나 과학적 증거가 있으면 직감으로만 결정하는 것보다 더 나은 결정을 하게 된다는 증거가 많이 있다.
(4) 정보기술을 활용하라.
• 정보기술은 의사결정과정에 다수를 참여시키고, 과학적 분석법 활용을 가능하게 한다. 또한 다양한 형태의 명시적 지식과 내재화된 지식을 모두 포착해내 유포되도록 만들어 준다.

사회의 변화를 일으키기 위해서는 변혁적 변화를 유도해내어야 한다. 누가 변화의 주체가 되어야 하는 문제에 대해서 수많은 논의들과 주장, 그리고 이론들이 있지만 간단히 표현하면 '영웅 한 명'이나 아니면 '국민 대다수'인가의 문제로 귀결된다. 그러나 최근의 주장들은 점차 밑으로부터의 변화를 지지한다. 리더십

---

17 토마스 데븐포트 · 브룩 맨빌 지음, 김옥경 옮김, 최선의 결정은 어떻게 내려지는가(프리뷰, 2012), p. 26.

18 상게서, p. 30.

19 상게서, pp. 27-29에서 재정리.

은 이러한 변혁을 이끌어내는 수단적 가치라는 것이다. "변혁적 변화는 단칼에 역사를 만드는 '위인'의 과업에서 만들어지는 것이 아니라 '위대한 백성'의 집단적 성취로부터 나오는 것이다. 사람들의 희망을 일깨우는 첫 불꽃을 일으키는 것에서 시작하여 리더십은 매단계마다 필요한 것인데, 리더십이 가지는 지극히 중요한 역할은 사람들에게 힘을 실어주어 자신들을 위해 행복을 추구할 수 있는 기회를 창조하고 확장시키는 것이다."[20]

이처럼 최근의 리더십논의에 대한 경향은 조직의 역량강화라는 논리에 중점을 둔다.[21] 이미 사회가 소셜 미디어의 영향, 데이터에 대한 과학적 분석역량, 그리고 교육의 질 향상 등으로 개인 혹은 다중의 힘에 대해 신뢰하는 시각이 과거와는 다르기 때문이다. 이명박 정부부터 강조되어 온 '소통과 통합'은 국민의 힘(능력과 지혜)을 대통령이 인정하는 것에서부터 시작하는 것이다.

[그림 5-1]은 폴크스바겐 자동차의 경쟁력을 설명하는 그림이지만 조직에 대

그림 5-1 폴크스바겐 자동차 설계의 진화

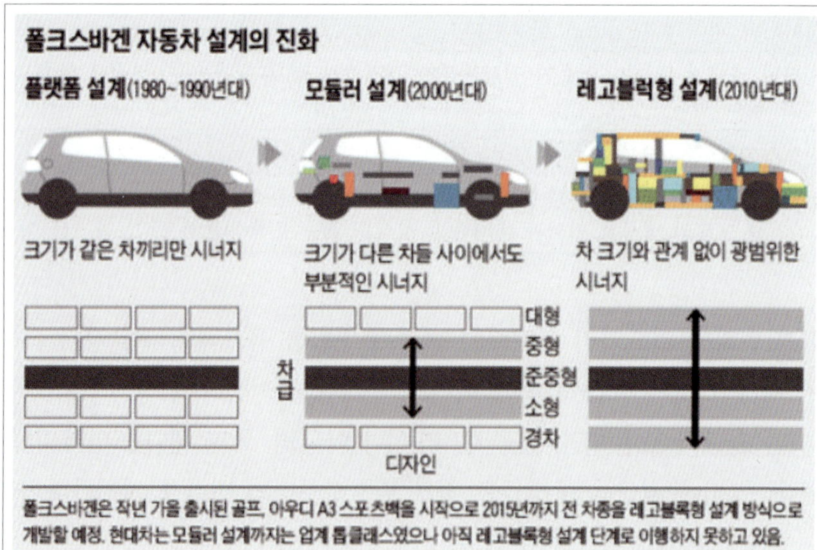

자료: 조선위클리비즈, 2013.03.23.

20 제임스 맥그리거 번스 지음, 조중빈 옮김, 역사를 바꾸는 리더십(지식의 날개, 2006), p. 336.
21 토마스 데븐포트 · 브룩 맨빌 지음, 김옥경 옮김, 전게서, pp. 346-349.

해서도 마찬가지다. 역량강화를 위해서 조직구성의 유연화와 부분별 역량의 고급화가 동시에 이루어질 수 있다는 것이다. 기계론적인 사고가 아니라 유기체로서 조직의 전체적인 조화와 역량을 높일 수 있도록 진화가 가능하다는 것이다. 새로운 기술이나 분석방법이 유용하다면 이를 기존의 업무처리방식이나 축적된 데이터와 결합시켜, 조직의 판단능력을 높일 수 있는 것이다. 이는 한 개의 소프트웨어에 적합한 데이터베이스구조보다는 데이터베이스구조의 유연성을 높여 어떤 새로운 소프트웨어도 활용할 수 있도록 해야, 보다 유용한 정보분석을 바탕으로 한 유연한 판단을 결정과정에 유입시킬 수 있는 것이다. 조직의 부분과 전체의 변화가 동시성과 비동시성을 통해서 이루어질 때, 나타날 수 있는 불협화음을 조정하는 것이 리더십의 역할인 것이다.

2 제도로서의 정당과 국회의 역할 강화

한국의 정치개혁, 정당개혁 등에 관해서 정치학자들이 이론과 경험을 통해서 내놓은 내용들은 무수히 있다. 그리고 한국정치개혁에 대한 역사적 자료들도 많이 있다. 그런 자료들의 도움 없이(물론 그런 자료들이나 많은 학자들의 주장은 여전히 유효하고, 검증이 필요할 것이다.) 필자가 생각하는 정치개혁은 양당제를 벗어나 다당제로 가자는 것이다. 입법내용이 다원화되어 있기 때문에 양당제로서는 이를 수용하는데 한계가 있으며, 국민들 역시 자신들의 이해관계를 적실하게 대변해줄 정당을 선택할 수 있어야 한다는 것이다. 또 하나는 국회의원보다는 국회자체가 역량을 가져야 한다는 것이다. 따라서 국회의원과 정부의 입법권에 대해서 일정한 통제를 가할 필요가 있는데, 그것은 입법영향평가제도를 국회법에 규정함으로써 실현가능하다는 것이다.

1) 다당제에 의한 연정체제 필요성

김대중 정부의 정치개혁실패에 대해 다음과 분석이 있다.

① 정권교체가 이루어졌어도 국정운영방식이 크게 바뀌지 않았다. 이는 개혁과 안정에 대한 명확한 목표설정과 추진력을 상실했음을 의미한다.

② 개혁과 국정운영의 제도화에 실패하고, 법률통과에 유리한 다수당이 되기 위한 노력에 집착하여 의회민주주의를 포기했다.

③ 모든 것이 대통령에서 시작하여 대통령으로 끝났다. 정치권의 협력과 공직사회의 적극성 없이는 대통령만으로는 국정이 운영되지 못한다. 게다가 실질적인 국민참여방식을 고려하지 않았다. 쓴소리를 저항으로 인식하는 본능적 거부감을 극복하지 못한 것이다.[22]

비단 김대중 정부만이 아니라 노무현 정부, 이명박 정부, 그리고 집권여당의 다수당화에 대한 욕구로 빚어진 정당의 명칭변경에서 보듯이 대통령의 실패가 반복되고 있다. 다수당에 의한 횡포를 막기 위해 개정된 국회법은 정치의 의미가 무엇인가라는 질문을 대통령, 국회, 그리고 국민에게 던진 것이다.

"국회선진화법을 만들어서 상황이 달라지고 있다. 이제는 힘으로 하는 것이 아니고 지혜와 설득으로 하고, 이제는 단상 점거가 아니라 국민 속으로 뛰어들어서 여론과 국민의 지혜를 빌리는 거기서 결론을 내는 방법으로 바뀌었다." "국민 앞에 나가서 호소해야 한다. 왜 무엇을 우리가 결정해야 되는지 알려드리고 국민의 뜻을 묻고, 그 뜻이 분명해질 때 여야가 국민 앞에 머리를 숙이고 결론을 맺어야 한다." 황우여 새누리당 대표의 2013년 2월 25일 발언이다.

'몸싸움방지법'으로 통하는 국회선진화법(국회법 의안처리개선 관련조항 개정)은 2012년 5월 25일 개정된 국회 의안처리방법 개정내용을 말하는데, 국회의 반정치적 현상에 대한 국민의 비난과 국회의 반성으로 2년 이상의 해결방안을 여야가 모색한 후 통과되었다.

22 민주노동당 정책위원회, D-730 김대중 정부 3년 평가와 대안(이후, 2001), pp. 48-52.

그림 5-2 우리 국회의 자화상

국회선진화 조항이 있는 한, 집권당 출신의 국회의장은 직권상정이라는 국회 의사과정이 사라진 것이다. 국회의 힘은 국회의장이나 집권여당이 아니라 정치 과정에 의해서 발휘되게끔 된 것이다. 제왕적 대통령의 힘이 국회에서는 사라진 것이다. 한국정치사에 처음 도입된 이 절차를 국회의원들이 어떻게 해석하고, 정당이 이를 어떻게 수용하느냐에 따라 향후 한국정치발전 방향에 큰 영향을 미치게 되었다.

85조(심사기간)

1. 천재지변의 경우
2. 전시, 사변, 이에 준하는 국가비상사태의 경우
3. 의장이 각 교섭단체대표의원과 합의하는 경우 의장이 심사기간을 지정할 수 있다. 그 기간 내에 심사를 마치지 아니한 때에는 본회의에 부의할 수 있다.

85조의 2(안건의 신속처리) 재적의원과 소관 재적위원 2분의 1로 신속처리대상안건 지정요구 동의(신속처리안건지정동의), 재적의원과 재적상임위원 5분의 3으로 의결, 상임위 180일 이내 의결, 법사위 90일 이내 의결, 처리가 안 되면 본회의 부의된 것으로 본다.

85조의 3(예산안 등 본회의 자동부의 등) 11월 30일까지 처리해야 한다.

106조(무제한 토론의 실시) 재적의원 3분의 1 요구, 재적의원 5분의 3으로 해제

148조의 2(의장석 또는 위원장석의 점거금지)

148조의 3(회의장 출입의 방해금지)

개정된 국회법 제85조에 의하면, 한 정당이 국회의석 3/5(180명)을 갖지 않는 한 일방적인 힘의 논리에 의한 법제정, 개정, 폐지는 불가능하다. 법을 함부로 다루지 못한다는 점에서 여당과 야당 모두 협의와 토론, 그리고 이해를 바탕으로 국회를 운영해야 한다. 국회의원들이 무분별하게 만들고 있는 의원입법에 대해서 사전 입법영향평가제 도입도 탄력을 받게 되었다. 무조건 반대 역시 정당의 존재를 어렵게 만들 것이다.

달리 보면 지루한 때로는 비생산적인 것처럼 여겨지는 '식물국회' 현상을 진정한 민주주의로 만들 수 있느냐의 실험을 한국은 행하고 있는 것이다. 만약 19대 국회가 국회의사과정의 민주화를 정착시키지 못하면, 현재의 대안으로써는 양당정치가 아니라 다당제정치로 변화되어야 하며, 외국의 대통령제 하에서 이루어지는 연합정부 혹은 연합정치로 나아가게 될 것이다. 즉, 법안의 성격에 따라 정당 간 협력관계가 달라지며, 좀 더 많은 수의 국민의 이익이 도모될 가능성도 높아지게 된다.

아울러 1987년 한국정치 민주화의 근거로 실행을 요구해온 다당제의 성립여건이 되는 명부식 정당투표제의 도입도 적극적으로 검토해야 한다.

새누리당은 정부조직법을 둘러싼 대야 협상에서 시종일관 주도력을 발휘하지 못했다. 대통령의 지침만 받들어 모시면서 야당을 무조건 여당안을 수락하라고 밀어붙이기만 했다. 당대표가 내놓은 협상안을 원내대표가 이끄는 협상 실무팀이 거들떠보지도 않는 상황도 발생했다.

새누리당은 헌법재판소로 달려가기 전에 먼저 자신이 야당을 설득하고 타협을 끌어낼 수 있는 정치력을 충분히 발휘했는지부터 되돌아봐야 한다. 목표를 정해놓았어도 거기에 도달하는 길은 상황과 상대에 따라 수시로 탄력 있게 조정하고 타협하는 게 정치다. 어느 정당, 어느 정치인이든 상대에게 자신이 선택한 길만 따라오라고 강요하는 건 정치를 포기하는 거나 다름없다. 여당이 야당의 설 자리를 마련해주면서 옳은 길로 이끌려 하는데도 야당이 거부한다면 국민은 다음 선거에서 그 야당을 심판할 것이다.

여당 지도부가 때론 대통령의 생각도 바꿀 수 있는 설득력을 발휘해야 야당에 대한 설득력과 힘을 얻게 된다. 대통령의 지침을 신줏단지처럼 떠받들며 일자일획도 바꾸지 못하는 여당 지도부의 말이 야당에 먹힐 리가 없다.

자료: 조선일보, 새누리, 국회선진화법 누가 만들었는데 위헌 제소하나, 2013.03.14.

국회의 의안처리에 대한 기존관행을 과감히 탈피시킨 국회선진화법은 상대의 인정과 존중을 바탕으로 한 협상과 타협 없이 법안 통과는 어렵다는 새로운 정치문화를 탄생시킨 것이다. 다수당의 이점이 사라진 것이다. 이는 향후 국회의원 선출에 대한 정당과 국민의 생각을 바꾸게 될 것이다. 동시에 법 제정이나 개정이 어렵기 때문에 정부는 기존의 법령 내에서 현실 문제를 해결해야 한다는 요구도 동시에 담고 있다. 기존법 집행에 대한 효율성을 높여야지 행정 편의적 법 제정이나 개정은 하지 말아야 한다는 것이다. 국회의 토론문화와 함께 국민들의 정치참여 방법이 기존의 유권자로서의 투표행위에 국한되는 것이 아니라 다양한 단체나 전문가들의 법안 내용에 대한 전문적 지식을 통해 지지나 반대를 할 수 있다. 대통령중심에서 국회로 다시 국민으로 힘의 축이 이동하고 있는 것이다.

박근혜 대통령에겐 세 가지 대응책이 있다. 첫째, 예전 대통령들처럼 야당의원을 빼와 180석을 채우는 방법이다. 간단하긴 하지만 현 정치구도에서 실현가능성은 희박해 보인다. 둘째, 장기 대치를 감수하고 장외 여론으로 야당을 굴복시키는 방법이다. 야당도 다음 선거를 치르려면 여론을 무시한 채 막무가내로 발목 잡기는 어렵다. 다만 이 같은 전략이 먹히려면 청와대가 평소 대통령 지지율 관리에 많은 신경을 기울여야 하고 오피니언 리더그룹과의 꾸준한 소통도 필수적이다. 셋째, 정책입안단계부터 야당과 긴밀히 의견을 교환하는 방법도 있다. 야당에 권력의 일부를 나눠주는 대신 국정운영에 대한 협력을 보장받는 것이다. 박대통령이 어떤 선택을 할진 두고 봐야 한다. 다만 분명한 하나는 18대 대통령의 권력이 전임자들보다 줄었다는 것을 감안하지 않고 세운 모든 입법과제는 사상누각이 될 수 있다는 점이다.

자료: 중앙일보, '국회선진화'시대, 박근혜 대통령의 선택은?, 2013.02.27.

"친애하는 동지들이여, 우리의 발언은 우리를 파탄으로 몰고 가는 무지몽매한 정치의 그릇된 흐름을 고발하고자 함이다. 공공의 안녕을 위한 정치적 방향을 언명하고자 함이며, 새로운 희망을 제시"한다고 시작한 스테판 에셀(Stephane Hessel)의 정치제안서는 지향해야 할 것과 지양해야 할 것을 규정함으로 이념에 매몰되기보다는 현실적 대안을 실행하자는 것이다. 즉, 성장지상주의에서 과감히 벗어나고, 네트워크화된 세계가 갖는 상호연대와 문화적 성숙, 지역의 자율성을 발현 및 복원시키고, 농업경제를 지키고, 식품공급과 지역의 수공업과 상업의 보호, 그리고 사회연대경제란 이름으로 협동조합, 상호공제조합, 협회, 노동조합, 기금, 재단 등을 포함하는 복합적 방식의 경제활동, 민영, 비영리, 자치적 운영, 공익추구, 지역기반의 원칙 아래, 금전적 지원 외에도 재능 기부 등의 사회적 교환에 중점을 두는 경제활동을 중시하고 있다. 과잉경제와 낭비하는 생활방식을 지양할 것을 주장하고 있으며, 핵심은 산업시대의 생산과 소비방식을 혁파하고, 세계화해야 할 것(상호협력)과 탈세계화해야 할 것(금융자본주의)을 구분할 수 있는 지혜와 실천력을 강조하고 있다.[23]

한국의 경우도, 우리의 사회문제 해결방안에 대해서 다양한 관점에서 접근하고, 이를 대변할 정치세력을 갖는 것이 필요하다. 전통적인 양당체제는 국회선진화법으로 인해 입법 활동에 많은 제한이 가해질 수 있다. 그렇다고 이 규정을 옛날로 돌릴 수는 없다. 보다 현실적인 방법은 보수와 진보라는 두 개의 이념집단에 의한 정치체제는 과감히 불식하고 다양한 정치적 이해를 대변하는 정치체제를 갖는 것이 바람직하다. 고질적인 지역 구도와 이념대립을 타파하고 다양한 국민이익을 대변할 수 있는 다당제가 필요하다. 3~4개 정도의 다당제가 뿌리내릴 수 있도록 국민적 자각과 함께 개인의 전문적 식견을 중시하는 현행 비례대표제도에서 다양한 사회분야에 대해 장기적이고 집단적으로 이해관계를 대변하는 조직(정당)들이 국회에 들어올 수 있도록 새로운 형태의 비례대표제도를 수용할 수 있는 과감한 정치의식의 전환도 필요하다.

2) 입법영향평가제도 도입

2012년 5월 30일 전국경제인연합회, 대한상공회의소, 한국경영자총협회, 한국무역협회, 중소기업중앙회 등 경제 5단체는 '제19대 국회의원 당선 축하리셉션'을 개최했지만, 재계는 여야가 그동안 '표심'을 잡기 위해 무분별하게 쏟아놓은 각종 기업규제 공약이 '12 · 19 대통령 선거'를 앞두고 현실 정합성에 대한 정확한 평가도 받지 않은 채 무분별하게 입법화되는 것을 막기 위한 행사였다.[24]

23 스테판 에셀 · 에드가 모랭 지음, 장소미 옮김, 지금 일어나 어디로 향할 것인가(푸른숲, 2012).

19대 임기 첫날 국회 의안과에 접수된 법안은 50개에 육박했다. 지난 18대 국회 임기가 시작된 2008년 5월 30일 접수된 법안이 8개인 것에 비해 폭발적으로 증가한 것이다.

새누리당은 '희망사다리편'이라고 이름 지은 12개 법안을, 민주통합당은 '내 삶과 대한민국을 바꾸는 19대 총선 정책공약' 19개 법안을 제출했다.

새누리당의 12개 법안은 ① 기간제 및 단시간근로자 보호 등에 관한 법 개정(2012.08.02 시행), ② 파견근로자 보호 등에 관한 법 개정(2013.03.26 개정), ③ 고용정책기본법 개정(2012.12.18), ④ 사내 하도급 근로자보호 등에 관한 법률 제정,[25] ⑤ 상법 개정(법무부, 2012.06.15 상법 보험편 일부개정법률(안) 입법예고), ⑥ 하도급 거래 공정화에 관한 법 개정(2013.01.31 국회 행정안전위원회 소속 김영주 의원(새누리당)은 「하도급거래 공정화에 관한 법률」 개정안을 대표발의), ⑦ 유통산업발전법 개정(2013.01.01 통과), ⑧ 신용보증기금법개정(2013. 03.23 시행), ⑨ 기술신용보증기금법 개정(2013.03.23 시행), ⑩ 중소기업 진흥에 관한 법 개정(2013.03.23 시행), ⑪ 영유아보육법 개정(법사위 계류 중), ⑫ 대학회계투명화법(2012.12.31 통과) 등이다.[26]

영유아보육법 개정안만 제외하고는 새누리당 법안은 거의 통과된 셈이다. 그러나 유통산업발전법은 상당한 진통이 있었다.

민주통합당은 민생 최우선 8대 의제로 ① 반값등록금, ② 고용안정, ③ 어르신 효도, ④ 서민주거안정, ⑤ 중소기업 및 소상공인 지원, ⑥ 친환경무상급식 및 무상보육, ⑦ 서민금융지원 및 금융소비자 보호, ⑧ 광우병 예방 등 관련 법안 19개를 제출했다.[27]

---

24 문화일보, 19대국회 反기업 법안 막아라, 2012.05.30.

25 국가인권위원회(위원장 현병철)는 「사내하도급근로자보호등에 관한 법률안」(2012.07.05. 새누리당 이한구의원 대표 발의)을 검토한 결과, 해당 법률안이 최근 대법원이 불법으로 인정한 근로형태를 합법화할 수 있는 여지가 있어, 이러한 혼란이 없도록 불법 파견과 적법 도급의 구분 기준을 법에 명시하라는 의견을 표명했다. http://blog. daum.net/cwsong11/1442.

26 파이낸셜 뉴스, '법안 홍수'…19대 국회 임기 첫날 50개 접수, 2012.05.30(괄호안의 통과 혹은 시행일자는 필자가 조사한 내용임).

27 법안 이름이 구체적이지 않아 개정여부 확인하기 어려움.

표 5-4 제19대 국회의원 총선거 기업관련 공약

구 분	새누리당	민주통합당
출자총액제한제도		기업집단 범위: 10대 재벌, 적용기준: 소속기업의 순자산 30%
순환출자금지		신규 순환출자 금지, 기존 순환출자 3년 내 해소, 위반 시 의결권 제한
지주회사 요건강화	※현행 유지(부채비율: 200%, 자회사 지분보유 한도: 상장사 30%, 비상장사 40%)	부채비율 200%→100%, 자회사 지분보유 한도 상향조정(상장사 30%, 비상장사 50%)
내부거래, 일감몰아주기 규제	내부거래실태 정기조사, 결과공표, 친족(지분 20%) 지배회사 내부거래 직권조사, 부당지원행위의 요건 완화, 위법성이 현저한 경우 형사고발 추진	부당내부거래 실태조사 공표 의무화, 부당내부거래 시 과징금 부과, 총수 일가 과세강화 및 처벌규정 명문화
집단소송제	집단소송제 확대(증권분야만 도입 →부당단가 인하 등 공정거래 분야로 확대)	증권분야 집단소송제 요건 완화
금산분리	※현행 유지(산업자본의 은행주식 취득 한도 9%까지 허용)	산업자본의 은행주식 취득 한도를 9%→4%로 축소
중소기업 사업영역 보호	중소기업이 2/3 이상을 차지하고 있는 업종에 대한 진출 규제(대기업이 5% 이상 시장점유율을 갖는 기업결합 규제 →1%로 하향조정)	중소기업 적합업종제도 강화(위반 시 경영진에 대한 형사처벌, 사업이양 강제)
기업인 범죄 처벌	서민과 차별 없는 법집행, 대통령 사면권 제한	최저형량 상향조정(5년 이상→7년 이상). 대통령 사면권 제한

자료: 문화일보, 19대국회 反기업 법안 막아라, 2012.05.30.

표 5-5 주요 경제관련 예상 법률들

분 야	주요 입법 과제
조세 분야	• 소득세 과표구간 및 세율 조정 • 금융소득 종합과세 기준금약 조정 • 근로장려세제 확대시행 • 조세피난처 이용한 역외탈세에 대한 대책 • 다주택자 양도소득세 중과제도
금융 분야	• 금융감독체계 개편 • 금융소비자보호에 관한 법률 제정 논의 • 저축은행 건전성 및 거래자보호 강화 • 예금보험공사의 감독권 강화 • 대부업법과 이자제한법의 금리 일원화

경제 · 재정 분야	• 일자리 창출 및 경제양극화 해소 • 물가안정 및 가계부채 해소 방안
중소기업 분야	• 중소기업 적합업종 · 품종 지정제도 • 대형마트 및 SSM에 대한 규제 • 중소기업부 설치 • 중소기업 정책금융의 기능개편
주택 · 토지 분야	• 전 · 월세상한제 • 주택임차료 보조제도(주택바우처제도) • 보금자리임대주택 공급 확대 • 대학생 주거지원제도

자료: 국회입법조사처.

19대 국회에서 본격적으로 다뤄질 경제 관련 입법내용들에 대해 관심이 쏠리고 있다. 2012년 5월 28일 정치권에 따르면 이번 19대 국회 전반기에 경제민주화, 각종 공기업 민영화를 비롯해 거시경제 관련 문제해소 및 각종 부동산 정책대안을 놓고 여야 간 정책대결이 고조될 전망이다. 이번 국회에서 본격 논의될 정책들에 대한 여야 간 시각 차가 큰 경우가 많기 때문이다. 또 경제 및 정치전문가들은 지난 18대처럼 과잉 법안에 비해 의결건수가 낮을 경우 국민의 신뢰를 잃을 수 있다.[28]

발의건수와 가결건수가 특히 많은 의원들은 동일한 법률에 적용되는 법안을 일괄 제출하는 등 가결이 많이 될 수밖에 없는 법안들인 것으로 나타났다. 정당별 가결건수를 보면 정당의 입법역량이 드러난다.

표 5-6 16~18대 국회, 정부의 발의건수 비교

	의원 발의건수	의원 발의 증감률(전대 대비)	정부제출 법률안	정부제출 법률안 증감률(전대 대비)
16대 국회	1,651		595	
17대 국회	5,728	246.9%	1,102	85.0%
18대 국회 (2012.1.1까지)	11,016	94.0%	1,683	52.9%

28 파이낸셜 뉴스, 19대 국회, 출총제 · 中企육성 등 '경제민주화' 정책대결 예고, 2012.05.28.

	의원 발의안 가결결과			
	원안 가결건수	수정 가결건수	총 가결건수 (원안 가결+수정 가결)	총 발의 대비 가결률
16대 국회	35	224	259	15.6%
17대 국회	176	521	697	12.1%
18대 국회 (2012.1.1까지)	256	345	601	5.4%

자료: http://www.ccej.or.kr/index.php?document_srl=166053

표 5-7 의원 1인당 평균 가결건수

(분석대상은 발의 비교현황과 동일)

정 당 (총 295명)	의원 1인당 평균 가결건수				의원 1인당 평균 가결률
	원안 가결	수정 가결	대안 폐기	총 가결건수	
한나라당(166명)	0.51건	1.40건	8.85건	1.91건	6.29%
민주통합당(89명)	0.26건	0.82건	10.15건	1.08건	2.77%
자유선진당(15명)	2.53건	0.86건	11.06건	3.39건	8.40%
미래희망연대(8명)	0.25건	0.5건	5.25건	0.75건	2.80%
통합진보당(7명)	0건	0건	10.28건	0건	0%
창조한국당(2명)	0.5건	0건	1.5건	0.5건	2.77%
무소속(8명)	0.37건	0.87건	7.37건	1.24건	5.42%

자료: http://www.ccej.or.kr/index.php?document_srl=166053

18대 국회의원들이 발의한 법안의 내용을 살펴보면 대부분 법안 정비와 관련된 법안이 많았으며 특히 맞춤법을 바꾸거나 한 글자씩을 바꾸는 등 건수 채우기식의 법안발의도 한 것을 알 수 있다. 한마디로 질 높은 법안을 발의했다는 평가를 내리긴 어렵다고 볼 수 있다.

이로 인한 문제점으로는 ① 동일한 규정의 적용을 받는 수개의 법안 일괄 제출, ② 동일한 법률 개정안 줄지어 제출, ③ 철회법안과 철회 후 재발의 급증, ④ 정부를 대신해 발의하는 청부발의 증가[29]로 입법의 질을 떨어뜨리고, 불필요

29 경제정의실천시민연합, 18대 국회의원 법안발의 및 가결분석 평가보고서(2012.02.16), pp. 12-20. http://www.ccej.or.kr/index.php?document_srl=166053

한 업무처리와 함께 국회의 불신을 야기시킨다는 것이다.

정부는 예산이 많이 투입되는 법률을 만들려면 예비타당성 조사를 받아야 하며, 관련 정부부처의 협의와 차관회의, 국무회의 등을 거쳐야 한다. 그러나 의원을 통해 발의하면 이러한 복잡한 검토과정을 거치지 않아도 되기 때문에 의원들을 이용해 법안을 발의하는 것이다. 의원들 입장에서는 발의건수를 늘릴 수 있다는 점에서 입법기관으로서 전혀 부끄러워하지 않고 정부의 '꼼수'에 동참하고 있는 상황이다. 이러한 청부입법은 사회적으로 큰 논란이 되고 있는 법안들인 경우가 많아 더욱 문제라고 할 수 있다.[30]

입법영향평가는 광의의 의미에서 비용측정, 성과측정 및 실효성측정을 가능하게 하는 모든 방법론을 적용하여 ① 실행가능성, ② 효율성, ③ 효과성 · 목표달성도, ④ 경제적 영향 및 리스크로서, 중앙재정 및 자치단체의 재정에 미치는 효과, 경제계에 대한 비용효과, 개별가격 및 물가수준에 미치는 영향, 소비자에 미치는 영향, 관료주의적 부담(관료주의비용), ⑤ 생태적 영향과 리스크, ⑥ 사회적 영향과 리스크, ⑦ 정부의 지속가능성 전략의 의미에서 지속가능성 등을 분석하는 기법이라 할 수 있다. 입법평가단계와 단계별 평가 내용은 〈표 5-8〉과 같다.

따라서 입법영향평가는 법령의 수용성을 높여주며, 한정된 자원을 보다 효율적으로 사용할 수 있게 한다. 입법영향평가는 입법의 정치행정상의 절차향상에 기여하며, 국가 활동을 개혁하고 행정을 현대화하는 데 중요한 역할을 담당한다고 볼 수 있다.[31]

현재 입법평가제도의 장점과 입법지원기능을 인식하고 이를 본격적으로 적용하려는 움직임도 활발하나, 새로운 도구로서의 입법평가를 진심으로 활용하고자 하는 정부부처와 의회의 의지가 결여되어 있다는 점이 가장 큰 문제로 지적되고 있다. 국회의원의 경우, 자신들의 입법권을 침해한다고 여기고 있으며, 정부 역시 방대한 영역의 입법영향평가제도가 주는 정부역량에 대한 도전을 받아

---

30 상게보고서, p. 19.

31 박영도, "입법평가, 어디까지 왔나", 제621회 『정책&지식』 포럼(2012.05.22), 정책지식센터, 서울대 행정대학원, pp. 4-5.

표 5-8 입법단계과정의 평가

입법 단계	평가수법			결 과	평가 모델
	내 용	시점	방 법		
입법 의도	필요성 및 대안개발(규율필요성 분석 및 규율대안모델 분석)	사전	• 어느 범위에 규율의 필요성이 존재하는가? • 규율영역은 어디까지인가? • 대안입법에 의한 규율가능성이 존재하며, -장기적으로- 어떤 결과가 예상되는가? • 가장 최적 대안입법은 어떤 것인가?	최적입법대안선택 경우에 따라서는 입법을 하지 않는 방안 선택	사전적
입법 초안	법형식적 심사(효력최적화, 비용편익관계, 지속성, 이해가능성, 집행유용성, 시민에 대한 친숙성 등의 관점에서 심사)	초안 작성 단계	• 계획된 규정들이 준수가능하고 승인가능한가? • 계획된 규정들이 집행가능하고 효율성을 증대시키는가? • 비용과 편익 간의 관계가 전체적으로 적절한가?	법령안의 전부 또는 일부에 대한 타당성 확인, 보완 또는 개선	병행적
현행 법령	사후검증(법령의 목표달성 실증, 무수정 · 수정 · 폐지 또는 신규제정의 추론)	사후	• 특정 법안이 입법자가 의도했던 효과(혹은 개별목표)를 달성했는지의 여부와 그 정도 • 수범자에게 어떤 효과와 결론(영향)이 나왔는지, 그리고 전체 효과영역(성과)에서 어떻게 나타났는지 • 어떤 예상밖의 효과가 발생하였는지(원하지 않았던 부작용) • 승인되었던 외곽조건과 예상했던 행동에 변화가 있었는지 • 행위규정이 지켜지고 실행되었는지 • 미리 정한 비용범위를 준수하였는지 • 운영상의 부담은 최소화되었는지 • 확보한 지식을 전체적으로 판단했을 때 해당 법률의 개정이나 폐기가 필요한지	법령의 시행상태 확인(입법목적의 달성 또는 실패, 수용성의 높고 낮음 등), 필요한 경우 개정의 필요성 제시	사후적

자료: 박영도, "입법평가, 어디까지 왔나", 제621회 『정책&지식』 포럼(2012.05.22), 정책지식센터, 서울대 행정대학원, p. 7.

들이기를 꺼려하기 때문이다.

그러나 국회의 역량을 강화하는 것이 정부를 견제하는 강력한 수단이라는 것을 감안한다면 국회 안에 입법영향평가처를 신설하고 고도의 전문성을 가진 전문가풀을 확보해야 한다. 국가사회가 세계화되면서 국내사회의 문제를 다루고자 할 때 전 세계적인 변화 역시 다루지 않으면 안 된다. 따라서 국회의원 개개인의 전문적 역량만으로는 이를 다루기가 점차 어려워진다. 이제는 국회의원이 아니라 국회 자체가 전문성을 강화해야 하는데, 한국의 경우, 국회입법조사처의 규모와 인력을 대대적으로 확대한 입법영향평가처를 신설해야 한다.

그렇게 해야만 각종 선거를 통해서 남발되는 입법안에 대해서 제동을 걸 수 있을 뿐만 아니라 정부입법에 대한 강한 통제를 가할 수 있는 것이다.

① 입안단계에서의 입법예고 도입, ② 입법공청회와 청문회의 실효성 확보, ③ 입법지원 조직강화를 통한 법안발의 전 입법조사, 심사절차 강화, ④ 의원입법 발의절차에 관한 세부적 규칙제정의 필요성을 경실련은 18대 국회활동을 분석하면서 제안하고 있다.[32] 그러나 국회법을 제대로 강화시키면 입법예고, 입법예고의 방법과 절차 등에 관한 국회 규칙제정, 제정법률안 및 전문개정법률안에 대한 위원회 심사 시 공청회나 청문회 개최 의무화규정 등을 통해서 의원입법과정의 실효성을 높일 수 있다. 입법을 위한 조사분석, 관련기관과의 협의, 입법예고, 공청회 등의 절차 등을 포함한 입법영향평가제도를 국회법에 규정함으로써 법안의 타당성과 효율성을 높이도록 해야 할 것이다.

3) 택시법 거부권 파동을 통해서 본 입법영향평가제도의 필요성

택시법을 만들면서 국가예산이 수반되는 사항임에도 불구하고, 비용추계서는 첨부되지 않았다. 작성자는 국회의원 비서관인데, 향후 작성자는 국회의원으로 못을 박아야 한다. 영향평가 없이 제안한 법률제정이나 개정은 객관적 증거 없이 이념이나 당파적 혹은 특정집단의 이해관계만을 위한 것이기 때문에 오히려 사회갈등이나 불안을 조장할 가능성이 매우 큰 것이다. 특히 법이란 특정영역의

32 경제정의실천시민연합, 18대 국회의원 법안발의 및 가결분석 평가보고서(2012.02.16), pp. 21-22.

활동에 대한 규칙을 정하는 것이기 때문에 이 규칙의 적용을 받는 개인, 기업 혹은 특정 단체들은 기득권을 지키기 위해서 혹은 새로운 시장에 진입하기 위해서 치열한 다툼을 할 수 있기 때문이다.

택시법 제정과정과 대통령의 거부권 행사에 이르는 과정을 분석해 보면, 좀 더 구체적으로 어떤 요인들이 작동하여 법 개정을 추진하게 되었고, 과연 정부, 국회, 국민, 택시 및 버스업계와 택시기사들은 어떤 생각을 하는지 종합적으로 파악해보면 한국에 입법영향평가제도의 도입이 얼마나 필요한 지 알 수 있는 대표적인 사례다.[33]

대중교통의육성및이용촉진에관한법률일부개정법률안

비용추계서 미첨부 사유서

1. 재정수반요인
   대중교통운영자로서 택시운송사업을 경영하는 자는 국가 또는 지방자치단체로부터 연료절감형 친환경택시로의 대체 및 택시승강장 등의 확충·개선을 위한 사업에 재정지원을 받을 수 있음(안제2조).
2. 미첨부 근거규정
   '의안의 비용 추계 등에 관한 규칙' 제3조 제1항 제3호 중 "기술적으로 추계가 어려운 경우"에 해당함.
3. 미첨부 사유
   택시운송사업을 경영하는 자가 연료절감형 친환경택시로의 대체 및 택시승강장 등의 확충·개선을 위한 노력을 하는 경우에 재정지원을 할 수 있기 때문에 경영개선 노력이 이루어진 이후에야 가능하므로 재정지원에 따른 재정소요를 추계하기에는 기술적인 어려움이 있음.

자료: 대중교통의 육성 및 이용촉진에 관한 법률 일부 개정 법률안(최봉홍의원 대표발의)(의안 63), 2012.07.11, p. 7.

(1) 정치가 문제다

택시업계 노사단체가 LPG 가격 인하 등을 촉구하며 2012년 6월 20일 서울시청 앞에서 대규모 집회를 개최한 뒤 택시업종 활성화를 위한 법안발의가 본격화

33 사례구성은 당시 언론기사를 통해서 재정리한 것이다.

되었다.

이석현 민주통합당 의원이 '택시운송사업 진흥을 위한 특별법 제정안'을 대표발의했다. 법안은 택시를 대중교통으로 인정하고, 택시용 LPG에 부과되는 개별소비세를 감면 또는 면제하는 내용을 담았다. 또 택시차량 구입 시 부과되는 등록세와 취득세를 면제하고, 심야시간대에 버스전용차로에 택시통행을 허용하는 내용을 포함했다. "택시는 버스 · 지하철과 함께 국민에게 교통편의를 제공하고 공공수송 분담률도 47%로 버스(53%)와 대등하다"며 "하지만 정부의 지원 부족과 LPG 가격 인상, 경영여건 악화 등의 문제에 직면해있다"고 법안발의 배경을 설명했다.

노웅래 민주통합당 의원은 '대중교통의 육성 및 이용촉진에 관한 법률 일부개정안'을 대표발의했다. 법안은 택시를 대중교통수단의 정의에 추가하고, 택시사업 경영자가 구조조정을 하거나 경영개선을 위해 노력하는 경우 국가나 지방자치단체가 재정지원을 할 수 있도록 하는 내용이다. 노의원은 "택시는 실질적으로 대중교통이지만 정부의 정책적 · 재정적 지원이 전무한 상황"이라며 "택시운행원가 상승의 부담을 덜어주고, 택시노동자의 삶의 질을 향상시키기 위해 과감한 지원이 필요하다"고 밝혔다.

한국운수물류총연합회 의장을 지낸 최봉홍 새누리당 의원도 택시를 대중교통으로 인정하는 내용의 법안을 준비 중이다. 최의원은 19대 국회 첫 의정활동으로 택시 대중교통 인정 입법화를 추진하겠다고 강조해왔다.

대선을 앞두고 정치권 주요 관계자들의 택시 살리기 공언도 계속되고 있다. 박지원 민주통합당 원내대표는 최근 기자간담회에서 "택시 살리기를 민주당 당론으로 추진하겠다"고 밝혔다. 같은 당 대통령 경선후보인 조경태 의원은 "관련법규의 정비를 통해 택시업계의 생존권을 보장하고, 박봉에 시달리는 100만 택시가족들의 생계를 보호해야 한다"며 택시의 대중교통 지정 추진을 약속했다.

최근 전국택시연합회관을 방문한 정몽준 새누리당 의원도 "택시가 노선과 시간표 없이 운행한다는 이유로 대중교통으로 인정할 수 없다는 정부의 주장은 말이 안 된다"며 "택시도 불특정 다수의 일반 대중이 이용하는 교통수단이므로 대중교통으로 법제화하는 것이 마땅하다"고 힘을 실었다.[34]

이러한 정치권의 주장은 계속되고 있다. "다만 공약에는 들어가 있지 않지만 선거기간 구두로 한 택시업계 처우 및 업무환경 개선 약속들은 (박근혜 당선인이) 지켜나간다는 입장은 확실하다(2013년 6월 18일).[35] 이처럼 택시법 관련 논의는 대선기간 중에 아주 중요한 공약으로 거론되었다. 그러나 객관적인 자료가 없이 택시기사나 택시업계의 주장에만 매몰되는 것이 정치다. 게다가 수송분담률이 9%밖에 되지 않는 택시가 버스(31%), 지하철·기차(23%)와 똑같이 대중교통 대접을 받는 건 형평성에 어긋난다. 택시보다 더 심한 재정난을 겪고 있는 항만 여객선 업체에도 지원이 안 되는 형편이다.[36] 정치인들은 객관적인 자료 없이 택시 25만 대×가족당 4명=100만 명으로 추산하고, 적어도 70만 표 이상의 투표 집단으로 보고 있는 것이다. 또 하나 중요한 것은 정치권에선 택시기사들을 '구전홍보단'이라고 부른다. 이런 점에서 이번 택시법의 법사위 통과에 대해 이들의 홍보효과와 표를 노린 한탕주의가 배후에 있을 거라는 의심이 시민들 사이에 번지고 있다.[37]

(2) 정부는 정확한 데이터를 공개하라

대중교통이나 유통시장 문제는 이해관계가 워낙 복잡하게 얽혀 있어 법률을 제정하거나 개정한다고 해서 간단히 해결될 사안이 아니다([그림 5-3] 참조). 따라서 국가정보를 가장 많이 가지고 있는 정부가 이익형평을 객관적으로 분석할 수 있도록 관련 자료들을 항시 공개해야 한다.

국토해양부 관계자는 "지방자치제가 실시되면서 택시 면허권을 쥐고 있는 단체장이 표를 의식해 개인택시 면허를 무분별하게 내준 탓"이라며, "2004년부터 지역별로 택시의 숫자를 제한하는 택시총량제가 도입되었지만 이후에도 제대로 지켜지지 않았다"고 말했다. "택시정책을 총괄하는 국토교통부도 책임에서 자유로울 수 없다"고 지적한다. 서울대 강승필(지구환경시스템공학부) 교수는 "정부

34 매일노동뉴스, '택시 대중교통 인정' 가능할까, 택시업계 대규모 집회 후 '택시 살리기 법안' 발의 잇따라, 2012.07.04. http://m.labortoday.co.kr/articleView.html?idxno=112238 &menu=1

35 http://www.ohmynews.com/NWS_Web/View/at_pg.aspx?CNTN_CD=A0001827684

36 매일경제, 엉터리 택시법 거부권 행사가 옳다, 2013.01.12.

37 http://jjlife.joins.com/club/club_article.asp?mode=&ctg_id=&page=1&total_id=9955685

그림 5-3 택시 무엇이 문제인가

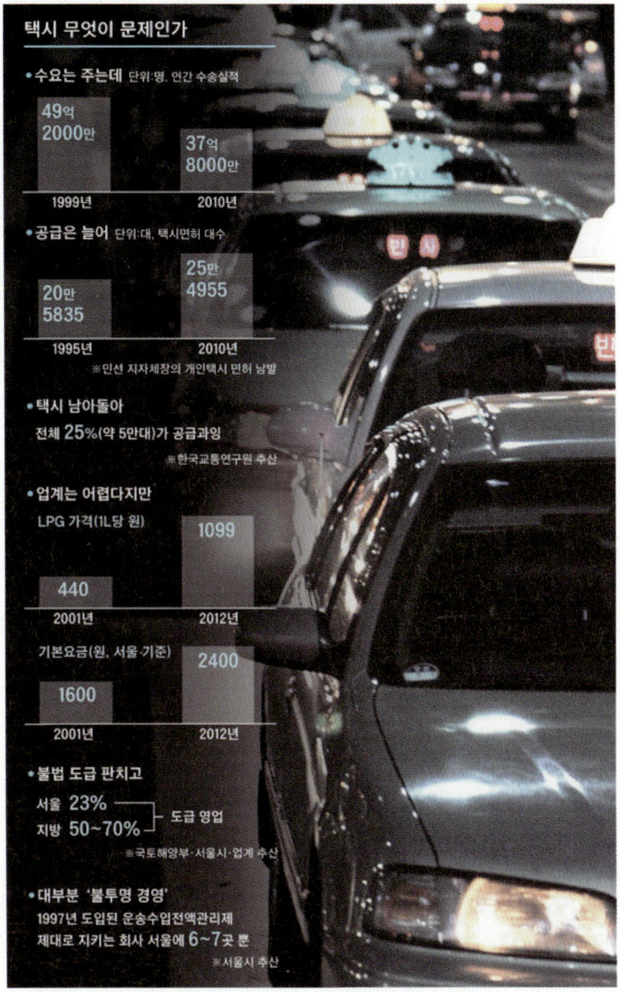

자료: http://article.joinsmsn.com/news/article/article.asp?ctg=12&Total_ID=10370578

가 택시문제에 대한 책임을 지자체에 떠넘겨 온 경향이 없지 않다"며 "앞으로는 중앙에서 강력한 구조조정 계획을 세우고 지방의 동의를 얻어내 추진해야 한다"[38]고 말했다.

택시법 파동이 일어난 이후에 국토교통부가 종합계획을 마련하는 것도 문제

38 중앙일보, 택시 5만 대 공급과잉, 감차가 먼저다, 2013.01.10.

가 있다. 대중교통과에서 버스와 택시정책을 모두 다루고 있는데, 대중교통으로 인정하지 않는 택시를 대중교통과에서 담당하는 것도 모양이 어울리지 않으며, 택시정책은 지방자치단체로 이관하는 것이 바람직하다.

2009년 개정된 여객자동차운수사업법은 개인택시 면허를 양도할 수 없다고 못 박고 있다. 하지만 이후 시행령에는 "법 시행 이전에 면허를 받은 경우엔 개정규정에도 불구하고 종전의 규정을 따른다"는 문구가 들어갔다.[39] 법까지 만들어 놓고도 택시 공급과잉 문제를 풀 수 있는 기회를 놓친 셈이다. 시행령은 정부소관인데, 국회가 만든 법을 정부가 지키지 않은 것이다.

국토해양부는 '택시산업 발전 종합대책안'을 마련해 공청회를 거쳐 오는 4월까지 확정할 계획이라고 2013년 2월 17일 밝혔다. 종합대책안은 정부가 '택시산업 발전을 위한 지원법' 제정과 함께 별도로 추진하겠다고 밝혔다.[40]

2013년 1월 22일 김황식 국무총리 주재로 국무회의를 열어 '택시법 공포안'과 '재의요구안'을 심의한 뒤 재의요구안을 의결했으며, 대체입법으로 택시산업 발전 종합대책을 담고 있는 '택시운송사업 발전을 위한 지원법'을 제정키로 했다. 이명박 대통령은 2013년 1월 1일 국회에서 통과된 '택시법'(대중교통 육성 및 이용촉진법 개정안)에 대해 거부권을 행사했다. 거부권 이유로 정부는 택시법을 '표

그림 5-4 파행된 택시법 공청회

자료: http://vimeo.com/61078723

---

39 중앙일보, 상게기사.

40 조선일보, 택시 기본요금, 5년 뒤 4100원… 운전석엔 칸막이, 2013.02.17.

퓰리즘' 법안이라고 판단했다. 법 시행 이후 후유증을 무시하고 대통령 선거 과정에서 후보들의 공약이라는 이유만으로 일방적으로 통과시켰다는 것이며, 국가와 지방자치단체에 과도한 재정부담을 초래할 수 있다고 판단했기 때문이다. 여객선이나 항공기 등 다른 교통수단과의 형평성 문제도 택시법에 반대하는 주요 이유다. 또 자영업자인 개인택시의 영업 손실을 국가나 지자체가 보전해주면 다른 자영업자와의 형평성도 논란이 될 수 있다는 것이다.[41]

(3) 가장 핵심적인 요인을 중심으로 해법을 마련하라

법을 제정하거나 개정할 경우, 항상 새로운 문제가 발생하기 마련이다. 따라서 가장 핵심적인 인과관계를 중심으로 해법을 마련해야 한다. 택시문제는 지나치게 택시가 많다는 것이고, 택시요금이 싸다는 것이다.

전문가들은 택시수량을 5만 대 이상 줄이는 것이 1차적인 해법이라고 주장한

그림 5-5 각국 주요 도시의 인구와 택시 수

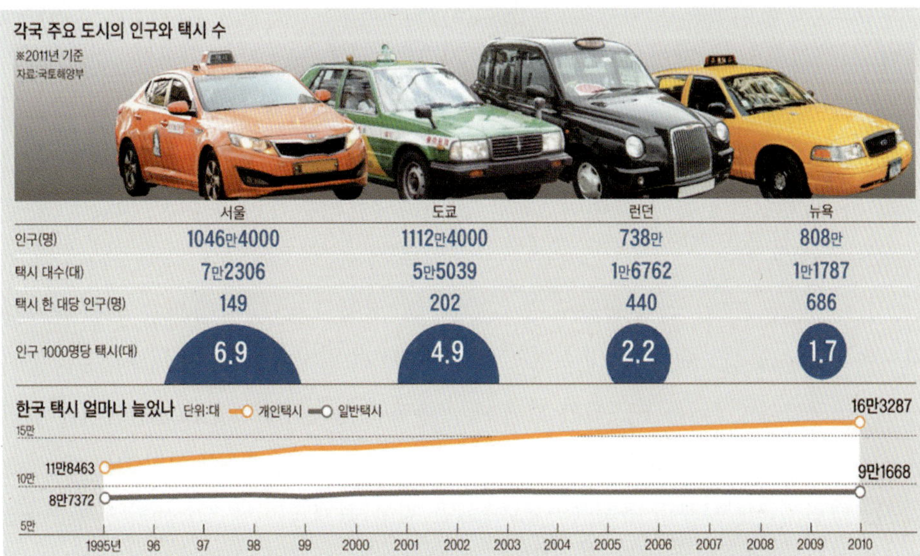

자료: http://article.joinsmsn.com/news/article/article.asp?ctg=12&Total_ID=10381505

41 서울신문, [택시법 거부권 행사] 정치권 '재의결 추진' 택시업계 '총파업 결의' 시민들 '환영', 2013.01.23.

표 5-9 한국과 일본 택시 공급과잉 해소방안

<table>
<tr><th colspan="2">구 분</th><th>한 국</th><th>일 본</th></tr>
<tr><td colspan="2">감차 보상</td><td>• 정부: 대당 1300만 원 산정
• 업계: 면허 프리미엄(서울 6000만~7000만 원) 이상 요구</td><td>• 없음</td></tr>
<tr><td rowspan="3">개인 택시 면허 관리</td><td>양수 양도</td><td>• 2009년 이후 면허 취득자만 제한 (※대상자 전체 1% 미만)</td><td>• 양도: 연령 65세 이상 75세 미만/개인택시업 20년 이상 종사 조건
• 양수: 연령 65세 미만/운전 직종 10년 이상 종사/신청 전 3년, 신청 후 도로교통법 위반 없는 조건</td></tr>
<tr><td>상속</td><td>• 2009년 이후 면허 취득자만 제한 (※대상자 전체 1% 미만)</td><td>• 개인택시 양수 조건 만족해야 상속 가능</td></tr>
<tr><td>정년제</td><td>• 없음</td><td>• 70세(2010년 법 발효 전 면허 취득자는 75세) 이상 면허 반납</td></tr>
</table>

자료: 한국교통연구원.

다. 택시감차는 정부나 지방자치단체가 교통문제 해결을 위한 임시방편으로 택시공급을 과잉상태로 만들어왔기 때문에 대책을 강구하기가 어렵다. 버스파업이나 지하철파업할 때마다 택시를 정부가 대중교통수단으로 활용한 것을 보면 알 수 있다. 〈표 5-9〉에서처럼 감차를 하려니 국가가 구입해서 면허를 취소시키는 것이 가장 바람직하며, 부수적으로 일정 연령에 도달하면 택시면허를 반납하게 하여 자연감소를 시도해야 한다. 그러나 이 비용마련을 위한 정당성 확보가 쉽지 않다.

2012년 11월 27일 국토해양부 등 관계부처 합동으로 택시업계가 요구한 5가지 사안 가운데 ① 택시의 대중교통 법제화를 제외하고, ② 감차(차량대수 줄이기) 보상(공급과잉상태를 해소하기 위해 택시 총량제, 65대 35 비율인 개인택시와 법인택시 간 비율 조정), ③ 부탄(LPG) 가격 안정화(택시업계는 대다수 부탄(LPG)을 연료로 사용하면서 정부로부터 유류세연동보조금을 받아 현재 리터당 221.36원인 유류세를 사실상 모두 감면받고 있다), ④ 기본요금 인상, ⑤ 유류 다양화(택시의 연료를 경유로 교체하려면 차량도 교체해야 하는데다 환경오염을 우려하는 환경부 반대도 걸림돌이다) 등 4가지 방안을 심도 있게 논의하고 있지만 재정, 세금, 환경, 물가문제

로 해결이 어렵다.[42]

국가사회문제는 광범위한 네트워크를 이루고 있기 때문에 어떤 부분을 건드리면 파급효과가 멀리갈 수밖에 없다. 따라서 효과를 측정하기 위해서는 영향평가는 반드시 필요하다. 왜냐하면 직관적으로, 이념적으로, 가치판단으로는 만들어진 입법들의 실질적인 효과를 측정하기 위해서는 객관적인 자료(증거)를 바탕으로 분석해야 하기 때문이다.

택시법 거부권 파동일지

2012년

- 6월 23일 민주통합당 노웅래 의원, 택시법 19대 국회 첫 대표발의
- 9월까지 새누리당 이병석, 이명수, 최봉홍, 민주당 노웅래, 박기춘 택시법 추가 대표 발의
- 11월 15일 국회 국토해양위원회 전체회의서 법률 개정안 통과
- 11월 18일 버스 노사, 개정안 국회 법제사법위원회 통과 시 운행중단 경고
- 11월 20일 버스 노사, 법사위 상정보류 요구 및 통과 시 22일 첫차부터 무기한 전국 시내외버스 운행중단 결의
- 11월 21일 여야, 택시법 국회 법제사법위원회 통과
- 11월 22일 김황식 국무총리, 여야에 택시법 국회 본회의 상정보류 요청
- 11월 22일 국회의장과 양당 원내대표, 택시법 본회의 상정보류 및 정부종합대책 수립 촉구 후 미흡 시 연내처리방침 합의
- 11월 22일 버스 노사, 운행중단 보류
- 12월 새누리당과 민주당, 대선후보 공약으로 택시 대중교통화 약속
- 12월 23일 새누리당 이한구 원내대표, 27~28일 예정된 국회 본회의서 택시법 처리 발언
- 12월 24일 국토해양부, 택시업계에 대중교통 인정 대신 감차보상금, LPG 가격안정화, 요금인상 등 택시산업 특별법 제안
- 12월 26일 버스업계, 긴급 비상대책회의 개최 후 본회의 통과 시 전면 운행중단서 상정 즉시 전면 운행중단으로 선회
- 12월 27일 이한구 원대대표, 새누리당 최고의원회의 모두발언서 택시법 본회의 상정발언
- 12월 27~28일 여야, 새해 예산안 합의난항으로 국회 본회의 개최 무산
- 12월 27일 버스업계, 새누리당 원내 지도부에게 유류세와 통행료 인하 등 최대 2800억원 규모 지원 약속 받고 법안통과 여부와 관계없이 버스운행 약속
- 12월 27일 국토부, 택시업계에 대중교통 인정을 제외한 감차보상 · 연료다변화 · 요금인

42 동아일보, 정부, '택시해법' 골머리, 2012.11.27.

상 · LPG 가격안정화 등 종합대책 수용 촉구
- 12월 29일 택시업계, 종합대책 수용 거부 및 택시법 개정 촉구
- 12월 31일 여야, 택시법 국회 본회의 통과 합의

2013년
- 1월 1일 여야, 국회 본회의서 택시법 통과
- 1월 1일 정부와 버스업계, 택시법 통과 유명 표명
- 1월 2일 청와대, 택시법 거부권 행사 시사
- 1월 11일 택시법, 국회서 정부로 이송 및 청와대 거부권 행사 검토 알려져
- 1월 11일 새누리당, 청와대 거부권 행사 검토설에 반발
- 1월 15일 이명박 대통령, 국무회의서 택시법 거부권 행사 시사발언
- 1월 16일 기획재정부와 국토부, 택시법 거부권 행사 요건검토 및 택시산업종합대책 수립
- 1월 17일 택시업계, 이대통령 거부권 행사 시 전면 운행중단 경고
- 1월 17일 박기춘 민주당 원내대표, 택시법 거부권 행사 반대
- 1월 21일 청와대, 22일 국무회의서 거부권 행사 입장 알려져
- 1월 21일 택시업계, 비상대책회의 열고 거부권 행사 시 전면 운행중단과 전국 택시 25만대 상경 투쟁 경고
- 1월 21일 여야, 거부권 행사 시 재의결 경고
- 1월 22일 국무회의, 택시법 거부권 행사

자료: http://cafe.daum.net/brandtaxi/EF2u/4807?docid=jPilEF2u480720130123015745

3 행정의 창조적 파괴

5년 단임 정부마다 행하는 행정개혁과 조직개편은 시간과 비용, 그리고 실효성면에서 더 이상 해서는 안 된다. 제도가 갖는 의미를 깊이 분석해보고 과거와 현재의 요소들, 그리고 미래의 희망이 뒤섞여 있는 그래서 오히려 시대에 맞지 않는 장치요소들을 솎아내고, 새로이 도입되는 요소들이 행정조직 내에서 제대로 작동할 수 있도록 하는 것이 중요하다. 빅 데이터를 통해서 사회의 각종 문제들을 마치 현미경을 통해서 볼 수 있기 때문에 데이터기반의 정책결정과정이 요구되며, 소셜 미디어 시대로 접어들면서 정부운영의 개방성, 투명성, 협업영

역의 확대를 요구하고 있기 때문에 이들을 수용할 수 있는 제도의 창조적 파괴를 위한 행정문화 생성과 착근이 필요하다.

1) 구조개혁보다 장치정비가 더 중요

"인수위 마지막 날, 박근혜정부의 5대 국정목표와 140대 국정과제를 발표하는 자리에서 김용준 위원장은 '부처 간 칸막이 폐지'라는 당선인의 국정철학에 맞춰 인수위는 분과 간의 벽을 허물고 주요 정책과제들의 협업방안을 활발하게 토론했다"고 밝혔다.[43]

대통령직 인수위원회 시절부터 계속 나오는 이야기가 행정의 칸막이를 없애자는 것이다. 또 하나는 잘못된 행정관행을 없애자는 것이다. 박근혜 정부 역시 수단과 내용만 조금 바꿨을 뿐이며, 목적은 역대 정부의 행정개혁, 쇄신과 그 맥을 같이하고 있다. 행정개혁과 조직개편이라는 명분과 실리는 항상 새로운 옷을 입고 5년마다 등장하는 것이다. 한국행정이라는 장치는 '역대 정부의 행정개혁은 항상 실패한다'라는 기억을 갖고 있다. 새 정부마다 개혁을 내세우는 것이기 때문에 그렇다.

행정개혁의 명분으로 내세우는 "불합리하거나 부조리한 관행은 정부의 정책이나 사업을 추진함에 있어서 비효율과 부정부패를 초래하는 근본적인 원인이 되고 있다. 또한 국민에게 불편과 불이익을 가져다주어 정부에 대한 불신과 원망으로 이어지는 경우가 많다. 이는 결국 정부가 추진하는 정책과 사업에 대한 공감대 형성의 저해요인으로 작용함으로써 사회통합에 지장을 초래하고 있다.

더 나아가 핵심정책이나 사업을 추진하기 위한 재원확보에 있어서 고통분담과 사회적 일체감 형성을 통한 성장동력 창출 등에도 불리하게 작용하고 있다"[44]는 것이다. 이는 역대 인수위원회 백서나 행정학 교과서에 나오는 원론적인 이야기다.

이를 해결하기 위한 수단으로써 반드시 조직개편이 나온다. "정부조직은 새로운 정부의 국정철학과 비전을 실현하기 위한 중요 수단이다. 민주화 이후 정권

---

43 제18대 대통령직인수위원회, 박근혜 정부 희망의 새 시대를 위한 실천과제(2013), p. 608.

44 상게백서, p. 400.

표 5-10 박근혜 당선인 인수위원회가 본 불합리한 관행 유형

	국민의 시각	공직사회 내부의 시각
단기 과제	• 공공기관 낙하산 인사 • 국민권익보호 소홀 • 과도한 행정조사	• 부처 간 · 공직감찰기관 간 칸막이 문화 • 대상기관 배려 · 지원 부족 • 행정 내부규제 • 각종 위원회 남설
장기 과제	• 무사안일 · 책임회피 • 비밀주의 문화 • 무책임한 정책양산 • 정책고객에 포획되는 현상	• 온정주의 • 관행적 인력 · 예산 확대 추구

자료: 상계백서, p. 396.

변동기마다 큰 폭이든 작은 폭이든 나름대로의 조직개편 작업을 통하여 시대에 부합하는 정부조직체계를 갖추고자 했다."[45] 이번에는 웹 2.0 정신을 조직개편의 근거로 삼는다는 것이다. 웹 2.0의 정신인 '공개, 공유, 협업'이 박근혜 정부의 운영핵심으로 채택했다. 박근혜 정부는 '공개, 공유, 협력'을 정부운영의 핵심가치로 설정하여 협업에 의한 국민 개개인의 맞춤행복시대, 즉 '정부 3.0시대'를 열어가는 것을 국정목표로 삼고 있다. 대부분의 선진국들이 전자정부 다음 정책으로 추진하고 있는 각종 2.0(공개, 공유, 참여, 협업 2.0)을 '정부 3.0'이란 이름으로 채택한 것이다. 더구나 소셜 미디어 시대에 있어서 국민을 위한 각종 행정서비스를 위한 앱을 통해 정부서비스방식이 근본적인 변화를 겪고 있는 시점에 나온 것은 매우 의미 있다. 정부 3.0의 근거로서,

① 정보의 공개 · 개방은 법과 제도 및 업무프로세스의 변화만으로도 새로운 경제적 가치를 창출하고 국민편익을 증진시킬 수 있는 핵심수단이며, 정부기관 간 협업은 정부의 정책과 사업추진의 효율성을 증진시킬 수 있다.

② 우리나라는 국내 공공부문에 1만7342개의 정보시스템을 운영하면서, 2011년과 2012년 연속 UN 전자정부 평가에서 1위를 달성하는 등 세계 최고 수준의 전자정부 인프라를 보유하여 적은 비용으로 높은 성과를 달성할 수 있는 여건이 이미 조성되어 있다. 하지만 우리나라는 폐쇄적인 칸막이식 행정문화가 뿌리 깊

45 상계백서, p. 383.

게 자리하고 있고, 관련 법규와 제도, 절차가 미비하여 공공정보의 효율적 활용이 저해되고 있어 개선이 시급한 실정이다. 정부와 민간의 협력 또는 협치는 정책이나 사업추진의 효율성 증진은 물론 국정운영상 긍정적인 효과를 공유하게 하고 정부와 민간활동에 있어서 선순환을 이끌어내는 것이다.

③ 주요 국책사업의 의사결정과 집행 시 각 기관들이 그 업무영역과 권한 유지를 먼저 고려함으로써 행정기관 간 협조가 안 되고, 이로 인해 사업의 중복과 비능률, 예산 낭비 등이 초래되고 있다. 아울러 정부의 정책이나 사업추진의 긍정적 성과가 정부와 민간 간에 서로 확산되지 못하고 있기 때문에 공동의 목적을 위해 이들을 연계하여 주는 방안이 필요한 것이다.[46] 우리나라에서 이처럼 행정개혁과 조직개편을 역대 정부마다 행하려고 하는 것은 제도가 갖는 의미나 중요성, 그리고 복잡성에 대한 이해의 부족에서 출발하기 때문이다.

행정제도가 갖는 문제점을 돌파하기 위해서 어떤 노력들이 필요한가? 역대정부들이 행한 행정개혁과 조직개혁을 통해서 한국행정은 간단명료해지기보다는 장치를 더욱 복잡하게 만들어 왔다. 1980년 12월 31일 제정된 전두환 정부의 산아제한 업무가 이명박 정부 마지막에 없어졌다는 것은 그동안의 행정개혁이나 조직개편의 한계를 명확히 보여주는 것이다.

저출산이 사회적 문제로 대두된 지 10여 년 만에 정부가 농어촌 '산아제한 공무원' 운영 조항을 법에서 삭제키로 했다. 저출산시대에 대한 문제의식이 이제야 법안에 반영되는 셈이다. 보건복지부는 2013년 1월 15일 국무회의를 통해 '농어촌 등 보건의료를 위한 특별조치법 시행령 일부개정안'을 의결했다고 밝혔다. 이번에 바뀐 개정안의 주 내용은 보건진료 전담공무원의 업무 중 산아제한에 관한 가족계획업무를 삭제하는 것이다.

1980년대 의료취약지역에 설치된 보건진료소의 진료원은 가임기 여성이 가족계획을 잘 할 수 있도록 루프와 같은 피임기구를 삽입하는 업무를 진행했다. 그 흔적은 '정상분만 시의 개조 및 가족계획을 위한 피임기구의 삽입'이라는 조항으로 법 안에 남아 있었다.

복지부 관계자는 "법적조항만 남아 있었지 현실적으로 통용되지 않던 조항"이라며 "현실에 맞추기 위해 해당조항을 삭제키로 했다"고 밝혔다.

자료: 중앙일보, 저출산시대 '산아제한 담당공무원' 역사 속으로, 2013.01.15.

46 상게백서, p. 400.

국가론이든 산업조직론이든 모두 제도를 다루지만 이들 영역에서는 행정조직이나 제도에 대한 관심은 아주 낮다. 행정은 하나의 거대한 장치인데, 법에 의해서 기반하며, '규제와 촉진이라는 권력수단'과 '예산이라는 돈'을 가지고 있다는 점에서 매우 중요한 영역이다. 행정제도는 시간이 흐름에 따라 진화하지만 때때로 본질과 멀어지면서 표류하는 것은 정치나 경제에 의해서 만들어진 다양한 형태의 장치들과 서로 맞물려 그 작동이 멈추거나, 왜곡되거나 하기 때문이다.

행정의 독점적 권력행사로 생각하고 있는 규제라는 용어는 프랑스의 레귤라시옹(Regulation)에서 빌려온 것인데, 본 의미는 균형 잡힌 메커니즘(balancing mechanism) 혹은 형평화(equalization)라는 것이다. 미국경제에서는 이 용어를 국가에 의한 시장개입이란 뜻으로 쓰이며, 혹은 국가가 시장에서 역할을 행하는데 이는 시장이 자기규제를 할 수 있도록 역할을 해야 한다는 것이다.[47] 이를 위해 행정제도가 법으로부터 부여받은 규제기능과 진흥기능을 얼마나 조화시킬 수 있느냐는 매우 중요한 과제다.

다음 [그림 5-6]은 1948년 이승만 정부 이후 박근혜 정부에 이르기까지의 정부조직개편과정을 보여준다.

박정희 정부 이후에 생긴 것이라고는 환경부와 여성가족부다. 그 외의 업무들은 분화와 융합을 이루면서 지금까지 변천해온 것이다. 다시 말하면 국가기능은 크게 변함이 없다는 것이다. 따라서 법 제도와 관행 중에서 솎아내기, 유지하기, 모방과 창조하기 등을 통해서 행정제도가 사회 각 부분을 잘 포용하여 갈등을 최소화시키고, 자율적으로 운영되도록 균형을 맞추는 것이 무엇보다 중요하다.

남덕우 전부총리의 'IMF 사태의 원인과 대책'에 다음과 같은 주장이 있다. "행정개혁에 관련하여 가칭 PMS(Policy Monitoring System)를 제안한 일이 있다. 즉, 일체의 경제법령과 규칙의 각 조문을 정책 목적별로 분류하는 컴퓨터 프로그램을 개발하라는 것이다. 그러면 예컨대 공장용지 매수에 관련된 각 부처의 규제사항을 총체적으로 파악할 수 있고 그것을 놓고 규제완화의 범위를 논할 수 있을 뿐더러 기업과 관계자들에게 유용한 정보를 제공할 수 있게 된다. PMS를 개

---

47 Michael Piore, Charles Sabel, The Second Industrial Divide: Possibilities For Prosperity, (Basic Books, 1984), p. 4.

그림 5-6 대한민국 정부 부처 변천사

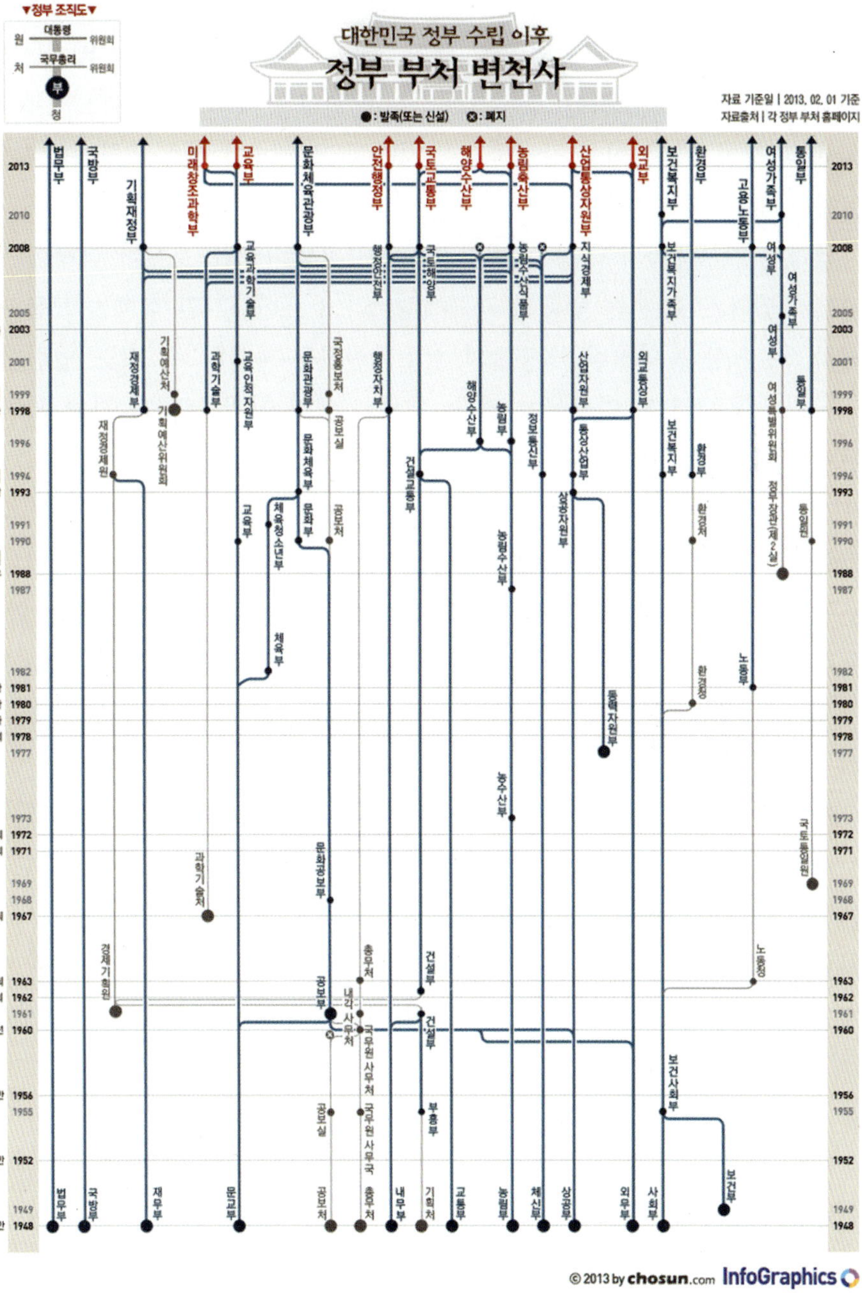

발하면 우리나라 경제정책의 전모를 체계적으로 파악할 수 있고, 개혁의 내용과 범위를 결정할 수 있을 것이다. 이 작업을 하나 또는 복수의 연구소에 위임할 수 있을 것이나 각 부처가 법령, 시행령, 부령 규칙들을 변경했을 때에는 반드시 그것을 연구소에 통보하는 것을 의무화해야 한다. 지금 경제단체와 정부 당국자들은 다 같이 규제완화를 강조하고 있지만 그 실규제의 내용을 확실히 파악하지 못하고 있는 것 같다."[48]

남덕우 전부총리의 주장은 행정경험에서 우러나오는 것이기 때문에 경청할 필요가 있다. 여기서는 일체의 경제법령이라고 표현했지만 실제는 모든 법령과 규칙, 지침 등을 망라한 내용들의 상호관련성을 파악할 수 있는 법령맵(Interrelated Laws Map)을 만들어야 한다. 그렇지 못하면 각 부처가 하는 일이 다른 부처에, 동시에 기업과 개인에 어떤 영향을 미치는지 알 수가 없다([그림 5-7] 참조). 조직개편보다는 행정 실상 전체를 파악할 수 있는 법령맵을 만들고, 상호관련성이 높은 업무들의 관계를 법령을 개정하여 하나로 통합하든지 아니면 업무협조 혹은 협업관계를 형성하든지 함으로써 정책집행 효과를 높여야 한다. 이처럼 화학반응을 감안한 조직관련성을 중시해야지, 물리적 통폐합은 실제 상황과 대부분 맞지 않기 때문에 실패하기 마련이다. 이는 한국의 역사적 경험이 말해주는 것이다.

체신부가 없어지고 정보통신부가 된 것이 아니고, 체신부의 기능을 환골탈퇴시켜 정보통신부가 되었기 때문에 성공한 사례를 철저히 검토해야 한다. 이미 칸막이가 처진 부처 간 업무들을 칸막이 철폐하라고 하는 것은 아예 부처의 특성을 무시하는 행위다. 먼저 모든 부처들의 업무가 이루어지는 근거인 법령과 지침, 규칙 등의 상호연관성을 파악하고 이를 바탕으로 법령개정이나 폐지를 통

---

48 http://www.dwnam.pe.kr/main_jiam2.html 2013년 7월 8일 국무조정실은 중앙정부와 지방자치단체가 각각 따로 관리하던 규제 관련 정보를 한눈에 찾아볼 수 있는 '규제통합정보시스템'을 개통했다. 규제통합정보시스템은 중앙정부와 17개 시・도 및 227개 시・군・구를 포함한 지방자치단체의 모든 규제 관련 정보를 하나의 창구를 통해 통합・제공하는 것이다. 이를 위해 정부는 국무조정실이 관리하던 38개 중앙부처의 법령 규제 7600여 건과 안전행정부가 관리하던 244개 지자체의 조례・규칙상 규제 4만8000여 건을 통합했다. 2011년 9월에 기본계획이 수립되었고, 1년 10개월 간의 시범운영을 거쳐 서비스를 시작한 것이다. 정부수립 이후 열린행정과 네트워크 행정의 본격적인 시발점인 셈이다.

그림 5-7 잘못 디자인된 미국의료제도의 복잡성 지도

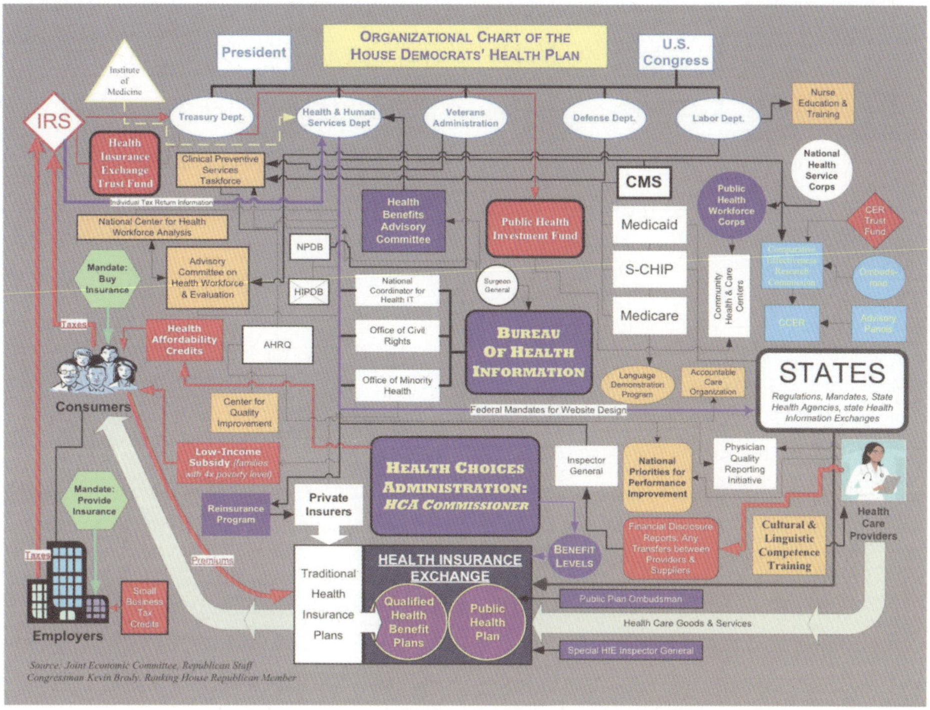

자료: http://visual.ly/scaring-america-badly-designed-health-care-infographics

해 업무의 통일성을 기하고, 이어서 기능재분류를 할 것인지 아니면 협업체제로 나아갈 것인지를 판단해야 한다. 더 이상 공무원, 업계, 협회 등 이해관계자들의 표면적 성과 혹은 불만을 바탕으로 조직체계를 흔드는 일은 없어야 한다.

민주주의 국가에서는 나름대로의 이념정당들이 자신들의 이념을 극단적으로 내세우는 정책들을 많이 내세우는데, 이것들은 궁극적으로 국가재정의 파탄을 이끌게 된다. 따라서 문제를 종합적으로 해결할 수 없는 새로운 부분적인 정책 프로그램을 도입하여, 무분별한 재정지출을 야기시킬 것이 아니라, 제도가 갖는 문제점을 해결할 새로운 인센티브와 표준적인 절차를 마련하여 서비스 제공자 간에 혁신을 유도하는 경쟁체제를 갖추면서 정책프로그램과 관련한 연관문제들을 효율적으로 해결하도록 해야 한다는 것이다.

새로운 정책의 입안보다는 기존의 법령들을 우선적으로 재정비해야 한다는

논리가 여기서 나오는 것이다. 기존의 법령에 의한 제도운영이나 각종 정책프로그램들이 제대로 성과를 내고 있는지를 검토하고, 이를 우선적으로 혁신해나가는 것이 정책효과를 드높일 수 있다는 것이다. 1990년대 행정혁신을 강하게 부르짖은 데이비드 오스본(David Osborne)은 "낡은 이데올로기가 의료개혁의 본질을 이탈하게 만든다"라는 논문에서 미국의료시장의 고질적인 문제해결이 새로운 정책도입보다 더 중요하다고 지적하고 있다. 정부조직개편에 앞서 생각해야 할 부분이다.

미국정치에 있어서, 가끔씩은 낡은 이데올로기가 상식을 날조하는 경우가 있다. 의료보험 개혁문제로 다시 이런 일이 일어나고 있는데, 우리에게 여전히 또 다른 공공정책(프로그램)이 필요한가에 대한 뜨거운 문제에 대해서 궤도를 벗어나게 만들고 있다고 여긴다.

이것은 크게 본질에 어긋난다. 이미 복수의 공공의료보험 프로그램을 갖고 있는데, 특히 가장 큰 메디케어는 국가재정을 파탄시킬 정도다. 또 다른 정책을 만들려고 하기 전에 이를 수정하려고 노력하지 않는가?

만일 올바른 인센티브와 표준을 갖고 구조화한다면 새로운 공공프로그램이 의료보험 시장을 혁신시키는데 도움을 줄 수 있다고 하더라도, 만일 그것이 서비스에 대한 비용지불 성격으로 모든 사람에 적용되는 메디케어라면, 의료보험 인플레율이 엄청 높아지며, 보편적 보험적용은 지속가능하기가 어렵다.

이데올로기의 양극단에서 주장하는 내용과는 무관하게, 의료보험의 핵심적인 문제는 공공 대 민간이 아니다. 의료시스템에 내재하는 인센티브와 성과기준이다. 이를 변화시키지 않는다면 새로운 프로그램이 아무리 훌륭하다 하더라도 실패할 것이다.

간단히 말해서 의료비를 지불하는 방식을 변화시켜야만 한다. 우리 시스템에 있어서 재정적 유인책은 거꾸로 되어 있다(후진적이다). 서비스마다 지불하게 되면 의료기관은 더 많은 서비스를 제공함으로써 더 많은 돈을 벌게 된다. 만일 병원이 실수를 해서 환자를 다시 치료해야 한다면 병원은 더 많은 돈을 벌게 된다. 의사나 병원의 소득이 크게 압박받으면, 그들은 더 많은 수술을 행하게 된다. 이들이 기업가정신에 물들 때가 되면, 더욱더 공격적이 된다(적극적이 된다).

지난 10년 간 의료보험 자료를 분석한 결과, 인구 1인당 의사수가 더 많은 지역이 입원율과 수술횟수가 많으며, 종종 의사가 적은 지역보다 2배에 이르는 곳도 있다. 더 많이 지불함에도 불구하고 결과는 더욱 나빠진다는 것이다. 의료보험에 지불되는 24조 원의 1/3이 불필요한 치료, 비싼 약값, 그리고 평생진료에 낭비하게 되는 것이다. 오히려 의료기관을 통합관리하는 것이 더욱 효율적이다. 이유는 이들 기관들이 증거에 기반한 표준화된 치료, 전자적 의료기록, 가격을 줄이고 질을 높이는 여타 방법들을 사용하기 때문이다.

그렇기 때문에 서비스에 대한 지불방식을 수술이 아니라 매년 서비스에 대해 지불하는 통합 의료기관 간 가격경쟁으로 전환시킬 필요가 있다.

환자를 건강하게 만들고, 값싼 방식으로 문제를 해결하고, 실수를 적게 하는 의사에게 보상하는 시스템이 필요하다. 의사는 더 많은 수술이 아니라 사람들을 건강하게 만드는 새로운 방법을 만들게 함으로써 돈을 벌게 만들어야 한다.

가격경쟁과 함께 국민들의 잘못된 건강법에 대해서도 변화시켜야 한다. 죽어가는 환자에 대한 관리지침의 변화, 의료기록의 상호교환 등에 관한 잘못된 의료관행을 개혁해야 한다. 새로운 공공의료 프로그램의 도입보다 이것이 더 중요하다.

David Osborne, "Outdated Ideology Could Derail Health Reform," July 29, 2009 [www.ppionline.org/ppi_ci.cfm?knlgAreaID=450021&subsecid=900211&contentid=255113 이 자료는 진보정책연구(PPI)에서 찾을 수 없음. 책을 출판할 때 온라인 자료를 삭제한 것 같음].

2) 데이터중심의 정책과정

빈부격차, 복지인구증가, 대학교육의 질, 고급인력, 좋은 일자리, 부동산, 정부-기업-가계 부채, 세입과 세출의 법적 근거와 집행과정, FTA 협정 등의 한국의 주요 정책과제들이 모두 통계나 결과 및 추세 데이터를 바탕으로 문제를 인식하고 해결책을 마련해야 한다.

기존의 진보와 보수라는 이념을 기반으로 한 정책결정이나, 기존의 일하는 방식에 내재된 가정에 대해서 의문을 제기하고, 기존의 장치들을 해체하고 변경시켜야 한다. 이를 위해 가치를 떠나 결과라는 객관적 증거를 더욱 중시해야 한다.

"2010~2011년 구제역 확산의 경우를 예로 보면, 기존 사례의 데이터를 통한 체계적 고찰보다는 제한된 상황에서 적용되어야 할 전문가 의견을 기반으로 한 '매몰우선 지침'만을 대응 매뉴얼로 사용함으로써, 매몰수단의 한계치에 이르러 대안수단으로 백신접종결정이 초기 발생 한 달 이후에야 이루어지게 되었다. 이 결과 제주도와 전남을 제외한 구제역의 전국적 확산을 초래했다. 이에 방역당국은 전파 원인을 중간단계의 정책수단선택 실패보다는 전문가 의견에 기초했다는 책임회피와 발생초기 불가항력적인 요소가 존재했다는 점을 부각시켰다. 이처럼 의견기반 정책은 완벽한 증거가 되지 않음에도 즉각적 대응을 위한 도구적으로, 그리고 정책결정에서 책임회피 수단으로써 작동될 가능성이 높다"[49]는 것

그림 5-8 데이터보다 전문가의견 중시

자료: http://www.gomtv.com/view.gom?cid=464695&tab=graph

이다.

관행상 정책영역에 따라 증거를 바탕으로 하지 않는 가치중심적인 정책결정 성향이 있지만, 증거와 객관적인 분석자료는 공무원들이나 정치인들이 결정을 하는 데 있어서 매우 중요한 역할을 한다. 직관, 이념 및 과거의 경험에 근거한 정책결정은 하나의 실험에 불과하다. 결과를 예측할 수 없기 때문에 끊임없이 이런저런 실험을 행하게 되고, 결과 책임은 선거를 통하여 묻거나 혹은 아무도 지지 않은 채 또 다른 실험을 행하게 되는 것이다.

공공기관 개혁정책의 중요성에도 불구하고, 실제 개혁정책의 실행은 단순한 논리나 정치적 이유로 이루어지는 경우가 많고, 증거에 의한 경우에도 구체적인 개혁정책 이후의 결과에 대한 분석 증거나, 기존 개혁정책의 결과에 대한 평가 증거의 활용은 미약한 수준이다. 따라서 정책결정의 근거가 되는 객관적인 데이터가 빈약한 것이 현실이다. 또한 우리나라의 실증적 증거보다는 외국의 증거에

49 이윤호, "증거기반정부(EBG) 형성을 위한 공공기록관리", 한국행정학회 하계학술대회 발표논문 (2012.6), p. 1.

기초한 경우가 많은데, 그 이유는 "국회나 감사원의 통제적 성격으로 인해 두 국가기관이 산출하는 증거들 또한 공공기관 개혁정책의 중장기적 결과(outcome)에 대한 적극적 증거라기보다는 단순 사실(fact)이나, 단기적 산출(output) 위주의 소극적 증거에 불과하다. 게다가 공공기관 개혁정책과 관련된 연구증거 또한 개혁정책의 원인과 결과에 대한 실증적 증거는 많지 않다."[50]

증거와 객관적 분석은 언론이나 다양한 이해관계자들의 일방적인 주장에 대한 공격을 행할 수 있는 강력한 무기가 되며, 정부의 신뢰성을 확보하는 주요 수단이다. 데이터분석전문가 등 고급인력을 반드시 국회나 정부에 충원해야 한다. 아울러 데이터분석을 위한 과학적 방법론의 활용도 중요하다. 어떤 분석방법을 택하든 제기되는 사회문제에 대한 본질을 파악하고, 정책대안들을 고려할 수 있게 해주기 때문에 과학적 방법론의 활용은 매우 중요하다.

각종 행정서식에서 요구되는 데이터에 대해서 사전에 철저한 데이터베이스적인 관점을 가지고 문서양식을 정해야 한다. 그리고 이들 데이터들을 유기적으로 결합하여 다양한 소프트웨어들을 통해 분석결과를 다각적으로 살펴볼 수 있도록 구성해야 한다.

실제 분석결과는 객관적이고 또 다른 전문집단의 검증을 받을 수 있도록 결과물을 공개하는 투명성정책을 펼쳐야 한다(데이터, 전제조건, 방법 등을 모두 검토할 수 있어야 한다). 따라서 분석기관은 정부 내에 두기보다는 정부의 입김으로부터 독립적인 기관형태를 유지할 필요가 있다.

공무원들이 원하는 결과를 얻어내기 위해 부당한 압력을 가하기보다는 분석결과를 액면 그대로 수용하는 행정문화도 매우 중요하다. 정부자체의 인력도 결과를 검토할 수 있도록 역량을 갖추어야 하며, 분석내용에 대해서 지나친 반응이나 적대감은 금물이다.[51]

한국정부 조직개편에 대해서 윤주철은 증거기반 관점에서 과학적 증거의 탐

---

50 윤건, "증거기반 공공기관 개혁정책 수행을 위한 과제", 한국행정학회 하계학술대회발표자료(2012. 6), pp. 27-28.

51 Gary Banks, Evidence-Based Policy Making: What Is It? How Do We Get It?, Anzsog, Canberra(February 2009). http://www.pc.gov.au/_data/assets/pdf_file/0003/85836/20090204-evidence-based-policy.pdf

색과 수집목적은 그것을 활용하여 정책이나 사업을 합리적으로 결정하기 위한 것이라고 전제하고, 객관적인 진단에 의한 증거확보가 불충실한 상황에서 정책결정이 이루어지는 관행을 극복해야 한다고 주장하고 있다.[52]

① 적용된 원칙이나 원리의 효과 측정이 필요하다. 이러한 연구결과에 근거하지 않은 단순 사례분석이나 외국에서 유행하는 행정개혁을 단순히 적용하는

표 5-11 정책영향평가 지침서

• 전반적인 검토와 체크리스트
1. 영향평가와 객관적 가치평가
• 전략 및 정책평가
2. 전략적 개발과 전략적 사고를 지원하는 지침(Strategy Survival Guide) 3. 중앙정부 정책평가지침서(Magenta Book) 4. 경제동향보고서(Green Book) 5. 규제영향평가
• 믿을만한 핵심 관점 포함시킴.
6. 정책결정방법들 속에 지방관점도 포함 7. 정책결정방법 속에 국제비교도 포함 8. 성별 영향평가 9. 국민에 대한 위험관리
• 정책 아이디어 테스트
10. 부분적으로 정책실험
• 공공지향적 방법들
11. 변화관리를 위한 관심 평가방법 12. 지역공동체 참여 13. 사용자와 시민을 연계
• 보다 나은 조언과 증거확보
14. 정책결정자를 위한 전문가 조언 15. 질적 연구를 위한 기준 강화
• 기타 웹기반 자료들

자료: Sophie Sutcliffe and Julius Court, Evidence-Based Policy Making: What Is It? How Does It Work? What Relevance for Developing Countries?, Overseas Development Institute(2005.11), pp. iv-v에서 재정리.

52 윤주철, "증거기반정부 관점에서 본 조직개편: 조직진단을 중심으로", 한국행정학회 하계학술대회 발표논문(2012.6), p. 21.

것은 한국의 맥락에서 중요한 과학적 증거의 축적을 기대할 수 없다. 따라서 체계적인 연구를 위한 평가방법론이 마련되고 이를 기준으로 증거가 마련되어야 한다.

② 이와 관련하여 정부조직에 대한 기초적인 자료와 통계인프라의 구축은 지속적으로 이루어져야 한다.

③ 그리고 이러한 DB가 실제 연구에 활용될 수 있도록 관련 전문가와 연구자에게 공개되고 제공될 수 있어야 한다.

④ 부처 간 정보의 공동이용을 염두에 두고 수집되어야 한다. 따라서 통계인프라 구축은 업무편람을 통해서 이루어지기 때문에 문서양식이 데이터베이스 구축에 맞도록 재조정되어야 하며, 이를 위해 실제 활용할 수 있는 분야의 전문가의 도움이 필요하다.

⑤ 데이터베이스 구축과 활용을 위한 인적 역량강화가 필요하다.

실제 한국의 경우, 아주 정교한 정책영향평가 지침의 마련과 실행에 대한 경험이 부족하고, 평가전문가 육성과 함께 평가자료 생성이나 축적에 대한 기반도 매우 취약하다. 따라서 외국의 전문경험을 습득하기 위한 훈련기관의 설치와 전문교육도 매우 절실하다.

그림 5-9 정책사이클

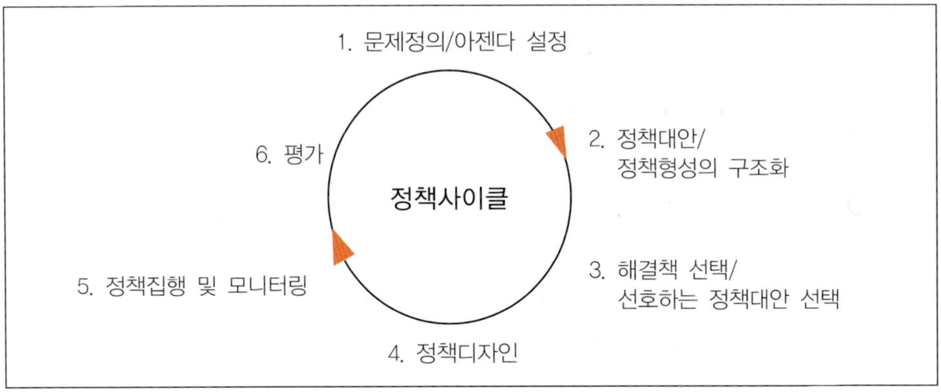

자료: Young, E. and L. Quinn(2002) Writing Effective Public Policy Papers: A Guide To Policy Advisers in Central and Eastern Europe, Budapest: LGI. Source: Young and Quinn(2002), 상게보고서, p. 5에서 재인용.

영국정부의 예를 들면, 다양한 형태의 분석틀을 사용하여 객관적인 증거를 확보하고 있음을 알 수 있다. 이러한 평가지침들은 정책사이클 각 영역에서 적용되어져야 영향평가를 제대로 할 수 있는 객관적인 증거들이 확보된다. 증거기반 정책결정이 더욱 활성화되는 계기가 최근의 빅 데이터에 관심의 증대로 인해 더욱 높아졌다.

[그림 5-10, 11]이 주는 의미는 정책과 정책환경에 대해 현실적이고 실시간 데이터를 얻을 수 있는 가능성 매우 높아졌으며, 이 데이터를 통해서 마치 현미경 보듯이 보고자 하는 사회현상을 충분히 파악할 수 있다는 것이다. 즉, 정부의

그림 5-10 빅 데이터와 현미경

Fig. 1. New types of research data about human behavior and society pose many opportunities if crucial infrastructural challenges are tackled.

자료: Global Pulse, Big Data for Development: Challenges & Opportunities(2012.5), p. 26. http://unglobalpulse.org

그림 5-11 ICT 발전에 따른 데이터의 변화 방향[53]

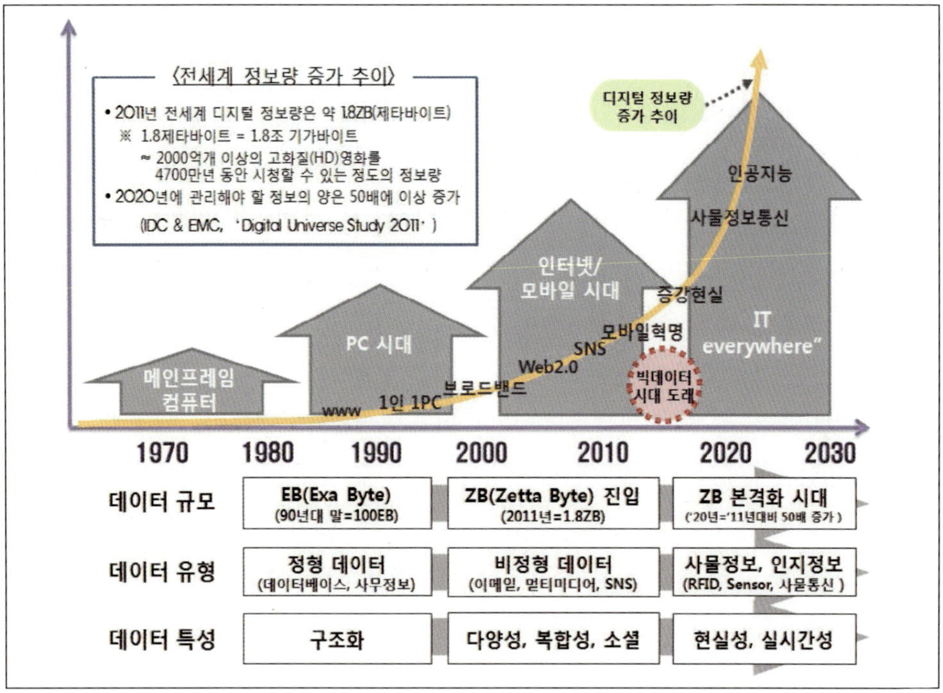

정책대응능력이 매우 높아졌다는 것이다. 바로 이 점이 주요 국가들이 빅 데이터에 대해서 관심을 가지는 핵심 이유다.

경험이나 직관 혹은 이념에 의한 정책결정의 오류를 최대한 줄이고, 정책결정을 위해 각종 영향평가 자료를 통해 정책의 지속성, 변경 혹은 폐지를 선택하는 것이 가능하게 된 것이다. 이는 예산의 낭비를 막고, 정책효율성을 높이며, 행정의 전문성을 높이는 동시에 국민들의 신뢰감을 확보하게 된다.

빅 데이터는 이제는 그 자체가 하나의 현실인데, 이를 어떻게 활용할 것인가에 대한 고민이 우선되어야 한다. 따라서 데이터 기반의 서비스 디자인의 중요성이 더욱 강조된다. ① 조직 목표의 재설정 → ② 어디에 중점을 두고, 무엇을 강화할 것인가? → ③ 판단근거(judgement evidence)로서의 빅 데이터 분석 등의

53 한국정보화진흥원, 신 가치창출 엔진, 빅 데이터의 새로운 가능성과 대응 전략, IT & Future Strategy 제18호(2011.12.30), p. 2.

과정을 고려할 필요가 있다.

3) 행정기관의 창조적 파괴

1960년대 경제학자 윌리엄 보몰(William Baumol)과 윌리엄 보웰(William Bowell)은 공공부문은 민간보다 생산성이 낮지만 임금은 대체로 민간을 따라가는 사실에 주목하고, 민간보다 생산성은 낮은데 임금이 비슷하게 올라가면 결국 공공서비스 비용은 올라갈 수밖에 없고, 이에 따라 자연스럽게 정부 재정규모는 커지게 된다. 보몰과 보웰은 이를 '비용병'이라고 비판했다.[54]

행정비용은 세금으로 충당되는 것이지 생산성으로 결정되는 것이 아니다. 정부의 세입세출은 정부가 계획을 하고 국회가 승인하는 것이다. 행정과 정치가 견제와 감시관계에서 벗어나 협력관계를 이룰 수 있는 부분이 항상 생겨나는 것이다. 국회가 정부의 세입세출을 법정주의로 만들어야 한다는 주장은 이것 때문이다. 국민의 상당부분은 정부와 이해관계가 있으며, 국민은 국회의원을 선출하는 권한을 갖고 있다. 민주주의가 정착하지 못하면 정부가 국회를 통제할 수 있는 방법이 많이 생겨나는 것이다.

조지프 슘페터(Joseph Schumpter)는 1760년에서 1940년까지 역사분석을 통해 노동자 가계예산의 질적 변화과정, 농장의 생산설비 역사, 철강산업의 생산설비의 역사, 동력생산설비의 역사, 운송의 역사, 국내외 새로운 시장의 개척, 기업조직상의 발전은 옛 것을 파괴하고 새로운 것을 창조하여 부단히 내부에서 경제구조를 혁신시키는 산업상의 돌연변이 과정이라고 설명하고 있다.[55] 실제로는 계속해서 일어나기보다는 한 부분에서 일어난 변화가 다른 부분에 영향을 미치고 이것이 다시 다른 부분에 영향을 미치는 상호작용을 통해서 불쑥불쑥 일어나는 사회적 혁신과정을 슘페터는 창조적 파괴라 명명했으며, 이는 자본주의의 본질이라고 단언했다.[56]

슘페터는 전통적 경제학의 가격경쟁보다는 다른 형태의 경쟁, 새로운 상품,

---

54 매일경제, 굶주리지 않는 괴물, 2013.01.06.

55 조지프 슘페터 지음, 변상진 옮김, 자본주의 · 사회주의 · 민주주의(한길사, 2011), p. 184.

56 상게서, p. 186.

새로운 기술, 새로운 원료공급원, 새로운 타입의 조직 등에서의 경쟁이 훨씬 더 효과적이며 훨씬 더 중요하다고 여기고 있다.[57]

행정의 변화는 행정의 생산성보다는 행정행태의 창조적 파괴에서 그 해법을 찾아야 한다. 문제는 행정의 창조적 파괴는 외부충격에서 오는 것이지 내부에서는 거의 발생하지 않는다는 것이다. '창조적 파괴'라는 개념은 많은 곳에서 사용되고 있지만, 행정의 경우, 상대적으로 덜 민감한 영역이다. 그러나 행정이 외부 변화를 적극적으로 수용하여 변화해야만 하는 단계에 온 것은 사실이다.

행정은 시간이 지날수록 현실과 점차 괴리되는 법령, 규칙, 지시, 관례와 현재의 담당업무, 그리고 소속 조직이익을 위해 법집행과 운용을 함으로써 과거와 현재가 무질서하게 뒤엉키는 매우 복잡한 시스템으로 되어 간다.

행정개혁, 행정쇄신 등의 용어가 정권이 바뀔 때마다 등장하는 주요 이유는 행정에 대한 시민과 기업들의 불만이 그만큼 크기 때문이다. 그러나 현재와 같이 복잡하고, 현실과 불일치하는 법제도 하에서는 행정불신은 항상 존재한다고 보아야 한다.

대통령이나 정치권은 국민적 지지를 바탕으로 살아가고 있기 때문에 가시적인 성과를 위한 아이디어를 항상 요구한다. 이에 따라 정무직인 고위공무원들은 항상 새로운 일거리를 찾게 되며, 이는 국장-과장-사무관으로 하여금 행정본연의 고유 업무보다 국가전체로 보면 매우 지엽적이고 자극적인 업무개발에 치중하게 만든다.

'공무원교육훈련법'에 의하면, 처음으로 관리자급의 공무원훈련을 받는 공무원들은 교육훈련을 통하여 국가공무원에게 국민전체의 봉사자로서 갖추어야 할 정신적 자세와 맡은 바 직무를 효과적으로 수행할 수 있는 기술과 능력을 배양시킴을 목적으로 하며(제1조), 국가공무원의 교육훈련에 관한 기본정책 및 일반지침의 수립과 그 운영에 관하여 필요한 사무는 안전행정부장관이 이를 관장하며(제2조), 안전행정부는 5급 이상 공무원 및 고위공무원단에 속하는 공무원과 5급 공개경쟁 채용시험에 합격한 채용후보자의 교육훈련을 관장하는 중앙공무원교육원(제3조)에서 대체로 8개월 간 신임관리자과정을 이수한다.

이에 따라 중앙공무원교육원은 행정고시에 합격하여 신규 임용된 수습사무관들을 대상

57 상게서, p. 186.

으로 8개월 간 신임관리자과정을 운영하며, 8개월 간 사무관시보를 마친 후 수습사무관으로써 수습근무기간을 마치고 정식 사무관으로 임명받는다.

2004년부터 시행된 행정고시에 지역별 구분모집 선발제도(구 지방고시)에 의해 시청, 도청, 구청에 지원한 사무관은 연수원 종료 후 보통 6월에서 1년 간의 사무관 생활 끝에 과장 보직을 받게 되며, 중앙부처에 근무하는 사무관은 중간실무자로서(중앙부처는 7급이 말단) 핵심적인 사안들을 도맡아 하게 된다.

이처럼 행정고시 합격한 지 1년 남짓의 사무관에게 국장, 과장이 지속적으로 바라는 것은 뭔가 새로운 것이 없는가에 대한 강요다. 새로움에 대한 강박관념은 공무원들로 하여금 계속해서 많은 사람들을 만나게 만들지만 이는 오로지 새로운 기획을 위한 것이다. 그러나 공무원들이 복잡한 사회현상을 분석하고 정책을 개발해내는 것은 아니다. 중앙부처나 지방자치단체를 지원하는 싱크탱크인 연구소나 연구원이 존재하기 때문에 이들이 주어진 업무에 대한 정책개발이나 로드맵을 작성하며, 사무관은 과장이나 국장의 지시를 받아 연구방향이나 내용을 결정하거나 수정한다. 아울러 개인적인 친분이나 사회적 명망을 가진 전문가그룹들과 교류를 통해 지식을 흡수한다. 그렇게 만든 정책과제는 본인은 수행할 필요가 없다고 생각한다. 왜냐하면 순환보직제에 의해 1~2년 안에 다른 자리로 이동한다는 것을 알기 때문이다.

임도빈은 한국행정공무원의 지식의 피상성을 다음과 같은 경험을 통해 주장한다. "조직진단의 경우 최후까지 용역발주처(중앙부처)는 보고서에 대해 각종 수정과 보완을 요구하기 때문에 용역종료시한을 훨씬 넘긴다. 이 기간뿐만 아니고 보고서 인쇄단계까지 부처파견 직원을 중심으로 다각적으로 끈질긴 조직 늘리기 설득작업이 진행된다. 연구대상 조직원(중앙부처 공무원)들은 그동안 마치 객관적인 진단을 받는 것처럼 했던 태도를 바꿔 강하게 반발하거나, '이렇게 조직을 늘리지 못하면 부서로 돌아가 동료직원들에게 왕따 당한다' 등의 동정심을 유발하는 수단을 동원한다. 이런 과정을 거쳐 겨우 얼버무려지는 최종보고서를 마치 최종의 조직개편 대안"[58]의 근거로 활용된다. 공무원은 전문가집단을 통한

58 임도빈, "겉도는 행정학연구 바로잡기: 행위론적 접근", 한국행정학회 하계학술대회 발표자료

지식흡수를 제대로 하지 않으며, 과장이나 고위공무원의 지시에 따라 움직일 뿐이다.

행정공무원의 캐비닛 속에 없는 것이 없다. 가히 한국행정에는 새로운 것이라고는 전혀 나타날 수 없는 형국이다. 그럼에도 불구하고 계속해서 새로운 것을 요구한다. 따라서 한국행정은 새로운 것은 없고 새롭게 보이는 것만 존재한다.

검증되지 않은 새로운 아이디어에 의한 행정의 복잡성과 상호충돌을 예방하기 위해 더 나아가 행정본연의 자세로 되돌아가지 않으면 행정은 개혁 혹은 쇄신이라는 외부압력에 의해 스스로 붕괴될 수밖에 없다. 이는 국가발전을 위해 매우 위협적이기 때문에 지금까지의 외부에서 행해져온 개혁론이나 쇄신론에서 벗어나 왜 민간기업들이 창조적 파괴를 할 수 밖에 없는가에 대한 관찰과 지혜의 습득을 행정 스스로가 행해 나가야 한다. 창조적 파괴를 위한 절차의 마련은 힘겹지만 선진국으로 도약하기 위해 반드시 거쳐야 할 필수과정이다.

노화준은 갱신(변혁)과 장기적인 생존을 위해서는 파괴가 불가피하다는 주장을 안정된 변동(routine change)과 매우 격변하는 변동(turbulant change)을 결합한 적응적 사이클(adaptive cycle)을 통해 사회변화를 설명하고 있다. 마이클 패턴(Michael Quinn Patton)이 고안한 이 모형은 ① 창조적 파괴와 방출(하나의 성숙된 시스템 내에서 일어나는 산림화재 또는 다른 행태의 파괴), ② 갱신, 재조직화와 탐색(파괴에 뒤이은 새로운 성장), ③ 탄생과 개발(자원에 대한 경쟁 속에서 한 생물종이 다른 생물종을 넘어서 성장), ④ 성숙과 보존(성숙된 산림이 한 생물종에 의해 지배됨)단계가 반복됨을 설명하고 있다.[59]

이 단계를 조직맥락에서 설명해보면 4개의 단계를 통해서 지속적으로 변화하고 있는 것이다. ① 창조적 파괴단계: 기존의 패턴에서 벗어남, ② 자기조직화단계, ③ 확대단계: 다양한 방법으로 조직의 활력 유지, ④ 유지단계: 내부 결집력을 갖는 임계각의 유지, 불안정하지만 일정한 질서를 유지, ⑤ 다시 창조적 파괴를 하거나 아니면 소멸단계(이 단계는 재생 불가능할 정도로 붕괴하는 경우를

(1998), pp. 17-18.

59 노화준, "정책정보공유시스템 구축의 과제와 전략", 제634회『정책&지식』포럼 발표자료, 한국정책지식센터, 서울대학교 행정대학원(2012.10.16).

그림 5-12 행정의 창조적 파괴과정

자료: http://aidontheedge.files.wordpress.com/2009/09/patton_oslo.ppt에서 부분 수정함.

말하며, 멸종단계에 해당함)에 이른다.

적응적 사이클(adaptive cycle)[60]은 복잡성 상황 하에서 산림과 생태계에서 일어나는 변화와 산업에서 일어나는 변화를 보여주고 있다. 이러한 변화는 사회의 각 분야에서 일어날 수 있다. 그리고 이 생애주기 모형은 정책환경의 변화에 대응하기 위해 어떻게 정책이 새롭게 기획되고, 변화되며 발전되어야 하는가를 보여주고 있다. 그러나 문제는 어떻게 적응적 사이클의 각 단계에서 새로운 변화가 일어나서 다음 단계로 이행할 니즈(욕구 혹은 수요)가 있는지를 감지해내며, 또 다음 단계로의 이행할 니즈가 있다는 것을 감지하는 경우에도 다음 단계로

60 이 모델은 자유방임형 경제처럼 모든 것들을 포용하는 형태의 모델인 panarchy model인데, 자연계 현상의 상당부분을 임계각(불안정한 자기조직화의 상태)의 존재로 설명하듯이 자연계의 순환과정을 설명할 수 있는 도식을 통해서 사회문제의 상당부분도 해석할 수 있다는 복잡계 이론가들의 한 주장이다.

이행하는 데 도움이 될 발전할 정책들을 어떻게 탐색하고 개발하여 활용할 수 있느냐 하는 것이다.[61]

그림 5-13 테트래드 구조

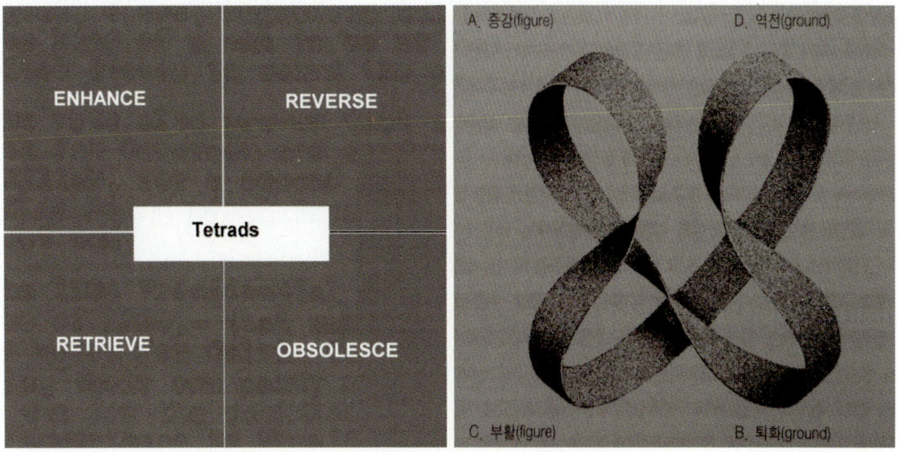

자료: http://www.horton.ednet.ns.ca/staff/scottbennett/media/(왼쪽)
마샬 맥루한 · 브루스 R. 파워스 지음, 박기순 옮김, 지구촌(2005, 커뮤니케이션북스), p. 11(오른쪽)

마샬 맥루한(Marshall McLuhan)은 미디어 관찰을 위한 과학적 근거를 확립하기 위한 각고의 노력을 통해 미디어법칙을 발견했다. 모든 미디어와 인공물들이 4가지 현상을 통해 공통점을 갖는다고 주장하면서 이 현상은 불가피하며 보편적으로 적용된다는 점에서 법칙이라고 칭했다. 이 4가지 요소를 가진 구조를 테트래드(Tetrad)라고 명명했는데, 구성요소는 ① 강화 혹은 증강(enhance), ② 퇴화(obsolesce), ③ 부활(retrieve), ④ 역전(reverse)로 이루어져 있다.

모든 미디어의 형태는 한 문화에 있어서 인공물들을 ① 증강시키는(enhance) 한편, 동시에 그 밖의 어떤 것을, ② 퇴화시킨다(obsolesce). 그것은 또한 오래전에 제쳐놓았던 국면이나 혹은 요인을, ③ 부활시키고(retrieve), 그것이 지닌 잠재력의 한계를 넘어서 확장될 때에는, ④ 역전(reverse)[62]과정을 거치면서 변화 ·

61 노화준, 전게논문, p. 11.

62 마샬 맥루한 · 브루스 R. 파워스 지음, 박기순 옮김, 지구촌: 21세기 인류의 삶과 미디어의 변화(커뮤니케이션북스, 2005), p. xii.

발전한다는 것이다. 자연적 현상과 인공적 현상 모두 유사한 과정으로, 유사한 모습으로 설명이 가능하다는 사실에 놀랄 뿐이다.

행정의 창조적 파괴를 테트래드를 통해서 유추해보면, 행정문화나 업무추진 방식이 어떻게 변화할 수 있는가를 예측할 수 있다. 국가가 탄생한 이래 존재했던 행정권력이 국회나 정부에서 국민으로 점차 옮겨짐에 따라, 행정비용을 더 이상 세금이란 이름으로 감당하기 어려워짐에 따라, 대의민주주의라는 장치는 직접민주주의라는 장치로 대체되어 간다. 사회유지에 필요한 다양한 재화도 대기업의 대량생산에 의존하기보다는 기존에 만들어진 다양한 사회유지기술들(의료, 토목, 농수산생산, 통신, 신소재, 교육 등의 지식과 레시피들)의 재활용으로 기존의 정부와 대기업의 역할을 대체해 나갈 수 있는 것이다. 아울러 나라마다(혹은 지역마다) 필요한 제품에 대한 요구와 이에 대한 여러 지역에서의 해결방안의 제공은 기존의 갈등과 분쟁을 해소시키게 된다. 지금까지 그 역할에 대해서 별로 관심을 두지 않았던 민간의 자율부문들이 문제해결의 주체로서 등장하게 됨에 따라 행정의 상당부문도 공유재로서 그 형태를 바뀌게 될 것이다. 공동체 혹은 결사조직이란 의사소통이 가장 활발하게 이루어지는 단위다. 지금은 잊혀진 고대사회의 사회유지 방법이었다. 인구가 늘어나고 공간이 확대됨에 따라 공동체는 의미를 상실해 나갔다. 그러나 공동체 복원운동은 도로, 항로, 항공로 나아가 전화, 방송, 그리고 인터넷망 구축을 통해서 살펴볼 수 있다. 인류사회는 지속적으로 의사소통을 복원해온 셈이다. 1974년 미국 법무부가 통신회사인 AT&T의 독점을 해체시키기 위해서 도입된 논리는 건축가 버크민스터 풀러(Buckminster Fuller)의 지오데식 돔이었다. 지오데식(geodesic)은 가장 완벽한 형태의 상호연결된 구조물을 말한다. 이제 인터넷은 무선시대로 접어들면서 지오데식 망으로 진화하고 있다. 행정 역시 창조적 파괴가 가능해진 것이다. 공동체 내에서의 정치와 행정은 권력장치가 아닌 것이다. 오랫동안 잊혀진 존재였던, 그리고 고대 그리스정치와 공동체 활동이 거대한 장치의 몰락과 함께 재발견되고 있는 것이다. 그리고 테드래드 모형처럼 역전이 가능할 것이다.

현재 중앙부처의 공무원들의 수는 법률에 의해 최소한으로 제한되어 있다. 또한 공무원들은 순환보직에 의해 1~2년마다 담당업무가 바꾸기 때문에 어느 한

분야에서 장기간 경험을 쌓기도 어렵다. 정책개발과 관련된 새로운 보직을 맡게 되었을 때에도 그들의 분석 · 평가역량을 지원할 내부 정책개발시스템도 결여되어 있다. 따라서 정책분야별 정책개발을 위해 요구되는 심도 있는 정책분석 · 평가의 논리와 방법을 배우는 것은 매우 어렵다.[63] 우리나라 공무원 운용시스템에 대한 이러한 제약들을 고려할 때 정책역량을 증가시키기 위해 하나는 공무원의 역량을 키우는 것이고, 또 다른 하나는 국회나 감사원에 정책평가기능을 담당하는 조직을 신설하여 정책개발과 평가에 대해 정부와 국회의 경쟁을 유발시키는 것이 바람직하다.

정책문제가 발생하면 정부는 특정부서에게 업무를 담당시키는 것보다는 각 부처에서 관련있는 담당공무원들을 중심으로 태스크포스(task force)팀을 구성하고 핵심 담당부서의 공무원이 간사가 되어 협업시스템을 구축하여 해결하는 것이 필요하다. 이는 기존의 일하는 방식과는 다르며, 정권이 바뀔 때마다 반복되는 행정개혁과 조직개편에서 오는 피로감을 벗어나고, 이미 상당부분 도입되어 있는 각종 정보기술 장비와 소프트웨어 등을 통한 협업체제의 구축은 일종의 행정에 대한 창조적 파괴인 것이다.

2012년부터 시작되는 중앙부처의 세종시 이전에 대비하여 원거리 분산 기관 간 협업증진 등 행정효율성 향상을 위한 법적 근거로서, 1991년 제정되어 정부의 공문서 작성 · 관리 등을 규정해온 사무관리규정을 20년 만에 행정업무의 효율적 운영에 관한 규정으로 전부 개정하는 개정령안이 2011년 12월 13일 국무회의에서 의결되었다.[64]

그동안 추진해온 전자정부추진방향을 웹 2.0 환경에 맞도록 전환시킨 것이다. 공개와 공유, 협업을 위한 기반으로 그동안 시행해온 지식관리시스템, 영상회의시스템 등을 활용하고, 새로이 소셜 미디어 활용과 함께 융합, 통합, 정책연구 등의 새로운 행정운영방식을 적극적으로 행정내부에 도입시킨 것이다. 향후 다양한 형태의 장비와 솔루션(solution)들이 행정업무 흐름에 접목되어 자본집약적

---

63 노화준, 전게논문, p. 15.

64 안전행정부 보도자료, 1991년 제정된 「사무관리규정」, 「행정업무의 효율적 운영에 관한 규정」으로 탈바꿈, 2011.12.13.

사무실 구조를 만들겠지만 이러한 투자의 효과는 공무원의 노동생산성 향상보다는 새로운 형태의 서비스의 질과 양의 형태로 나타날 것이다.

긴급한 사안에 대한 행정의 대응력 제고는 항상 사회에서 제기하는 부분이다. 이를 해결하지 못하면 정부는 탄력성을 상실하게 되고, 대통령의 리더십은 추락한다. 행정의 창조적 파괴란 행정이 생존하기 위해서 외부의 에너지를 받아들여 내부의 일하는 방식을 과감하게 변화시키는 것을 의미한다.

자본주의가 발전하면서 자본주의를 지탱해주는 사회적 기반들을 파괴하고 있다고 슘페터는 역설하고 있다.[65] 이러한 파괴된 기반들을 자립가능하면서 자율적인 사회경제체제로 편입하게 만드는 것이 국가의 책무다. 행정의 창조적 파괴란 새로운 사회변화에 적응하는 방식으로 제도화시키는 역량을 키우는 것을 의미한다. 행정의 창조적 파괴는 외부의 충격을 적극적이고 긍정적으로 받아들이는 공무원 집단이 있을 경우에만 가능하다. 조직개편보다는 공무원의 역량강화가 우선해야 한다.

변화하는 추세와 시민의 요구를 고려해 전략적 정책을 개발하는 것이 확실히 중요하지만 이러한 정책을 정부 전체가 효율적이고 일관되게 시행하려면 유능한 고위공무원들이 필요하다. 대다수의 OECD 국가들은 고위공무원을 일반적인 고용구조에서 분리된 별도의 계층으로 간주하고 있다. 그렇지만 실제로는 몇몇 OECD 국가들은 유능한 차세대 고위공무원들을 그들의 커리어 초기에서 알아보고, 이들의 성과평가를 더 중요시하여 이들이 최고 성과를 내도록 인센티브를 부여하기 위해 다른 나라들보다 더 노력한다는 것이다.[66]

4 사회적 수확체증 기반의 경제체제

오래 전부터 네덜란드의 경제구조에 관심을 가지면서 내린 결론은 산업구조

65 조지프 슘페터 지음, 변상진 옮김, 전게서, 제2부 자본주의는 생존할 수 있는가(pp. 149-314)의 핵심 내용임.

66 http://www.oecd.org/gov/48348647.pdf

는 1차 → 2차 → 3차로 발전하는 것이 아니라, 1차 산업의 고도화 ↔ 2차 산업의 고도화 ↔ 3차 산업의 고도화 ↔ 1차 산업의 고도화로 각 산업의 개별 고도화가 진행되면서 동시에 각각 다른 산업의 고도화를 유발하는 형태로 진화한다는 것이다.

각 산업 내에서 창조적 파괴가 일어나고, 신규업종은 기존산업의 새로운 아이디어와 타산업의 발전양상에서 얻어온 아이디어를 결합하여 새로운 고급 업종으로 진화해나가는 것이다. 네덜란드가 튤립 재배에서 유전공학, 의약, 물류, 항공, 금융으로 다양한 고급업종을 창출해나갈 수 있었던 것은 기존의 영역에 끊임없이 아이디어를 접목시켜 고도화시키고, 이를 지원하기 위해 타산업군의 지식과 기술을 접목시켰기 때문이다. 바로 이 부분이 창조적 파괴가 가져오는 자원의 낭비, 산업과 일자리의 황폐화를 막는 방법이다.

이처럼 융합경제(convergence economy)란 산업 간, 지식 간 융합을 통한 새로운 영역의 개척과 육성, 그리고 성과를 말한다. 기계공방에서 다양한 제품들이 만들어지는 사례를 살펴보면 기능공의 아이디어, 금형제작도구, 기능(craft)이 유연하게 결합되어 이루어지는 것이다. 마찬가지로 어떤 산업이든 아이디어, 변형툴, 소재가 결합하여 다양한 모습으로 등장한다. 지식기반경제가 따로 존재하는 것이 아니라 수확체증의 법칙이 지배하는 영역이 점차 커지는 경제를 말한다.

1) 성숙한 정부를 위한 경제모델

이헌재는 2011년 12월 7일 중앙일보와의 인터뷰에서 한국경제위기가 걸핏하면 거론되는 원인을 열린사회에 맞는 새로운 경제모델을 만들어내지 못하고, 여전히 1960년 박정희 정부의 개발체제를 답습하기 때문이라고 주장한다. 수출중심 주도형 국가를 설정하고, 국가자원의 선택과 집중을 통해서 일방적으로 배분하고, 대기업중심 국가성장체제를 21세기에 들어와서도 한국은 여전히 탈피하지 못하고 있다는 것이다.

"이 나라의 경제모델 중 성공한 거라곤 박정희 모델 하나밖에 없어. 역대 정권이 죄다 그걸 따라 했지. 그러나 1960년대 체제, 박정희 흉내론 나라경제를 제대로 일굴 수 없어. 세계는 복잡해졌고 금융・기업・외환은 동시다발적이 됐지. 달라진 세상, 새로운 경제에 맞는 새 모델이 나와야 해요."

"박정희 흉내내기의 원조는 전두환 전대통령이야. 노태우 정권도 똑같이 하다가 북방 외교 하나 더했지. 김영삼 정권도 마찬가지. 개방이란 개념을 추가하긴 했지만 관리는 못했어요. DJ는 더불어 사는 삶에 대해 관심을 가졌고, 노무현 전대통령은 이를 합리적・이념적 아젠다로 세팅하는 데 성공했지. 이념은 진보였지만, 방식은 박정희식 1960년대 체제를 답습했어. 노무현은 서두르고 미숙했지. 그 바람에 주저앉은 거야. MB는 콘텐츠와 방식까지 '박정희 따라하기'야."

자료: 중앙일보, 이제 박정희 흉내로는 나라경제 일굴 수 없다, 2012.12.06.

아직 형성되지 않은 새로운 경제모델을 형성하는 힘은 어디서 나오고 있는가? 지금 모든 정부들이 고민하고 있는 부분은 새로운 플랫폼이 무엇이며, 이 플랫폼 위에서 다양한 디바이스(device)와 이의 생산, 그리고 이를 활용한 다양한 서비스의 등장과 함께 소득창출, 생활방식의 변화, 그리고 문화 등이 이루어질 수 있느냐다.

산업혁명의 엔진은 에너지에서 나왔다. 대표적인 에너지는 전기다. 이를 플랫폼으로 하여 현대경제가 형성된 것이다. 에디슨이 위대한 이유는 전기를 이용하여, 전구를 만들고 전기를 전달할 수 있는 배송체계를 만들었다는 것이다. 전기를 이용하는 다양한 산업의 발전과 생활환경의 형성이 현대 경제체계를 만든 것이다.

제2차 세계대전으로 본격화된 통신의 발전은 21세기 경제의 새로운 플랫폼으로 작용할 수 있는지 관심의 대상이 되고 있다. 21세기 지식기반사회를 이루는 지식의 전달과 창조성 유발은 통신혁명이 있었기에 가능했으며, 20세기 후반부터 시작한 통신의 발전과 인터넷의 등장은 이의 시발점이다. 지식기반경제는 수확체증법칙이 적용되는 경제영역이다. 수확체증이란 생산이 증가할수록 비용은 거의 0에 가깝기 때문에 비용이 증가하지 않고 하락하는 현상을 말한다.[67]

---

67 기술집약도가 높은 산업일수록 수확체증의 법칙이 작용한다. 상당기간 수확체증의 법칙은 승자

경제학자 알프레드 마샬(Alfred Marshall)이 살던 1880~1890년대는 'bulk processing(자연자원을 처리하여 제품을 생산해내는 것)'의 시대였다. 금속원석, 아닐린 염료, 선철(pig iron), 석탄, 목재, 화학약품, 콩, 커피 등과 같이 자원 의존성은 높지만, 노하우 의존성은 낮은 것들을 생산해내던 시대다. 생산을 확대할수록 비용이 점차 증가하는 수확체감의 법칙이 작동하는 시대였다.[68]

반면에 20세기 후반에 등장한 컴퓨터 관련 분야의 하이테크 기업들이 보여주는 수확체증의 법칙은 다음과 같은 이전과는 전혀 다른 속성을 보여준다.

① 시장 불안정성(시장이 선두에 선 제품에 더욱 우호적으로 기울어지는 성향), ② 여러 가지 다양한 결과가 나타날 가능성[당시 다른 사건이 일어났다면 도스(마이크로소프트사의 초기 컴퓨터 운영체제: DOS)가 아닌 다른 운영체계가 승자가 될 수도 있었다], ③ 예측 불가능성, ④ 시장을 가두는 능력(lock-in), ⑤ 열등한 제품이 시장 지배자가 될 수 있는 가능성[쿼티(qwerty) 자판기의 사례], ⑥ 그리고 승자에게는 거대한 이익이 돌아가는 것 등이다.[69]

아서(Arthur)는 하이테크 산업뿐만 아니라 서비스산업에서도 수확체증의 사례가 늘어나고 있으며, 시장이 완전히 정의조차 되지 않은 상황에서 정부의 수확체증산업에 대한 촉진과 규제 역할은 단순하지 않다고 주장하고 있다. 오히려 문제는 자원 의존적 벌크 프로세싱 경제로부터 지식 기반의 디자인, 재생산 경제로 옮겨감에 따라 수확체감에 기반을 두던 경제는 수확체증적인 경제로 이동[70]해 가고 있지만 산업교체 시기에 일어나고 있는 엄청난 경제혼란을 정부가 어떻게 대처할 수 있느냐다.

2012년 한국대선을 논쟁 속으로 몰아넣은 '경제민주화'는 IMF 외환위기 이후 기존 경제체제의 와해와 함께 새로운 경제체제의 등장이 늦어지면서 나타난 경

독식경제를 만들어낸다. 윈도우즈 완성품이 담긴 첫 번째 디스크가 출시되기까지 마이크로소프트는 5000만 달러를 쏟아 부었지만, 두 번째 디스크부터는 제품을 생산하는 데 겨우 3달러면 충분했다. 단위당 생산원가는 판매가 늘어나면서 더욱 떨어져 갔다.

W. Brian Arthur, "Increasing Returns and the New World of Business." Harvard Business Review(July-Aug., 1996). http://www.iwp.jku.at/Born/mpwfst/02/BArthur/Arthur_B.pdf

68 상게논문, p. 2.

69 상게논문, p. 3.

70 상게논문, p. 12.

제적 부작용에 대한 반성이며, 새로운 경제체제의 등장을 재촉하는 시대적 요구였다고 보아진다.

창조산업의 경우를 보면 사람, 창조성, 기능, 재능을 기반한 산업으로 정의하고 있다. 물질을 가공 생산하는 경제체제에서, 인간의 능력(아이디어, 창조, 기능)을 재료로 하거나 아니면 물질에 인간의 능력을 가미시켜 제품의 모양, 기능, 활용범위를 넓혀나가는 것을 중심으로 한 경제체제로 이동하고 있는 것이다. 상품의 부가가치나 가격설정에 있어서 자원이 아니라 인간의 능력이 우선시 되는 경제체제가 창조경제체제인 것이다. 이러한 창조적 인적자원을 어느 나라, 어느 기업 혹은 네트워크를 통해 전 세계적으로 확보하고 빠르게 활용하는 조직체제를 갖추어야만 경쟁력을 갖게 되는 것이다. 이럴 경우, 원가계산 등 전통적 생산방식의 회계방법이 그대로 작동되기는 어려울 것 같으며, 창조기업의 활동원가계산은 가능한 것인가다. 어떤 방법으로든지 생산비용이 측정되어야 이윤이 남는지를 파악할 수 있는데 전통적 방식으로는 정확하게 파악하기가 어려울 것 같다.

아마 전 세계적으로 경제침체나 몰락의 징후가 보이는 것은 구매력을 확보할 수 있는 소득창출이 가능한 노동력제공이나 지식제공이 과거처럼 정량적으로 확보 가능한 것이냐다. 혹은 국가에 세금을 납부할 수 있는 노동력이 얼마나 되며, 법인세나 각종 취득세, 재산세를 납부할 수 있는 여력을 가진 기업이나 사람들이 얼마나 존재하느냐에 대해서 기존의 경제체제에서는 제대로 측정할 수 없기 때문에 나타나는 현상이 아닌가 한다. 역사적으로 체제과도기에서 나타나는 공통된 현상이다.

다시 플랫폼 논의로 돌아가 보면, 에디슨이 전구를 만들었을 때, 누구도 전기가 현대사회의 핵심 플랫폼으로 작동하리라고 예측하지 못했다. 마찬가지로 무선통신 역시 플랫폼으로 작동할지 예측할 수 없지만 이미 모든 나라들이 광대역 무선통신에 많은 투자를 하고 있는 것을 보면 전기시대에서 무선시대로의 전이는 불가피하다. 무선을 바탕으로 거의 모든 기기들이, 생산라인이 리모델링되고, 사회문화 활동이, 가정생활이 이루어진다면 지금 사용하고 있는 제품들 역시 형태나 기능의 변화를 가져와 엄청난 수요를 창출하게 되고, 경제는 새로운 방향에서 재활성화될 것이다.

OECD는 2008년 서울 정보통신장관회의에서 한국이 주도한 ICT 분야의 역할을 '인터넷경제(Internet Economy) 활성화'로 개념화했고, OECD 정책논의의 기본문서(Reference)인 '서울선언(Seoul Declaration for Future of the Internet Economy, 2008)'에서 ICT 분야의 7대 핵심주제를 제시했는데, 첫 번째가 초고속무선네트워크 구축이다.[71]

① 초고속 브로드밴드 인프라 확산을 통한 인터넷 접근성 확대
② 스마트 인터넷 경제의 발전(데이터가 견인하는 인터넷경제로의 전환)
③ 경제성장 및 지속가능성 혁신(디지털 콘텐츠 및 그린 ICT 역할 확대)
④ 사이버보안 및 프라이버시
⑤ 소비자보호를 위한 권한 확대
⑥ 동반성장을 위한 글로벌 인터넷경제로의 참여 보장
⑦ 개방형 인터넷경제의 보장

OECD 인터넷 경제 아웃룩 2012 주요 내용을 살펴보면, 인터넷경제의 성장은 최근 스마트기기, 무선인터넷의 확산에 기반하며, 유선/PC(1단계) 및 무선인터넷(2단계)을 거쳐 자동차, 전구 등의 사물까지 인터넷에 연결되는 새로운 3단계에 진입하는 과정이라고 진단하고, OECD는 브로드밴드 구축 또는 기술발전을 넘어서 경제활동과의 연계 및 혁신적인 신기술의 부가가치 창출이 중요하다고 강조하고 있다. 신경제의 플랫폼은 무선네트워크인 것이다.[72]

OECD는 "Growth, Innovation and Competitiveness-Maximising the Benefits of Knowledge-Based Capital"이라는 주제로 2013년 2월 13~14일 이틀 간 OECD 회의실에서 콘퍼런스(conference)를 개최했는데, 다음 내용과 같이 무선

71 http://oecd.mofat.go.kr/webmodule/htsboard/template/read/korboardread.jsp?typeID=15&boardid=9884&seqno=951598&tableName=TYPE_LEGATION

72 OECD 대표부, OECD 인터넷 경제 아웃룩 2012 주요내용(2012.10.04).
http://oecd.mofat.go.kr/webmodule/htsboard/template/read/korboardread.jsp?typeID=15&boardid=9884&seqno=951598&tableName=TYPE_LEGATION

네트워크시대의 지식기반경제 구축을 위한 초기 대응책을 내놓았다.[73]

1. 지식기반자본[74] 대두에 따른 정부의 역할

작고 다양한 기관들의 역할과 한계 인식, 공공자본에 의한 지적재산의 공공 접근성 제고, 과다규제가 아닌 성장을 조장하기 위한 정부의 현명한 규제, 정부의 잘못된 승자선택(wrong winner selection)에 대한 위험 인식, 혁신을 장려하고 시장에 반영하려는 정부의 노력 등이 요구되며, 지식기반자본과 고용창출 간 연계를 강화하는 노력이 필요하다[스웨덴은 최근 국가혁신센터를 설립하여 전국가적으로 혁신을 장려하고 있는데, 특정분야에 중점을 두기보다는 수요자중심의 정책(Demand-side Policy), R&D 세제혜택 등을 통해 기업의 혁신활동을 유지하고 혁신을 이끌어가는 정책에 중점을 둠].

2. 지식기반자본의 의미와 조세정책과 혁신

글로벌 가치사슬 분화, 지식기반자본 확대 및 무역・투자자유화로 각국은 고부가가치 산업(industries)에 특화하기보다는 고부가가치 활동(activities)에서 경쟁우위를 확보하려고 노력하고 있다(예를 들면, iPod 생산을 위해 미국 내 1만4000명, 다른 국가에서 2만7000명을 고용하는 반면, 미국에서 7억5300만 달러, 다른 국가에서 3억1800만 달러의 수익을 거두고 있음).

3. 지식기반자본 및 기업의 가치창출

최근 경영자들은 기업경영에 있어 지식기반자본(정보, 소프트웨어, R&D, 디자인과 브랜딩)이 비즈니스 전략과 새로운 사업영역 개척에 있어 중요한 키가 된다고 생각하고 있으며, 지식기반자본을 활용하여 잠재된 기업의 역량을 제고하는데 주력하고 있다.

4. 지식기반자본 측정과 기업성장을 위한 정책적 고려

기업은 지속되는 경제위기 속에서도 지식기반자본에 대한 투자를 확대하고 있는데 이러한 투자는 기업의 생산성을 제고하는데 기여하고 있다. 다만, 지식기반자본의 효율적인 활용을 위해서는 이에 대한 측정과 관리를 위한 방법론이 개발

73 http://oecd.mofat.go.kr/webmodule/htsboard/template/read/korboardread.jsp?typeID=15&boardid=9884&seqno=974855&c=&t=&pagenum=1&tableName=TYPE_LEGATION&pc=&dc=null&wc=null&lu=&vu=&iu=&du

74 OECD는 지식기반자본을 무형의 자산으로 ① 컴퓨터화된 정보(소프프웨어, 프로그램 등), ② 혁신적 지식재산(특허, 저작권, 디자인, 상표 등), ③ 기업의 경제적 역량(브랜드 가치, 기업 특화된 인적자원, 네트워크, 기업의 효율성 증대 노하우 등)으로 정의함.

되어야 한다("측정할 수 없는 것을 관리할 수 없다").

지식기반자본은 단순한 R&D뿐만 아니라, 다른 산업적 요소를 포함하는 포괄적 개념이다. 기업의 지식기반자본 투자촉진을 위해서는 규제, 세제혜택, 교육 등 다양한 정책적 접근이 필요하며, 성장을 촉진하면서 고용을 저해하지 않는 지식기반자본 활용방안이 강구되어야 한다.

5. 지식기반자본과 글로벌 가치사슬

지식기반자본의 활용도를 높이기 위해서는 상호연관성을 강화하여 경쟁력을 높여야 한다. 이러한 연결성이 강화된 기술의 활용이 지식기반자본의 최대가치를 이끌어내는 것이다.

6. 지식기반자본과 지적재산권 문제

신개념이자 새로운 성장동력으로서의 지식기반자본은 그 형태를 명확히 규정하기가 쉽지 않고 매우 다양하므로, 기존 지적재산권제도를 적용할 때 정책적 고민이 필요하다.

7. 새로운 분야인 빅 데이터와 관련된 혁신 및 정책

현대 경제는 데이터를 중심으로 하는 경제라고 말할 수 있다. 기존 경제학에서는 데이터 그 자체는 아무런 가치를 갖지 못하지만, 현재는 사람들이 데이터를 그 자체로 생산하고, 소비하고 있고 이미 우리는 '빅 데이터' 세상에서 살고 있다. 빅 테이터가 개인에게 가져다주는 편리성을 무시할 수 없지만, 가장 큰 문제는 바로 프라이버시 보호, 누군가에 의한 빅 테이터 남용에 의해 피해를 받게 되는 사람들에 대한 보호 문제이기 때문에, 빅 테이터 사회에서는 그 편리함과 함께 개인의 프라이버시 보호 문제에 포커스가 맞추어져야 한다.

2) 경제성장동력으로서의 도시

카츠 외 2인(Bruce Katz, Andy Altman, and Julie Wagner)은 20세기 후반이 경제의 세계화시대였다면 21세기 시작은 도시의 시대(Urban Age)가 될 것이라고 주장하면서, 근거로서 2007년에 거의 32억 명의 인구가 살고 있기 때문이라는 것이다.[75] 2013년 카츠는 제니퍼 브래들리(Jeniffer Bradley)와 함께 《The Metro-

75 Bruce Katz, Andy Altman, and Julie Wagner, An Urban Agenda for an Urban Age, Urban Age Conference(Berlin, 2006.11.10.) 발표논문. http://www.brookings.edu/~/media/research/files/speeches/2006/11/10cities%20katz/20061110.pdf. pp. 2-6.

politan Revolution》이란 책을 출간했다.

규모, 속도, 다양성, 복잡성, 그리고 연결성이라는 도시의 속성들에 의해 도시는 세계경제, 전 세계적인 문제들과 해결책의 중심에 놓여 있으며, 따라서 새로운 세계질서는 도시질서라고 주장하고 있다. 이러한 도시의 속성들이 만들어내는 소프트한 기반(soft infrastructure)[76]은 매우 중요한데, 신뢰, 협업, 창조성, 지식, 학습, 네트워크, 리더십과 거버넌스[77] 등과 같은 소프트한 기반의 생성 혹은 축적 여부가 도시가 제대로 기능할 수 있느냐를 측정할 수 있는 기준이 된다.

도시가 국가경제에서 가장 중요한 역할을 하는 이유는 사람들이 근접거리에 모여서 상호작용할 수 있기 때문이다. 창조성과 다양성이 도시의 핵심이다. 과거 이러한 역할을 이끈 것은 광장이었다. "고대 그리스 도시에는 아고라(agora)라고 하는 광장이 있었다. 이 낱말은 '사람들이 모이는 곳'이란 뜻이다. 아고라는 도시의 중심부나 항구 옆에 있었는데, 나중에는 시장을 뜻하게 되었다. 고대 로마의 포룸(forum)도 아고라같이 시민 사회생활의 중심이 되는 광장이었다. 이 광장은 기능이 세분화되면서 사법광장, 상업광장 등으로 분화되었다."[78]

한국도시의 광장기능의 필요성을 강조한 김석철 교수는 유럽의 광장은 통행, 회합, 교환, 상호인식, 권력의 과시, 반란의 장소로서 기능해왔으며, 광장의 역할을 장터, 문화, 예술, 의식, 군중집회, 사람들로 규정하고 있다.[79] 한국에는 물리적 공간으로서의 광장은 거의 없는 편이다. 다행히 광장의 기능이 디지털시대에서는 디지털광장(digital square)으로 웹상으로 옮겨졌다. 다음의 아고라가 디지털광장으로 역할을 하고 있는 것은 이미 알려진 바다. 웹상에서 정보가 개방되어 있고, 블로그를 통해 의견에 개진되고, 다양한 형태의 아이디어와 경험이 모이는 곳이 웹이다. 웹을 통해서 물리적 공간과 디지털광장이 결합되어 다양한 형태의 아이디어공작소(idea factory)로서 작동하고 있는 것이다. 대도시에서 다

---

76 Tim Campbell , Torino as a Learning City, Comparative Domestic Policy Paper Series 09(The German Marshall Fund of the United States, 2009).

77 리더십과 거버넌스의 경우는 도시를 창조적이게 만드는 다양한 형태의 지역활동가, 문화인, 지식인, 언론인, 공무원, 정치인 등과 이들을 결합하게 만드는 협업네트워크 능력을 말한다.

78 http://www.opengirok.or.kr/m/post/view/id/1287

79 김석철 책임편집, 광장(생각의 나무, 2009), pp. 6-8. 2011년 2월, 2013년 1월에 걸쳐 이집트 혁명을 촉발시킨 곳이 타흐리르(혁명) 광장이었다.

양한 형태의 웹들이 서로 연결되어 지식시장(digital market)이 형성되고 있다는 점을 주목해야 한다. 이러한 새로운 디지털광장의 활성화는 도시경제와 밀접한 관련성을 지닌다.

도시가 지속가능한 상태에 있다는 것은 도시의 역할이 도시권 내에 사는 주민과 생산자뿐만 아니라 다른 지역의 사람들을 위해 충분히 다양한 재화와 서비스를 생산하고 소비하는데 주도적이어야 한다는 것이다.[80] 한국의 도시와 도시권의 현실을 보여주고 있는 것이 [그림 5-14]인데, 한국의 지방자치단체들을 ① 재정자립도가 높으면서 동시에 각종사업을 벌리는 곳, ② 재정자립도가 낮으면서도 상황을 타개하기 위해 각종 사업을 벌리는 곳, ③ 재정자립도도 낮고 의욕적으로 사업을 벌리지 못하는 곳으로 나누어볼 수 있는데, 서울, 인천, 그리고 수도권인 경기도만 현재로서는 도시권을 형성한다고 말할 수 있다.[81] 지방자치법 제3조 2항에 의하면, 특별시, 광역시, 특별자치시, 도, 특별자치도(이하 '시 · 도'라 한다)는 정부의 직접 관할 하에 있다는 것이다. 즉, 중앙정부에 의해 지배당하고 있기 때문에 자치단체라는 법인격으로서 일정한 범위 내에서의 자치만 허용되고 있다.

도시가 도시답기 위해서는 도시 스스로 운명을 통제할 권한이 필요하다. 그렇지 못할 경우, 재정난, 관리권한 부재, 그리고 지역 거버넌스 통제의 한계로 도시가 활력을 갖기 위한 제반 여건의 마련에 실패하며,[82] 이는 도시가 갖는 생명력인 창조성과 다양성을 고갈시키게 된다. 한국이 대표적인 사례다. 서울이 도시로서 기능하고 있는 것은 서울 스스로 운명을 결정할 자치권에 의한 것이 아니라 한 국가의 수도이기 때문에 갖는 반사이익에 불과한 것이다.

따라서 도시계획과 재생에 대한 중앙집권적인 획일화 정책은 도시의 자율성을 붕괴시킨다. 한국 도시정책의 문제점을 두 가지로 축약할 수 있는데, 하나는 대도시이든 중소도시이든 상관없이 중앙정부는 동일하게 경쟁시킨다는 것이다.

---

80 제인 제이콥스 지음, 서은경 옮김, 도시와 국가의 부(나남출판, 2004), p. 72.

81 울산의 경우, 지역총생산과 지역소득은 높지만 현대중공업과 현대자동차, 그리고 울주군의 석유화학단지에 의존하는 지역으로 다양한 제품과 서비스의 생산과는 거리가 멀다. 특정기업에 의존한 기업도시 성격이 강하기 때문에 자체적 지속가능성은 매우 취약한 도시다.

82 Alan Broadbent, Urban Nation(HarperCollins Publishers Ltd, 2008), pp. 70-71.

그림 5-14 지도로 보는 전국 지방공기업 부채현황

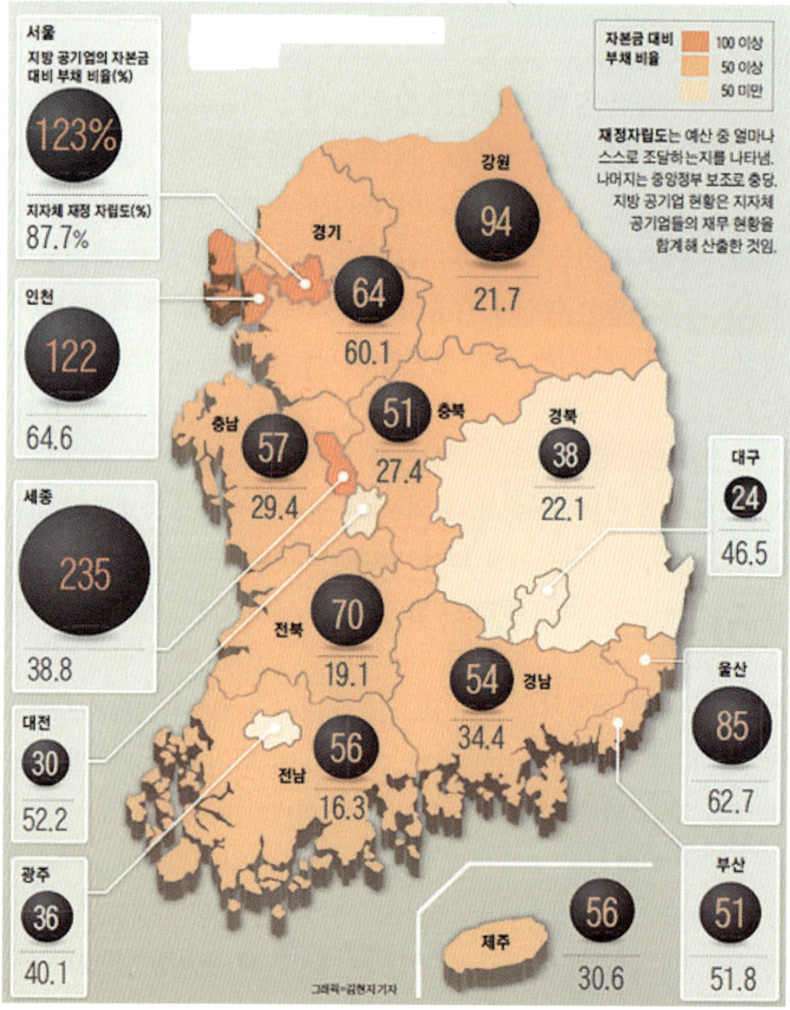

자료: http://biz.chosun.com/site/data/html_dir/2013/05/07/2013050702891.html

각종 산업단지 조성이나 테크노파크 사업, 그리고 대학 간 연구개발비를 둘러싸고 경쟁을 시킨다. 경쟁력을 갖춘 지역에게 프로젝트를 준다는 것인데, 대도시를 위한 정책인지, 중소도시를 위한 정책인지를 구분해야 한다. 뿐만 아니라 대규모 사회간접자본 역시 도시의 규모나 특성을 전혀 고려하지 않는다.

제인 제이콥스(Jane Jacobs)는 도시경제의 중요성을 누구보다 역설하고 있다.

"대부분의 국가는 매우 상이한 여러 개의 경제들로 구성되어 있다. 한 나라 안에서도 부유한 지역과 가난한 지역이 공존한다. 또 그 다양한 경제형태 중에서도 도시야말로 경제를 결정하고 재구성하는 능력이 탁월하다"[83]고 주장하고, 요즘 가장 인기 있는 단어인 혁신에 있어서도 "기업의 혁신능력은 기술을 얼마만큼 유연하게 사용하는가에 달려 있다. 그리고 무엇보다 서로 다른 전문성을 가진 직원들이 힘을 합쳐야 한다. 이러한 기업은 과감히 또 자연스럽게 개념과 실행, 추상적 지식과 실용적 지식을 결합한다. 이는 지금까지 오직 소수의 위대한 기업만이 행하는 방식"[84]이었지만 사실 창의적 도시에서 항상 발견된다고 말한다.

또한 제이콥스는 도시 수요를 충분히 공급할 수 있는 자체의 생산력의 중요성에 대해서 언급하고 있는데, "수출활동이 활발하거나 관광지로 유명하거나 문화, 정치 혹은 종교적 수도의 역할을 했다고 해서 반드시 도시권이 발달하는 것은 아니다. 수출이나 행정 중심지 이상의 무엇인가가 필요하다. 즉, 많은 종류의 수입품을 충분하게, 그리고 반복적으로 대체하는 능력이 있어야 한다. 상당한 규모의 도시권이 발달한 도시는 그런 능력이 현재 있거나 혹은 과거에 있었다. 도시의 수입대체라는 메커니즘이 자동으로 도시권의 형성을 유발한다."[85] 이러한 다양한 상품을 도시 자체가 생산함으로써 얻는 이점은 새롭고 다양한 상품을 판매하는 도시 시장의 형성, 도시 일자리의 급증, 농촌의 생산과 생산력을 향상시켜주는 기술 이전, 도시 일자리의 이전(더 나은 일자리가 생기면 기존의 일자리는 보다 적은 규모의 도시나 지역으로 유출된다), 도시자본 등이며 도시가 갖는 다양성과 창조성은 이러한 생산 메커니즘을 통해서 이루어지는 것이다. 도시가 활력을 잃는다는 것은 결국 이러한 생산동력이 사라지고 사람들이 도시를 떠난다는 것을 의미하는 것이다.

2011년 지역내총생산을 비교해보면(〈표 5-12〉 참조) 서울을 제외하고는 대도시들의 경제적 역할이 상당히 약한 것으로 나타나고 있다. 지금까지 한국의 지역정책은 분권과 균형을 둘러싸고 많은 논란이 있었다. 그러나 국가정책의 방향

83 제인 제이콥스 지음, 서은경 옮김, 전게서, p. 44.
84 상게서, pp. 52-53.
85 상게서, p. 61.

표 5-12 2011년 지역소득(잠정)

	전국	7대 도시						
		서울	부산	대구	인천	광주	대전	울산
지역내총생산(명목)	1,242.9	283.7	62.7	37.6	59.3	26.6	28.0	69.1
(전국 대비 비중)	100.0	22.8	5.0	3.0	4.8	2.1	2.3	5.6
경제성장률(실질)	3.0	2.2	3.8	2.7	2.7	3.9	1.9	8.4

9개도								
경기	강원	충북	충남	전북	전남	경북	경남	제주
243.0	30.3	38.5	84.9	38.1	62.6	81.0	86.5	11.1
19.6	2.4	3.1	6.8	3.1	5.0	6.5	7.0	0.9
4.0	3.3	2.7	4.8	4.7	1.3	-0.8	1.7	2.9

자료: 통계청, 2012월 12일 24일 보도자료.

은 분권보다는 균형정책을 중시하고 있다. 그 결과 기존에 형성된 도시들은 새로이 성장하려는 군소도시들을 위해서 희생되어야 했다. 분권이나 균형은 매우 중요한 정책과제이기는 하지만 국가발전에 있어서 도시의 역할이라는 부분에 대해서는 역대 어느 정부도 관심을 기울인 적이 없다. 오히려 신도시개발정책을 통해서 기존 도심에 투자한 비용에 대한 고려 없이 구도심을 내버려두고 신시가지를 만듦으로써 도시의 불균형과 함께 도시의 활력을 지속적으로 상실케 하고 있다. 부산, 대구, 광주, 전주, 대전 등의 원도심이 슬럼으로 변질하고 있는 것은 국가가 도시의 역할에 대해 무지하기 때문이다.

신도시라는 이름의 대규모 도시계획은 반문화적이고 반문명적이다. 그 지역의 자연과 역사와 문화를 깡그리 말살시키는 잔학행위다. 이는 과거 공산권에서 행해진 도시계획방식이다. 이제는 도시민들이 자신이 그나마 가지고 있는 자산을 중심으로 자율성을 갖고 관리할 수 있는 권한을 부여해야 한다. 도시가 21세기 성장의 동력이고, 사회적 수확체증의 법칙이 적용되는 공간이기 때문에 도시의 중요성을 간과한 경제정책은 반드시 실패한다. 과거 박정희 정부 모델의 성과인 전자, 자동차, 제철, 조선, 건설의 효과는 서서히 저물어가고 있다. 새로운 돌파전략은 한국의 도시에 자율성을 부여하고, 도시가 생명력을 갖도록 국가재원의 분배방식을 바꾸어야 한다. 지역이 가지고 있는 자산과 자원을 제대로 활용할 수 있는 방안에 재원을 투입해야 한다. 도시 간 무의미한 경쟁보다는 도시가 자성과 성찰을 통해, 그리고 그 도시의 기억을 재생하여 새로운 창조공간으로 탈바꿈하도록 지원해주는 것이 무엇보다 필요하다.

기술, 투자, 혁신, 기업, 그리고 경쟁은 모두 도시에 해당하는 단어들이다. 클러스터, 밸리, 앨리(alley), 특별구역(special district) 등은 도시의 집적공간을 의미한다. 국가의 지속가능한 발전을 위한 방편으로써의 분권과 권한 이양의 문제는 지역대도시를 중심으로 재편성하는 것이 바람직하다. 대도시가 경제성장과 일자리 창출, 그리고 도시빈민층과의 유기적 결합을 이룰 수 있도록 각종 도시정책에 있어서 자율성을 갖도록 지원해야 한다. 아직 대도시가 성장하지 않은 광역도의 경우, 작은 규모의 도시결합(예를 들면 경상남도의 경우, 마산-창원-진해를 통합한 광역 규모의 도시 등장)으로 도시로서의 잠재력을 발현할 수 있는 규모의 경제가 되면 광역도는 자연스럽게 핵심도시를 중심으로 공간재배치가 이루어진다. 도시와 농촌, 도시와 어촌, 도시와 산촌이 어우러지는 독특한 형태의 지역공간으로 변하게 될 것이다. 인위적으로 개편하기보다는 자율성을 바탕으로 인간의 활동에 의한 자연스런 공간형성이 이루어지도록 중앙정부는 기다려야 한다.

게다가 도시는 다양한 형태의 활동들을 집적시킴으로써 성장과 일자리 창출의 핵심인 반면에 주변 지역과의 연계, 나아가 주변국들의 도시연계 등을 통해서 허브로서의 역할을 행한다. 도시의 핵심은 인구유입에 있다. 특히 지식기반도시로서 작동하기 위해서는 다양한 전문지식을 가진 인력을 흡인하거나 아니면 대학이나 연구기관 등을 통해서 지속적으로 배출해야 한다. 이들을 위한 다양한 형태의 교통 및 거주 공간, 그리고 야외활동을 위한 문화서비스 등은 도시에 안전을 위한 다양한 관리체계를 만들어낸다. 도시는 지속적으로 창조적 파괴를 할 수 있어야 한다. 대규모 도시들은 각각 하나의 자율적인 체제로서 작동하는 것이다. 그렇기 때문에 대부분의 대규모 도시들이 거의 자급형태로 운영되고 있음에 주목해야 한다. 실제 생산되지 않는 부분들은 가장 효율적인 공급체계를 만들어 지속적인 소비와 함께 도시내부에서 소규모 생산체제가 만들어져 대체효과를 이끌어내는 것이다.

대통령 선거나 지방자치단체장 선거는 국가의 구조를 조정하는 과정이다. 따라서 지방의 대도시들은 국가를 디자인하는 과정에서 종속적인 존재로 위치해서는 안 되며, 주체적인 역할을 해야 한다. 도시는 중앙정부의 각종 공약프로젝트나 정책들이 도시에 미치는 영향을 검토하고 다음 선거를 위해 국가디자인안을 만드는데 도시의 각종 역량을 모아야 한다. 도시가 개방, 참여, 협업을 이룰 수 있는 최적의 공간이기 때문에 각종 단체장들은 지속적으로 디자인마인드를 갖고 있어야 한다.

따라서 보다 근원적인 것은 도시디자인이 도시문제를 해결하기 위한 가장 기본적인 시각이라는 점에서 출발해야 하며, 이를 위해서는 도시의 수요계층(시민이나 기업 등)의 불만, 경험, 아이디어가 적극적으로 모일 수 있어야 한다.

도시전체의 입장에서 개별 지역 혹은 기능별 영역에서 일어나는 새로운 해결책을 중심으로 도시전체를 지속으로 재디자인해나가는 역할을 행정이라고 부를 수 있다. 디자인 행정이 가능하기 위해서는 해결해야 할 문제의 관점을 바꾸는 것이다. 도시의 고질적인 문제의 하나인 교통문제에 대해서 이를 '교통문제'라기보다는 특정 시간대에 있어서 '이동성'과 '접근성' 문제로 보고 이를 집중적으로 해결하는 것이다. 단기적 해결책을 내놓더라도 이 해결책을 방해하는 새로운 연관된 문제의 발생으로 인해 다시 해결이 어려워지는 현상이 나타남을 이해하고 장기적으로 서로 연관된 영역의 얽힌 부분을 해결해나가는 것이 '도시서비스디자인의 변환(Transformation of Urban Service Design)'인 것이다.

요즘 도시연구에서 많이 사용되는 개념인 창조와 디자인에 대해서 신자유주의적 사고라는 보는 입장도 있지만 그 주장에는 별로 동의하지 않는다. 폴 로머(Paul Romer) 이후로 성장요소는 외생적인 아니라 내생적이라는 입장이 강하기 때문에 창조와 디자인 역시 내생적인 것이다. 이것은 북유럽이나 이탈리아처럼 디자인이 강한 나라는 나름대로의 자연환경과 장인들의 노하우의 축적에 의해서 형성된 것이라는 게 경험적으로 확인되기 때문이다.

[그림 5-15]는 직업이 도시를 만들고 도시가 다시 직업을 만드는 선순환 관계를 뉴욕 맨해튼을 보기로 설명한 것이다.[86] 사람이 많이 모이게 하는 요인을 발

---

86 Susan Christopherson, JobScapes: How Jobs Create New York, How New York Creates Jobs

그림 5-15 뉴욕을 통해서 본 일자리 창출 패턴

일자리 창출하는 도시핵심역량

도시의 창조적 분위기가 사람을 흡입

새로운 변화를 추구하는 사람들의 공간

(2005.02.25).

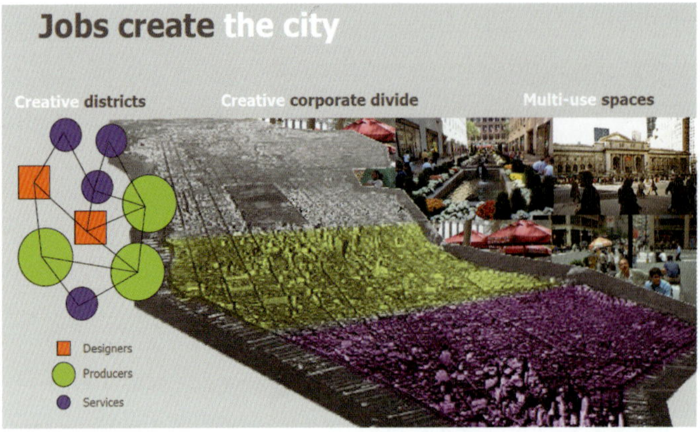

도시 일자리 구조 변화가 도시 재창조

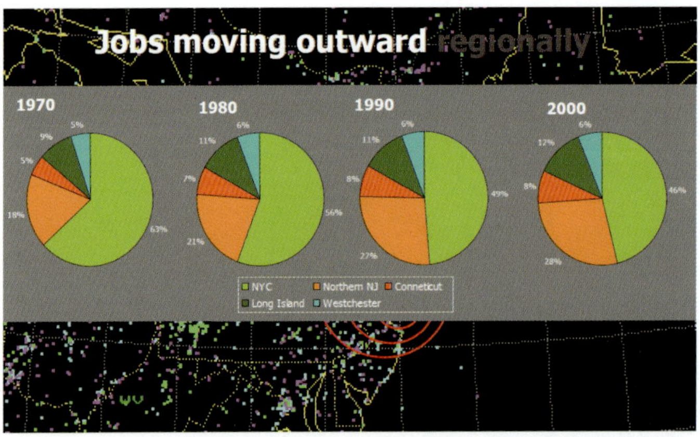

일자리의 외곽 이동으로 도심 재창조

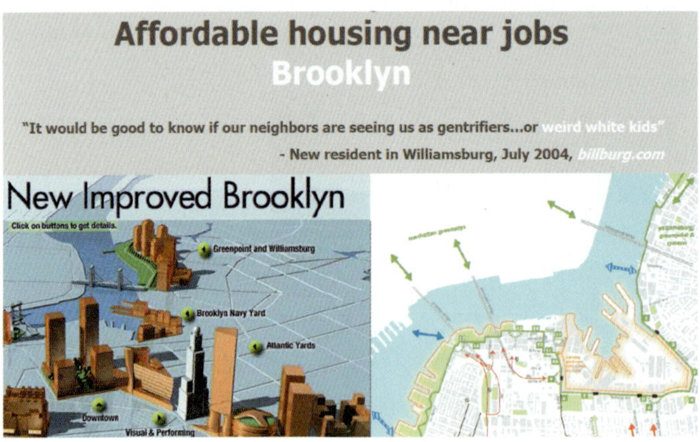

주변 불량 주거 지역의 재정비

견하고, 이를 활용하는 지혜가 필요하다.

도시의 특별지구를 중심으로 한 금융지구와 문화지구, 그리고 관광객들을 유인하는 도시의 여유 공간, 그리고 창조적 분위기, 대학교, 직장을 통한 주변지구의 재배치 등을 통해서 뉴욕은 다양한 형태의 직업군과 기업, 그리고 공방, 혹은 가게, 그리고 맨해튼을 중심으로 주변지역의 산업구조 개편을 지속적으로 이루어냄으로써 공간과 직장창출의 선순환을 만들어내고 있는 것이다.

제이콥스는 《미국 위대한 도시의 죽음과 삶》에서 대도시를 연구할 때 반드시 지녀야 할 마음가짐을 세 가지로 요약하고 있다. ① 검증되지 않은, 선입관에 둘러싸인 개념들을 조심해야 하며, 항상, 그리고 의심을 갖고 테스트해야 하며, ② 도시생활에 대해서 귀납적으로, 가까이 관찰해야 하며, 가장 일상적인 장면이나 사건에 대해서 가능한 한 어떤 기대를 갖지 않고 살펴보아야 하며, 그들이 의미하는 것들을, 그들 사이에서 창발하는 원칙의 실마리들이 어떤 것들인지를 보려고 시도해야 하며, ③ 지나친 일반화를 피하고, 이야기하고 있는 사물에 대해서 반드시 알아야 한다는 것이다.[87]

도시문제를 해결하는 데 있어서 전문가중심의 탑다운 방식의 도시계획과 운영은 도시민의 희망과 열망, 지역과 가정의 결속을 붕괴시키고, 탈감성과 허무주의적 사고를 갖게 만든다. 자신의 삶의 흔적을 단순한 경제적 수치로 환산하는 버릇 때문에 나중에 후회하는 사람들이 정말로 많다(땅이나 집을 보상액을 받고 판 후에 그 지역을 떠나는 것). 거주공간에 대한 인식을 달리하고 집단적이고, 자발적이며, 자기통제적 관점에서 도시재생방안을 살펴야 한다.

지역에 바탕을 둔 삶의 경험에서 창조성이 나온다. 개인적인 천재성의 발휘에서 나오기보다는 사회적이고, 축적된 것이며, 협업적인 것이다. 물론 때로는 외부인의 조언, 아이디어, 활용을 하는 것도 매우 중요하다.

위기의 심각성이 사람들로 하여금 절박하게 만들고 사회적 혁신역량을 발휘하게 만든다. 즉, 내부의 결집과 함께 이를 외부의 조언, 아이디어와 지원을 결합시키게 해야 한다. 도시 전체가 영역과 계층을 포함하여 혁신을 위한 토론의

---

87 http://www.nlc.org/find-city-solutions/center-for-research-and-innovation/emerging-issues/2010-columns/wrestling-with-jane-jacobs에서 재인용.

장으로 들끓어야 한다. 그러나 이 경우도 지역에 근거를 두고 오랜 경험이 있기에 가능한 것이다.

현대도시들이 직면하고 있는 공통의 문제점인 고령화(의료, 복지에 부담), 도시경제 재구조화, 실업 및 비정규직 증가, 재난, 안전, 인구유출과 빈곤, 사회 불평등, 경제 활력의 침체, 환경악화, 에너지의 지속소비와 에너지가격상승, 주택공급부족, 교통체증 등과 같은 문제들은 세계경제의 문제나 중앙정치의 문제로 돌려 외생변수로 취급해서는 안 된다. 이를 내생문제로 인식하고 이를 해결하지 않으면 외생적 요인이 좋아진다고 하더라도 그 혜택을 볼 수 없다.

기술의 격차문제, 세계화로 인한 고용여건의 악화 및 고용문제를 해결하기 위해 지금까지는 정책의 중심을 노동자 아닌 기업에 중심을 두었지만, 도시의 경우는 오히려 사회혁신을 위한 기업가정신의 함양과 건강한 근로의식을 가진 노동자중심에서 해결책을 강구하는 것이 더 나을 수 있다.

사회혁신이란 지역사회의 요구를 매우 효과적으로 대처할 수 있는 일하는 방식 혹은 새로운 아이디어, 제도를 의미하는데, 활성화되기 위해서는 외부의 능력을 활용할 필요가 있다. 왜냐하면 도시내부 사람들은 시야를 안에서 밖으로 지향한다. 반면에 외부 사람들은 밖에서 안으로 바라보는 관점을 갖기 때문에 내부관성에서 탈피할 수 있다. 도시발전에 인력유입이 중요한 이유가 여기에 있다.[88]

도시는 중요한 아이디어를 저장하고, 처리하고 전파하는 또 하나의 필수적인 수단이며, 한 고안자와 다른 고안자, 발명가와 투자자, 판매자와 매수자 사이의 상호작용을 모으고, 그럼으로써 사회가 스스로 발전해나갈 수 있게 한다.[89]

도시는 돈 문제보다 더 근본적으로, 교육받은 집단을 필요로 한다. 그리고 그 구성원들은 서로 소통할 수 있어야 한다. 아이디어, 초기의 발견, 명확한 목표를 지향하지 않는 자유분방한 생각과 사업제안들을 공유할 수 있어야 한다. 미국은 바로 이것을 19세기에 해냈다. 미국의 기계설계자들과 기술자들은 영국으로부터 빌린 기술들을 미국시장의 조건에 맞추어 발전시켰고, 여러 면에서 유럽의

---

88 Rushanara Ali, Breakthrough Cities(The Young Foundation, 2009).

89 라이언 에이번트 지음, 홍기훈 옮김, 닫힌 도시를 열어라(따님, 2012), pp. 40-41.

생산체제보다 더 생산적인 미국체제를 만들어내었다. 다른 신흥시장들이 이를 따라서 했다. 점차 더 많은 나라들이 근로자들을 교육시켰고 또한 기존의 고급 기술 생산을 이해하고, 복제하고 개선할 능력이 있는 기술공동체를 육성했다.[90]

직면하는 도시문제들에 대해서 자신의 새로운 생각을 표출하고, 이를 실험해 보고, 전파시키고자 하는 혁신가들을 격려하고, 그들의 노력을 알리고, 더 많은 사람들을 동참시키고, 이에 대한 지원을 해줄 수 있는 도시 분위기가 만들어져야 사람들이 모이고, 도시가 변한다. 이런 변혁적이고 협업적 리더십을 가진 사람을 시장으로 선출하는 것이 무엇보다 중요하다.

3) 사회정책으로서의 과학기술

한국은 과학기술에 대한 신화(myth)를 갖고 있다. 과학기술이 국가경제성장을 도모할 수 있는 강력한 수단이라는 인식이 1960년대 이후부터 자리잡고 있다. 연구개발비용의 증가만 파악해도 한국의 과학기술에 대한 애정을 파악할 수 있다. 게다가 과학과 애국심이 연결되어 과학자의 희생마저 요구한다. 그러다가 어느덧 과학기술은 기업에 종속되어 버렸다. IMF 외환위기 시에 상당수의 기업들은 연구개발부서를 포기했으며, 대량의 과학자들이 실업상태에 빠지고 이공계 기피현상이 본격화되면서 과학기술이 한국사회에서 어떤 의미를 지니는지 고민하게 되었다.

이러한 수단적 의미의 과학기술은 '따라잡기'에 급급하며, '선도형'으로 나아가지 못한다. 더 이상 남의 것을 베껴쓸 수 없는 상황에 왔지만 무엇을 어떻게 해야 할 것인가에 대해서는 여전히 방향을 잡지 못하고 있다. 과학기술정책에 있어서 비전문가인 공무원이 주도해야 하는가? 전문가가 한다면 어느 전문가가 국가정책을 주도해야 하는가? 과학기술에 있어서 사회와 시민의 역할은 무엇인가 등에 대해서 한국사회는 대안을 제시하고 이를 추진할 합의를 도출하지 못한 상태다.

2012년 대선을 통해서 이명박 정부가 과학기술부와 정보통신부를 해체한 것에 대해 많은 논란이 있었으며, 그 결과 박근혜 정부는 미래창조과학부라는 이

90 상게서, p. 60. 역사적으로 영국의 산업혁명도 프랑스의 전문인력의 유입으로 가능했다.

름의 통합부처가 신설되었다. 원천기술, 응용기술과 융합기술을 통해서 새로운 국가성장동력을 만들겠다는 논리다.

그러나 정부의 슬로건으로 국가체제가 움직이는 시대가 아니다. 머리와 몸이 여전히 따로 움직인다는 것이 이번 조직개편을 통해서도 여실히 나타나고 있다. 민간자율, 창조적 사고, 융합, 협업 등을 전면에 내세우면서도 인위적인 통폐합이라는 물리적 실체를 중시하고 있는 것이다. 정부부처를 줄이고, 법령을 통폐합하여 신자유주의가 주장하는 작은 정부가 아니라 정부효율성과 민간자율성을 극대화시킨다는 의미에서의 신민주주의 정부가 필요하다.

2012년 대통령선거를 앞두고 아주 작은 그러나 큰 움직임이 젊은 대학원생들 사이에 일어났다. 전문가중심의 국가정책이 아니라 현장중심의 목소리를 통해 국가정책을 제안하자는 아주 중요한 사건이 일어난 것이다.

"이렇게 하나의 주제를 놓고서 몇 차례에 걸쳐 집중토론을 진행한 타운미팅은 제가 알기로 우리나라에선 이번이 처음일 겁니다. 여러 개인과 집단이 그야말로 자발적으로 참여해 이뤄진 진행과정을 보면서 많은 감명을 받았습니다." 현장 과학기술인과 시민이 주체가 된 '과학기술 정책제안' 토론장에서 토론을 진행해 온 정완숙 디모스플러스 대표가 넉 달 가까이 진행된 네 차례의 토론마당 가운데 마지막인 이날 행사의 의미를 이렇게 정리했다.[91]

2012년 7월 7일 대전 시내의 '카페 눈오는 밤'에서 열린 첫 번째(0차) 타운미팅, 그리고 8월과 9월에 서울 한겨레신문사 청암홀에서 열린 1차, 2차 타운미팅에 이어, 10월 27일 카이스트 대강당에서 열린 3차 토론마당은 그동안 나온 토론의제와 정책제안들을 최종 정리하고 수정・보완 토론하며 의사결정을 하는 날이었다. 2차 타운미팅과 마찬가지로 생물학연구정보센터(BRIC), 시민과학센터, 카이스트・포스텍 대학원 총학생, 한겨레 사이언스온, 한국과학의 자생적 생태계를 위한 현장 과학기술인 모임, 15개 전문연구정보센터협의회 단체가 참여했으며, 사회적 기업 디모스플러스가 행사를 주관했다. 또한 스무 명가량의 개인 자원봉사자들이 준비모임을 꾸려 행사의 실무를 진행했다. 그리고 결과물로서 《2012 대선 과학기술 정책제안 타운미팅 정책제안 자료집》[92]을 발간했다.

91 http://scienceon.hani.co.kr/66416

그림 5-16 제3차 과학기술 정책제안 타운미팅

자료: http://scienceon.hani.co.kr/66416

가장 가슴에 와 닿는 내용은 국가가 과학기술연구에 간섭을 가능한 한 적게 하여 자율에 맞기고, 모든 국민들이 인류와 국가의 미래를 걱정할 수 있는 마인드를 갖도록 해야 한다는 것이다.

이미 국민들의 지적 성장은 높은 단계에 와 있는 것이다. 과학기술을 수단으로서가 아니라 그 자체 하나의 목적으로서 삼아야 한다는 인식이 싹트고 있는 것이다. 과학기술은 자연의 법칙과 인공물로서의 기술이 결합되어 있다. 기술이 중시되어야 하기는 하지만 자연의 이해를 통한 공존개념이 전제가 되지 않고서는 기술만 앞세운 개발을 통해 자연의 황폐화는 가속되는 것이다.

크게 보도된 모임은 아니었지만 한국사회에 소통과 이해라는 모임이 본격화되었다는 것만도 큰 의미가 있는 사건이었다.

92 현장의 목소리로 채우는 과기정책 제안 타운미팅 준비모임, 2012 대선 과학기술 정책제안 타운미팅 정책제안 자료집: "2012년 대선, 과학기술인 말하다"(2012.11).

- 정부에서 주도하고 일일이 간섭하는 방식은 개발도상국 방식입니다.
- 연구 평가, 연구 계획서와 보고서, 연구비 관리 등, 온갖 것들이 연구자로서는 왜 그렇게 해야 하는지 받아들이기 힘든 행정적인 편의에 맞춰져 있고, 이것은 연구 현장에서 심각한 낭비 요인으로 작용하고 있습니다.
- 이 모든 것들이 구조적, 현실적 문제로 작용하여, 세계 6, 7위 수준의 정부 R&D 예산을 쓰면서도 우리나라 과학기술은 선진국 수준에서 한참 떨어져 있습니다. 발목을 잡고 있는 이 문제를 제거하지 않고서는 온갖 궁리와 처방이 모두 무용할 것입니다.(p. 99)
- 각 분야는 그 나름의 조직을 가지고 최대한 주장을 펴도록 하고, 이들 위에서 국민을 위한 필요성과 국가 전체의 나아갈 방향, 그리고 한정된 예산을 고려하여 큰 폭의 결정을 하는 조직을 두는 방식이 가능할 것입니다. 또한, 분야별로 이 조직을 서로 더 많이 차지하기 위한 경쟁이 애초에 소용이 없는 형태로 만들어야 합니다.(p. 101)
- 석유고갈시대가 반드시 오게 된다는 것만을 생각해도, 우리 사회도 지속가능한 사회를 향해 반드시 나아가야 합니다. 영국은 이를 강력하게 추진하는 별도의 정부부처를 만들었습니다. 우리도 고려해볼 점이라 생각됩니다.
- 더욱 많은 부를 창출하는 것에만 치중해왔던 지금까지의 방향에서 벗어나서, 국민과 인류의 지속가능성과 안전에 더 큰 가치를 두는 방향으로 과학기술에 대한 우리의 인식을 바꿔야 할 때입니다.(P. 190)
- 지난 200년 동안처럼 지하자원을 마구 캐내서 잘 살아보자는 세력도 아직은 남아 있지만, 선진국들에서는 적어도 정치인을 포함한 지식인 계층부터 확실한 인식을 가지고 여러 가지 노력을 주도하고 있다. 사람들의 생각도 바꾸고, 교육도 바꾸고, 전체적인 노력을 해야 한다. 단순히 (예를 들면) 바이오 에너지 연구하는 일부 과학자들만의 문제가 아니라, 초중고 교육까지 포함하는 전 국민적인 노력이 필요하다. 이 문제를 해결해내는가 못해내는가에 따라서 앞으로 국운이 결정된다.(p. 193)
- 과학기술에 대해서는 '돈 갖다 뿌리면 된다'는 식으로만 생각을 하지, 국가의 전체적인 방향과 관련지어서는 생각을 하질 못한다.
- 부를 창출하는 과학이 아니라, 국민과 인류의 지속가능성, 그리고 안전과 같은 면을 강조하는 과학기술 정책이 필요하다.(p. 194)
- 박정희 시절부터 내려오는 과학기술에 많이 투자해야 한다는 의식은 있다. 현재 (국가에서 투자하는 R&D 투자는) GDP 대비 세계 2위다. 투자 (절대) 금액은 세계 5~7위 수준이다. (국가 재정에서) 엄청나게 많은 투입을 하고 있다. (그러나) 뭔가 체계적인 그림이 전혀 안 그려진 상황에서 하다보면, 개별적으로 (이것저것) 개발되면 다행이고 안 되면 말고 하는 식이 된다.(p. 195)

자료: 상게보고서 제안내용 일부 발췌.

이 보고서에서 필자는 과학기술에 대한 기존의 인식을 변화시키기 위해서는 헌법차원에서 과학기술의 의미를 경제성장을 위한 수단에서 벗어나 과학기술에 대한 본질적인 의미를 삶의 과정에서 충분히 이해하고 새로운 인식을 갖도록 하기 위해 헌법개정을 할 경우, 과학기술의 수단조항을 제외할 것을 다음과 같이 주장했다.[93]

헌법은 사회질서 유지를 위한 최소한의 규범이자 최대한의 판단기준이 되어야 한다. 그러나 한국헌법은 최대한의 규범이자 최소한의 판단기준이 되고 있다. 헌법교과서의 두께를 살펴보자. 우리나라에서 가장 두꺼운 분량을 자랑하고 있다. 들고 다니기도 힘들 정도다. 기본권, 권력구조, 정부, 경제조항에 대한 모든 요소들의 과거와 미래가 포함되어 있기 때문이다. 왜 이런 헌법체계를 만들게 되었을까?

일제 식민지시대 한국의 지성인들이 국가를 바라보는 시각에는 세계사에서 나타난 국가주의적 관점과 민주주의적 관점이 각각 별개로 스며들어 있기 때문이다. 기본권 조항과 경제조항이 이를 반영하고 있다. 이후 이러한 시각은 정권의 성격에 따라 새로이 변해갔지만 국가주의 요소와 민주주의 요소가 별개로 작동하는 헌법시스템은 결코 변하지 않았다.

우리나라 헌법은 처음부터 경제조항을 두고 있지만, 과학기술에 관한 내용은 제헌헌법에는 언급되지 않고 있다. 이는 헌법제정자들이 식민지에서 벗어나 새로이 국가건설을 위한 국가개입의 필요성과 이를 위한 사회주의적 형태의 경제구조를 구축하는 것이 급선무였으며, 아울러 이들이 과학기술에 대해 언급할 지적 능력과 지원 여건이 없는 상태였다고 보는 것이 타당할 것이다.

1963년 헌법규정을 바탕으로 정부는 본격적인 근대화 정책추진에 과학기술이 주요 요소라고 인식하고, 경제개발 5개년 계획을 필두로 하여 개발국가시대를 열었으며, 외국 과학기술의 도입과 모방이 본격화되었다.[94]

---

93 상계보고서, pp. 167-174.

94 과학기술개발조항이 헌법에 규정되는 나라는 모두 사회주의 국가들(구 소련, 구 동독, 중국, 북한, 쿠바)이며, 미국, 독일, 프랑스, 일본 등 선진국헌법에는 포함되어 있지 않다. 민경국, "대한민국 경제헌법의 문제와 헌법개정 방향", 국회미래한국헌법연구회, 국민과 함께하는 개헌이야기

(1) 제헌헌법 제6장 경제조항 제84조는 "대한민국의 경제질서는 모든 국민에게 생활의 기본적 수요를 충족할 수 있게 하는 사회정의의 실현과 균형 있는 국민경제의 발전을 기함을 기본으로 삼는다. 각인의 경제상 자유는 이 한계 내에서 보장된다"고 규정하고, 이어서 각종 천연자원과 에너지의 국유화, 농지분배, 운수, 통신, 금융, 보험, 전기, 수리 등 주요 사회간접자본의 공기업화와 대외무역의 국가통제 등 해방 후 수립된 국가의 성격을 국가주의 내지 사회주의 성격을 강하게 갖고 있다.

(2) 헌법에서 과학기술을 본격적으로 다룬 것은 1963년 헌법부터다. 이후 1987년 헌법에 이르기까지 과학기술에 대한 조항은 국가경제성장을 위한 강력한 도구로서 대통령이 직접 간여하거나 혹은 자문을 받도록 함으로써 과학기술의 역할에 대한 정부의 강력한 간여를 요구하고 있는 것이다.

[1963년 헌법]

제118조 ① 국민경제의 발전과 이를 위한 과학진흥에 관련되는 중요한 정책수립에 관하여 국무회의의 심의에 앞서 대통령의 자문에 응하기 위하여 경제·과학심의회의를 둔다.

② 경제·과학심의회의는 대통령이 주재한다.

[1972년 헌법]

제123조 ① 국민경제의 발전과 이를 위한 과학기술은 창달·진흥되어야 한다. ② 대통령은 경제·과학기술의 창달·진흥을 위하여 필요한 자문기구를 둘 수 있다.

[1987년 헌법]

제127조 ① 국가는 과학기술의 혁신과 정보, 인력의 개발을 통하여 국민경제의 발전에 노력하여야 한다. ③ 대통령은 제1항의 목적을 달성하기 위하여 필요한 자문기구를 둘 수 있다.

산업화를 본격적으로 추진하기 위해 1960년대부터 '과학기술중장기계획'이 지속적으로 수립되어 왔다. 5년 단위의 중기계획으로는 제1차 기술진흥 5개년 계획(1962~1966년), 제2차 과학기술진흥 5개년 계획(1967~1971년), 제3차 과학기술개발 5개년 계획(1972~1976년), 제4차 경제개발 5개년 계획: 과학기술부문계획

(하)(2010.8.15.), p. 859.

(1977~1981년), 제5차 경제사회발전 5개년 계획: 과학기술부문계획(1982~1986년), 제6차 경제사회발전 5개년 계획: 과학기술부문계획(1987~1991년), 제7차 경제사회발전 5개년 계획: 과학기술부문계획(1992~1996년), 신경제 5개년 계획: 기술개발전략부문계획(1993~1997년), 과학기술혁신 5개년 계획(1997~2002년), 과학기술혁신 5개년 수정계획(2000~2002년), 과학기술기본계획(2002~2006년), 참여정부의 과학기술기본계획(2003~2007년), 과학기술기본계획(2008~2012년) 등이 포함된다.

이러한 계획을 뒷받침하기 위해 중앙부처로서 과학기술처에서 과학기술부 나아가 부총리급 과학기술부로 역할을 강화시키고, 한편으로는 〈표 5-13〉과 같은 과학기술관련 법령들이 제정되어 경제성장의 견인차가 되도록 했다.

이러한 국가주도의 과학기술역량강화를 위한 인프라구축과 인력양성, 그리고 민간연구기관의 지원 등으로 외형적인 성장은 이루어졌지만 과학기술의 질적인 성장과 사회적 역할에는 여전히 한계가 있다는 다음의 지적은 주목할 만하다.

"절대 다수의 과학기술자들은 산업현장, 연구현장이나 교육현장에서 각자 자신에게 주어진 일에만 열중했을 뿐 - 물론 이 부분을 마냥 잘못했다고 탓할 수만은 없지만 - 책임감을 갖고 국가사회를 어떻게 발전시킬 것인가에 대한 철학적 고뇌와 진지한 노력은 게을리해왔다."[95]

국가주도형 과학기술정책은 과학기술관련 조직 내에 위계적, 권위적 문화를 조성시키게 되어 과학기술 영역의 다양성과 창의성을 상실하게 만든다. 특히 과학의 대중화 운동, 여러 가지 형태의 과학기술영역의 참여운동이 도입되었지만 기존의 권위적인 과학기술문화와의 충돌로 인해 뿌리내리지 못한 채 흘러오고 있다.

1963년 헌법부터 1987년 민주화운동으로 만들어진 헌법에 이르기까지 우리 헌법은 국가주의를 극복하지 못했지만, 지난 20년 간 네 번의 문민정부의 경험과 자연스런 세대교체로 인해 과학기술의 사회적 의미를 조명할 여건은 마련되었다고 본다. 과학기술의 역할을 경제성장의 도구로 한정시켜서는 안 되며, 자연과 사회의 재발견과 사회진보를 위한 과학기술의 긍정적 역할에 중점을 두어

95 http://www.scieng.net/zero/view.php?id=best&page=4&category=&sn=off&ss=on&sc=on&keyword=&select_arrange=name&desc=desc&no=107

표 5-13 한국의 과학기술관련법령

연 도	제정된 법령
1960	1966. 한국과학기술연구소육성법 1967. 과학기술진흥법
1970	1972. 기술개발촉진법 1973. 한국원자력연구소법 1973. 특정연구기관육성법 1976. 한국과학재단법
1980	1980. 한국과학기술원법 1983. 유전공학육성법 1986. 산업기술연구조합육성법 1988. 기초과학연구진흥법
1990	1991. 국가과학기술자문회의법 1993. 대덕연구단지관리법 1997. 과학기술혁신을 위한 특별법 1998. 민군겸용기술사업촉진법 1998. 뇌연구촉진법 1999. 정부출연연구기관의 설립-육성 및 운영에 관한 법률
2000	2001. 과학기술기본법 2002. 과학기술인공제법 여성과학인 육성 및 지원에 관한 법률 나노기술개발촉진법 국가연구개발사업의 관리 등에 관한 규정 2003. 대구경북과학기술연구원법 2004. 국가과학기술경쟁력강화를 위한 이공계지원특별법 2005. 우주개발진흥법 대덕연구개발특구등의 성과평가 및 성과관리에 관한 법률 생명윤리 및 안전에 관한 법률 2006. 연구실 안전환경 조성에 관한 법률
2010	2011. 지식재산기본법 한국해양과학기술원법 국제과학비즈니스벨트조성 및 지원에 관한 특별법 원자력안전법 원자력안전위원회의 설치 및 운영에 관한 법률 국가초고성능컴퓨터 활용 및 육성에 관한 법률 2012. 소프트웨어산업진흥법

▪ "국가연구개발사업의 관리 등에 관한 규정"은 대통령령이지만 국가과학기술정책의 총괄규범임.

야 한다는 성찰이 나타나고 있다.

지난 18대 국회가 2년 동안 국내외 헌법전문가 110명을 참여시켜 만든 개헌안인 '국민과 함께하는 헌법이야기'에서 경제조항의 성격에 대한 비판과 대안과 함께 과학기술조항인 제127조를 삭제해야 한다는 주장을 비록 자유시장경제 옹호 입장에서 제기되었다 하더라도 깊이 생각해볼 필요가 있다.[96]

지금까지 진행되어 온 경제성장을 위한 과학기술 = 연구개발 예산투입이라는 아주 좁은 의미의 과학과 기술을 해방시켜, 자연에 대한 이해와 공존, 사회의 다양성과 기술의 접목, 나아가 저소득층과 저개발국의 빈곤타파를 위한 과학기술의 적정화를 통해 과학기술이 갖는 의미를 극대화시켜야 할 때가 도래했다고 본다.

이처럼 과학기술의 본질에 대한 이해를 갖게 되면, 헌법의 경제조항에 과학기술을 묶어두어서는 안 된다. 헌법의 가장 큰 가치가 인권보장과 민주주의의 고취에 있다면 과학기술이 이러한 목적에 기여하도록 새롭게 역할부여를 해야 한다. 21세기 과학기술의 중요성이 그 어느 때보다 절실한 시기에 과학기술조항을 경제에 예속시키기보다는 차라리 행복추구권, 알 권리 등의 기본권과 연계시킴으로써 과학기술의 역할과 방향에 다양성을 열어주는 것이 한국사회의 발전에 기여하게 될 것이다.

4) 사회적 수확체증법칙이 통하는 자율경제

세계금융위기 이후 많은 학자나 정책가들은 성장중심의 사회가 과연 바람직하냐에 대해 의문을 갖기 시작했다. 성장은 바람직하지만 물질적 부를 위한 성장은 이미 많은 개인적, 사회적 문제들을 야기시키고 있기 때문에 경제성장의 목표 혹은 목적을 부에서 사람으로 중심을 옮겨야 한다는 주장이 과거부터 있어왔지만 점차 설득력을 갖게 되었다. 아마 이에 대한 본격적인 논의는 GNP 혹은 GDP가 실질적으로 개인에게 행복을 가져다주는 최고의 지표인가에 대한 도전에서 출발했다.[97] 특히 금융위기 이후 자본주의 국가들에게 나타난 부의 지나친 편

96 민경국, 전게논문, p. 871.
97 조지프 스티글리츠 · 아마르티아 센 · 장 폴 피투시 지음, 박형준 옮김, GDP는 틀렸다(동녘,

중 현상과 이에 대한 불만을 잠재울 수 있는 새로운 정책의 마련이 필요하게 된 것이다. 그중에서 '부'중심에서 '인간'중심의 경제를 마련하기 위한 세계경제질서의 개편을 주장하는 노암 촘스키(Noam Chomsky)와 조지프 스티글리츠(Joseph Stiglitz)의 '사람중심의 경제학(People First Economics)' 논의는 다음과 같다.[98]

① 국가가 금융을 관리하기 위한 체계적인 대안을 마련해야 한다.

② 도가 지나친 수출지향 모델은 제고해볼 필요가 있다.

③ 재정정책과 공공지출을 통한 성장정책이 필요하나 질적인 성장을 고려해야 한다.

④ 국가 간, 그리고 국가 내부의 경제적 불평등을 축소시킬 '의식적인 조치'가 있어야 한다.

⑤ 물질적 부보다는 삶의 질을 중시하는 '소비와 생산의 새로운 패턴' 마련이 시급하다.

⑥ 정부의 시장개입은 단기적이고 임기응변적이기보다는 사회적 요구와 미래 목표들에 대한 전략적 사고차원의 플래닝에 바탕을 두어야 한다.

⑦ 국가의 경제정책은 대부분 국민들의 니즈에 중점을 두는 보다 열린 마음으로 임해야 한다.

⑧ 국제기구들이 갖고 있는 경제적 선입견을 버리고, 좀 더 국제적인 맥락(경제적 편차가 많은 국가들이 존재함을 염두에 둔)에서 새로운 경제모델을 검토해야 한다.

이러한 주장은 근래에 많이 등장하는 신경제, 창조경제, 마이크로기업가경제 등 다양한 명칭으로 불리어지지만 명백한 것은 경제문제를 국가와 시장이 책임지는 시대는 아니라는 것이다. 이것이야 말로 패러다임의 전환이라고 생각한다. 수확체증의 시대에서는 수많은 사람들의 아이디어를 바탕으로 진입장벽이 거의 없는 형태의 기업이나 비즈니스가 서비스업이든 제조업이든 관계없이 확산되고 있기 때문에 '경제의 민주화'라는 이념적 논리에서 벗어나 '경제의 인간화'라는

2011).

98 노암 촘스키 · 조지프 스티글리츠 외 지음, 김시경 옮김, 경제민주화를 말하다(위너스북, 2012), pp. 38-42.

논리를 바탕으로 인간사회가 자율성을 복원할 수 있음을 보여주는 것이다.

(1) 중소상공인을 위한 사회적 금융시스템 마련

이러한 신경제질서를 확보하기 위해 가장 중요한 정책이 금융질서의 회복이다. 국내 금융산업은 1997년 외환위기 이후 거대해졌다. 규모의 경제나 글로벌 경쟁력 측면에서는 향상되었다. 과점 구도 안에서 이익을 극대화하기 위해 지나치게 공급자 위주로 운영되고 있다. 고객 신용을 파악해 대출을 해주는 은행 본래 기능은 크게 퇴화하고, 전당포처럼 담보를 잡아야 돈을 내주는 후진 경영을 하고 있다. 이러한 은행행태가 국내경제의 양극화를 더욱 조장한다고 보고 국내 금융체제의 근본적 변화를 강하게 요구하고 있다.

IMF 외환위기 이후 금융권 구조조정을 통해서 나타난 두드러진 현상으로는 경기회복지연과 경기양극화 등으로 제도권 금융서비스에 접근하기 어려운 하위 서민층이 지속적으로 증가하고 있다는 것이고, 외국인 주주가 사실상 지배하는 국내 금융기관의 보수적 경영행태는 신용도가 낮은 서민계층의 금융 소외현상을 더욱 심화시키고 있으며, 저신용계층에 대한 금융지원을 담당하는 서민금융기관은 규모의 취약성 및 낮은 건전성 등으로 인해 그 기능이 위축되었으며, 업무영역 제한 등으로 수익성 제고에 어려움을 겪고 있기 때문에 경제력이 취약한 서민층을 위한 서민금융체계를 확립하는 것이 매우 시급한 과제다.

"매일경제신문은 금융전문가 106명을 대상으로 심층 설문조사를 벌인 결과, 이들은 새 정권이 가장 역점을 두고 추진해야 할 이슈 중 하나로 서민금융 개선과 중소기업금융을 꼽았다. 특히 '금융정책 실패로 사회 양극화와 서민층이 붕괴되었다'는 응답이 많았다. 서민을 중산층으로 발전시키는 서민금융 해법으로는 '지역 밀착형 금융기관 육성'을 가장 많이 선택했다. 금산 분리나 IB 육성, 정책금융, 지배구조 문제보다 더 중요하다고 보는 전문가가 대다수다."[99]

중소기업금융과 서민금융에 걸쳐있는 대안금융의 활성화 방안에 정부는 참여해야 한다. 정부의 벤처기업지원이나 서민지원을 위한 정책금융을 기금으로 확보하고 이를 정부의 특정기관이나 별도의 조직을 만들고 민간조직과 협력해서

---

99 매일경제, 풀뿌리금융 키워야 중산층 두터워진다, 2012.12.31.

지원하는 시스템을 구축하고 있는 것이 일반적이다. 이미 선진국은 민간금융기관의 역할과 한계를 직시하고 나름대로 대안금융제도를 마련하고 있는 것이다. 한국도 가칭 '창조경제 지원기금'을 마련하여 이를 위탁할 수 있는 조직을 통해서 활용해야 한다.

국내의 경우, 〈표 5-16〉과 같이 제도권 금융을 통해서 중소기업 투자와 생계형 자금지원을 해왔다.

특히 생활안정자금, 창업 및 사업자금, 주거안정자금, 청년·대학생을 위한 금융지원, 취업지원 등을 정부기관과 공사, 공단, 협회, 신용회복위원회, 센터, 재단, 금고 등을 통해서 지원하고 있다.

이처럼 복잡하게 얽혀있는 서민금융지원체계를 정리할 필요가 있다. 소규모 창업, 낙후지역 주거시설, 저소득층 금융서비스에 특화하는 금융기관을 지원하기 위해 있는 미국의 CDFI fund(지역개발금융기관기금) 등 선진국에서는 서민금융 장려책으로 널리 사용되고 있듯이[100] 취약계층에 대한 소액신용대출과 자활지원을 전문적으로 제공하는 대안금융기관(MicroFinance Institution)들을 사회적 기업으로 인증하여 금융세제상의 혜택을 부여할 필요가 있다.[101] 게다가 정책성

표 5-14 각국 서민금융제도

구 분	한 국	독 일	일 본	미 국
서민금융지원 정책기관	없음	독일재건은행(KfW)	일본정책금융공사(JFC)	재무부가 지역개발금융기관기금을 조성해 서민금융기관을 지원
서민금융지원 방법	자영업자 및 창업, 생활자금 지원	자영업자 및 소기업 창업 지원	자영업자 및 소기업 창업 지원 여성 및 노인 창업 지원	서민금융기관이 창업·생활자금 대출
시장과 경쟁	시장보다 낮은 금리	창업자에게는 시장보다 낮은 금리대출 이외는 시장금리	시장금리와 비슷한 수준	시장과 동일하게 경쟁

자료: 매일경제, 풀뿌리금융 키워야 중산층 두터워진다, 2012.12.30.

100 손상호·이재연, 서민금융의 발전방향, 한국금융연구원(2013.03), p. 42.
101 상게보고서, p. 43.

표 5-15 서민금융기관의 분류

구 분	시장성 서민금융		정책금융(정책성금융)
	영리기관	비영리기관	
제도권 금융	은행, 상호저축은행, 등록대부업체	상호금융기관 (상호금융, 신협, 새마을금고)	정부부처 및 지자체의 각종 서민금융지원제도(미소금융, 햇살론, 새희망홀씨)
비제도권 금융	비등록대부업체, 사금융기관	대안금융기관	

자료: 손상호 · 이재연, 서민금융의 발전방향, 한국금융연구원(2013.03), p. iv.

표 5-16 서민금융의 지원 내용

주관부처	사업명	지원대상	일인당 지원한도
근로복지공단	희망드림창업지원	• 고용보험피보험자였던 장기실업자, 실직여성가장 및 실직고령자	• 최고 7천만 원
소상공인지원센터	소상공인 창업 및 경영개선자금	• 제조업, 건설업, 운송업, 광업: 상시 종업원 10인 미만 업체 • 도소매업 등 각종 서비스업: 상시 종업원 5인 미만 업체	• 업체당 5천만 원
안전행정부, 지방자치단체, 새마을금고, 지역신용보증재단	희망드림론	• 6대 뿌리산업체(주조, 금형, 용접, 소성가공, 표면처리, 열처리), 농수축산 가공 및 유통산업분야 소기업, 소상공인	• 운전자금: 5천만 원 • 시설자금: 1억 원
지역신용보증재단	영세자영업자 특례보증	• 개업 후 6월 이상이 경과된 신용 등급 6~8등급의 자영업자	• 최대 2천만 원(6등급 이상 2천만 원, 7등급 1천 5백만 원, 8등급 이하 1천만 원)
지역신용보증재단	금융소외 자영업자 특례보증	• 신용등급이 9~10등급 자영업자와 노점상, 우유배달원 등 일부 무등록 독립개인용역사업자	• 최대 3백만 원
장애인고용촉진공단	장애인 자영업 창업자금 융자사업	• 창업을 희망하는 장애인	• 5천만 원
장애인고용촉진공단	자영업 창업 임차 지원사업	• 창업을 희망하는 장애인이 채권보전(전세권 설정 등)이 가능한 영업장소를 제시한 경우	• 1억 원 이내 영업장소

자료: 손상호 · 이재연, 상게보고서, 한국금융연구원(2013.03), p. 56.

서민금융제도 자금의 일부를 출연하여 서민금융기관지원 기금을 만들어 저소득층에 대한 금융서비스 제공을 위해 설립되는 사회적 협동조합을 지원하는 방안도 고려할 만하다.[102]

영화 〈26년〉과 박원순 서울시장의 공통점은? 다수의 투자·후원자가 십시일반으로 돈을 내는 방식으로 제작비 혹은 선거자금을 마련했다는 점이다. 이른바 '크라우드 펀딩'이다.

5~6년 전부터 국내외에 등장하기 시작한 크라우드 펀딩이 박근혜 정부의 '창조경제'에서도 이어지고 있다. 최근 정부가 발표한 '2013년 경제정책 방향' 자료에는 "크라우드 펀딩을 통해 창업 초기 기업의 자금조달 여건을 개선하겠다"는 내용이 담겨 있다. 현재 수천만~수억 원 단위의 소액 창업자금의 조달 통로가 막혀있는데, 이를 크라우드 펀딩으로 뚫어 보겠다는 것이다.

크라우드 펀딩의 시초는 '피투피(P2P) 금융'이다. 돈이 필요한 사람이 필요액과 이자율 등을 온라인 게시판 등에 올리면, 이를 보고 투자자들이 돈을 꿔주는 방식이다. 중간에 금융기관을 거치지 않기 때문에 저신용자 등 금융권에서 돈을 빌리기 힘든 이들이 주로 이용한다. 정치인들도 본인의 지지세를 넓히기 위해 널리 쓰고 있다. 영화나 예술활동 등의 제작비 마련에도 쓰인다. 상업성보다는 예술성·공익성 등을 추구할 경우 자본금을 모으기가 쉽지 않은데, 이를 타개하기 위해 취지에 공감하는 다수의 소액 후원자로부터 투자를 받는 것이다.

투자방식의 크라우드 펀딩을 활성화하기 위해서는 투자자 보호와 모집 절차 등에 대한 제도적 근거가 필요하다. 정부는 올해 상반기 안에 관계부처와의 협의를 통해 관련법을 개정해 나갈 계획이다.

제도 도입을 둘러싸고 당사자인 금융위원회와 중소기업청의 입장이 조금씩 다르다. 금융위는 투자자 보호 쪽에 좀 더 가깝고, 중기청은 창업기업에 대한 자금 공급 활성화 쪽에 초점을 맞추고 있다. 금융위는 소액공모형 투자중개업을 새로 만들어 일정한 자본요건을 갖추면 크라우드 펀딩업을 허용하는 방식을 추진한다. 반면 중기청은 중소기업 창업지원법을 개정해 크라우드 펀딩제를 도입하는 게 낫다는 입장이다.

자료: 한겨레, 다수의 투자자·후원자 십시일반 자금모금, 대안금융 의미있지만 미비 제도 보완해야, 2013.03.31.

창조경제를 위한 펀드마련을 위해 정부는 크라우드 펀딩 방식에 많은 관심을 두고 있다. 정부가 직접 지원을 함으로써 나타날 수 있는 도덕적 해이를 막고,

---

102 상게보고서, p. xvi.

객관적인 능력을 갖춘 벤처나 창업자를 지원할 수 있기 때문이다.

금융위원회 방식도 필요하고 중소기업청 방식도 의미있지만 민간자율을 중심으로 주체조직이 될 수 있는 '소액공모형 투자중개업'을 협동조합형식으로 운영하는 방안을 모색하고 협동조합기본법의 금융제한 요인을 시행령이나 시행세칙에서 유보시키는 것도 필요하다. 킥스타터(Kick Starter)는 창업자의 능력과 신용을 철저히 평가하여 프로젝트를 위한 크라우드 펀딩을 실시하는 것처럼 투자자를 위해 창업자의 신용과 능력을 평가할 수 있는 능력을 가진 조직을 활성화시키는 방법도 제도적으로 필요하다([그림 5-17] 참조).

그림 5-17 킥스타터 웹사이트

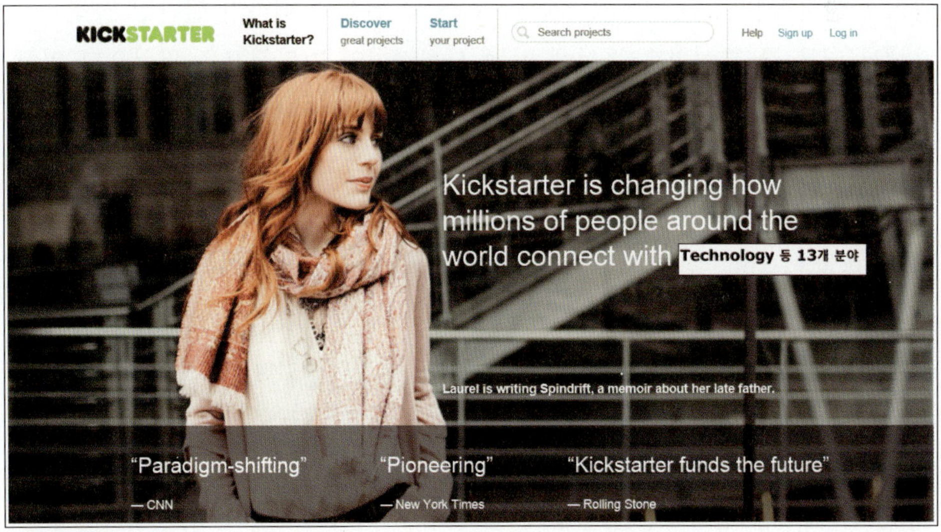

☐ 안에는 art, design, publishing, food 등 13개의 영역이 표시됨.
자료: http://www.kickstarter.com/hello ?ref=nav

"영국에서 널리 알려진 사회적 금융(Social Financial Services)이란 표현은 아직까지 우리나라에서는 생소한 용어다. 빈곤, 환경, 지역사회, 교육, 고용 등 '한 사회가 안고 있는 다양한 문제들을 해결하고 건강한 사회를 만드는데 필요한 자금의 흐름'을 통칭하여 사회적 금융이라고 부른다. 사회적 투자 혹은 사회적 금융이 잘 발달되어 있는 나라 중 하나가 영국이다. 영국은 이미 10년 전에 정부 산하에 '사회투자 전담팀(Social Investment Task Force)'을 만들어 지역사회 및 사회적 기업에 대한 다양한 투자활동을 실시하고 있다.

민간 자본을 사회적 투자시장으로 끌어들이기 위해 영국정부는 새롭고 신선한 접근방법을 시도하고 있는데, 그 대표적인 것이 프로젝트 파이낸싱(Project Financing, PF) 기법을 활용한 사회혁신채권(Social Impact Bond)이다. 정부 예산을 쓰지 않고 사회재건 프로젝트(Big Society project)를 수행하려는 구상이다. 국가가 책임져야 할 영역을 민간으로 떠넘기고 있다는 일부 비판적인 여론에도 불구하고 구 노동당 내각이 추진해왔던 사회적 투자와 관련된 정책을 계승, 발전시키고 있다는 점에서 시사점이 크다.

영국은 2000년 노동당 집권기에 사회투자 전담팀을 만든 이래, 2010년 보수당이 시민사회청(Office of Civil Society, OCS)을 신설할 때까지 일관된 정책 기조 하에서 정부 각 부처별로 특성에 맞는 사회적기업 지원정책을 펼쳐오고 있다. 데이비드 캐머런(David Cameron)이 이끄는 보수당은 사회적 기업, 협동조합, 지역 풀뿌리 단체 등 제3섹터를 성장시켜 사회서비스 영역을 이들에게 넘긴다는 구상 아래 약 4억 파운드(7천억 원)에 달하는 은행 휴면예금을 활용해 이른바 'Big Society Bank'라 불리는 사회투자 은행 설립을 본격적으로 추진하고 있다."[103]

2011년 6월 29일 영국정부는 'Big Society Bank'가 'Big Society Capital'이라는 이름으로 정식 출범했으며, 첫 사업으로 가난한 젊은이들을 고용, 교육 및 훈련받도록 지원하는 목적을 가진 조직인 'Private Equity Foundation'에게 투자를 했다. 캐머런 영국수상은 출범식 식사에서 "내가 'Big Society Bank'라는 아이디어를 말했을 때, 사회적 기업이나 여타 그룹들이 자신들의 핵심적인 업무를 성장시키고 확장하도록 하는데 돕고자 원했었다. 오늘 이 조직의 첫 투자소식을 말함으로써, 이 비전은 현실이 되었습니다"라고 말했다.[104]

사회적 경제의 기능을 향상시키고 사회발전에 도움이 되는 투자행위를 사회

---

103 문진수, 돈만 버는 은행 말고 이런 은행 어떨까, 사회적 경제센터, 2011.05.09. http://blog.makehope.org/smallbiz/tag/3378

104 https://www.gov.uk/government/news/big-society-bank-launched

적 투자로 정의하고, 사회혁신을 이끌어내기 위한 추동엔진으로 '금융의 순기능'을 적극적으로 활용해야 한다. 중요한 점은 지금까지 사용되어 온 투자라는 개념은 이윤을 얻기 위한 개인적 경제행위인데, 이 투자개념을 '소셜(social)'이란 측면에서 파악하기 시작했다는 것이다.

이윤추구에 의해 나타나는 국내의 저투자 상황을 극복하고 다양한 영역에 투자를 활성화시킴으로써 내수와 고용 나아가 국가의 부를 창출하자는 것이 신경제전략이다.

[그림 5-18]은 ① 저투자된 지역에 민간투자를 활성화시킴으로써, ② 지역기업에 자극을 주고, ③ 지역기업은 활동을 통해 부를 창출하고, ④ 지역고용을 증대시키고, ⑤ 자산 가치와 구매력을 증대시켜, ⑥ 지역에 대한 신뢰를 높이고, ⑦ 지역기업가는 더욱 이윤을 얻게 되고, ⑧ 저투자된 지역에 대해 투자자들의

그림 5-18 사회적 투자의 선순환 효과

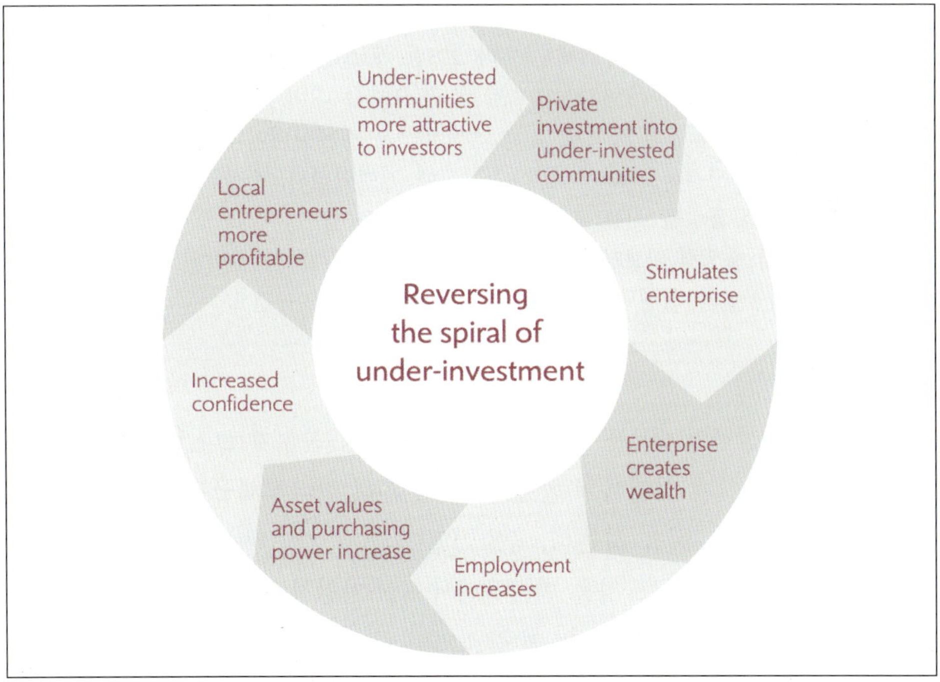

자료: Social Investment Task Force, Enterprising Communities: Wealth Beyond Welfare(October, 2000), p. 8.

관심을 높여서, ⑨ 다시 저투자된 지역에 투자를 유인하여 저투자가 지역에 미치는 악순환 고리를 끊고자 하는 것이다. 지역에 투자되는 액수는 대기업의 투자에 비하면 보잘것없다. 그러나 다양한 영역에 대해서 투자가 지속적으로 일어나고, 지역기업 간 가치체인을 형성해나가면서 기업의 성장과 새로운 기업의 탄생을 촉진하는 기업생태계가 형성되면 이것이 앞서 언급한 제이콥스의 도시의 성장모델과 직결되는 것이다.

(2) 중소상공인의 역할 재조명

그러나 현실은 해결해야 할 과제가 산적해 있다. 이념이나 이상만으로 현실문제는 결코 해결되지 않는다.

- 소상공인 사업체 및 종사자수는 IMF 직후 조기퇴직 및 기업도산 등으로 인한 실업자 양산으로 생계형 창업이 급증한 이래, 1999년 이후 2010년까지는 소폭으로 증가세
- 2010년 현재 소상공인 사업체수는 약 275만 개로 총 사업체 대비 87.9%이며, 소상공인 종사자수는 5334천 명으로 총 종사자수 대비 37.7%의 비중을 차지
- 전체 대비 소상공인의 사업체 및 종사자 비중은 정체상태이며, 이는 자영업 창업과 함께 경쟁격화로 인한 퇴출이 동시에 진행되면서, 소상공인 분야에서의 고용창출 및 흡수를 위한 추가 여력이 부족함을 암시
- 소상공인의 자생력 확보를 통한 서민경제 안정을 위해서는 준비된 창업을 유도하는 소상공인의 경쟁력 확보 시책의 지속적인 추진이 필요

이 자료는 소상공인(대부분 자영업)에 대한 통계청 분석자료다.[105] 자영업의 문제는 IMF 외환위기에 의해서 촉발된 것이며, 흔히 한국경제구조를 이야기할 경우, '99-88'이라는 표현을 하는데, 중소기업이 전체 기업체수의 99%이고, 고용인력의 88%를 차지한다는 것을 의미하면서 중소기업정책을 중요성을 부각시키는 단어다. 그러나 자세히 살펴보면 중소기업 중 중기업체는 대략 11%이며, 고

105 http://www.index.go.kr/egams/stts/jsp/potal/stts/PO_STTS_IdxMain.jsp?idx_cd=1198

용인력 비율은 50%에 해당한다는 것이다. 이 부분이 성장동력이 되어야 한다. 따라서 필자가 주장하는 것처럼 중견기업과 중기업은 국가경제정책 대상이다. 그러나 자영업은 복지정책대상이다. 이것을 구별하지 않는 정책이란 무의미하다. 소관부서를 명확히 변경시켜야 한다.

한국 자영업의 현실을 직접 체험을 통해서 분석한 김도현의 《골목시장 분투기》를 보면 출처는 표시되어 있지 않지만 다음과 같은 자료들이 나온다.[106]

"국내 자영업자들이 얼마나 될까? 2010년 기준으로 15세 이상 생산가능인구 가운데 약 16.9%가 자영업자이거나 그들을 돕는 가족들이다. 전체 취업인구의 28.8%에 이른다. 이 같은 비율은 세계최고 수준이다."[107] "국내에서 정규직 일자리는 전체 생산가능인구의 24.8%에 불과해 세계에서 가장 낮은 수준이다."[108] 김도현의 비극적 평가는 한국의 미래를 우울하게 만든다. "문제는 자영업자의 수가 이미 한계를 넘었는데도 정부는 별다른 대책이 없고 직장을 그만둘 수밖에 없는 사람들도 자영업 외에는 별다른 대안이 없다는 것이다. 최근 연일 뉴스에 오르는 부동산문제, 부실대출문제가 연쇄적으로 터질 수밖에 없는 상황이 닥치게 되면 진원지는 자영업자가 될 가능성이 매우 높다. 자영업의 문제를 해결할 수 있는 뾰족한 방안은 솔직히 없는 것 같다. 고용 없는 성장, 빈약한 복지, 끝을 모르는 부동산의 탐욕 등 한국사회가 안고 있는 문제들이 종합적으로 얽혀 있는 지점이 바로 자영업문제이기 때문이다."[109]

이러한 비극적 현상은 한국사회가 여전히 미성숙사회에 머물러 있고, 정부 역시 아마추어수준에 머물러 있기 때문이다. [그림 5-19]에서 보는 것처럼 비생산적 경쟁을 할 수밖에 없는(왜냐하면 소비자가 한정되어 있기 때문) 생계형 창업이 세계에서 가장 높으며, 개인의 창조적 능력을 바탕으로 한 기회포착형 창업은 상대적으로 낮다.

사태가 심각함에도 불구하고 정부가 할 수 있는 일이란 창업지원보다는 실직자를 지원하는 수준에 머물러 있는 것이다. 정부 역시 기존 기업중심의 일자리

---

106 책을 쓸 경우, 통계에 대해서 나름대로 근거를 가지고 인용하기 때문에 그대로 사용했음.

107 김도현, 골목시장 분투기(인카운터, 2012), p. 25.

108 상게서, p. 26.

109 상게서, pp. 7-8.

그림 5-19 높은 생계형 창업비중과 빈곤의 증가

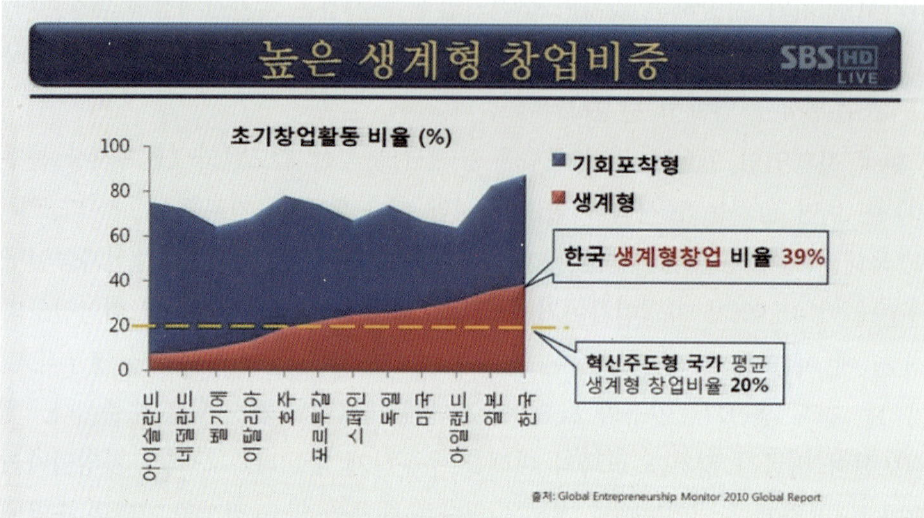

자료: http://youtu.be/zwR1Dk1rLnc

창출 외에는 어떠한 아이디어도 없는 상황임을 알 수 있다. 결과적으로 사회적 빈곤 수준은 확대될 수밖에 없다.

소상공인과 자영업을 복지정책대상으로 삼아야 하지만, 무한정 그렇게 할 수는 없다. 이 영역으로 들어오는 사람들을 새롭게 재교육시켜 벤처형 소기업가가 될 수 있도록 해야 한다.

1991년 캘리포니아에 설립된 아프로텍(ApproTec: 적정기술)은 나중에 킥스타트(Kick Start)로 이름이 바뀐다. 이 조직은 수백만 명의 사람들이 빨리, 비용-효과적으로, 지속적으로 빈곤으로부터 벗어나게 하는 것을 목적으로 설립되었다. 그렇게 함으로써 세상이 빈곤과 싸우는 방법을 변화시키는 것이다.

이 조직의 '가난한 사람이 빈곤을 벗어나는 사업단계 5가지'는 다음과 같다.[110]

110 http://www.kickstart.org/what-we-do/

1. 사업계기를 마련하라: 새로운 사업의 성공여부를 결정하는 가장 핵심요인은 올바른 사업모델을 선택하는 것이다. 가난한 사람이 어떤 사업모델을 선택할 수 있는가? 우선 이웃이나 지역마을에 제품이나 서비스를 파는 것이 가장 손쉬운 일이다.
2. 문제해결에 적합한 디자인이 필요하다. 그래야 소득이 생긴다. 왜냐하면 물건이 팔리기 때문이다. 적정기술은 10% 부유한 사람들을 위한 것이 아니다. 부자들은 시간과 노력을 아낄 수 있어야 하지만 가난한 사람들은 시간과 노력이 남아돈다. 왜 할 일이 없기 때문이다. 따라서 도구의 제작은 시간과 노동력의 절약이 아니고 시간과 노동력을 대부분 활용할 수 있는 제품이어야 한다. 이 기준에 맞는 해결책과 제품디자인, 그리고 생산해야 한다.
3. 도시제조업체와 공급체인을 갖추어야 한다. 아무리 위대한 발명품이라고 하더라도 발명가의 작업대에서 벗어나 시장으로 나가지 못하면 아무 쓸모가 없다. 성공하기 위해서는 공급체인을 형성해 좋은 제품을 싸게 만들어야 한다. 따라서 많은 물량을 처리할 수 있는 도시의 제조업체와 연결되어야 한다.
4. 사업을 창출하게 만드는 재봉틀이나 자전거처럼 잘 알려지고 쉽게 사용가능한 기술이 되어야 한다. 그렇게 해야만 많은 사람들을 빨리 빈곤에서 벗어나게 한다. 즉, 적정기술이라 하더라도 하나의 플랫폼이 되어 다양한 능력을 발휘하여 다양한 제품이나 서비스가 가능한 기술에 착안해야 한다. 하나의 기술에 하나의 사업이 아니라 하나의 기술에 수많은 사업이 창출되는 기술을 찾아야 한다(기술과 사업의 생태계가 형성).
5. 초기단계에서는 지원금융이 필요하다. 새로운 제품이 새로운 시장에 등장하면, 판매량은 적고, 비용은 높다. 어떤 임계치에 이를 때까지 손실발생을 보전할 수 있는 금융지원방법이 마련되어야 한다.

이 조직의 사업계획을 자세히 설명하는 이유는 소기업이 살아남기 위해서 벤치마킹할 부분이기 때문이다. 즉, 자력생산과 집단소비체제를 구축하여 자원의 재활용과 소비패턴을 상당부분 변화시키는 것이다. 이는 한국의 내수형 중소기업이 활성될 수 있는 핵심적 계기가 된다. 즉, 적정기술을 활용한 사례를 국내 저소득층을 상대로 경험을 축적하고 이를 재디자인해서 국내소비의 격을 높이고, 저개발국가의 시장을 개척하는 방향으로 자리 잡아야 한다.

"내수기업을 수출기업으로 만들어 수출 중소기업의 수를 늘려야 경제가 안정적으로 성장할 수 있다." "지난 6~7년 간 대기업의 고용은 오히려 줄었지만 중소기업은 고용이 늘었다." "일자리 창출을 위해서도 중소기업이 더 성장해야 한다."

"자금 결제 면에서는 국내 판매·납품보다 해외 수출이 더 깨끗하고 투명하다."

"수출을 하는 중소기업들의 매출이 수출을 하지 않는 기업보다 빠르게 성장하고 있다."

"규모가 작은 내수기업들은 정보가 부족한 데다, 영어를 구사하거나 무역 업무를 아는 인력이 없어 수출을 꺼리게 된다."

"제품만 열심히 만들면 수출을 할 수 있도록 맞춤형 컨설팅을 지원해 일정 수준까지는 기업이 직접 돈을 들이지 않아도 수출 업무를 할 수 있도록 지원해야 한다."

자료: 문화일보, "내수시업을 수출업체로 육성해야", 2013.03.21.

이 기사내용만 가지고는 부족하다. 킥스타트처럼 저개발국가가 필요로 하는 기술이 무엇인가를 정확히 파악하고, 이를 싼 값에 팔 수 있어야 한다. 적정기술을 활용한 제품생산을 위한 생태계 마련에 힘을 모아야 한다. 중소기업지원 관련 법 제정 및 개정, 수출보험공사의 업무재조정, 기술신용보증기금과 중소기업지원 금융 등 금융기관업무 지원체제 마련, 적정기술 개발활용에 관한 법률제정 등으로 기존의 활용 가능한 기술을 국내저소득층과 저개발 국가를 겨냥한 품목개발과 활용정책이 필수적이다.

에너지, 교통, 통신, 주택, 식품 등의 소비재에 대해서 소비자 개별의 노력 혹은 주변이웃 공동체를 통해 생산과 소비가 가능하도록 자립소비경제체제를 사회적 협동조합이나 사회적 기업을 통해 이루어지도록 정부 역할을 제도화시키는 작업도 필요하다.

소외된 90%는 어디나 존재한다. 이들이 고통 받고 있는 부분은 ① 주거, ② 물과 위생, ③ 식량, ④ 에너지, ⑤ 건강, ⑥ 교육, ⑦ 교통 등이다. 이 부분을 해결해주기 위한 기술이 적정기술이다. 적정기술이란 해당기술을 사용할 때 개인의 자유가 확대되고, 그 사용이 환경이나 타인에게 가하는 피해를 최소화하는 기술이라고 정의한다. 즉, 인간의 얼굴을 한 기술을 말한다.[111] 따라서 어느 나라

111 스미소니언 쿠퍼-휴잇 내셔널디자인뮤지엄, 허성용·허영란 옮김, 소외된 90%를 위한 디자인(이딧더월드, 2011), p. 9.

나 어느 지역이든 적정기술의 필요성은 존재하는 것이다. 가난한 국가는 생존을 위해서, 잘사는 나라는 가처분소득을 늘이기 위해서라도 적정기술은 필요한 것이다. 문제는 누가 이를 해결하느냐다. 소규모 생산품이므로 대기업은 생산하지 않는다. 국가는 이 영역에 대해서 보조금형태로 돈을 지불할 뿐 지속가능성은 생각하지 않는다. 해법은 지역이나 마을(도시의 경우는 반 단위 이하) 단위로 해결하는 것이다. 이를 위해 조그만 공방이나 공작소는 반드시 존재해야 한다. 공방 주인이나 공작소 주인은 변형 능력이 있기 때문에 소비자들의 요구에 잘 응할 수 있다.

지역공방이나 장인은 지역기업으로 존재하기 위해서는 지속가능한 성공방식을 가질 필요가 있다. ① 계획을 가져라, ② 활용가능한 기술을 수용하라, ③ 공식화시켜라(밖으로 드러내기), ③ 창의성을 발휘해 더 많은 활동을 가능하게 만들어라, ⑤ 교육기관을 최대한 활용하기, ⑥ 시민들이 행하는 새로운 아이디어 개발과 다양성을 지원하기, ⑦ 성공을 위해 다른 모델들도 최대한 이용하기, ⑧ 반드시 기억해야 할 것: 창의적일 것, 혁신적일 것, 기업가적일 것, 참을성을 가질 것, 열정적일 것 등이다.

대기업은 기존의 중소기업과의 관계를 단순 하도급으로 생각하면 이는 이미 낡은 기업이다. 대기업과 중소기업의 수직관계가 생태계라는 개념으로 협업체제가 형성되어야 한다.

이러한 생태계에서는 기여도에 따라 이익이 배분되는데, 애플은 판매이익(판매가－제조원가)을 챙기고, 나머지 국가들은 납품부품가격만 갖게 된다. 그러나 승자독식으로 생각하면 안 된다. 협업체제를 구축하고 생태계를 만들어서 각자의 기여도에 맞게 배분해나가는 것이다.

"남아도는 인간의 능력과 쉽게 구할 수 있는 기계의 능력이 결합될 때 인간과 기계의 팀은 세계 최강이었던 딥 블루를 이기고 다시 체스챔피언이 될 수 있었다"라고 에릭 브린욜프슨(Eric Brynjolfsson)과 앤드류 맥아피(Andrew McAfee)가 언급한 것[112]처럼 신경제구조는 기존 산업경제와는 달리 인간, 지식, 물질(thing)

112 김상훈, 빅 스몰: 인터넷과 공유경제가 만들어낸 백만 개의 작은 성공(자음과모음, 2012), p. 42에서 재인용.

간 결합 방식의 다양성을 통해 '독점화되지 않는 형태의 수확체증사회'를 만들 수 있을 것이다.

> 매킨지&컴퍼니의 정영환은 발표에서 "최근 애플과 같은 기업주도 생태계의 특징은 첫째, 기업이 핵심기술을 개방하여 애플 iTunes와 같은 장(요즘 플랫폼이라고들 하죠)을 제공하고, 둘째, UCC 동영상처럼 소비자와 중소기업에게 많은 참여를 유도해서, 소비자들이 단순히 '소비'만 하는 게 아니라, 아이디어부터 생산활동까지 모든 기업 활동에 참여해서, 소위 말하는 Co-creation을 하고, 그에 따른 이익을 서로 나눈다는 것이다. 이 생태계의 소비자는 TV나 신문광고보다 자신의 소셜 네트워크 안에 있는 다른 소비자의 추천을 더 신뢰하고, 서로의 입소문에 따라 꼬리에 꼬리를 물고 소비가 연결되는 현상, 즉 Connected Consumption이 일어난다.
>
> 내가 애플, 구글 사례를 든다고 해서, 지금 IT 산업에 대한 애기를 하는 것이 아니다. 디지털로 인해 기존의 산업들이 어떤 것은 확장되고, 어떤 것은 빨라졌고, 또 어떤 것은 필요없어지기도 하고, 어떤 것은 예측 불가능하게 만드는 'enabler'라는 개념으로 디지털을 이해함을 주장하고 있다."
>
> 자료: SBS 제11차 한국미래리포트 발표자료(2011), p. 96.

그림 5-20 애플의 협업적 경제 생태계

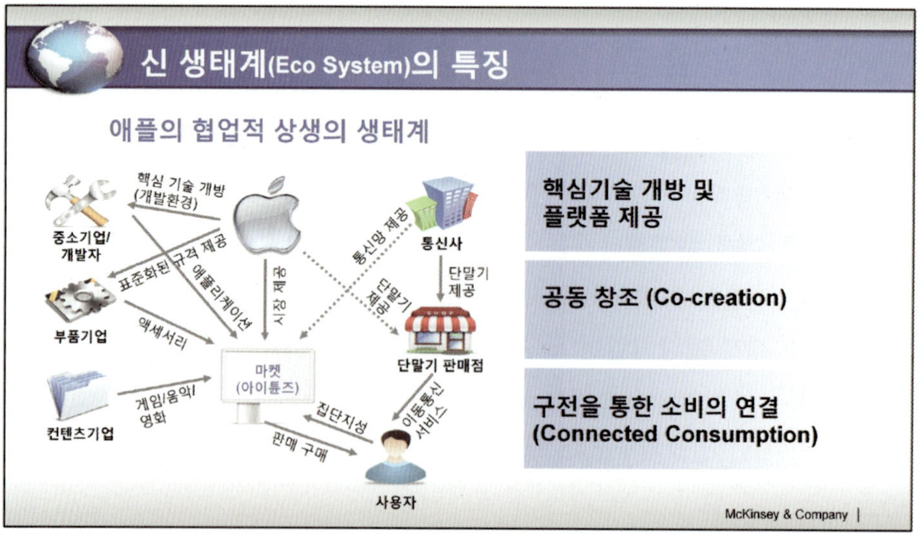

자료: SBS 미래한국리포트(2011), p. 96.

(3) 확산되는 공유경제

"지구의 사람들 모두가 더 좋은 차, 더 좋은 옷을 더 많이 가지려고만 노력하면 세상이 얼마나 괴로워지겠어요. 이런 발전 방식은 결국 지구환경에 부담을 줄 뿐이고, 지속가능하지도 않죠. 그렇다고 사람들에게 덜 쓰고 덜 먹으라고 강요할 수는 없잖아요. 그러면 새로운 방식이 필요하고, 그게 바로 공유경제라고 생각해요."[113]

신경제체제로 넘어가는 과도기적 방법으로 공유경제는 매우 유용한 개념이자 실천이다. 공유경제는 기본적으로 효율을 높이는 경제다. 쓰이지 않고 쉬고 있는 모든 것이 이 새로운 경제 구조의 핵심 자원이다. 그리고 이런 새로운 시스템을 이해하고 활용하려는 움직임에 의해 사람들은 훨씬 부담 없는 가격으로 훨씬 많은 자원을 쓸 수 있게 될 것이다. 그리고 놀라운 건 사람들의 소비는 늘어나고 있지만 지구적인 자원낭비는 훨씬 줄어든다는 것이다.[114] 더 중요한 것은 공유경제를 이끌 수 있는 사람들은 나이, 성별, 전문지식과는 별다른 상관관계가 없다는 것이다. "업무공간과 프로젝트에 필요한 노동력을 교환하고 공유하는 루스큐브(Loosecubes)의 창업자 캠벨 맥켈러(Campbell Mckellar), '페이스북을 이용한 안전한 크레이그리스트(미국의 지역생활정보 커뮤니티 사이트)'인 헤이네이버(Hey, Neighbor)의 창업자 바바라 판투소 등은 모두 여성창업자다. 이들은 때로는 엔지니어이기도 아니기도 했고, 전업주부에 아이 엄마이기도 했으며, 직장에서 일하다가 회사를 그만둔 커리어우먼이기도 했다."[115]

이들이 참여하는 경제를 '창조적 소기업가 경제(Micro-Entrepreneurship Economy)'라고 일컬을 수 있다. 창조적 소기업가 방식이 하나의 플랫폼으로 작동하는 경제로서 개인이 발휘할 수 있는 능력의 증대와 이것을 가능케 만드는 기술의 결합이 다양한 영역에서 그 모습을 드러내고 있다는 것이다.[116]

레이첼 보츠만(Rachel Botsman)은 협업적 소비는 세 가지 명확한 시스템으로

---

113 상게서, p. 148.

114 상게서, p. 151.

115 상게서, p. 160.

116 Jamie Wong, The Rise of The Micro-Entrepreneurship Economy. http://www.fastcoexist.com/1679903/the-rise-of-the-micro-entrepreneurship-economy

조직화될 수 있다고 보고, 첫 번째 재분배 시장: 재분배 시장은 개인이 갖고 있는 중고의 물품을 필요로 하지 않는 곳에서 어딘가로, 누군가에게로 옮기는 것이고, 두 번째 협업적 생활방식: 이것은 돈과 기술, 시간 같은 것들의 자원을 제공하고 공유하는 것이며, 세 번째 제품 서비스 시스템: 이 시스템은 상품의 효용에 대해 지불하는 것인데, 그 물건을 소유할 필요가 없이 사용하는 것을 말한다([그림 5-21] 참조). 이처럼 창조적 소기업가 방식이 여러 형태의 사업이나 기업형태로 발전할 수 있음을 보여준다.

그림 5-21 레이첼 보츠만의 세 가지 형태의 창조적 소기업가 모델

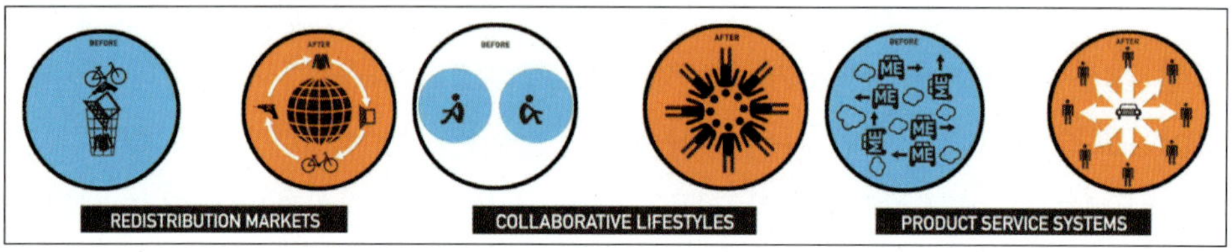

자료: 레이첼 보츠만의 테드(TED) 강연, http://youtu.be/AQa3kUJPEko

도시공작소, 재래시장, 골목자영업, 1인 기업, 대학생벤처기업, 외국인이민자 등을 포함한 상징적이면서 반드시 지원・육성해야 할 기업가를 위한 서민금융, 크라우드 펀딩, 다양한 문화유입(태양의 서커스와 리버댄스), 협동조합 등의 활성화를 통해 획일적인 도시구조를 혼란에 빠뜨려 경제구조를 스스로 자기조직화하게 할 필요가 있다. 협업, 기부, 참여, 공개, 개방의 정신이 교육과 사회무드를 바꾸고, 기존의 경제 틀을 과감히 부수고 있다. 게다가 적정기술이나 무선 플랫폼으로 저개발국가의 생산과 소비의 변화와 삶의 질 향상에 기여하고 있음은 기존 대기업과 금융중심의 세계화 개념과는 확실히 다르다.

1998년 IMF 외환위기를 극복하기 위한 비상경제대책위원회 기획단을 꾸려나간 이헌재는 당시의 경험을 2012년 중앙일보에 '[남기고] 이헌재 위기를 쏘다'라는 이름으로 연재한 후 한국경제의 돌파구를 '창의경제'[117]라는 이름으로 대안을 제시했는데, 다양한 분야에서 창의력을 발휘해 지금껏 찾지 못했던 새 비즈니스

117 선진국을 모방해온 제조업중심의 경제체제에 대응되는 개념.

모델을 발굴하는 것을 가리킨다.

영국 경제학자 존 호킨스(John Howkins)가 2001년 제시했던 '창조경제(Creative Economy)'가 '문화 · 예술적 창조력을 활용한 산업'을 가리킨 경영학적 개념이었다면 이헌재 전부총리는 정보기술(IT) · 생명기술(BT) 같은 첨단산업은 물론 농업 · 예술 · 유통 등 경제전반에 새 업종과 생산방식을 도입한다는 경제학적 개념을 강조한다.

"창의적 성장이 핵심입니다. 창의적 기업이 속속 나와 큰 기업으로 성장하는 경제, 젊은 이들이 너도나도 창업에 몰리는 경제를 만들어야 해요. 그래야 양질의 일자리가 생기고, 복지 · 분배 · 재벌 문제도 한꺼번에 해결할 수 있습니다. 그러려면 열 번 실패해도 다시 도전할 수 있게 해주는 시스템이 필수예요. 나라의 재원을 이쪽에 집중적으로 쏟아 붓자는 얘깁니다."

-그렇다고 창업자금을 무한정 지원할 수는 없는 것 아닌가요?

"창업기금을 만들어 해결하면 됩니다. 우선 연 · 기금을 활용합니다. 앞으로 30~40년 연 · 기금은 폭발적으로 커집니다. 그중 일부를 쓰는 겁니다. 달리 돈 굴릴 곳도 마땅치 않아요. 안전장치만 잘 만들면 됩니다. 예컨대 1조 원짜리 창업기금을 생각해 보죠. 이 중 20%인 2000억 원 정도를 연 · 기금으로 넣습니다. 배당이 생기면 1순위로 찾아가게 합니다. 2순위 20%는 일반 투자자, 3순위는 대기업의 사회 환원자금, 4순위는 정부의 창업지원금 따위, 5순위는 전략적 투자자 등으로 채웁니다. 이런 것들을 10개, 100개 만드는 겁니다. 물론 투자비율이나 배당은 연 · 기금이 안전하도록 조정해야겠지요." "능력 있는 젊은이들이 대기업에서 안주하기보다 창업에 도전하는 분위기가 조성돼야 한다. 젊은이들이 망해도 오뚝이처럼 일어날 수 있도록 연 · 기금 등이 참여하는 창업기금을 조성하자"고 제안했다.

자료: 중앙일보, '창의경제'로 일자리 · 복지 문제 단번에 해결하자, 2012.03.26.

(4) 신경제의 구조: 자율-공유-활력(분위기)

2013년 세계경제포럼은 시민사회가 근본적으로 변화함을 주목하면서 '시민사회의 미래역할'이란 새로운 분과영역에서 다룬 내용 중에 정부-기업-시민사회의 역할에 대한 패러다임 변화를 지적하고 있다. 이러한 근본적인 변화는 신경제의 태동을 말해준다([그림 5-22] 참조).

자본주의가 발전함에 따라 스스로 자본주의의 토대가 되는 노동자와 시민들의 경제적 기반이 파괴되기 시작했으며, 이는 정부로 하여금 시민과 노동자를 보호할 제도적 장치마련이 시급한 문제로 대두되었다. 뿐만 아니라 사회복지서비스의 민간 위탁 역시 재정투입에 대한 효과성과 효율성에 있어서 많은 의문이 제기되고 있다. 따라서 사회적 서비스공급 체계에 대해서 새로운 대안 마련은 주요한 정책과제인 것이다. 지금까지의 국가와 기업 주도의 사회의 운영 방식에서 사회부문이 한 축으로 등장하고 있는 것이다. 2012년을 유엔이 세계협동조합의 해로 설정한 것은 이러한 세계적인 추세를 반영한 것이다.

유엔(UN)이 2009년 12월 총회에서 2012년을 '협동조합의 해'로 선포하고 협동

그림 5-22 사회패러다임의 변화

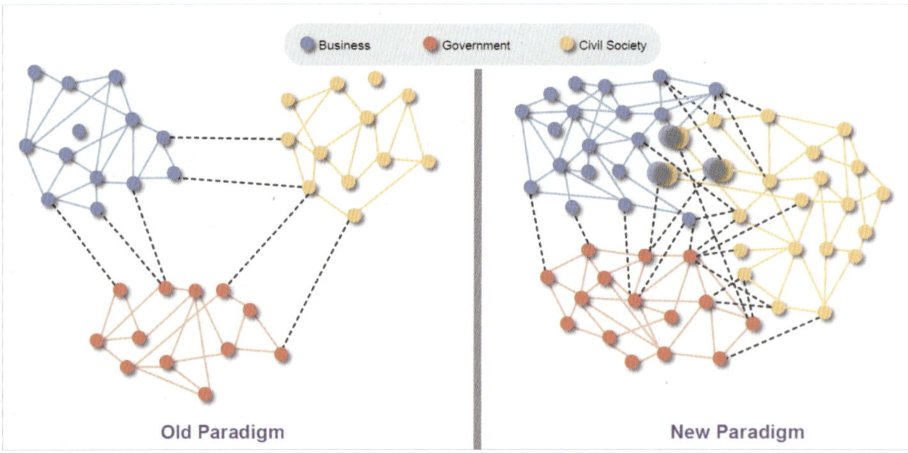

낡은 패러다임	새로운 패러다임
• 정부, 시민사회, 그리고 기업은 각자의 영역 내에서 각자 행동을 한다. • 어느 정도 상호작용은 하지만, 독자적으로 행동하면서 상대에게 어느 정도 영향력을 미친다. • 각 영역별로 독자적으로 정의된 역할을 행한다.	• 각자 영역 내에서, 그리고 어떤 공유된 공간을 넘어 더욱 통합하면서 사회가 직면한 도전에 대해 언급하는 활동정도가 점차 커짐. • 증가된 영역별 접합에 따른 협업, 파트너십, 그리고 혁신을 위한 새로운 틀 마련 • 전통적인 역할구분이 점차 모호해짐. • 복합조직이 점차 등장(예를 들면, 사회적 목적을 지닌 기업, 시장행위자로서의 시민사회)

자료: World Economic Forum, The Future Role of Civil Society(2013.01), p. 10.

조합 발전을 위한 법·제도를 정비할 것을 권고한 것이 계기가 되어 한국도 협동조합을 위한 법 제정에 관심을 보였다. 한국협동조합연구소가 국회사무처 발주로 2010년 10월 '협동조합기본법 제정에 대한 연구'란 보고서를 내놓은 것을 계기로 시민사회도 기본법 제정에 깊은 관심을 보였다. 정부는 2011년 8월부터 협동조합기본법 제정을 위한 검토작업을 진행했으며, 국회 역시 관심을 보였다. 2011년 10월 민주통합당 손학규 의원이 협동조합기본법안을 발의하고, 11월 당시 한나라당 김성식 의원도 관련 법안을 국회에 제출했다. 2011년 10월 32개 단체가 참여한 '협동조합기본법 제정 연대회의'가 발족한 시민단체는 통합진보당 이정희 의원을 통해 제정 청원을 했다. 이처럼 여당과 야당, 시민단체 등 세 갈래로 분출된 협동조합기본법 제정 요구는 국회에서 여야 만장일치로 결실을 보게 되었다.

2011년 12월 29일 오후 3시 20분께 여의도 국회 본회의장에서 협동조합기본법은 당시 참석했던 여야 국회의원 176명 전원의 찬성표를 얻어 가결되었다. 협동조합기본법 제정의 사회적 열의에 국회가 공감한 결과다.[118]

소비, 금융, 노동, 생산 분야의 협동조합들은 자본주의 사회의 경쟁체제에서 혼자만의 힘으로 살아가기 쉽지 않았던 수많은 사회적 약자들, 노동자들에게 연대와 협력의 방식으로 자신들의 생활을 개선해나갈 다양한 기회를 제공한다. 혼자서는 어렵지만 여럿이 함께하면 실현가능하다는 경험, 개인의 이익보다 공동의 이익을 추구하는 것이 개인의 이익을 증대하는 데에도 유리하다는 실증적인 깨달음은 협동조합 방식을 전 세계로 확산시켜가는데 있어 가장 기본적인 동력이 되었다.[119]

이탈리아가 사회적 협동조합법을 통해 소위 사회적 기업을 국제사회에서 최초로 제도화하는 과정에서 조직의 설립형태를 사회서비스형과 일자리제공형으로 분류한 이유는 당시 이탈리아가 직면한 실업문제와 복지서비스에 대한 대응체계 구축이 이탈리아의 주요한 사회적 이슈였기 때문이다. 반면에 영국에서는

---

118 매일경제, 협동조합법은 여야 만장일치로 만든 '옥동자', 2012.11.05.

119 최혁진, "왜 사회적 협동조합인가–사회적 협동조합의 개념, 의의, 과제–", 풀뿌리 사회적 기업가학교, 2012 세계협동조합의 해 한국조직위원회, 사회적 기업과 사회적 협동조합 2012년 세계협동조합의 해 기념포럼(2012.07.05), p. 14.

지역재생의 문제, 캐나다에서는 인구 과소지역의 근린서비스 확충이 주요한 사회적 이슈로 부각되었다. 사회적 문제의 다양성이 각 나라의 사회적 기업의 제도화 과정에서도 차이를 생성하는 계기가 되었다.[120]

이처럼 공유경제의 한 형태로 가장 역사가 깊은 조직이 협동조합인데, 시간이 지날수록 아주 다양한 분야에 협동조합의 형태가 나타나고 있다. 2012년 12월 1일부터 한국에서도 본격적인 협동조합의 시대가 열렸는데, 조합의 종류와 수는 점차 늘어나고 있다.

그러나 법 제정만으로 법의 실효성을 거둘 수는 없다. 협동조합(협동조합기본법) 혹은 사회적 기업(사회적기업육성법) 등과 같은 특정한 사업조직은 행정제도뿐만 아니라 시장제도의 변화, 인력의 재생산 제도, 이미 존재하는 평판을 형성하는 제도 등의 요인에 따라 성과가 다르게 나타나기 때문에 기존의 사회제도들의 시각이 협동조합 혹은 사회적 기업에 대해 우호적인 방향으로 개선되어야 한다는 주장은 매우 의미 있다.[121]

표 5-17 협동조합 및 연합회 현황

(단위: 건)

연번	구 분	신청건수 비고 (2.28일 기준)	신청(신고)건수 누계(3.31일 기준)	인가(수리)건수 누계(3.31일 기준)
1	사회적협동조합	37	52	14
2	일반협동조합	570	795	679
3	일반협동조합연합회	1	3	2
총 계		608	850	695

자료: 기획재정부 보도자료, 2013.04.08.

120 상게논문, p. 15.

121 김기태, "사회적 기업과 사회적 협동조합 활성화를 위한 제도적 제언", 풀뿌리 사회적 기업가학교, 2012 세계협동조합의 해 한국조직위원회, 사회적 기업과 사회적 협동조합 2012년 세계 협동조합의 해 기념포럼(2012.07.05), p. 29.

교육제도	• 공교육에서 협동조합 교육이 부재함. • 경쟁중심의 교육, '이기적인 경제적 인간'이 인간의 본성으로 경제교육을 받음.
정책 일반	• 각종 정책의 대상에서 협동조합이 포함되지 않음(중소기업법). • 비영리법인 지원에서 사회적 협동조합이 포함되지 않음.
금융제도	• 담보대출중심의 대출관행 • 협동조합 등 초기 인적자본 활용 사업조직에 대한 대출기법 미흡
사회적 자본	• 사회적 자본이 미흡하여 인적조직에 대한 상호활동에 대한 신뢰가 적음. • 공동유대가 인정되지 않음. IMF 이후 인적보증이 기금보증으로 전환
인적 재생산	• 협동조합 인력의 재생산구조가 확립되지 않음. • 협동조합 전문가 양성이 미흡한 상황
상적 거래관습	• 각종 거래에서 사업조직은 대부분 주식회사 혹은 상법상의 회사라는 관습이 통용

자료: 상게논문, p. 29.

《협동조합, 참 좋다》[122]라는 책의 제2장에 다음과 같은 목차처럼 대기업에 의한 자원의 독점적 사용에 대해 협동조합처럼 자율, 분산적인 사용이 효과적일 수 있음을 보여줄 필요가 있다.

122 김현대 · 하종란 · 차형석 공저, 협동조합, 참 좋다: 세계 99%를 위한 기업을 배우다(푸른지식, 2012).

협동조합의 상상력이 필요한 우리의 현실

행복한 상상 1) 인구 10만 명마다 빵집 협동조합
행복한 상상 2) 협동조합 치킨집의 경쟁력
행복한 상상 3) 원순 씨는 아파트 협동조합 이사장
행복한 상상 4) 도시를 바꾸는 아파트 협동조합
행복한 상상 5) 마을버스는 협동조합 사업
행복한 상상 6) 이동통신 소비자 협동조합의 힘
행복한 상상 7) 웨딩사업이 대학생 협동조합?
행복한 상상 8) 출판인의 노동자 협동조합
행복한 상상 9) 주식회사에서 협동조합으로
행복한 상상 10) 대안학교, 그리고 농촌학원
행복한 상상 11) 과수원과 귀농 협동조합
행복한 상상 12) 사회적 기업의 몸에 맞는 옷

신경제의 다양한 주체들이 활동할 수 있는 공간을 어떻게 만들 것인가는 매우 중요한 정책과제다. 현재와 같은 대기업-중소기업-자영업-실업자 및 노령자라는 수직구조에서 대기업, 중견기업, 소기업, 협동조합, 사회적 기업, 창조적 개인사업자 등이 각자의 역할에 맞는 사업영역을 개발하고 활동하는 사회로 바뀌어야 하는데, 그렇지 않으면 각자 스스로의 토대를 붕괴시켜 결국은 모두 몰락하게 된다. 한국은 민주주의 국가다. 국민 개개인이 투표할 수 있는 권한을 갖고 있다. 정치적 이념의 시대는 지나갔기 때문에 정부나 정치가 나를 보다 이롭게 하는가의 여부에 따라 투표를 하게 된다. 대기업이 나를 불리하게 만드는데 특정 정당이 대기업 옹호적인 정책을 계속 펼치면 유권자들은 외면하게 된다. 각종 선거공약에서 진보-보수정당의 공약이 거의 비슷한 것은 유권자의 이러한 성향 때문이다. 내가 가진 역량을 개발하고 발휘할 수 있는 여건의 마련이 신경제의 핵심이다. 독점의 시대는 인터넷이 등장하면서 붕괴되기 시작한 것이다. 대기업의 가장 중요한 역할은 역동적이고 지속적인 경제생태계를 만드는 데 있다.

신경제의 핵심은 자원의 활용방법에 대한 인식을 바꾸자는 것이다. 아울러 개인들도 기업가로서 충분히 역할을 할 수 있다는 것이다. 또한 소규모 집단 역시 생산자로서의 역할을 충분히 할 수 있다는 것이다. 나를 위해서라도 우리가 필요하다는 것이다. 빵을 만들기 위해서 우리가 존재하는 것이 아니라 우리가 모여서 빵을 만드는 것이 신경제의 핵심인 것이다.

이미 사회는 이러한 재미있는 활동들에 대해서 관심을 기울이고 있다. 소셜미디어가 주는 이점을 최대한 활용할 수 있기 때문이다. 어쩌면 지금 한국은 자율경제의 중심에 와 있는 지도 모른다. IMF 외환위기가 가져다 준 15년 간의 상처를 극복할 돌파순간에 와 있는지도 모른다.

미국 시민전쟁이 일어나기 10년 전인 1850년 미국경제는 규모가 작았고, 이탈리아보다 그리 크지 않았다. 40년 후 미국은 세계에서 가장 규모가 큰 국가가 되었다. 그 기간 사이에 일어난 일은 철도 부설이였다. 플랫폼을 만들어낸 것이다. 이어서 또 하나의 플랫폼인 전기송전시스템이며, 고속도로였고, 그 다음이 인터넷이다. 플랫폼이란 연결망이며, 무엇이든 연결될 수 있다는 것이 가장 큰 장점이다. 인간의 욕구를 담을 수 있는 그릇이 바로 플랫폼이다. 이 플랫폼을 만들거나 더 뛰어난 플랫폼으로 개량할 수 있는 국가, 기업, 개인은 위대해지는 것이다.

인터넷이란 플랫폼 위에서 과거와 같은 물질적 풍요를 누릴 수 있을까 하는 문제와 그렇지 못하다면 어떤 가치와 경제시스템을 만들 것인가가 21세기 최대의 관심거리다.

왜냐하면 새로운 플랫폼은 이를 잘 이용하는 새로운 사회계급을 만들어내었고, 새로운 형태의 기업을 창출했기 때문이다. 특히 인터넷이란 플랫폼은 기존의 플랫폼과는 성격이 전적으로 다르기 때문에 이에 의해서 생겨날 비즈니스나 기업의 성격, 그리고 여기서 활동하는 새로운 계급은 예측하기가 쉽지 않다.

신경제네트워크가 내세운 신경제원칙은 사회적 수확체증에 근거한 새로운 경제질서를 세우자는 것이다. 기존의 경제학은 수확체증 사회의 도래를 두렵게 보고 있다. 경제학의 근간을 뒤흔드는 패러다임 혁명이기 때문이다. 어쩌면 현재 사회주변에서 중심으로 서서히 이동하고 있는 웹 2.0 정신의 핵심은 산업사회가 본래적으로 가지고 있는 탐욕에 대한 깊은 반성에서 출발하고 있는 것이다. 이러한 정신을 바탕으로 한 사회적 수확체증법칙의 도입은 현재의 국가사회 상황에 대한 하나의 신선한 돌파구가 될 것이다.

신경제네트워크가 내세운 신경제 원칙[123]

경제체제의 목적은 현재 및 미래세대를 위해 건강하고 탄력성 있는 인간 공동체와 환경시스템을 지원하는 방식으로 인간활동을 조직화하는 것이다.

이 목적을 달성하기 위해서 현존 경제제도에 대한 깊고 시스템 전반적인 변동을 통해 다음과 같은 심각한 결함을 지니고 있는 현재의 전 세계적, 국가 간, 국내, 그리고 지역경제의 특징적인 조건들을 뒤집을 필요가 있다.

결함의 내용은 ① 자원과 번영의 지속불가능성, ② 양극화와 같은 비공정성, ③ 변동의 시기에 비탄력적인 불안정성, ④ 기업, 금융 및 정부기관의 비민주성 등이다.

이러한 문제점의 근원은 인류와 자연에 미치는 부정적인 영향을 고려함이 없이 GDP나 자유시장에 근거해 측정하고 있는 지속적인 경제성장을 달성하기 위해 존재하는 지배적인 경제이론 때문이다. 따라서 신경제의 핵심은 인권의 진전을 통한 개별 잠재력을 실현시키고, 자연의 풍요함과 탄력성을 보호하고자 하는 것이다.

따라서 신경제는 다음의 원칙들을 통해 다양한 정치-경제-사회행위자와 제도를 이끌고자 하는 것이다.

① 진보에 대한 새로운 측정, ② 자연의 한계 고려, ③ 경제의 민주화, ④ 경제의 진보, ⑤ 통제의 지역화(분권화), ⑥ 금융 길들이기, ⑦ 공정성 고양, ⑧ 인간다움의 보장, ⑨ 새로운 가치 조성, ⑩ 세계화의 재정 등이다.

그러나 21세기 신경제가 활성화되기 위해서는 산업사회의 과잉생산과 과잉소비, 그리고 이를 위한 부의 분배문제에서 벗어나야 한다. 이러한 도전을 해결할 수 있는 방법으로 사회적 수확체증법칙을 활용한 새로운 사회제도의 마련이 강조되어야 한다. 어떤 국가든 현재와 같은 국가사회 운영비용을 더 이상 감당할 수 없다. 국가예산이 무한정 늘어날 수 없기 때문이다. 새로운 대안은 사회운영

123 http://www.neweconomynetwork.org/wp-content/uploads/2012/04/Principles-2012_Letterhead_final2.pdf

방식을 국가의 투자와 대기업의 수입에 의존하기보다는 시민사회와 소규모 기업이나 집단의 자율성과 검소한 혁신에 중점을 두어야 한다. 사회에 축적된 지식의 재활용과 융합을 바탕으로 이루어지는 생산과 소비활동을 통해 사회적 비용보다 사회적 편익이 훨씬 큰 수확체증 사회를 만들어 나가야 한다. 동시에 걸림돌이 되는 수확체감법칙이 작동하는 낡은 제도와 공공서비스들을 해체시키는 작업도 병행해 나가야 한다.

그림 5-23 새로운 경제질서의 요구

자료: http://www.neweconomynetwork.org/

❙ 감사의 말 ❙

인터넷 탄생 20주년을 앞둔 2002년 12월 31일 밤에 필자는 '인터넷혁명과 참여'라는 제목으로 책을 쓰고자 했다. 그러나 2005년 3월 부산발전연구원 원장으로 자리를 옮기면서 결국 미완성으로 남았지만 책을 써야 한다는 마음은 항상 있었다. 개인용 컴퓨터를 처음 만졌을 때는 몇백 Kbite 용량의 플로피디스크가 전부였지만, 지금 필자 컴퓨터의 하드드라이버 용량은 1테라바이트다. 비교할 수 없을 정도로 변한 시대에 살고 있는 것이다.

그 사이에 군사정부에서 문민정부로, IMF 관리체제라는 국가적 부끄러움도 있었고, G20 의장국이 되기도 하였다. 얼마 전 BS금융지주회사의 회장퇴진문제를 놓고 IMF 외환금융위기를 가져온 관치금융이란 단어가 다시 언론에 나타나고 있다. 변한 것도 많지만 여전히 변하지 않는 것도 많다. 이제야 말로 한국은 상황을 돌파하지 않으면 안 될 시점에 와 있는 것이다.

2012년 모교인 서울대학교 행정대학원 초빙교수로 연구년을 보냈다. 학생신분이 아닌 대학교수로서 일 년 동안 세계경제 11위 국가의 수도에서 생활하게 된 것이다. 왜 서울이 경쟁력이 있는 도시인가를 어느 정도 나름대로의 시각으로 볼 수 있게 된 것이다. 뿐만 아니라 그간 행정학자로서 활동을 했지만 전문영역에만 한정되었던 시야를 국가와 행정, 그리고 경제를 전체적으로 볼 수 있도록 넓히는 기회를 가진 것이다. 도시문제와 국가문제를 동시에 볼 수 있는 기회를 갖게 된 것은 큰 기쁨이며, 그 결과물이 이 책이다. 이러한 기회를 준 분들에게 감사의 말을 전할 수 있다는 것 또한 큰 기쁨이라고 생각한다.

1995년 미국 시라큐스 대학교에서 연구년을 보냈다. 넷스케이프(Netscape)란 웹브라우저를 본격적으로 사용하기 시작한 해였다. 미국의 정보혁명을 눈으로 확인할 수 있었던 귀한 시간이었다. 그리고 작년 서울대 초빙교수로 연구년을 보냈는데, 두 번의 연구년 기회를 안겨준 동의대학교에 깊은 감사를 보낸다. 2011년 동의대학교 교내 연구비 지원은 이 책을 쓰는데 큰 도움이 되었다. 그리고 초빙교수로 초대해준 서울대학교 행정대학원 김병섭 교수님, 김준기 교수님, 최종원 교수님께 감사를 드린다. 1982년에 스승과 제자의 인연을 맺은지 30년 동안 변함없는 애정과 관심을 보여준 석박사 지도교수이신 방석현 교수님과 언제나 학자로서의 품격을 잃지 않고 학교에서 만날 때마다 항상 새로운 지식을 두서너 시간씩 강의를 해주시는 노화준 교수님께도 깊은 감사를 드린다.

이 책의 대부분은 인터넷이 없었다면 불가능한 작업이었다. 내 컴퓨터에 저장된 인터넷자료를 책 분량으로 치면 셀 수 없을 정도의 엄청난 분량이다. 끊임없는 지적 호기심의 결과이긴 하지만 인터넷이 제공하는 지적 자산의 공유야 말로 내가 만든 용어인 사회적 수확체증법칙을 증명하는 가장 확실한 증거라고 생각한다.

1994년 말 연구년 준비를 할 때, 처음으로 웹브라우저인 모자이크(Mosaic)를 사용할 수 있도록 도와주어 미국에서의 생활을 능동적으로 할 수 있게 해준 동의대학교 이정안 과장에게 특히 감사를 드린다. 서울생활하면서 자주 연락하기도 하고, 가끔씩 얼굴을 보면서 즐거운 지식을 나누기도 했던, 이상호 박사, 고은 박사, 류태창 박사, 송재은 사장, 송재혁 사장, 정광윤 박사, 권영혁 부장, 이근홍 대표, 이상석 대표, 안희민 차장, 이찬우 작가, 하상근 박사에게도 즐거운 추억을 생각하며 감사를 드린다.

서울에서 생활하는 딸과 1년 간 즐거운 시간을 보낼 수 있었던 것은 말할 수 없는 기쁨이었다. 미국생활과 서울생활 기간 동안 묵묵히 부산에서 집을 지켜준 아내의 도움이 없었다면 이 연구는 결코 이루어지지 않았을 것이다. 진심으로 고맙고 사랑한다는 말을 책을 빌려 전하고자 한다.

2013년 6월 학풍사재(學豊思齋)에서 김영삼

부 록

1. 일지로 본 IMF 외환위기 시작과 과정, 그리고 종결

1997년

1997년 1월 30일: 한보건설 및 한보그룹 최종 부도 처리
1997년 3월 20일: 삼미그룹 부도
1997년 4월 22일: 진로그룹 부도
1997년 5월 2일: 외국인 주식투자한도 확대(20% → 23%)
1997년 5월 20일: 대농그룹 부도유예협약
1997년 6월 2일: 한신공영그룹 부도
1997년 7월 2일: 타이 바트화 폭락
1997년 7월 15일: 기아그룹 협조융자 신청, 사실상 부도, 청와대 확대경제장관 회의
1997년 8월 14일: 인도네시아 루피아화 폭락
1997년 8월 15일: 재경원 종금사에 외화자금 긴급지원 검토(3억 달러 이상)
1997년 8월 25일: 금융시장 안정 및 대외신인도 제고 대책
1997년 8월 27일: 무역관련 자본자유화 폭 확대조치 시행
1997년 8월 30일: 재경원 증시 안정대책 발표
1997년 9월 1일: 무디스 방한 협의(9/1~9/5), 주식매매수수료 자율화 시행
1997년 9월 10일: 산업은행 외환채권 발행(15억 달러)
1997년 9월 22일: 진로그룹에 대한 6개사 법정관리를 신청
1997년 9월 29일: 외환시장 개장 40분 만에 달러 환율이 1일 변동폭 상한선 964원까지 상승, 사실상 거래 중단
1997년 10월 15일: 쌍방울그룹 부도

1997년 10월 16일: 태일정밀 부도, IMF 조사단 한국방문
1997년 10월 17일: 대만 외환방어 포기
1997년 10월 18일: 외국환 관리규정 전면 개정안 발표(외자유입 관련 자유화 조치)
1997년 10월 20일: 당정 금융시장 안정대책 발표(근로자주식저축 1년 연장, 한통주상장 연기, 3년 이상 투자배당 소득분리과세)
1997년 10월 21일: IBCA, 현행 국가신용등급 유지 발표
1997년 10월 22일: 기아자동차 법정관리 신청
1997년 10월 23일: 홍콩 증시 폭락
1997년 10월 24일: 미국 S&P사, 한국 국가신용등급 하향조정(장기: AA－ → A, 단기: A1+ → A1)
1997년 10월 27일: 미국 무디스사, 한국 국가신용등급 하향조정(장기: A1 → A2, 단기: P1 → P2)
1997년 10월 28일: 주가지수 500선 붕괴, 미국 투자기관 모건스탠리, '아시아를 떠나라'라는 보고서를 띄움. 강경식, 한국은행에 외환시장개입중단 지시(재판에서는 불인정)
1997년 10월 29일: 정부 금융시장 안정대책 발표(연기금 3조 규모 주식매입, 채권시장개방 확대, 기업구조조정)
1997년 10월 30일: 외환시장 개장 8분 만에 달러 환율이 1일 변동폭 상한선까지 또다시 폭등, 사실상 거래 중단
1997년 10월 30일: 주유소 북새통
1997년 11월 1일: 해태그룹 부도, 유가 인상
1997년 11월 3일: 해태그룹 화의절차개시신청, 외국인 주식투자한도 확대(23% → 26%)
1997년 11월 4일: 뉴코아 부도
1997년 11월 5일: 불룸버그, "한국 가용 외환 보유고 20억 달러" 보도
1997년 11월 6일: 한국은행 실무진, 총재에게 IMF행 건의, 캉드쉬 IMF 총재 "한국 금융시장은 동남아 국가와 같은 위기상황 아니다"라고 언급하여 한국의 신용도가 회복된 것으로 예측
1997년 11월 7일: 주가 최대 폭락
1997년 11월 9일: 정부가 종금사 달러를 지원 검토
1997년 11월 10일: 김영삼 대통령, 외환위기 심각성 인지, 환율사상 처음으로 달러당 1000원 돌파
1997년 11월 14일: 김영삼 대통령 IMF행 결심
1997년 11월 16일: 미셸 캉드쉬 IMF 총재 극비 방한, 서울특별시 강남구 삼성동 인터콘티넨탈 호텔에 도착

1997년 11월 17일: 프랑스 경제 전문지 〈레 제코〉, IMF 한국에 400~600억 달러 긴급지원 검토 보도, 재경원 '사실무근'이라며 부인

1997년 11월 18일: 한국은행, 정부에 IMF 구제금융 요청 촉구

1997년 11월 19일: 강경식, 김인호, IMF 구제금융 지원요청사실을 오후 5시 기자회견에서 답하기로 하고 대통령 재가받음. 강경식 부총리, 김인호 수석 경질, 임창열 재경부 장관에게 신임 부총리 임명

1997년 11월 19일: 임창열 부총리, 금융시장 안정대책 발표. IMF 언급 없음. IMF와의 이후 협상에 난행 요소가 됨. 금융시장 안정 및 금융산업 구조조정을 위한 종합대책 발표(환율변동폭 확대, 부실채권정리기금 확충, 부실금융기관 조속한 정리, 채권시장 추가 개방)

1997년 11월 20일: 스탠리 피셔 IMF 수석부총재 방한, 1일 환율변동폭이 2.25%에서 10%로 확대됨. 그러나 환율은 다시 확대된 변동폭 상한선까지 폭등, 사실상 거래 중단됨.

1997년 11월 21일: 김영삼 대통령, 박태준 자유민주연합 총재, 이회창 한나라당 후보, 김대중 새정치국민회의 후보, 조순 총재와 회담

1997년 11월 21일: 정부가 IMF에 구제금융을 공식 신청 발표

1997년 11월 23일: 재정경제원, IMF 협의단(단장 강만수 차관) 편성, IMF의 실무협의단 1진 입국

1997년 11월 24일: 일본, 야마이치증권 창립 반세기 만에 파산 선고

1997년 11월 25일: IMF 실사단 공식활동개시, 국무회의; 예금자 보호법 등 4개 법안 시행령 개정

1997년 11월 25일: 금융시장 안정 및 기관투자가 주식매입 기반 확충, 미국 S&P사, 한국 국가신용등급 하향 조정(장기: A+ → A－, 단기: A1 → A2)

1997년 11월 26일: IMF 나이스 대표단이 김포국제공항에 도착, 금융시장 안정 및 기관투자가 주식매입기반확충

1997년 11월 28일: 임창열 부총리, 미쓰즈카 대장상과 원조회담에 들어갔으나 "IMF로 가지 않으면 지원은 없다."

1997년 11월 29일: IMF가 캉드쉬 총재에게 힐튼 호텔에서 IMF 구제금융을 발표하고 기자회견 간담회 가짐

1997년 12월 2일: 재경경제원(현 기획재정부), 9개 종금사 영업정지 법령

1997년 12월 3일: 정부중앙청사에 임창열 재경부장관과 캉드쉬 IMF 총재, 공식적인 구제금융 합의서에 서명, 대기성차관 제공에 관한 양해각서 체결

1997년 12월 4일: 대기성차관협약(Stand-By Arrangement) IMF 이사회 승인, 총 210억 달러 승인; 대기성차관 75억 달러, 보완준비금융 135억 달러

1997년 12월 5일: 고려증권 부도

1997년 12월 6일: 한라그룹 부도, IMF 1차 지원금 56억 달러 제공

1997년 12월 7일: 대우자동차(현 한국GM, 대우버스, 타타대우)와 쌍용자동차 인수 최종 확정

1997년 12월 10일: 환율이 3일 연속 1일 변동폭 상한선까지 폭등하여 외환시장 개장 40분 만에 거래중단, 기업어음(CP) 금리가 6일째 법정 상한선까지 치솟음, 회사채 유통수익률은 법정 발행금리 상한선인 연 25%를 초과함. 금융시장 전반이 마비됨, 미국 무디스사 한국국가신용등급을 준 Junk 수준으로 하향조정 5개 종금사 추가 업무정지(대한, 나라, 신한, 중앙, 한화종금), 외국인 주식투자한도(50%) 12/11부터 적용 등

1997년 12월 11일: 자본시장 전면개방
외국인 투자한도(1인당 한도 50%로) 확대; 개인당 7%, 종목당 26% 한도(12/10 발표)
한국은행, 금융시장 안정을 위한 자금지원 발표
14개 종금사관련 지원; 7조3000억 원(은행, 종금, 증권)
채권시장 개방확대, 대기업 무보증, 보증회사채 개방(10% → 30%),
대기업 무보증 CB 투자한도 확대(30% → 50%)
중소기업 무보증회사채 및 CB 투자한도 폐지

1997년 12월 12일: 동서증권 영업정지 처분 법정관리 신청

1997년 12월 16일: 정부 환율변동 제한폭 폐지(17일 시행), 제3차 경제대책회의 내용 발표 최고금리 확대; 연 25% → 40%, 금융기관에 대한 외국인투자 대폭 허용 등

1997년 12월 18일: 제15대 대통령 선거, 김대중 후보 당선, IMF 2차 인출 이사회 승인

1997년 12월 19일: 세계은행 및 ADB 자금지원 협상 완료

1997년 12월 21일: 미국 무디스사, 한국 국가신용등급을 투자부적격 등급으로 하향조정

1997년 12월 22일: 미국 럽튼 재무부 장관입국, 재무부 금융기관 외채만기 연장을 위한 정부지급보증 국회 동의

1997년 12월 23일: 원화환율, 사상 최고치 기록(1995원), 국공채시장 등 채권시장 전면개방

1997년 12월 24일: 정부, IMF 구제금융 협상에 대한 신청 발표

1997년 12월 25일: IMF 및 주요 선진국 자금 조기지원 발표

1997년 12월 30일: IMF 20억 달러 조기 지원(3차 지원)

1997년 12월 31일: 부실 종금사 처리를 위한 가교종금사(한아름종금) 설립 완료

1998년

1998년 1월 3일: 기업구조조정 5대원칙 천명, 이론배당락지수 368.85, 실제 385.49 (+9.18)

1998년 1월 5일: 노사정위원회 발족

1998년 1월 8일: IMF, 한국정부 3차 의향서 승인(20억 달러 인출승인)

1998년 1월 11일: 김대중 대통령 당선자, 재계 4대그룹 총수와 만나 재벌개혁 5개항 합의

1998년 1월 12일: 미셀 캉드쉬 극비 방한, 청와대가 접견내용 발표

1998년 1월 14일: 나산그룹(현 인디에프) 부도

1998년 1월 16일: 현대그룹 구조조정 계획 발표

1998년 1월 18일: 극동건설 부도

1998년 1월 25일: 단기외채 만기 연장을 위한 뉴욕협상 발표

1998년 1월 30일: 재경원, 종금사 1차 폐쇄 대상 10개사 명단 발표(한화, 쌍용, 경남, 고려, 삼삼, 항도, 청솔, 신세계, 경일, 신한종금), 감사원 외환위기 특별감사 착수

1998년 2월 3일: S&P, 국가신용등급 3단계 상향조정

1998년 2월 6일: 노사정 공동협약 체결

1998년 2월 8일: 금융시장 안정 및 단기금융시장 개방계획 발표

1998년 2월 12일: 대통령직 인수위원회, 신정부 '100대 국정과제' 발표, 청와대 IMF 외환위기를 현장감사 실시

1998년 2월 15일: 외국인에 대한 인수, 합병제한 완화

1998년 2월 17일: 10개 종금사 인가취소(첫 금융기관 퇴출), 미국 S&P사, 한국 국가신용등급 3단계 상향 조정
IMF, 한국정부 4차 의향서 승인(20억 달러 인출 승인)

1998년 2월 19일: BIS 8% 미달 12개 은행 경영개선 조치

1998년 2월 25일: 제15대 김대중 대통령 취임, 이경식, 강경식, 김인호 조사

1998년 3월 2일: 주식가격제한폭 8% → 12%

1998년 3월 6일: 뉴욕 단기채권 외채가 만기 연장을 위한 외채의 협상타결 설명회 개최

1998년 3월 11일: 1차 경제대책 조정회의(IMF 체제 극복의 목표와 과제)

1998년 3월 12일: 단기외채 218억 달러 만기 연장

1998년 3월 23일: IMF 서울사무소 설치

1998년 3월 24일: 세계은행 1차 국조 조정차관 20억 달러 승인

1998년 3월 26일: 무디스, 한국 장기신용등급 전망 상향조정

1998년 3월 27일: IBRD, 한국에 대한 1차 구조조정차관 승인, 차관액; 20억 달러

1998년 3월 30일: Moody's사 한국장기신용등급(Ba1) 전망 상향조정

1998년 4월 1일: 금융감독위원회 공식 출범
1998년 4월 9일: 외평채 40억 달러 발행 성공
1998년 4월 10일: 감사원, 외환 특감결과 발표 및 수사의뢰; 강경식, 김인호 출국금지
1998년 4월 22일: IMF에 한국은행 외화대출 벌칙성 금리인하 요청
1998년 4월 27일: 외국인 투자유치 종합대책 발표
1998년 5월 2일: 김영삼 전대통령 서면답변서 제출, IMF 6차 의향서 합의(금리정책에 대한 신축성 확보)
1998년 5월 3일: 외국인 투자업종개방 추가확대
1998년 5월 3일: 5차 경제대책조정회의, 위기 극복을 위한 구조조정 촉진방안과 중기비전
1998년 5월 9일: 법무부, 강씨 체포동의요구서 임시국회 제출
1998년 5월 12일: 거평그룹 부도
1998년 5월 14일: 중기대출만기 연말까지 연장
1998년 5월 16일: 법원, 강씨 영장실질심사 위한 구인장 발부
1998년 5월 16일: 외국인 주식투자한도 폐지
1998년 5월 18일: 검찰, 강경식, 김인호 직무유기 및 직권남용 혐의 구속
1998년 5월 20일: 64조 원 규모의 금융 구조조정 재원(1차 공적자금) 조달방안 마련
1998년 6월 5일: 강경식, 김인호 구속기소 및 환란 수사결과 발표
1998년 6월 12일: 5대그룹 간 빅딜 추진, 한국전력공사 등 9개 공기업 조기 민영화 확정
1998년 6월 15일: 엔화환율 8년 만에 최고치 경신(1달러=146.85엔)
1998년 6월 18일: 금감위, 퇴출 대상 55개 기업 발표(5대 그룹 20개사, 6~64대 그룹의 32개사, 비재벌 계열 3개사)
1998년 6월 29일: 금감위, 금융기관 구조개혁 조처(동화, 동남, 대동, 경기, 충청 등 5개 시중은행 폐쇄 발표)
1998년 6월 30일: 금융경색완화대책 발표
1998년 7월 1일: 공기업 1차 민영화방안 발표, 한일그룹 부도
1998년 7월 3일: 외환매입제한 폐지
1998년 7월 10일: 개정 예금자보호법 시행, 환란 1차 공판 발표
1998년 7월 11일: 상업은행, 한일은행 합병 발표
1998년 7월 24일: IMF 7차 의향서 합의(재정적자 GDP 4% 확대)
1998년 8월 12일: 금감위, 20개 보험회사에 대해 경영 개선 조처
1998년 8월 17일: 공기업 2차 민영화방안 발표
1998년 8월 19일: 4개 보험사 영업정지
1998년 8월 25일: 정부출연, 위탁기관 경영혁신 계획 발표
1998년 8월 28일: 재경부, 기업개선작업(워크아웃) 및 기업교환(빅딜)에 대한 세제지원

방안 마련
1998년 9월 7일: 재계, 사업구조조정 방안 발표
1998년 9월 10일: 하나, 보람은행 합병 발표
1998년 9월 11일: 국민, 장기신용은행 합병 발표
1998년 9월 11일: 강원은행, 조흥은행, 현대종합금융 합병 발표
1998년 9월 20일: 장은, 동방페레그린 증권 퇴출
1998년 9월 28일: 대통령 경제기자회견, 외환위기 재연 가능성은 없으며, 구조개혁은 지속추진
1998년 10월 7일: 기아자동차, 현대에 낙찰
1998년 10월 19일: 5대 재벌계열 사업 구조조정 방안 발표
1998년 10월 28일: 은행권, 117개 기업 워크아웃 대상 선정
1998년 12월 7일: 정부・재계, 5대 재벌 구조조정안 합의
1998년 12월 18일: IMF 자금 18억 달러 첫 상환, IMF 긴급보완금융(SRF) 18억 달러 상환
1998년 12월 19일: Moody's사, 한국 신용등급 상향조정 검토 발표
1998년 12월 30일: IMF 긴급보완금융(SRF) 10억 달러 상환
1998년 12월 31일: 제일은행, 뉴브리지 캐피털에 매각합의

1999년

1999년 1월 1일: 제일은행, 뉴브리지 캐피털에 매각(지분 51%)하기로 합의
1999년 1월 19일: 英 Fitch IBCA社, 한국 국가신용등급을 투자적격으로 상향조정
1999년 1월 25일: 국회 경제청문회, S&P, 한국 신용등급을 투자적격 상향조정(BB+ → BBB－)
1999년 2월 12일: 미국 무디스, 한국 신용등급을 투자적격으로 상향조정
1999년 3월 21일: 금융감독원, 퇴출 및 여신중단 대상 80개 기업 중 25개사 정리
1999년 4월 1일: 제1단계 외환거래자유화
1999년 4월 14일: 김대중 대통령, "구조조정 약속 안지키면 5대 그룹도 워크아웃"
1999년 4월 19일: 대우그룹 구조조정 계획 발표[대우중공업 조선 부문(현 대우조선해양) 매각, 김우중 회장 보유 주식 매각대금 3천억 원 출연 등 구조혁신 방안]
1999년 4월 21일: 부실 5개 생보사[동아(현 금호생명), 태평양(현 동양생명), 한덕, 조선, 두원] 공개 매각 개시
1999년 4월 23일: 현대그룹 구조조정 계획 발표
1999년 5월 6일: 종합주가지수 800 돌파
1999년 5월 20일: 현대전자에 LG 반도체를 인수－빅딜, 서울 코리아나 호텔
1999년 6월 21일: 결심공판(26차 공판), 검찰 강씨 징역 4년, 김씨 3년 구형

1999년 6월 30일: 삼성자동차 법정관리 신청으로 삼성자동차 · 대우전자(현 대우일렉트로닉스) 빅딜 무산

1999년 7월 1일: 정부, 긴급자원지급 40억 달러 조기상환키로 IMF와 합의

1999년 7월 19일: 대우그룹의 12개 계열사에 대한 합의서로 워크아웃 공식 신청을 발표

1999년 7월 20일: 강봉균 재정경제부 장관, "김우중 회장이 내놓은 담보는 처분대상" 발언

1999년 7월 23일: 대우그룹 쇼크, 최대 하락폭 71.70포인트

1999년 8월 6일: 대우그룹 · GM 자동차 부문 전략적 제휴 양해각서 체결

1999년 8월 12일: 투신사 수익증권 환매대책 마련(대우 구조조정 추진에 따른 금융시장 불확실성을 없애기 위해 투신사 수익증권 환매에 대한 대응 방안 강구해 8월 13일 시행)

1999년 8월 20일: 선고공판(27차 공판), 무죄판결

1999년 8월 26일: 대우그룹의 유동성 문제해결과 구조조정 추진을 위한 (주)대우 등 12개 계열사 워크아웃(기업개선 작업) 돌입

1999년 9월 1일: 현대전자 주가조작, 회장 이익치 쇼크

1999년 9월 17일: 제일은행, 뉴브리지 캐피털과 매각을 위한 주요 조건에 합의하고 투자약정서

1999년 9월 18일: 보완준비금융 135억 달러 9개월 앞당겨 조기상환 완료

1999년 9월 19일: (TOI) 체결, 11월 금융대란설에 대비 금융시장안정대책 발표, 채권시장안정기금 설립키로, 1차로 다음달 초까지 10조 조성

1999년 10월 30일~12월 1일: 대우그룹 12개 계열사에 대한 워크아웃 계획 확정

1999년 12월 24일: 대기성차관 잔액 15억 달러 추가인출 중단

2000년

2000년 2월 18일: 기아자동차 법정관리 및 화의신청 종결

2000년 3월 4일: '왕자의 난' 발생, 현대그룹 경영권쟁탈전

2000년 4월 23일: 투자신탁 회사 구조조정 공적자금 투입 결정

2000년 4월 25일: 투자신탁에서 투자신탁증권 체제로 전환

2000년 6월 12일: 최종 정책협의 종료(동년 8월 IMF 이사회 승인), 프로그램 3년 동안 IMF 정책협의 11회 실시

2000년 9월 7일: 정부개혁추진위원회를 발족

2000년 9월 12일: 정부, 공적자금 40조 원 추자조성 결정

2000년 9월 20일: IMF 대기성차관 60억 달러 조기상환 방침 발표

2000년 10월 30일: 현대건설 1차부도(서산간척지; 총 3082만 평)

2000년 11월 3일: 2차 29개 퇴출대상 기업 발표(삼성자동차, 삼성쌍용차, 진로종합식품,

우성건설 등)

2000년 11월 8일: 대우자동차 최종 부도 처리

2000년 11월 10일: 동아건설 부도

2000년 12월 3일: 대기성차관협약 및 프로그램 종료

2000년 12월 4일: "국제통화기금의 모든 차관를 상환하였고, 우리나라가 IMF 위기에서 완전히 벗어났다" 발표

2000년 12월 17일: 예금보험공사, 5개 부실은행에 공적자금 1분 투입 결정

2001년

2001년 1월 8일: 대기성차관 조기상환 개시

2001년 8월 10일: 정부가 IMF, 조기 상환

2001년 8월 23일: IMF 관리체제 종료(IMF 구제금융 195억 달러 전액 상환)

자료: 위키백과, 대한민국의 IMF 구제금융 요청. http://ko.wikipedia.org/wiki/대한민국의_IMF_구제금융_요청(내용 일부 정리)

2. IMF 합의의향서 내용 비교(1)

	1차 (97년 12월 3일)	1차 수정 (97년 12월 3일)	2차 (98년 1월 8일)	3차 (98년 2월 17일)
거시 경제 목표	• 98년 경제성장률 3% 이내 - 올해 성장률 6%대에서 절반 미만으로 감축 • 98년 물가상승률 5% 이내 - 원활한 구조조정과 건전한 경제여건 유지를 위해 물가안정에 주력 • 98/99년 경상수지적자 GDP 1% 이내 - 외환보유고를 늘리기 위해 무역 및 무역외수지 적자를 최대한 축소		• 98년 경제성장률 1~2% • 98년 물가상승률 9% • 98년 경상수지 흑자 추세 강화	• 98년 경제성장률 1% (마이너스도 가능) • 98년 물가상승률 9% (10% 미만) • 98년 경상수지 80억 달러 이상 흑자
재정, 통화 정책	• 재정 긴축운용: 균형 또는 소폭의 흑자재정 • 세출예산 축소 • 세수확대 수단 검토 - 조세감면의 폭과 대상을 축소 - 특소세, 교통세 등의 세율 인상 • 통화긴축: 통화긴축에 따른 일시적 금리상승 용인(18～20% 감수) • 변동환율제 유지	• 금리 30% 이상 감수 • 이자율 상한선 철폐	• 재정운용: 적자 불가피, 세수확대 위한 세법개정조치 국회제출 (2월) • 본원통화증가율 (1분기) 14.9% • 총유동성 증가율 (1분기) 13.2% • 금리 안정토대 마련 • 가용외환보유고 (1분기): 240억 달러 • 외환자금조달 강화: 중장기외채로의 전환, 국제자본시장에서의 자금조달확대	• 재정적자 GDP의 0.8%(3조6000억 원) • 본원통화증가율: 15.2%(1분기), 15.7%(2분기) • 총유동성증가율: 13.5%(1분기), 14.1%(2분기) • 외환시장 안정되면 금리 인하 • 가용외환보유고: 200억 달러(1분기), 391억 달러(98년 말)
금융 개혁	• 금융개혁법안 연내 처리 - 한은 독립성 보장 및 통합 금융감독기관 설립 • 부실금융기관 구조조정 및 퇴출제도 마련 - 부실채권정리 촉진 • 금융기관 건전성 제고 - 국제기준(바젤협약)에 부합하는 금융기관 건전성 감독 회계기준 마련 - 대형금융기관은 국제적으로 인정받는 회계법인이 감사	• 종금사 정상화방안 추진의 구체적 일정 제시: 정상화 계획평가 완료(3월 7일) 등 • 은행 정상화방안 추진의 구체적 일정 제시: 모든 상업은행은 5월 15일까지 바젤기준을 맞추기 위한 자본확충 계획 등	• 한은의 대금융기관 외환지원 관련: 엄격한 지원적격 기준, 지원금리의 단계적 인상 등 • 서울 · 제일은행 감자 시기와 구체적인 방법 발표(1.15), 정부의 감정인수, 경영진 퇴진 • 모든 종금사는 수정된 경영개선계획서 제출 • 성업공사의 상업적 베이스에 의한 부실채권 매입	• 종금사: 2차평가통과 종금사는 자기자본비율 충족계획 등 구체적 이행계약을 감독당국과 체결(3.21) • 시중은행: 서울 · 제일은행 민영화 3월 31일까지 주간사 선정, 11월 15일까지 공개입찰, 기타 은행구조조정 추진일정 합의 • 건전성 강화규제: 규제방안 금융권 · 외부 전문가와 협의 개시(4월 30일), 보완자본에서 특별대손충당금을 단계적으로 폐지하는

				규정 제정(8월 15일), 모든 금융기관에 대한 시가회계주의 도입(8월 15일)
무역 자유화	• WTO 협정 일정에 따라 수입선 다변화제도 및 무역관련 보조금 폐지 • 수입증명절차의 투명성 제고	• 99년 6월 말까지 수입다변화품목 단계적 폐지 • 98년 3월 말까지 무역보조금 폐지		• 수출손실보조금 등 3개 보조금 폐지 위한 법률안 국회제출(3월) • 수입형식 승인절차 간소화계획 제시(8월 15일) • 여타 보조금 개선방안 제시(1월 15일)
자본 시장 개방	• 외국인 주식취득한도 확대: 97년 중 50%, 98년 중 58% • 98년 중반까지 외국 금융기관(은행, 증권)의 국내자회사(현지법인) 설립허용 • 채권시장 조기 개방 • 단기 금융상품에 대한 외국인투자 단계적 허용 • 외국인 직접투자 제한분야 추가 허용 • 상업차관 도입 자유화	• 97년 말 56%, 98년 말 투자한도 철폐 • 98년 중반에서 3월로 일정조정 • 국채, 특수채, 회사채에 대한 외국인 투자한도 철폐(97년 말) • 단기금융상품에 대한 외국인 투자 무제한허용의 일정작성(98년 1월)		• 단기금융상품에 대한 외국인투자 완전개방(12월 31일) • 1~3년 만기 기업해외 차입제한 폐지검토(5월 15일) • 외국인의 국내금융기관에 대한 투자와 관련 투명한 가이드라인 마련(2월 28일) • 외국은행과 증권사의 자회사설립 허용(3월 31일)
기업 투명성 및 구조 조정	• 국제기준 회계제도 도입(결합제무제표 포함) • 계열기업군 상호지급 보증제 개선 • 금융실명제 골격 유지			• 투명성: CPA의 독립성강화 위해 「외부감사인 선임위원회」의 무설치 • 주주에 대한 책임성 • 기업 구조조정: 국내 M&A 자유화 • 신속한 파산절차 도입 위한 파산법 수정
노동 시장 개혁	• 노동시장 유연성 제고 • 고용보험제도 범위 확대	• 노사정합의문 발표(1월) • 고용보험제도 확충계획 발표(2월) • 근로자파견제 도입을 위한 입법 추진(2월)		• 정리해고에 대한 법률안 개정 • 고용보험기금에 대한 예산지원 강화(0.7조 → 2조) • 고용보험 대상 사업장 확대, 최저 실업급여 수준 인상, 실업보험 최소 납입기간단축
정보 공개	• 외환 및 금융정보의 정기적인 공개			• 외채잔액 및 만기구조 월별통계를 매월 30일 이내에 발표 • 재경원·한은은 금융기관 구조조정을 위한 모든 공적지원을 투명하게 기록

자료: 삼성경제연구소, IMF 체제 1년 간의 경제·사회 변화(1998.12), p. 162.

3. IMF 합의의향서 내용 비교(2)

	4차(98년 5월 6일)	5차(98년 7월 28일)	6차(98년 10월 29일
거시경제목표	• 98년 성장률 -1% 또는 그 이하로 하향 조정 • 98년 물가상승률 연말까지 한 자리수 • 98년 경상수지 210~230억 달러 흑자(GDP의 7% 수준)	• 98년 성장률 -4% • 98년 물가상승률 9% • 98년 경상수지 330~350억 달러 흑자	• 99년 성장률: 플러스 성장 • 물가상승률: 8%(98년), 5%(99년) • 경상수지 370억 달러 흑자(98년) 200억 달러 흑자(99년)
재정, 통화정책	• 재정적자 GDP의 1.75%(7조8000억 원) • 본원통화증가율 13.5%(2분기) 14.2%(3분기) • 총유동성증가율 14.1%(2분기) 13.9%(3분기) • 콜금리 계속 인하 • 가용외환보유고(98년 말): 410억 달러	• 재정적자 GDP의 4% • 본원통화증가율 14.2%(3분기) • 총유동성증가율 14.0%(3분기) 13.5%(4분기) • 콜금리 계속 인하 • 가용외환보유고(98년 말): 410억 달러	• 재정적자 GDP의 5% • 본원통화증가율: 합의대상에서 제외 • 총유동성증가율 141%(99년 1분기) • 콜금리 계속 인하 • 가용외환보유고: 450억 달러(98년) 99년 증가세 지속
금융개혁	• 금융기관 건전성 강화 • 국내외전문가로 구성된 평가위원회 구성(6.10), 금감위는 구조조정계획 승인여부 발표(6.30) • 성업공사의 자산매입 등 은행구조조정을 위한 공적자금 용도 제한 • 종금사가 8% 자기자본비율을 충족한 후(99.6.30)에도 계속 자본건전성 고양 • 중소기업은행 자본금 15조 원까지 증가 • 외국인의 은행임원 선임제한 규정 폐지(98.6.30)	• 성업공사 등을 통한 공적자금 지원대상 기관: 은행 등 예금부보 금융기관의 부실채권 매입 • 일반은행에 적용되는 건전성 감독 관련 규제를 특수은행에 확대 적용하는 규정을 제정 • 대주주 및 특수관계인 여신한도-은행에 적용되고 있는 여신한도(자기자본의 25%)를 종금사에도 적용하되, 초과여신은 2001.1.1까지 단계적 감축 • 거액여신한도 규제 - 동일계열 등에 대한 여신한도는 2000년 7월부터 총자본(자기자본+보완자본)의 25%로 축소 - 거액여신 총액한도 동일인에 대한 여신금액은 총자본의 10%를 초과하는 거액여신들의 합계가 총자본의 500% 내로 축소	• 제일·서울은행 입찰날짜 조정(98.11.15에서 99.1.31로 연기) • 보험사: 지급여력기준 강화방안 검토, 보험계약관련 조건·가격에 대한 규제자유화 계획 발표(99.3.31) • 증권사: 고객기금을 회사 고유재산 계정으로부터 완전 불리하도록 금감위가 규정을 발표(99.6.30) • 투신사: Bridge loan의 35%를 먼저 감축, 추가감축 계획도 발표(99.3) • 건정성 규제: 대출자산 분류 정의를 99.6.30까지 개정하여 과거 상환실적과 미래 상환능력을 반영 • 특수은행: 산업은행, 수출입은행, 기업은행에 대한 건전성 검사를 99년 3월까지 실시 가능하도록 조치 • 거액여신: 99년 12월 말에 개별 또는 계열기업에 대한 거액여신이 총자본의 25% 한도를 초과하는 은행은 2000년 12월 말 1/3, 2001년 12월 말 1/3 나머지 1/3은 2002년 12월 말까지 해소 - 총자본의 10%를 초과하는 거액여신 총한도도 2000년 3월 말까지 자본금의 500%로 단계적 감축
	• 외국인의 부동산취득에 대한 규제 철폐(98.6.30) • 코스닥에 등록되지 않은 비상		

자본 시장 개방	장기업에 대한 외국인의 포트폴리오 투자 허용(12.31) • 98년 중 신외환법을 제정하여 negative system으로 전환 • 전화통신사업에 대한 외국인투자한도확대: 33 → 49%(99.1.1)		
기업 투명성 및 구조 조정	• 기업구조조정은 자발적 진행, 공적자금의 기업구제금융(bail-out) 사용금지 • 적대적 인수·합병의 전면 허용 입법안 제출(98.6말) • 대기업은 모든 부채내용, 현금흐름전망, 이자상환 능력 등을 98.9말까지 주거래은행에 제출, 은행을 통한 기업구조조정 촉진 • 은행은 채무조정반을 설치하며 기업의 구조조정계획 평가를 위한 구체적인 전문가를 고용(98.6말) • 은행은 자발적으로 채권단협의회를 구성, 관련기업의 채무조정을 위한 정보교환 등을 촉진 • Mutual fund 설립을 위한 법률안 제출(98.8말) • ABS(Asset-backed securities) 발행을 위한 법률안 제출(98.8말) • 기업의 투명성 제고: 국제기준에 따라 외부감사가 작성한 반기회계보고서 공표(98.8말부터), 감사받지 않은 분기별 회계보고서 공표(2000년 1월부터)	• 기업개선작업(work out): 금융기관 간 기업구조조정 협정을 체결하고 금감위는 자발적인 부채개선을 지도하기 위한 지침을 제시 • 긴급대출: 금융기관이 기업에게 신규 또는 추가 대출을 할 경우, 금감위는 이와 관련된 지침을 제시하고 동 지침의 주요 내용을 열기 • 상호지급보증 해소: 채권은행들이 상호지급보증 해소를 촉진하고 해소상황을 monitoring할 수 있도록 금감위가 독려 • 50대 재벌: 주거래은행간 특별반(task force)을 편성하여 5대 재벌의 기업구조조정, 과다부채해소 등을 촉진	• 거액여신한도 감축 등 기업구조조정을 충실히 하는 은행이라고 금감위가 판정하는 경우에만 공적자금을 지원 • 상호지급보증: 98년 말까지 5대 재벌은 다른 업종에 대한 상호지보 철폐 • 기업구조조정은 IBRD소관이므로 별도의 조건 부과 등이 없이 IBRD가 update한 기업구조조정 진전사항을 의향서에 부기
정보 공개	• 매월 2회씩 가용 외환보유고를 발표하여 국제사회에 투명성 제고 • 외채관리 강화: 외채위험을 관리할 수 있는 조기경보체제 구축, 신외환법 제정의 일환으로 민간부문의 외채보고 제도를 강화		
기업의 수출 부문 지원	• 외환보유고의 일부를 활용한 중소기업 지원 - 외환보유고 목표 초과분중 20억달러를 원자재수입 지원을 위한 재원으로 확보 - 한은의 외환보유고를 활용한 수출환어음 매입지원(3억 달러) 대책 반영	• 지원범위를 1~5대 재벌기업을 제외한 모든 기업으로 확대 - 다만 20억 달러 중 최소한 10억 달러는 중소기업을 지원	
사회 안정망 강화			직접지출은 98년 5.7조 원에서 99년에는 GDP의 2% 수준인 8.2조 원으로 증가

자료: 상게보고서, p. 163.

참고문헌

국내서적

김도현, 골목시장 분투기(인카운터, 2012)

김상훈, 빅 스몰: 인터넷과 공유경제가 만들어낸 백만 개의 작은 성공(자음과모음, 2012)

김재연, 소셜 웹이다(네시간, 2010년)

김현대 · 하종란 · 차형석 [공]지음, 협동조합, 참 좋다: 세계 99%를 위한 기업을 배우다(푸른지식, 2012)

노화준, 한국의 새마을 운동: 생성적 리더십과 사회적 가치의 창발(법문사, 2013)

남덕우 외 10명, IMF 사태의 원인과 교훈(삼성경제연구소, 1998)

신장섭 · 장하준 지음, 장진호 옮김, 주식회사 한국의 구조조정 무엇이 문제인가(창비, 2004)

이광재 · 김태만 · 장바오원 지음, 중국에게 묻다(학고재, 2012)

정운찬 · 조홍식 편, 외환위기 10년, 한국사회 얼마나 달라졌나(서울대학교 출판부, 2007)

번역본

니콜라스 카 지음, 임종기 옮김, 빅스위치(동아시아, 2008)

대런 애시모글루 · 제임스 A. 로빈슨 지음, 최완규 옮김, 국가는 왜 실패하는가(시공사, 2012)

데이비드 오렐 지음, 김원기 옮김, 우석훈 해제, 경제학혁명(행정: B웨이브, 2011)

데이비드 워시 지음, 김민주 · 송희령 옮김, 지식경제학 미스터리(김영사, 2008)

데이비드 S 랜즈 지음, 안진환 · 최소영 옮김, 국가의 부와 빈곤(한국경제신문, 2009)

라이언 에이번트 지음, 홍기훈 옮김, 닫힌 도시를 열어라(따님, 2012)
마샬 맥루한 · 브루스 R. 파워스 지음, 박기순 옮김, 지구촌: 21세기 인류의 삶과 미디어의 변화(커뮤니케이션북스, 2005)
모리시마 미치오 지음, 장달중 외 옮김, 왜 일본은 몰락하는가(일조각, 1998)
미카 시프리 지음, 이진원 옮김, 위키리크스가 불러 온 혁명: 투명성의 혁명(샘터, 2011)
브라이언 아서 외 공저, 김웅철 옮김, 복잡계 경제학I 수확체증과 비즈니스의 신세계(평범사, 1997)
스미소니언 쿠퍼-휴잇 내셔널디자인뮤지엄, 허성용 · 허영란 옮김, 소외된 90%를 위한 디자인(이딧더월드, 2011)
스테판 에셀 · 에드가 모랭 지음, 장소미 옮김, 지금 일어나 어디로 향할 것인가(푸른숲, 2012)
앨런 그린스펀 지음, 현대경제연구원 옮김, 격동의 시대(북@북스, 2007)
우에스기 다카시 지음, 남윤호 · 이승녕 옮김, 아마추어 정부의 몰락(중앙books, 2008)
윌리엄 헬름라이히 지음, 남인복 옮김, 내가 왜 그랬을까(말 · 글 빛냄, 2011)
재레드 다이아몬드 지음, 강주헌 옮김, 문명의 붕괴(김영사, 2005)
제이콥 해커 · 폴 피어슨 지음, 조자현 옮김, 부자들은 왜 우리를 힘들게 하는가? 승자독식의 정치학(21세기북스, 2012)
제인 제이콥스 지음, 서은경 옮김, 도시와 국가의 부(나남출판, 2004)
제임스 맥그리거 번스 지음, 조중빈 옮김, 역사를 바꾸는 리더십(지식의 날개, 2006)
조르조 아감벤 · 양창렬 지음, 장치란 무엇인가? 장치학을 위한 서론(도서출판 난장, 2010)
조지프 슘페터 지음, 변상진 옮김, 자본주의 · 사회주의 · 민주주의(한길사, 2011)
조지프 A. 테인터 지음, 이희재 옮김, 문명의 붕괴(대원사, 1999)
존 메이너드 케인즈 지음, 이주명 옮김, 고용, 이자, 화폐의 일반이론(필맥, 2010)
존 L. 캐스티 지음, 이현주 옮김, X-EVENTS(반비, 2013)
토마스 대븐포트 · 브룩 맨빌 지음, 김옥경 옮김, 최선의 결정은 어떻게 내려지는가(프리뷰, 2012)
토마스 S. 쿤 지음, 조형 옮김, 과학혁명의 구조(이화여자대학교 출판부, 1980)
팀 오라일리 외 지음, 다니엘 레드롭 · 로렐 루미 편저, CC KOREA 자원활동가 옮김(에이콘, 2012)
허버트 A. 사이몬 지음, 이종범 옮김, 인공과학(삼영사, 1981)
Alan Broadbent, Urban Nation(HarperCollins Publishers Ltd, 2008)

참고 논문 및 보고서

2011년 한눈에 보는 정부 보고서, http://www.oecd.org/gov/48348647.pdf

SBS 미래한국리포트(2011)

OECD 대표부, OECD 인터넷 경제 아웃룩 2012 주요내용(2012.10.04.), http://oecd.mofat.go.kr/webmodule/htsboard/template/read/korboardread.jsp?typeID=15&boardid=9884&seqno=951598&tableName=TYPE_LEGATION http://oecd.mofat.go.kr/webmodule/htsboard/template/read/korboardread.jsp?typeID=15&boardid=9884&seqno=974855&c=&t=&pagenum=1&tableName=TYPE_LEGATION&pc=&dc=null&wc=null&lu=&vu=&iu=&du http://oecd.mofat.go.kr/webmodule/htsboard/template/read/korboardread.jsp?typeID=15&boardid=9884&seqno=951598&tableName=TYPE_LEGATION

경제정의실천시민연합, 18대 국회의원 법안 발의 및 가결 분석 평가 보고서(2012.02.16.), http://www.ccej.or.kr/index.php?document_srl=166053

국민권익위원회, 2012년 부패영향평가지침

국제통화기금(IMF) 대기성 차관 협약을 위한 의향서안(제887호), http://theme.archives.go.kr/next/unKorea/archivesDetail.do?flag=2&evntId=0034654137&page=3

김기태, "사회적기업과 사회적협동조합 활성화를 위한 제도적 제언", 풀뿌리 사회적 기업가 학교, 2012 세계협동조합의 해 한국조직위원회, 사회적기업과 사회적 협동조합 2012년 세계협동조합의 해 기념포럼(2012.07.05.)

김수현, 청년고용문제, 2013년에는 더 심각할지도, 새사연(2012.12.26.)

김영란, "부패행위의 근원적 차단을 위한 입법제안: 「부정청탁 및 이해충돌 방지법안」 제정 취지 및 주요 내용", 법연(vol.29), 한국법제연구원(2012.5)

김영삼, 과학기술 정책수립과정의 개선방안: 정책결정과정의 참여확대 방안을 중심으로, 과학기술정책연구원, 정책연구 2002-01(2002.5)

김인호, 외환위기자료실, http://ihkim.org/sub_market/01_a.php?tcode=31000000

______, "IMF 격동의 1997년, IMF 사태의 주범은 누구인가", 월간 말(2002.3), http://ihkim.org/sub_search/view.php?no=94&&tcode_name=&textfield=&keyfield=qgisjcur&tcode=&pcode=&pcode2=&sort=&searchPage=

김태영, "부패영향평가제도의 성과와 전망", 제660회 『정책&지식』 포럼, 서울대 행정대학원 한국정책지식센터(2013.03.25.)

김홍범, "금융규제감독의 경과와 개선과제", 한국금융학회 정기학술대회 정책심포지엄 발표논문(2007.6.8), p. 20, http://www.kmfa.or.kr/paper/annual/2007/7

노화준, “정책정보공유시스템 구축의 과제와 전략”, 제634회『정책&지식』포럼 발표자료, 한국정책지식센터, 서울대학교 행정대학원(2012.10.16.)
대중교통의 육성 및 이용촉진에 관한 법률 일부 개정 법률안(최봉홍의원대표발의)(의안 63), 2012.07.11.
대한상공회의소, 김석동 금융위원장 초청 조찬간담회(2012.7.11.), http://www.korcham.net/OnlineSeminar/home/CON02102R.asp?m_ONSEMI_ID=9999981220
레이첼 보츠만의 테드(TED) 강연, http://youtu.be/AQa3kUJPEko
문진수, 돈만 버는 은행 말고 이런 은행 어떨까, 사회적 경제센터(2011.05.09.), http://blog.makehope.org/smallbiz/tag/3378
민주노동당 정책위원회, D-730 김대중 정부 3년 평가와 대안(이후, 2001)
박영도, “입법평가, 어디까지 왔나”, 제621회『정책&지식』포럼(2012.05.22), 정책지식센터, 서울대 행정대학원
박제훈, “경제위기의 역사적 교훈-한국경제에의 시사”, 경제논집, 제37권 2.3호, http://s-space.snu.ac.kr/bitstream/10371/61519/1/37-23-16.pdf.
번역인들끼리 서로 대화하고 현실을 토의하는 정보망/공론장을 운영하자, http://twishort.com/jLBcc
삼성경제연구소, IMF 체제 1년 간의 경제 · 사회 변화(1998.12)
______, CEO Information 176호(1999.1.13.)
산업연구원, 국제가치사슬과 산업경쟁력, 산업경제정보 제531호(2012-07)
______, 산업경제정보, 제531호(2012-07)(2012.04.10.)
손상호 · 이재연, 서민금융의 발전방향, 한국금융연구원(2013.03)
유엔미래포럼, 늘어나고 있는 국가미래전략기구들, 쿠웨이트 모로코 설치, http://gccsr.net/Report/RBRead.asp?No=64
유용주, IMF 3년과 한국경제 변화, CEO Information 271호(2000.11.15.)
윤건, “증거기반 공공기관 개혁정책 수행을 위한 과제”, 한국행정학회 하계학술대회발표자료(2012.6)
윤주철, “증거기반정부 관점에서 본 조직개편: 조직진단을 중심으로”, 한국행정학회 하계학술대회 발표논문(2012.6)
이승아 · 이은지, 정책제안 마무리 토론, 조정, 투표…밤 7시40분 막내려, http://scienceon.hani.co.kr/66416
이윤호, “증거기반정부(EBG) 형성을 위한 공공기록관리”, 한국행정학회 하계학술대회 발표논문(2012.6)
이종태, IMF 격동의 1997년, IMF 사태의 주범은 누구인가 “금융개혁법안 국회 보류가 환란

촉발했다", 월간 말(2002.3)
이철용, 우리나라 국제수지의 구조적 특징과 개선 방향, LG 주간경제(2007.8.29.)
임도빈, "겉도는 행정학연구 바로잡기: 행위론적 접근", 한국행정학회 하계학술대회 발표자료(1998)
정문건, "IMF 프로그램 효과에 대한 평가", 한국일보 · 한국경제연구원, IMF 경제위기 1년반 평가와 과제(1999.06.09.)
정기문, 기아사태의 수습과정 및 방향,
http://cc.kangwon.ac.kr/~kimoon/pr/pr-982/project/a/kia2.htm
정재승, 모래더미에서 발견한 과학,
http://www.seelotus.com/gojeon/bi-munhak/reading/kwa-hak/jeong-jae-seung.htm
제18대 대통령직인수위원회, 박근혜정부 희망의 새 시대를 위한 실천과제(2013)
진화중인 대나무숲 열풍과 IT 문화의 현주소,
http://www.iamday.net/apps/article/talk/2184/ view.iamday
차두원 · 안혜린 · 전유정, 과학기술정책철학 정립을 위한 제언(한국과학기술기획평가원, Issue Paper 2012-19, 2012.12)
최병선, IMF 체제 이후를 대비하는 국정관리 방향: 경제분야 "경제개혁의 평가와 과제: 제도개혁과 재량적 개입의 상충성을 중심으로" 「한국행정연구」 제9권 2호(한국행정연구원, 2000.7)
최영기, "구조조정기의 노동현황과 정책과제", 한국노사관계학회, 한국노동경제학회, 한국노동법학회 공동주최 합동토론회(1999.02.26.)
최혁진, "왜 사회적 협동조합인가－사회적 협동조합의 개념, 의의, 과제－", 풀뿌리 사회적기업가학교, 2012 세계협동조합의 해 한국조직위원회, 사회적기업과 사회적 협동조합 2012년 세계협동조합의 해 기념포럼(2012.07.05.)
한국금융연구원, 일본의 무제한적 양적완화 정책의 문제점에 대한 내부평가, 주간 금융브리프 22권 7호(2013.2.9~2.15),
http://www.kif.re.kr/KMFileDir/130054617467187500_22-7-j.pdf
한국노동이론정책연구소, '국민승리21'(가칭) 건설과 국민후보추진을 위한 선언자대회 선언문, [현장에서 미래를] 1997년 9월호, http://kilsp.jinbo.net/publish/97/9709-13.htm
한국정보화진흥원, 신 가치창출 엔진, 빅데이터의 새로운 가능성과 대응 전략, IT & Future Strategy 제18호(2011.12.30.)
현대경제연구원, 메르켈 정부의 경제적 성과와 시사점, 현안과 과제(2013.02.21.)
______, 주요경제현안, http://knsi.org/knsi/admin/work/works/ref_hri_050622.pdf
______, 경제민주화, 어떻게 볼 것인가: 2012 대한민국에의 시사점(2012.06.04.)
허영구, "96-97 노동법개정 총파업투쟁! 현재적 의미와 과제", 민주노총 정책연구원(2012.

01.18), http://kctf.nodong.net/xe/index.php?document_srl=95261&mid=pds2
현장의 목소리로 채우는 과기정책 제안 타운미팅 준비모임, 2012 대선 과학기술 정책 제안 타운미팅 정책 제안 자료집: 2012년 대선, 과학기술인 말하다(2012.11)

Australian Government 2.0 Taskforce Final Report, http://www.egov.vic.gov.au/focus-on-countries/australia/trends-and-issues-australia/community-engagement-australia/australian-government-2-0-taskforce-final-report.html
Bill Barnes, Emerging Issues: Wrestling with Jane Jacobs, http://www.nlc.org/find-city-solutions/center-for-research-and-innovation/emerging-issues/2010-columns/wrestling-with-jane-jacobs
Brian Arthur, The Second Economy, McKinsey Quarterly(2011.10), https://www.mckinseyquarterly.com/The_second_economy_2853
______, "Increasing Returns and the New World of Business." Harvard Business Review (July-Aug., 1996), http://www.iwp.jku.at/Born/mpwfst/02/BArthur/Arthur_B.pdf
Bruce Katz, "City Centered: Investing in Metropolitan Areas to Build the Next Economy", Brookings(November 1, 2010), http://www.brookings.edu/research/articles/2010/10/21-metro-economy-katz
David Osborne, "Outdated Ideology Could Derail Health Reform"(July 29, 2009), http://www.ppionline.org/ppi_ci.cfm?knlgAreaID=450021&subsecid=900211&contentid=255113
DOD Issues Long-Awaited Social Media Policy, http://www.defensesystems.com/Articles/2010/02/26/DOD-issues-new-directive-on-Internet-and-social-media-use.aspx
El Sistema Around the World, http://www.fesnojiv.gob.ve/en/el-sistema-as-a-model.html, http://www.ted.com/talks/jose_abreu_on_kids_transformed_by_music.html
Emily Badger and Sommer Mathis, 8 Urban Policy Ideas for Obama's 2nd Term, http://www.theatlanticcities.com/politics/2012/11/urban-policy-ideas-next-president-should-steal/3827/
Facebook: A Platform for 21st Century Politics: Winning Hearts and Minds on the World Wide Web, http://www.digitaldaya.com/admin/modulos/galeria/pdfs/60/143_rkv69046.pdf
iFocos, Random Acts of Media, Media Intelligence Report(June 2007), http://www.ifocos.org/Ram/PDF/RAN_VT.pdf
Gary Banks, Evidence-Based Policy Making: What is It? How Do We Get It?, Anzsog, Canberra(February 2009),

http://www.pc.gov.au/_data/assets/pdf_file/0003/85836/20090204-evidence-based-policy.pdf.

Geoffrey M. Hodgson, "What Are Institutions?", Journal of Economic Issues Vol. XL No.1(March 2006)

Gil Kerlikowske, Addressing the Legalization of Marijuana, https://petitions.whitehouse.gov/response/addressing-legalization-marijuana

Greater Value and Results to the American People(February 2010), http://www.americanprogress.org/issues/2010/02/doing_what_works.html

Jamie Wong, The Rise of The Micro-Entrepreneurship Economy, http://www.fastcoexist.com/1679903/the-rise-of-the-micro-entrepreneurship-economy

Jim Clifton, Global Migration Patterns and Job Creation(2007), http://businessjournal.gallup.com/content/101680/global-migration-patterns-job-creation.aspx

John D. Podesta, Reece Rushing, Doing What Works: Building a Government That Delivers, http://downloads0.cloud.lsecities.net/downloads/2011/11/2011_chw_hong-kong-newspaper.pdf

John L. Casti, "What is an X-event", 과학기술정책연구원 2012 국제 예측 심포지움(2012.9)

LSE Cities at The London School of Economics and The Alfred Herrhausen Society, The University of Hong Kong, Cities, Health and Well-being Hong Kong Urban Age Conference(November 2011)

MAP 4(November 2011), http://www.leap2020.eu/MagAnticiPol/m/MAP-4-November-2011_a28.html

Mark Drapeau, The Three Phases of Government 2.0, How Surprise, Experimentation and Solutions Have Defined Gov 2.0., http://radar.oreilly.com/2010/05/the-three-phases-of-government.html

Michael Quinn Patton, Evaluating the Complex: Getting to Maybe(2008.5.29. 오슬로 발표자료), http://aidontheedge.files.wordpress.com/2009/09/patton_oslo.pptnef, The Great Transition(2009), http://www.neweconomics.org/publications/great-transition

New Economic Center, Principles for a New Economy 2012, http://www.neweconomynetwork.org/wp-content/uploads/2012/04/Principles-2012_Letterhead_final2.pdf

Nicholas Negroponte, Mitchel Resnick, Justine Cassell(MIT Media Lab), Creating a Learning Revolution, http://www.unesco.org/education/lwf/doc/portfolio/opinion8.htm

Paul M. Romer, Growth Policy, Policy Brief, Stanford Institute for Economic Policy Research(October 2001),

http://www.saesayon.org/journal/view.do?pcd=EC01&paper=20121226164104143

Rhizome is a Living Room of Love: Multimedia Presentation,

http://www.sambradd.com/projects/rhizome-is-a-living-room-of-love-multimedia-presentation/

Richard Dobbs, Dongrok Suh, "Stalled Miracle, South Korea's Economy isn't Nearly as Strong as You Might Think." Foreign Policy(2013.04.16.)

Rushanara Ali, Breakthrough Cities, The Young Foundation(2009)

Satisfaction with Country's Direction, http://www.pewglobal.org/database/indicator/3/survey/8

Social Investment Task Force, Enterprising Communities: Wealth Beyond Welfare(October, 2000),

http://www.socialinvestmenttaskforce.org/downloads/SITF_Oct_2000.pdf

Sophie Sutcliffe and Julius Court, Evidence-Based Policymaking: What Is It? How Does It Work? What Relevance for Developing Countries?, Overseas Development Institute (2005.11)

Susan Christopherson, JobScapes: How Jobs Create New York, How New York Creates Jobs(2005.02.25.)

Tanya Snyder, Richard Florida to Obama: Create a Department of Cities,

http://dc.streetsblog.org/2013/02/06/richard-florida-to-obama-create-a-department-of-cities/

Time to Engage Oregon-A Plan to Build a Platform,

http://www.mmt.org/sites/default/files/PlanforWeb.pdf

United Nations Human Settlements Programme(UN-Habitat), Cities and Climate Change: Global Report on Human Settlements 2011,

http://www.unhabitat.org/pmss/listItemDetails.aspx?publicationID=3086

University of Pennsylvania International Relations Program, 2012 Think Tanks and Civil Societies Program(2012),

http://www.gotothinktank.com/wp-content/uploads/2013/01/2012_Global_Go_To_Think_Tank_Report_-_FINAL-1.28.13.pdf

Will Marshall and Mark Ribbing(eds.), Memos to The Next President, The Progressive Policy Institute(PPI), 2009.1,

http://www.ppionline.org/ppi_ka.cfm?knlgAreaID=450020
World Economic Forum, A Partner in Shaping History: The First 40 Years 1971-2010 (2009)

_____, The Future Role of Civil Society(2013.01), http://youtu.be/zwR1Dk1rLnc

Young, E. and L. Quinn(2002), Writing Effective Public Policy Papers: A Guide To Policy Advisers in Central and Eastern Europe, Budapest: LGI.Source: Young and Quinn(2002)

신문기사

경향신문, 안철수, 박근혜 그리고 패자부활전, 2012.9.13.

_____, 김종인 "시대의 흐름 못 읽는 지도자는 성공 못해", 2013.2.22.

_____, 청와대 '청와대 인사위' 시험가동부터 삐걱, 2013.3.19.

_____, 유종일 "경제민주화 하지 않으면 복지국가 할 수 없다", 2012.03.31.

국민일보, 미래 예측, 정치 색안경을 끼다… 정권 따라 변하는 '미래보고서', 2011.2.17.

굿모닝 채널 A, 2012.8.22,
http://news.ichannela.com/tv/goodmorning/3/all/20120822/48789156/1

뉴스1, 콜로라도, 워싱턴 주 상용 마리화나 첫 합법화…주민 투표 통과, 2012.11.7,
http://news1.kr/articles/885347

뉴시스, "미국서 마리화나 합법화하면 멕시코 마약밀수범 수익 30% 줄어"…멕시코 연구보고서, 2012.11.1,
http://zum.com/#!/news=0092012110142873908&dir=top

_____, [택시법 거부-일지] 택시법 상정부터 거부권 행사까지, 2013.1.22,
http://cafe.daum.net/brandtaxi/EF2u/4807?docid=jPilEF2u480720130123015745

디시뉴스, 그때를 아십니까?, 2008.10.8,
http://www.dcnews.in/etc_list.php?code=dol&id=12748&curPage=&s_title=&s_body=&s_name=&s_que=&page=157

동아비즈니스리뷰, 일본 경제성장률 추이,
http://www.dongabiz.com/DBRplus/GraphicDBR/article_content.php?atno=1803308201&chap_no=1

동아일보, 강전부총리 '임창열씨 IMF행 몰랐을 리 없다', 1999.1.26.

_____, 차기 대통령 우선 과제는? 경제성장〉일자리〉부패척결, 2012.8.25,
http://mapp.donga.com/2012president/survey/3/70000000000042/20120825/48864692/2

_____, IMF 구제금융 신청 오늘로 꼭 15년… 3대 아이콘으로 본 한국경제, 2012.11.21,

http://news.ichannela.com/list/3/all/20121121/50992897/3
______, 정부, '택시해법' 골머리, 2012.11.27.
______, WWW 창시자 "모바일 '앱'보다는 '웹'", 2013.5.2, http://it.donga.com/14269/
______, 대통령, 결국 자신과 싸운다, 2013.2.19.
매일경제, 30대 대기업 총자산 1460조… GDP보다 26% 많아, 2012.02.08.
______, 협동조합법은 여야 만장일치로 만든 '옥동자', 2012.11.5.
______, "새정부 최대 이슈는 금융감독체계 개편", 2012.12.30.
______, 풀뿌리금융 키워야 중산층 두터워진다, 2012.12.31.
______, 엉터리 택시법 거부권 행사가 옳다, 2013.1.12.
______, "인재들이 몰려드는 도시특별구역 만들어라", 2013.03.20, http://news.mk.co.kr/newsRead.php?year=2013&no=212133
매일노동뉴스, '택시 대중교통 인정' 가능할까, 택시업계 대규모 집회 후 '택시 살리기 법안' 발의 잇따라, 2012.07.04, http://m.labortoday.co.kr/articleView.html?idxno=112238&menu=1
문화일보, IMF, 재벌-금융-투자순위 대수술 요구할 듯, 1997.11.29.
______, '환란' 진상 밝히려면, 1998.05.07.
______, 마하티르 "IMF 지원 경제위기 심화시켜", 1998.7.15.
______, 19대국회 反기업 법안 막아라, 2012.05.30.
______, 환율 전쟁의 '진정한 승자', 2013.03.27.
부산일보, [베일벗는 외환위기-6] 파탄의 주역들, 2009.2.14, http://news20.busan.com/controller/newsController.jsp?newsId=19980323000635
연합뉴스, 김영삼(金泳三) 대통령 신경제(新經濟)5개년계획특별담화문, 1993.7.2, http://100.daum.net/yearbook/view.do?id=8410
______, IMF 대표단 29일 방한, 1997.1.27, http://news.naver.com/main/read.nhn?mode=LSD&mid=sec&sid1=101&oid=001&aid=0004165548
______, IMF "한국 국제수지 적자 축소 필요", 1997.1.30, http://news.naver.com/main/read.nhn?mode=LSD&mid=sec&sid1=101&oid=001&aid=0004160321
______, 올 세계경제 4.4% 성장 전망 〈IMF 보고서〉, 1997.4.24, http://news.naver.com/main/read.nhn?mode=LSD&mid=sec&sid1=104&oid=001&aid=0004267208
______, 기아 화의신청으로 IMF 총회장 술렁, 1997.9.23, http://news.naver.com/main/read.nhn?mode=LSD&mid=sec&sid1=101&oid=001&aid=

0004179256

_____, IMF, OECD 한국경제 잇달아 평가작업, 1997.10.2, http://news.naver.com/main/read.nhn?mode=LSD&mid=sec&sid1=101&oid=001&aid=0004204730

_____, IMF, 한은 부실채권정리기금 지원은 잘못, 1997.10.16, http://news.naver.com/main/read.nhn?mode=LSD&mid=sec&sid1=101&oid=001&aid=0004195582

_____, IMF 총재, "한국은 동남아와 달라", 1997.11.6, http://news.naver.com/main/read.nhn?mode=LSD&mid=sec&sid1=104&oid=001&aid=0004258942

_____, 한국, IMF 긴급자금 사용 안해, 1997.11.7, http://news.naver.com/main/read.nhn?mode=LSD&mid=sec&sid1=104&oid=001&aid=0004254768

_____, 해외 큰손들, 'IMF 구제금융 요청하면 투자 재개하겠다', 1997.11.14, http://news.naver.com/main/read.nhn?mode=LSD&mid=sec&sid1=101&oid=001&aid=0004258679

_____, IMF 구제금융, 내정간섭적 조건이행요구, 1997.11.15, http://news.naver.com/main/read.nhn?mode=LSD&mid=sec&sid1=101&oid=001&aid=0004253120

_____, 재경원, "IMF 구제금융 고려 안해", 1997.11.15, http://news.naver.com/main/read.nhn?mode=LSD&mid=sec&sid1=101&oid=001&aid=0004257359

_____, IMF 구제금융 논란 확산, 1997.11.17, http://news.naver.com/main/read.nhn?mode=LSD&mid=sec&sid1=101&oid=001&aid=0004258173

_____, 불가피성 우세한 IMF 구제금융, 1997.11.18, http://news.naver.com/main/read.nhn?mode=LSD&mid=sec&sid1=101&oid=001&aid=0004256636

_____, 이인제후보 "IMF에 자금지원 요청해야", 1997.11.18, http://news.naver.com/main/read.nhn?mode=LSD&mid=sec&sid1=100&oid=001&aid=0004255390

_____, 한국, IMF 대신 미국에 지원 모색: 〈WSJ〉, 1997.11.20, http://news.naver.com/main/read.nhn?mode=LSD&mid=sec&sid1=104&oid=001&aid=0004253046

______, “한국, IMF 지원받아 은행 안정시켜라”: NYT, 1997.11.20, http://news.naver.com/main/read.nhn?mode=LSD&mid=sec&sid1=104&oid=001&aid=0004255400

______, 미, “한국은 IMF 통해 지원받아야”: NYT, 1997.11.20, http://news.naver.com/main/read.nhn?mode=LSD&mid=sec&sid1=104&oid=001&aid=0004261577

______, IMF 구제금융 필요규모 최대 1천억 달러 추산, 1997.11.20, http://news.naver.com/main/read.nhn?mode=LSD&mid=sec&sid1=101&oid=001&aid=0004259062

______, 정부, IMF 구제금융 요청 사실상 확정, 1997.11.21, http://news.naver.com/main/read.nhn?mode=LSD&mid=sec&sid1=101&oid=001&aid=0004262673

______, IMF 구제금융 신청하기까지, 1997.11.21, http://news.naver.com/main/read.nhn?mode=LSD&mid=sec&sid1=101&oid=001&aid=0004264390

______, “IMF 구제금융, 한국 자존심에 치욕적”: 〈WP〉, 1997.11.21, http://news.naver.com/main/read.nhn?mode=LSD&mid=sec&sid1=104&oid=001&aid=0004261481

______, IMF 요구 전폭수용 검토, 막판조율 교착으로, 1997.12.1, http://news.naver.com/main/read.nhn?mode=LSD&mid=sec&sid1=101&oid=001&aid=0004207148

______, IMF 자금지원 협상 완전 타결, 1997.12.1, http://news.naver.com/main/read.nhn?mode=LSD&mid=sec&sid1=101&oid=001&aid=0004213592

______, 미 재무부관리 극비방한 IMF 실무협상 개입, 1997.12.2, http://news.naver.com/main/read.nhn?mode=LSD&mid=sec&sid1=101&oid=001&aid=0004217449

______, IMF의 금융개혁법안 연내처리요구 수용, 1997.12.2, http://news.naver.com/main/read.nhn?mode=LSD&mid=sec&sid1=101&oid=001&aid=0004206932

______, 〈IMF 협상타결〉… IMF 신탁통치의 의미와 전망, 1997.12.2, http://news.naver.com/main/read.nhn?mode=LSD&mid=sec&sid1=101&oid=001&aid=0004211006

______, 김대중 당선자의 IMF 극복 활동, http://100.daum.net/yearbook/view.do?id=

15757
오마이뉴스, "21세기 첫 10년, 우리 시대를 대표하는 책은?", 2010.7.23.
______, 재벌 개혁 논의, 정말 중요한 게 빠졌다, 2012.03.26.
______, 박근혜 당선인 측 "택시업계 지원약속 확실히 지킨다", 2013.1.22, http://www.ohmynews.com/NWS_Web/View/at_pg.aspx?CNTN_CD=A0001827684
조선위클리비즈, 왜 다른 곳엔 실리콘밸리가 복제 안될까? 혁신 DNA를 빠트렸다… 바로 '열대우림식 네트워크' 2013.2.16, http://biz.chosun.com/site/data/html_dir/2013/02/15/2013021501276.html
______, 존 라이스(Rice) GE(제너럴일렉트릭) 부회장의 인터뷰 내용, 2013.3.23.
조선일보, 미국의 '싱크탱크' 한국엔 왜 없나?, 2008.12.27.
______, [특별기획] [한 · 중 · 일 新경제대전] 1등 하던 造船業, 中에 밀렸고 1등 할 생명공학, 日이 선점했다. 2010.10.04.
______, 한국은 왜 거기서 주저앉고 말았나, 2011.06.10.
______, 여야, '부패청산' 놓고 죽기 살기 붙어보라, 2012.3.30.
______, 중앙은행들의 바뀐 우선순위… "인플레보다 실업률이 더 걱정", 2012.12.28, http://biz.chosun.com/site/data/html_dir/2012/12/28/2012122801287.html
______, 새누리, 국회선진화법 누가 만들었는데 위헌 제소하나, 2013.3.14.
______, 정치권 "맥킨지 보고서 보니 한국경제 큰일났다", 2013.04.19.
중앙일보, "단일화 실패 때 가장 섭섭했지 IMF 책임 떠넘겨 화 많이 났고…"③, 2009.9.23, http://article.joins.com/article/article.asp?total_id=3790449
______, '창의 경제'로 일자리 · 복지 문제 단번에 해결하자, 2012.03.26.
______, 트위터 속 '대나무숲' 확산… '익명 소통 창구' 인기, 2012.09.18.
______, 제3섹터위원회 설치하자, 2012.12.26.
______, 택시 5만 대 공급과잉, 감차가 먼저다, 2013.1.10, http://article.joinsmsn.com/news/article/article.asp?ctg=12&Total_ID=10381505
______, 저출산시대 '산아제한 담당공무원' 역사 속으로, 2013.1.15.
______, '국회선진화'시대, 박근혜 대통령의 선택은?, 2013.02.27.
중앙일보 지식클럽, '택시법' 갈등, 국회가 책임져라, 2012.11.22, http://jjlife.joins.com/club/club_article.asp?mode=&ctg_id=&page=1&total_id=9955685
파이낸셜뉴스, 19대 국회, 출총제 · 中企육성 등 '경제민주화' 정책대결 예고, 2012.05.28.
______, '법안 홍수'… 19대 국회 임기 첫날 50개 접수, 2012.05.30.
______, 여야 싱크탱크 '쇄신 드라이브' 걸었다, 2013.03.21.
프레시안, 김종인은 마지막에 웃을 수 있을까?, 2012.07.24.
한국일보, 미국보다 5일 늦어… 현대차, 국내 늑장 리콜 논란, 2013.04.05.

한겨레, '시장' 실패 설거지, '국가'가 다시 온다, 2008.9.19, http://nuri.hani.co.kr/hanisite/dev/board/listbody.html?h_gcode=board&h_code=32&page=&po_no=6994

_____, 다수의 투자자·후원자 십시일반 자금모금, 대안금융 의미 있지만 미비 제도 보완해야, 2013.03.31.

한겨레21, 기아사태, 김영삼-이회창 담판만 남았다, 1998.8.28, http://legacy.h21.hani.co.kr/hankr21/K_978S0172/978S0172_018.html

Bloomberg Businessweek, Crisis, Response, Improvement, Complacency, Repeat, 2012.3.5, http://www.businessweek.com/articles/2012-03-05/crisis-response-improvement-complacency-repeat

Bernard Wysocki JR., For Economist Paul Romer, Prosperity Depends on Ideas, The Wall Street Journal, 1997.01.21, http://online.wsj.com/article/SB853799061723758500.html

CNN Poll: Most Americans Believe Government Is Broken, 2010.2.21, http://www.indyposted.com/11740/cnn-poll-most-americans-believe-government-is-broken/

Economist Debates: Computing, http://www.economist.com/debate/overview/186

New York Times, Why Nations Fail, 2012.3.312, http://www.nytimes.com/2012/04/01/opinion/sunday/friedman-why-nations-fail.html?_r=1&partner=rssnyt&emc=rss

Telegraph, Bryan Berg, The World's Best Card Stacker, http://www.telegraph.co.uk/news/picturegalleries/howaboutthat/8608137/Bryan-Berg-the-worlds-best-card-stacker.html?image=6

김영삼

이 메 일: yskim@deu.ac.kr
블 로 그: yskim.blogi.kr
웹사이트: yskim.kimsq.co.kr

1953년 부산에서 출생, 부산에서 초・중・고등학교를 졸업, 서울대학교 사범대학, 서울대학교 행정대학원, 대학원 행정학과를 졸업(행정학박사)했다. 동의대학교 행정학과 교수로 재직(1986~현재) 중이며, 시라큐스 대학교 맥스웰 행정대학원 기술 및 정보정책 연구소에서 객원연구원(1995.3~1996.2), 부산의 싱크탱크인 부산발전연구원 원장(2005.3~2008.2), 서울대학교 행정대학원 초빙교수(2012.3~2013.2)를 역임했다.

한국행정학회 학회정보화위원장, 전자정부 연구회 회장, 한국정책학회, 한국정책분석평가학회, 한국지방정부학회 이사 등을 역임했다. 행정고시, 입법고시 출제위원 및 행정자치부 등 중앙부처 자문위원도 역임했다.

정보정책으로 학문연구를 시작했으며, 이후 도시정책과 국가정책 연구도 함께 해오고 있다. 주요 논문 및 보고서로는 지역간 정보화격차분석(학위논문), 서비스사이언스의 등장이 행정서비스연구에 미치는 함의, 오프소스 운동이 행정운영 패러다임에 미치는 영향, 인터넷으로 인한 정부구조 및 공공서비스체계의 변화와 대응력 등이 있으며, 주요 저서로 《정보체계론(편역)》, 《정보사회와 정보화 정책(공저)》, 《새행정학(공저)》, 《부산, 도시 그리고 변화》 등이 있다.

돌파국가

사회적 수확체증시대의 한국 디자인

펴낸날 제1판 제1쇄 2013년 6월 25일
지은이 김영삼
펴낸이 임춘환
펴낸곳 도서출판 대영문화사
주소 서울 용산구 청파동 1가 178-2 ㊞ 140-869
등록 1975년 12월 26일 제3-16호
전화 (02)716-3883, (02)714-3062
팩스 (02)703-3839
우체국 온라인 011353-02-009106
홈페이지 http://www.dymbook.co.kr

ISBN 978-89-7644-450-9
값 25,000원